专　利
裁判规则

钟　鸣／编著

法律出版社
LAW PRESS·CHINA

本书是教育部人文社会科学研究基地重大项目
《中国专利制度中的理论问题研究》的成果(项目编号:11JJD820003)

编写说明

本套书按专题分为体量大致相当的 3 本书:《专利裁判规则》《商标与不正当竞争裁判规则》和《著作权及其他裁判规则》。本套书的目的在于归纳、整理由中国知识产权司法裁判典型案例所体现的裁判规则,借此对现有知识产权成文法规范予以解释、细化或者补充,便于读者在此基础上进行理论研究和实务运用。

本套书重点关注相对于成文法规范而言体现“新”的法律规则或者裁判规则的案例,即主要是那些通过法律解释方法解释、细化成文法规范的案例和通过法律漏洞填补方法实现“法律续造”的案例。由于知识产权法是一个快速变动的法律领域,一个具有“新意”的案例做出后,其所“创造”的规则往往在 5 年左右的时间内或者因纳入法律、司法解释,或者因法律修改,或者因新的案例出现而不再显得那么重要,所以本书尽量选择尚未被法律、法规和司法解释等成文法规范所取代或者有指导实践价值的典型案例进行编纂。目前收录的是截至 2019 年 12 月底在最高人民法院官方网站(中国裁判文书网)或者其他官方途径公开的或者出版的各级法院裁判的典型案例。

本套书所选择的案例绝大多数经过了最高人民法院的再次评价,即该案例不管是由哪一级人民法院作出,其在作出后又被最高人民法院或其内部机构评选为典型案例并向社会公布。最高人民法院一般在当年的世界知识产权日(4 月 26 日)前后公开前一年度由最高人民法院知识产权审判机构①所裁判案件构成的《最高人民法院知识产权案件年度报告》和最高人民法院评选的前一年度十大知识产权案件、五十件典型知识产权案例。除此之外,《最高人民法院公报》《人民法院案例选》《人民法院报》《人民司法》《法律适用》《中国应用法学》《知识产权审判指导》等定期公开出版物也会刊载各级法院所做出的典型案例及其评析;下级

---

① 目前,最高人民法院存在两个知识产权审判机构:一是知识产权审判庭(民事审判第三庭),它成立于 1995 年 10 月,自 2009 年开始对外公布前一年度的《最高人民法院知识产权案件年度报告》、中国法院年度十大知识产权案件和五十件典型知识产权案例等典型案件;二是知识产权法庭,它成立于 2019 年 1 月 1 日,主要负责二审技术类知识产权案件的审判工作。

法院也会定期编辑、出版、公开当地的“公报”“参考性案例”“十大案例”等。当各级法院所评选的典型案例均无法体现某些法律规则的适用情形时，编者在中国裁判文书网上自行查找相关案例并收录本书。

本套书按知识产权法各部门的法律逻辑顺序分章节编排，章节以下的标题体现的是典型案例所确立的裁判规则（1 个或者多个）及相应案例摘要，其结构如下：

1.“裁判规则”，即以阿拉伯数字排序的标题。每条裁判规则都来自所引用案例中法院的观点，并通过尽可能简洁的语言表述该规则的内容，尤其是其适用要件和法律效果。如果同一个案例能够归纳出的裁判规则有多个且相互关联，则把它们并排列出，案例摘要统一显示在这些裁判规则之后。

2.【裁判要旨】是对法院裁判观点的归纳和概括，如果裁判文书中已经有归纳概括的，则直接使用原文。

3.【关键词】3 ~5 个，方便快速定位和检索相关内容。

4.【基本案情】主要包括权利基础、争议事实、诉讼请求和裁判结果等内容。

5.【裁判理由】基本上是裁判文书中的核心内容，除非必要不作概括和改写。

6.【案件信息】包括“当事人”、“案由”、“法院名称”、“案号”、“结案日期”、“合议庭成员”（如果合议庭有人民陪审员则不列出，如果没有列出“法院名称”、“案号”、“结案日期”或者“合议庭成员”，则说明在现有数据库中无法找到相应文书）、“案件来源”（最高人民法院及其下级法院公开出版物名称或其他公开信息来源）。

为便于读者快速了解裁判规则及其适用情况，上述 1 ~6 部分的内容总体尽量不超过 2000 字，均围绕法律问题和法律规则展开，如无必要不过多引入事实，如果一个案例能总结归纳出多个裁判规则，则案例摘要的篇幅也会相应增加。有些程序性的裁决和最高人民法院针对个案的答复文件，由于不包含上述 2 ~6 中的部分内容，因此视情况予以省略。

缩略语表

《中华人民共和国民法通则》	《民法通则》
《中华人民共和国民法总则》	《民法总则》
《中华人民共和国合同法》	《合同法》
《中华人民共和国侵权责任法》	《侵权责任法》
《中华人民共和国涉外民事关系法律适用法》	《涉外民事法律关系适用法》
《中华人民共和国民事诉讼法》	《民事诉讼法》
《中华人民共和国行政诉讼法》	《行政诉讼法》
《中华人民共和国专利法》	《专利法》①
《中华人民共和国商标法》	《商标法》
《中华人民共和国反不正当竞争法》	《反不正当竞争法》
《中华人民共和国著作权法》	《著作权法》
《中华人民共和国反垄断法》	《反垄断法》
《中华人民共和国药品管理法》	《药品管理法》
《中华人民共和国电子商务法》	《电子商务法》
《中华人民共和国促进科技成果转化法》	《促进科技成果转化法》
《中华人民共和国非物质文化遗产保护法》	《非物质文化遗产保护法》
《中华人民共和国公司法》	《公司法》
《中华人民共和国劳动合同法》	《劳动合同法》
《中华人民共和国产品质量法》	《产品质量法》
《中华人民共和国食品安全法》	《食品安全法》
《中华人民共和国网络安全法》	《网络安全法》

① 本书在叙述法律、行政法规、部门规章、司法解释、司法政策性文件等规范性文件时,如有必要,会在法规名称前或后标明制定机关和制定、修改年份,例如,2000 年《专利法》或《专利法》(2000 年),现行法规则不再注明修改年份,以下情况相同的不再另行说明。

续表

《中华人民共和国种子法》	《种子法》
《中华人民共和国专利法实施细则》	《专利法实施细则》
《中华人民共和国商标法实施条例》	《商标法实施条例》
《中华人民共和国商标法实施细则》(已失效)	《商标法实施细则》(已失效)
《中华人民共和国著作权法实施条例》	《著作权法实施条例》
《中华人民共和国植物新品种保护条例》	《植物新品种保护条例》
《中华人民共和国知识产权海关保护条例》	《知识产权海关保护条例》
《中华人民共和国商业特许经营管理条例》	《商业特许经营管理条例》
《最高人民法院关于适用〈中华人民共和国民事诉讼法〉的解释》(法释〔2015〕5号)	《民事诉讼法解释》
《最高人民法院关于民事诉讼证据的若干规定》(法释〔2001〕33号)①	《民事诉讼证据规定》
《最高人民法院关于适用〈中华人民共和国行政诉讼法〉的解释》(法释〔2018〕1号)	《行政诉讼法解释》
《最高人民法院关于适用〈中华人民共和国行政诉讼法〉若干问题的解释》(法释〔2015〕9号)(已失效)②	《适用行政诉讼法的解释》(已失效)
《最高人民法院关于执行〈中华人民共和国行政诉讼法〉若干问题的解释》(法释〔2000〕8号)(已失效)③	《执行行政诉讼法的解释》(已失效)
《最高人民法院关于行政诉讼证据若干问题的规定》(法释〔2002〕21号)	《行政诉讼证据规定》
《最高人民法院关于审查知识产权纠纷行为保全案件适用法律若干问题的规定》(法释〔2018〕21号)	《知识产权行为保全规定》

① 本司法解释已于2019年10月14日被最高人民法院所修改,新修改的《最高人民法院关于民事诉讼证据的若干规定》(法释〔2019〕19号)于2020年5月1日起施行,本书所选案例适用的仍是2001年的《民事诉讼证据规定》。

② 本司法解释已被"法释〔2018〕1号"《行政诉讼法解释》所废止。

③ 本司法解释已被"法释〔2018〕1号"《行政诉讼法解释》所废止。

续表

《最高人民法院关于审理专利纠纷案件适用法律问题的若干规定》(法释〔2015〕4 号)①	《专利案件适用法律规定》
《最高人民法院关于审理侵犯专利权纠纷案件应用法律若干问题的解释》(法释〔2009〕21 号)	《侵犯专利权案件解释》
《最高人民法院关于审理侵犯专利权纠纷案件应用法律若干问题的解释(二)》(法释〔2016〕1 号)	《侵犯专利权案件解释(二)》
《最高人民法院关于审理商标民事纠纷案件适用法律若干问题的解释》(法释〔2002〕32 号)	《商标民事案件解释》
《最高人民法院关于审理商标授权确权行政案件若干问题的规定》(法释〔2017〕2 号)	《商标授权确权案件规定》
《最高人民法院关于审理商标授权确权行政案件若干问题的意见》(法发〔2010〕12 号)	《商标授权确权案件意见》
《最高人民法院关于审理不正当竞争民事案件应用法律若干问题的解释》(法释〔2007〕2 号)	《不正当竞争案件解释》
《最高人民法院关于审理涉及计算机网络域名民事纠纷案件适用法律若干问题的解释》(法释〔2001〕24 号)	《域名案件解释》
《最高人民法院关于审理著作权民事纠纷案件适用法律若干问题的解释》(法释〔2002〕31 号)	《著作权案件解释》
《最高人民法院关于审理侵害信息网络传播权民事纠纷案件适用法律若干问题的规定》(法释〔2012〕20 号)	《侵害信息网络传播权规定》

① 2001 年 6 月 19 日最高人民法院审判委员会第 1180 次会议通过，根据 2013 年 2 月 25 日最高人民法院审判委员会第 1570 次会议通过的《最高人民法院关于修改〈最高人民法院关于审理专利纠纷案件适用法律问题的若干规定〉的决定》第一次修正，根据 2015 年 1 月 19 日最高人民法院审判委员会第 1641 次会议通过的《最高人民法院关于修改〈最高人民法院关于审理专利纠纷案件适用法律问题的若干规定〉的决定》第二次修正，该修正自 2015 年 2 月 1 日起施行，2015 年 1 月 29 日发布。

续表

《最高人民法院关于审理植物新品种纠纷案件若干问题的解释》(法释〔2001〕5号)	《植物新品种案件解释》
《最高人民法院关于审理侵犯植物新品种权纠纷案件具体应用法律问题的若干规定》(法释〔2007〕第1号)	《侵犯植物新品种案件规定》
《最高人民法院关于审理技术合同纠纷案件适用法律若干问题的解释》(法释〔2004〕20号)	《技术合同案件解释》
《最高人民法院关于审理注册商标、企业名称与在先权利冲突的民事纠纷案件若干问题的规定》(法释〔2008〕3号)	《商标、企业名称与在先权利冲突案件规定》
《最高人民法院关于知识产权法院技术调查官参与诉讼活动若干问题的暂行规定》(法〔2014〕360号)	《技术调查官参与诉讼暂行规定》
《最高人民法院关于技术调查官参与知识产权案件诉讼活动的若干规定》(法释〔2019〕2号)	《技术调查官参与诉讼规定》
《最高人民法院关于涉外民商事案件诉讼管辖若干问题的规定》(法释〔2002〕5号)	《涉外民商事案件管辖规定》
《最高人民法院关于审理涉外民事或商事合同纠纷案件法律适用若干问题的规定》(法释〔2007〕14号)	《涉外民事或商事合同案件法律适用规定》
《保护工业产权巴黎公约》	《巴黎公约》
《保护文学和艺术作品伯尔尼公约》	《伯尔尼公约》
《商标国际注册马德里协定》	《马德里协定》
《商标国际注册马德里协定有关议定书》	《马德里议定书》
《关于涉及网络知识产权案件的审理指南》(北京市高级人民法院2016年4月13日发布)	《涉网络知识产权案件审理指南》
《专利侵权判定指南》(北京市高级人民法院2013年9月4日发布,2017年4月20日修订)	《专利侵权判定指南》

续表

《侵害著作权案件审理指南》(北京市高级人民法院 2018 年 4 月 20 日发布)	《侵害著作权案件审理指南》
《商标授权确权行政案件审理指南》(北京市高级人民法院 2019 年 4 月 24 日发布)	《商标授权确权行政案件审理指南》

目　　录

第一章　专利授权客体

1　“智力活动的规则和方法”系《专利法》第25条不授予专利权的客体也不符合第2条第2款规定

【裁判要旨】

智力活动的规则和方法没有采用技术手段或者利用自然规律，也未解决技术问题和产生技术效果，因而既不符合《专利法》第2条第2款的规定，不构成专利法意义上的技术方案，又属于《专利法》第25条第1款第2项规定的情形，故不能被授予专利权。

【关键词】

客体｜智力活动的规则和方法｜不授予专利权｜技术方案

【基本案情】

原告李志中系申请号为200610126077.9、名称为“混数进制、进位行数字工程方法的笔算工程技术方案”的发明专利申请人。国家知识产权局驳回其申请，理由为：权利要求1、2要求保护的一种混数进制、进位行数字工程方法的笔算工程技术方案，是一种数字进制运算方法，其源于人的思维，经过推理、分析和判断产生出抽象的结果，未利用自然规律，也未解决技术问题和产生技术效果，而是一种数学理论，属于《专利法》第25条第1款第2项规定的智力活动的规则和方法，不能被授予专利权。

李志中不服，申请复审。国家知识产权局坚持原驳回决定。专利复审委员会认为：本申请属于《专利法》第 25 条第 1 款第 2 项规定的智力活动的规则和方法，不能被授予专利权。本申请说明书所提出的提高运算速度是由于本申请的数学理论及其计算规则本身带来的，属于人的抽象思维的范畴，这种效果并不是基于对物理实体的改进或者功能模块架构的改善而带来的，不属于技术效果，因此，本申请并不属于专利法保护的范畴。李志中声称的方案解决了“笔算工程”中有关“计算”的速度等根本性问题，也仅仅是由于本申请的数学理论及其计算规则本身带来的，其并没有对其所述的“工具”如“笔和纸”以及“算盘和计算机”产生实体结构和功能结构的改变。

李志中不服，提起诉讼。北京市第一中级人民法院、北京市高级人民法院和最高人民法院均以相同的理由驳回其申请。

【裁判理由】

最高人民法院认为：

智力活动的规则和方法是指导人们进行思维、表述、判断和记忆的规则和方法。由于智力活动的规则和方法没有采用技术手段或者利用自然规律，也未解决技术问题和产生技术效果，因而既不符合《专利法》第 2 条第 2 款的规定，不构成专利法意义上的技术方案，又属于《专利法》第 25 条第 1 款第 2 项规定的情形，不能被授予专利权。

本申请权利要求请求保护一种混数进制、进位行数字工程方法的笔算工程技术方案，采用 Q 进制数，以 Q 进制运算；Q 为自然数；其特征在于，笔算工程技术方案采用混数进制、进位行数字工程方法；即数字工程采用“混数进制”数，以“混数进制、进位行方法”运算。可见，其请求保护的解决方案是按照规定数制进行运算的一种数学算法，是指导人们进行数学计算活动的抽象规则和方法，其未采用技术手段或者利用自然规律以解决技术问题并产生相应技术效果，因而属于《专利法》第 25 条第 1 款第 2 项规定的智力活动规则和方法的范畴。

李志中所称本申请描述了数的输入、输出、存储、运算和控制规则及其具体实施方式，是关于数字工程的一种功能架构，属于具有完整工程方法的技术方案，而非数学意义上的运算规则，与事实不符。至于“混数进制、进位行数字工程方法”是否具有其他重大科学价值，能否对相关领域技术革新产生重大影响，均不改变本申请不符合专利授权条件的基本事实。

【案件信息】

李志中诉专利复审委员会发明专利申请驳回复审案，最高人民法院（2015）知行字第44号行政裁定书（2015年11月23日，夏君丽、骆电、曹刚），北京市高级人民法院（2011）高行终字第134号行政判决书（2011年5月19日，刘辉、石必胜、陶钧），北京市第一中级人民法院（2010）一中知行初字第2142号行政判决书（2010年11月18日，邢军、张晰昕）。

案件来源：中国裁判文书网。

2 仅设定商业合作规则未采用技术手段解决技术问题获得技术效果的，不属于专利客体

【裁判要旨】

申请专利的方案没有对现有的设备和网络的内部性能或构造进行技术性改造，所解决的问题和达到的效果是实现商业合作的，由于该方案未采用技术手段解决技术问题，以获得符合自然规律的技术效果，所以不属于专利法意义上的技术方案，不是发明专利权保护的客体。

【关键词】

商业方法｜技术方案｜技术手段｜技术问题｜技术效果

【基本案情】

张伟民系申请号为200710120845.4、名称为“手机付费服务系统”的发明专利申请人。国家知识产权局原审查部门以其权利要求保护范围不清楚，不符合《专利法实施细则》第20条第1款的规定为由，驳回其申请。张伟民申请复审。

专利复审委员会认为：本申请权利要求1～10所要求保护的手机付费服务系统或方法，其方案实质是利用已有的网络或设备给移动电话用户提供一种实现消费的渠道，所解决的问题和达到的效果仅仅在于实现付费方、收费方、银行和移动运营四方的商业合作，是非技术性的，为解决所述问题所采用的手段是四方所约定的如何在各个账户间的规则，不属于技术手段，因此权利要求1～10未采用技术手段，也没有解决任何技术问题和达到技术效果，而只是一种由公知的系统或设备实现的商业手段，不属于《专利法实施细则》第2条第1款规定的技术方案。

本申请不符合《专利法实施细则》第2条第1款的规定，属于明显实质性规定，因此可以依此进行审查并作出决定。故决定维持国家知识产权局对本申请作出的驳回决定。张伟民不服，提起诉讼。北京市第一中级人民法院和北京市高级人民法院均以相同的理由驳回其诉讼请求。张伟民不服，申请再审。最高人民法院裁定：驳回其再审申请。

【裁判理由】

最高人民法院认为：

《专利法》第2条第1款规定："发明，是指对产品、方法或者其改进所提出的新的技术方案。"该条对发明专利权保护客体作出了一般性规定。《专利审查指南》第2部分第1章第2节对技术方案的定义是："技术方案是对要解决的技术问题所采取的利用了自然规律的技术手段的集合。技术手段通常是由技术特征来体现的。未采用技术手段解决技术问题，以获得符合自然规律的技术效果的方案，不属于专利法第2条第2款规定的客体。"根据《行政诉讼法》和《立法法》的相关规定，人民法院审理行政案件，参照适用规章。《专利审查指南》是国家知识产权局根据专利法及《专利法实施细则》制定的行政规章，在不违反法律、行政法规的情况下，可以参照适用。

本案中，涉案发明专利申请公开说明书中记载的本申请权利要求保护的是一种手机付费服务系统，该系统包括付费方、移动运营商、收费方、银行四方。其特征在于移动运营商、收费方、付费方、银行四方合作：移动运营商中建立收费方账户，并管理移动电话用户的手机卡账户，同时在银行中为移动运营商建立账户；移动电话用户通过在移动运营商银行账户内存款置换移动用户手机卡内的预存款，当移动电话用户消费时，向移动运营商申请支付，即从该用户手机卡内预存款部分划转到收费方，然后移动运营商通知银行将该移动运营商账户中划转相应金额给收费方账户号码，收费方通过移动信号接收装置或其他类似装置从移动运营商接收划转支付费用的信息；当移动电话用户需要存取现金或交纳本机费用时，通过无线通信方式与ATM进行交互从而实现存取款或交纳本机费用。由此可见，该方案实质上是通过现有的移动通信网络技术整合公知的计算机设备和网络，实现移动运营商、收费方、付费方、银行四方事先约定的转账规则。四方按照该约定的方式在各个账户间划转款项，为移动电话用户提供一种实现消费或存取款的渠道。在这个过程中，并没有对现有的设备和网络的内部性能或构造进行技术性改造，所解决的问题和达到的效果是实现了四方的商业合作。由于该方案未采用技术手段解决技术问题，以获得符合自然规律的技术效果，所以不属于专利法意义上的技术方案，不是发明专利权保护的客体。因此，本申请所述方案不是专利法意义上的技术方案，不属于《专利法实施细则》第 2 条第 1 款所规定的发明专利权保护客体。

【案件信息】

张伟民诉专利复审委员会发明专利申请驳回复审案，最高人民法院(2011)知行字第68号行政裁定书(2011 年 10 月 26 日，王永昌、李剑、宋淑华)，北京市高级人民法院(2011)高行终字第473号行政判决书(2011 年 4 月 15 日，张冰、刘晓军、谢甄珂)，北京市第一中级人民法院(2010)一中知行初字第2703号行政判决书(2010 年 12 月 30 日，强刚华、陈文煊)。

案件来源：中国裁判文书网。

3　人为设定的货币交易支付规则未利用自然规律也未解决技术问题的，不构成专利客体

【裁判要旨】

人为设定的货币交易支付规则，不是利用自然规律的技术手段，不构成解决技术问题的技术方案。

【关键词】

客体｜技术方案｜技术手段｜人为设定的规则

【基本案情】

黄金富系申请号为200410027344.8、名称为“用智能 IC 卡储存和支付硬币零钱的电子货币系统和方法”的发明专利申请人。国家知识产权局专利实质审查部门以本申请权利要求 1～8 不符合《专利法实施细则》第 2 条第 1 款的规定为由驳回其申请。黄金富不服，申请复审。专利复审委员会认为：本申请所述的系统只是使用了已经存在的电子交易技术对现金交易中产生的小额零钱进行电子交易式的存储和使用，对电子交易技术本身所采用的设备没有任何技术上的改变，其所解决的问题仅仅是将现金交易中产生的零钱作为电子交易的对象，不构成技术问题，因此不属于《专利法》第 2 条第 2 款所说的技术方案，不属于专利保护的客

体。故决定:维持国家知识产权局的驳回决定。

黄金富不服,提起诉讼。北京市第一中级人民法院和北京市高级人民法院均以基本相同的理由驳回黄金富的诉讼请求。黄金富仍不服,申请再审。最高人民法院裁定:驳回其再审申请。

【裁判理由】

最高人民法院认为:

本申请权利要求 1 请求保护一种电子货币数据存取系统,该系统利用银行电脑中心、硬币卡、收款机、充值机、硬币卡电脑中心等装置,以及利用硬币卡对零钱交易的数据进行存取、通过收款机与硬币卡电脑中心以网络来传输硬币卡的数据信息、硬币卡电脑中心与银行电脑中心通过网络来传输支付信息数据、充值机通过网络与硬币卡电脑中心连接以传输充值数据等操作,来实现将现金交易过程中产生的零钱,以存入硬币卡中的方式支付给用户,用户再通过充值机将硬币卡中存入的零钱转换成可进行支付的钱款,从而达到避免将零钱兑换给用户而产生的零钱携带不便和不卫生等问题。从本申请权利要求 1 所记载的上述方案来看,其所要解决的问题是将现金交易中产生的零钱作为电子交易的对象,将零钱存入硬币卡,用户再通过硬币卡进行支付或取现,从而避免因将零钱兑换给用户而产生的零钱携带不便和不卫生等问题,该方案是人为设定的货币交易支付规则,不是利用自然规律的技术手段,因此不构成技术问题。

本申请从属权利要求 2 ~8 均系直接或间接引用权利要求 1,其所附加技术特征后的方案解决的亦非技术问题,故均不构成技术方案。在本申请仅为将现有公知设备进行人为规则的确定,而非利用自然规律的技术手段,且并未解决任何技术问题,所获效果亦非技术效果的情况下,本申请不符合 2002 年《专利法实施细则》第 2 条第 1 款的规定,不构成技术方案。

【案件信息】

黄金富诉专利复审委员会发明专利申请驳回复审案,最高人民法院(2014)知行字第 73 号行政裁定书(2014 年 12 月 1 日,周翔、宋淑华、吴蓉),北京市高级人民法院(2013)高行终字第 671 号行政判决书(2013 年 12 月 19 日,刘辉、陶钧、石必胜),北京市第一中级人民法院(2012)一中知行初字第 2341 号行政判决书(2012 年 12 月 10 日,司品华,穆颖)。

案件来源:中国裁判文书网。

4 未采取技术手段也未解决技术问题、产生技术效果的，不构成技术方案和受保护客体①

【裁判要旨】

一项发明申请没有采用技术手段或者利用自然规律，也没有解决技术问题和产生技术效果，则其请求保护的范围不构成技术方案。专利申请利用现有公知计算机或者网络技术设备，所采用的手段并未对现有的网络或计算机系统等内部性能带来改进，亦未对其构成或功能带来任何技术上的改变，而是通过人为制定的交互规则进行信息传送，则并不构成技术手段，而且所获得的效果也仅是借助网络产生一种商业经营管理和控制效果，也并非一种技术效果，不属于《专利法》第 2 条第 2 款规定的技术方案和受专利保护的客体。

【关键词】

技术方案｜受保护客体｜技术手段｜技术问题｜技术效果

【基本案情】

原告阿浦福润特公司系申请号为 200710196739.4、名称为“产生收入用的游戏服务器系统和方法”的发明专利申请人。

国家知识产权局以本申请不符合专利法第 2 条第 2 款的规定，是不予专利保护的客体为由，驳回本申请。阿浦福润特公司不服，申请复审，国家知识产权局原审查部门坚持原驳回决定。复审期间，阿浦福润特公司修改其权利要求 1 如下：

用一种系统向多个用户传送玩耍游戏信息和传送从多个用户那里产生收入数据的一种方法，多个用户中的每个用户具有一个可移动设备玩耍游戏，该方法所包括的步骤为：提供一游戏服务器，该游戏服务器可通过一个移动数据网络和

① 《专利审查指南》2017 年 2 月 28 日以局令第 74 号作出的修改中，在第二部分第一章第 4.2 节“智力活动的规则和方法”部分指出：涉及商业模式的权利要求，如果既包含商业规则和方法的内容，又包含技术特征，则不应当依据《专利法》第 25 条排除其获得专利权的可能性。本案裁判作出时采取当时流行的根据技术问题、技术手段、技术效果来判断是否属于专利客体，虽然依据的是《专利法》第 2 条的规定，但其背后的逻辑仍是《专利法》第 25 条的问题。《专利审查指南》上述修改作出后，此类商业模式发明创造申请有望得到积极鼓励和适当保护，对此敬请注意。

多个可移动设备进行通信;从多个可移动设备中的某一可移动设备上通过该移动数据网络向该游戏服务器发送一个申请游戏对话的信号;在该可移动设备上通过该移动数据网络启动存储在该游戏服务器上的游戏;通过该移动数据网络将该可移动设备的用户身份识别标志和游戏的开始时间记录到该服务器的一个数据库内;在该可移动设备上通过该移动数据网络玩要存储在该游戏服务器上的游戏;把一个结束时间记录到该服务器的一个数据库内;提供一个可和该游戏服务器通信连接的账单服务器,用于收集该可移动设备的用户玩要游戏的一个总游戏时间数据并把所述总游戏时间数据通过互联网或局域网发送到移动数据网络供应商的账单系统。所述系统中:(1)通过数字移动数据网络,用户具有的可移动设备与游戏服务器上通信连接;(2)游戏服务器与账单服务器通信连接;(3)游戏服务器与互联网或局域网进行通信连接;(4)账单系统服务器与互联网或局域网进行通信连接;(5)通过互联网或局域网,账单服务器和账单系统服务器进行通信连接。

专利复审委员会决定:本申请不属于《专利法》第 2 条第 2 款规定的技术方案,是不予专利保护的客体,从而维持国家知识产权局的驳回决定。阿浦福润特公司不服,提起诉讼。北京市第一中级人民法院、北京市高级人民法院和最高人民法院均以相同的理由驳回其申请。

【裁判理由】

最高人民法院认为:

本申请请求保护的方案是利用现有计算机设备和互联网输送信息搭建系统,权利要求 1 限定的系统通过数字移动数据网络,用户具有的可移动设备与游戏服务器上通信连接;游戏服务器与账单服务器通信连接;游戏服务器与互联网或局域网进行通信连接;账单系统服务器与互联网或局域网进行通信连接;通过互联网或局域网,账单服务器和账单系统服务器进行通信连接。其所要解决的问题是满足游戏提供商在提供网络游戏中获取收入的问题,这并不属于针对现有技术发现的技术问题,而是根据人的主观意志设定的规则实现游戏供应商从游戏系统的用户处产生收入的结果,因此不构成技术问题。此外,本申请权利要求 1 所采用的手段是以人为制定的活动规则,并按该规则的要求进行信息互换,而该主观意志设定的规则未受自然规律的约束。本申请权利要求 1 的系统虽然使用了“游戏服务器”“账单服务器”“数字移动数据网络”“可移动设备”等计算机或者网络的技术名词,但并没有提出或者解决现有设备内部结构存在的何种技术问题,也没有给设备的性能带来改进,或给设备的构成或功能带来任何技术上的改变。因此，本申请权利要求1利用现有公知计算机或者网络技术设备，所采用的手段并未对现有的网络或计算机系统等内部性能带来改进，亦未对其构成或功能带来任何技术上的改变，而是通过人为制定的交互规则进行信息传送，并未构成技术手段，而且所获得的效果也仅是借助互联网服务供应商或无线网络供应商，从游戏系统中产生收入的一种商业经营管理和控制效果，并非一种技术效果。如果一项发明申请没有采用技术手段或者利用自然规律，也没有解决技术问题和产生技术效果，则其请求保护的范围不构成技术方案。因此，权利要求1的方案不属于《专利法》第2条第2款规定的技术方案和受专利保护的客体。

【案件信息】

阿浦福润特技术有限公司诉专利复审委员会发明专利申请驳回复审案，最高人民法院(2016)最高法行申1000号行政裁定书(2016年6月17日，周翔、罗霞、佟姝)，北京市高级人民法院(2014)高行终字第1555号行政判决书(2014年12月19日，谢甄珂、钟鸣、刘辉)，北京市第一中级人民法院(2013)一中知行初字第1910号行政判决书(2013年12月20日，赵明、王二环)。

案件来源：中国裁判文书网。

5 仅依赖于人的思维活动的游戏规则不构成技术手段也不存在技术效果不是专利客体

【裁判要旨】

按照一种人为设定的内容完成游戏，不构成技术问题，人为设定的游戏规则，仅依赖于人的思维活动，不构成技术手段；获得的效果也不构成技术效果，专利申请请求保护的方案不是一种技术方案，不是专利保护的客体。

【关键词】

客体｜技术方案｜游戏规则｜人的思维活动

【基本案情】

梁汉基系申请号为200610061959.1、名称为“成功路游戏”的发明专利的共同申请人。国家知识产权局实质审查部门以其于2009年12月23日提交的权利要求1超出了原说明书和权利要求书记载的范围，不符合《专利法》第33条的规定为由驳回其申请。梁汉基不服，申请复审，并提交了新修改的权利要求书。

专利复审委员会认为：从权利要求1保护的方案可以看出，本申请借助于模拟显示社会形态和人生成长基本历程的游戏环境、代表游戏者的棋子或图形，以及棋子或图形在游戏区域移动相应的步数的骰子来组成本申请请求保护的成功路游戏的游戏环境的设计方法，从而模拟显示社会形态和人生成长基本历程，达到进行公民思想品德教育的目的。关于游戏环境中模拟显示的社会形态、人生成长基本历程，以及代表游戏者的棋子或图形，棋子或图形在游戏区域移动相应的步数的骰子这些方面都是人为设定的，根据社会形态、人生成长基本历程对棋盘进行区域划分，并且根据人为设定的关于棋子或图形在游戏区域移动相应的步数的骰子的游戏规则来实现成功路游戏的游戏环境的设计方法。由此可见，本申请所要解决的问题实质上是按照一种人为设定的包括社会形态和人生成长基本历程的游戏环境来完成游戏，不构成技术问题；采用的手段是根据人为设定的规则对游戏所使用的棋盘进行区域划分并且人为制定关于棋子或图形在游戏区域移动相应的步数的骰子的游戏规则，仅仅依赖于人的思维活动，不构成技术手段，虽然梁汉基强调了本申请的各个实施方式的实施需要运用技术人才，使用不同的机器设备，使用不同的工具才能制作出各个实施方式下的产品，但关于机器设备以及不同工具的使用在本申请说明书和权利要求书中均未记载；获得的效果也只是以进行公民思想品德教育为主要目的，即使游戏者在游戏中接受思想品德教育，不构成技术效果。因此不符合《专利法实施细则》第2条第1款的规定，不能被授予专利权。故决定：维持国家知识产权局的原驳回决定。

梁汉基不服，提起诉讼。北京市第一中级人民法院和北京市高级人民法院均以相同的理由驳回其诉讼请求。梁汉基仍不服，申请再审。最高人民法院裁定，驳回其再审申请。

【裁判理由】

最高人民法院认为：

《专利法实施细则》第2条第1款规定，专利法所称发明，是指对产品、方法或者其改进所提出的新的技术方案。这一条款是对可申请专利保护的发明客体的原则性要求，如果权利要求请求保护的方案未采用技术手段或者利用自然规律，也未解决技术问题和产生技术效果，则该方案就不构成技术方案，即不属于可授予专利权的客体。

本案中，从权利要求 1 请求保护的方案来看，其所要解决的问题是按照一种人为设定的包括社会形态和人生成长基本历程的游戏环境来完成游戏，不构成技术问题；采用的手段是根据人为设定的规则对游戏所使用的棋盘进行区域划分，并且人为制定关于棋子或图形在游戏区域移动相应的步数的骰子的游戏规则，仅仅依赖于人的思维活动，不构成技术手段；获得的效果也只是以进行公民思想品德教育为主要目的，不构成技术效果。因此，本申请权利要求 1 请求保护的方案不是一种技术方案，不符合《专利法实施细则》第 2 条第 1 款的规定。

【案件信息】

梁汉基诉专利复审委员会发明专利申请驳回复审案，最高人民法院（2013）知行字第 67 号行政裁定书（2013 年 12 月 4 日，王永昌、李剑、宋淑华），北京市高级人民法院（2013）高行终字第 998 号行政判决书（2013 年 6 月 20 日，刘晓军、袁相军、马军），北京市第一中级人民法院（2012）一中知行初字第 3315 号行政判决书（2013 年 2 月 28 日，邢军、肖玲玲）。

案件来源：中国裁判文书网。

6　人为规划未利用技术手段解决技术问题的不是技术方案，不属于实用新型保护客体

【裁判要旨】

交通区域的布局划分以及各个交通区域之间的位置关系是一种人为的规划布置，其具体内容均是依托于人为限定的行车方式实现，而这其中仅仅是规则，并未利用符合自然规律的技术手段，所获得的也仅是车辆以及行人按照该规则行进，也并不是技术效果，因此不是一种技术方案，不属于实用新型保护的客体，不符合《专利法》第 2 条第 3 款实用新型保护客体规定的要求。

【关键词】

客体｜技术方案｜行为规则｜技术手段｜技术效果

【基本案情】

原告刘长寿、周闻涛、刘翔系申请号为 201320112345.7、名称为“一种全畅通

附带街口空地附带寄车区的路口及快道”实用新型专利申请人，国家知识产权局以本申请不符合《专利法》第2条第3款的规定为由驳回了本申请。

原告申请复审后，国家知识产权局坚持原驳回决定。

专利复审委员会认为：本申请权利要求1～7的内容为交通区域的布局划分以及各个交通区域之间的位置关系，这种布局划分和位置关系是一种人为的规划布置，没有利用自然规律解决技术问题，不是一种技术方案，不属于实用新型保护的客体，不符合《专利法》第2条第3款的规定。虽然本申请涉及道路，但其具体内容均是依托于人为限定的行车方式实现的，而这其中仅仅是规则，并未利用符合自然规律的技术手段，所获得的也仅是车辆以及行人按照该规则行进，这一点也并不是技术效果。此外，实用新型专利，是对产品结构、形状或其结合的保护，本申请所涉及的方案并不属于专利法中对于实用新型专利保护客体的范畴，即便方案具有一定的优势，但由于其并不符合实用新型保护客体规定的要求，也无法以专利形式得到相应的权利。

三原告不服，提起诉讼。北京知识产权法院、北京市高级人民法院和最高人民法院均以相同的理由驳回其申请。

【裁判理由】

最高人民法院认为：

首先，从主题来看，本专利申请涉及一种“路口及快道”，由于路口、快道均不属于产品的范畴，故本专利申请的主题不符合《专利法》第2条第3款关于实用新型适用于“产品”的规定。

其次，从权利要求的内容来看，本专利申请主要体现了一种人为规划的交通布局设计，尽管该设计结合了交通设施、设备，具有一定的构造，但是，本专利申请所称的技术效果，并非基于对交通设施、设备及其构造的改进，而是基于对交通规则与交通布局设计的改变，本质上与“为了交通安全、畅通，车辆均靠右行驶”这样的人为交通规则设计并无实质性差别。

因此，本专利申请不符合《专利法》第2条第3款关于实用新型是“对产品的形状、构造或者其结合提出的新的技术方案”的规定。

综上，本专利申请不属于实用新型专利保护的客体。

【案件信息】

刘长寿、周闻涛、刘翔诉专利复审委员会实用新型专利申请驳回复审案，最高人民法院(2017)最高法行申5980号行政裁定书(2017年11月9日，王艳芳、杜微科、何鹏)，北京市高级人民法院(2015)高行(知)终字第1453号行政判决书(2016年1月18日,刘辉、刘庆辉、马军),北京知识产权法院(2014)京知行初字第19号行政判决书(2015年1月19日,何暄、彭文毅)。

案件来源:2017年中国法院50件典型知识产权案例。

7　以计算机程序流程为依据的疾病诊断治疗功能模块构架的产品权利要求属授权客体

【裁判要旨】

涉及计算机程序的发明专利申请,可以在权利要求书中同时撰写彼此对应的一组产品权利要求和一组方法权利要求。对于疾病的诊断和治疗方法不授予专利权,并不意味着对于以计算机程序流程为依据的疾病诊断和治疗的功能模块构架产品权利要求也被排除在专利法可被授权的客体之外。

【关键词】

客体｜疾病的诊断和治疗方法｜计算机程序｜产品权利要求｜不授予专利权

【基本案情】

原告香港中文大学系申请号为200880108377.1、名称为“利用基因组测序诊断胎儿染色体非整倍性”的PCT发明专利的申请人。国家知识产权局以其权利要求相对于对比文件1、3以及本领域的常用技术手段而言不具备《专利法》第22条第3款规定的创造性为由驳回其申请,香港中文大学不服,申请复审。国家知识产权局坚持驳回决定。专利复审委员会认为,本申请权利要求1实质上请求保护的是计算机程序流程的方法步骤,属于方法的范畴,并且该方法通过对来自孕妇个体生物样品的被测序的标签数据进行分析处理,实现了对孕妇体内的胎儿是否存在异常这一人体健康状况的判断,可见该方法以有生命的人体为对象,以获得健康状况为直接目的,因此该方法是疾病的诊断方法,属于《专利法》第25条第1款第3项规定的范围,不能被授予专利权。因此维持了国家知识产权局的驳回决定。

香港中文大学不服,提起诉讼。北京知识产权法院判决:撤销专利复审委员会的决定，并判令其程序作出决定。

【裁判理由】

法院认为：

对于疾病的诊断和治疗方法不授予专利权。根据《专利审查指南》的规定，如果一项权利要求的类型属于产品权利要求，则不属于《专利法》第25条第1款第3项排除的客体。

涉及计算机程序的发明专利申请可以被撰写为产品权利要求，只要在权利要求中记载该产品的组成部分，各组成部分实现的功能以及各组成部分之间的关系即可。对于一项涉及计算机程序的发明专利申请，产品权利要求应当与方法权利要求相对应，即具备同源性。换言之，在该领域，对于涉及相同的计算机程序的发明专利申请，可以在权利要求书中同时撰写彼此对应的一组产品权利要求和一组方法权利要求。虽然《专利审查指南》指出，由一组程序模块限定的装置权利要求应当理解为主要通过说明书记载的计算机程序实现解决方案的程序模块架构，而不应当理解为主要通过硬件方式实现解决方案的实体装置。但是，无论是否属于实体装置，这种撰写形式上的差异，不能构成对要求保护的权利要求类型发生变化的理由。若涉及计算机程序的产品权利要求可以视为方法权利要求，则《专利审查指南》中不必对涉及计算机程序的装置权利要求的撰写作出规定，仅要求申请人撰写方法权利要求即可。由此可见，《专利审查指南》的本意并不是将该类产品权利要求视为方法权利要求。

综上，涉及计算机程序的专利申请虽然具有一定的特殊性，但是就权利要求的类型而言，本申请的权利要求1～15均为以计算机程序流程为依据的功能模块构架，属于产品权利要求，而非方法权利要求，不能被排除在专利法可被授权的客体之外。本申请并未构成《专利法》第25条第1款第3项规定的情形。

本案中，国家知识产权局以权利要求1～15不具备创造性为由作出驳回决定，专利复审委员会以权利要求1～15不属于专利保护客体为由维持驳回决定。从表面上来看，专利复审委员会是引入了驳回决定未提及的新的理由，但是，如果一项权利要求的主题不属于专利保护客体，那么，就没有对其进行进一步审查的必要，如果仅仅为了平衡申请人的“审级损失”，而对专利申请中存在的明显不能予以授权的事实视而不见，则会导致审查程序前后震荡，进而导致专利申请在前后审之间“不当延长审查程序”。因此，专利复审委员会对本案的处理程序正当，并未违反《专利审查指南》中关于“复审请求的审查”相关程序的规定。

【案件信息】

香港中文大学诉专利复审委员会发明专利申请驳回复审案，北京知识产权法院(2017)京73行初3261号行政判决书(2018年8月28日，杨洁、邓卓)。

案件来源：中国裁判文书网。

8 物质医药用途发明应撰写为制药方法权利要求并以制药相关技术特征限定保护范围①

9 仅体现为用药行为而非制药用途的特征对专利请求保护的制药方法不具有限定作用

10 医药用途专利权利要求中不足以与已知用途相区别的特征对保护范围没有限定作用

【裁判要旨】

物质医药用途发明应撰写为制药方法权利要求并以制药相关技术特征限定保护范围。

仅涉及药物使用方法的特征，实质上属于在实施制药方法并获得药物后将药物施用于人体的具体用药方法，与制药方法没有直接、必然的关联性的，这种仅体现于用药行为中的特征不是制药用途的技术特征，对权利要求请求保护的制药方法本身不具有限定作用。

如果权利要求中不产生特定毒副作用的特征没有改变药物已知的治疗对象和适应症，也未发现药物的新性能，不足以与已知用途相区别，则其对权利要求请求保护的医药用途发明不具有限定作用。

① 本书中，当出现两条以上并列的裁判规则时，表示这些裁判规则都是从紧接着它们的同一案例中总结归纳而来，且其内容互相关联，并不是在这些裁判规则之间遗漏了案例内容。以下情况相同的，不再重复说明。

【关键词】

医药用途发明｜制药方法权利要求｜制药方法｜用药方法｜给药剂量

【基本案情】

原告卡比斯特制药公司系专利号为99812498.2、名称为“抗生素的给药方法”发明专利权人。本专利授权公告的权利要求1如下：潜霉素在制备用于治疗有此需要的患者细菌感染而不产生骨骼肌毒性的药剂中的用途，其中用于所述治疗的剂量是3～75mg/kg的潜霉素，其中重复给予所述的剂量，其中所述的剂量间隔是每隔24小时一次至每48小时一次……

第三人肖红提出无效宣告请求。专利复审委员会决定：宣告本专利权全部无效。

卡比斯特制药公司不服，提起诉讼。北京市第一中级人民法院和北京市高级人民法院均判决维持专利复审委员会的决定。卡比斯特制药公司仍不服，申请再审。最高人民法院裁定：驳回其再审申请。

【裁判理由】

最高人民法院认为：

在化学领域发明专利的申请中，物质的医药用途以“用于治病”“用于诊断病”“作为药物的应用”时，属于《专利法》第25条第1款第3项“疾病的诊断和治疗方法”不能被授予专利权；物质的医药用途发明以药品权利要求或者以“在制药中的应用”“在制备治疗某病的药物中的应用”等制药方法的用途权利要求申请专利的，则不属于前述规定的情形。允许将实质在于药物新用途的发明创造，撰写成制药方法的权利要求获得专利权，实质上是针对物质的医药用途发明创造所做的特别规定。用途发明是一种方法发明，其权利要求属于方法类型，当发明的实质及其对现有技术的改进在于物质的医药用途，申请人在申请专利权保护时，应当将权利要求撰写为制药方法类型权利要求，并以与制药相关的技术特征对权利要求的保护范围进行限定。

“不产生骨骼肌毒性”不是患者在潜霉素施用之前呈现的症状，而是患者在施用潜霉素之后身体中某些指标发生变化的结果，体现的是药物本身是否具有毒副作用。本专利“不产生骨骼肌毒性”仅是改善了潜霉素的不良反应，并没有改变潜霉素本身的治疗对象和适应证，更没有发现药物的新性能，没有使其与现有技术公开的已知用途产生区别，对药物用途本身不具有限定作用，对本专利权利要求并未产生限定作用。

在实践中，给药对象、给药形式、给药剂量、时间间隔等是制药方法权利要求中经常出现的特征。分析各个技术特征体现的是制药行为还是用药行为，以及新用途与已知用途是否实质不同，对判定所要求保护的技术方案与现有技术是否具备新颖性非常关键。由于制药方法权利要求约束的是制造某一用途药品的制造商的制造行为，通常能直接对其起到限定作用的是原料、制备步骤和工艺条件、药物产品形态或成分以及设备等制备特定药物本身的行为，并不包括药品的说明书、标签和包装的撰写等药品出厂包装前的工序。对于仅涉及药物使用方法的特征，如药物的给药剂量、时间间隔等，如果这些特征与制药方法之间并不存在直接关联，其实质上属于在实施制药方法并获得药物后，将药物施用于人体的具体用药方法，与制药方法没有直接、必然的关联性。这种仅体现于用药行为中的特征不是制药用途的技术特征，对权利要求请求保护的制药方法本身不具有限定作用。

给药剂量与单位剂量是不同的概念：单位剂量通常是指每一药物单位中所含药物量，该含量取决于配制药物时加入的药量；给药剂量是指每次或者每日的服药量，指药物的使用份量，可由药物的使用者自行决定，属于对药物的使用方法。本专利权利要求1中记载的所述治疗的剂量并没有限定是单位剂量还是给药剂量，说明书也没有记载该剂量对制药过程及制药用途种类具有影响。作为本领域的技术人员对于本专利权利要求1中记载的所述治疗的剂量通常理解为给药剂量，其改变并不必然影响药物的制备过程，导致药物含量的变化。同样，本专利通过时间间隔形成的给药方案是用药过程中如何使用该药物的方法特征，属于体现在用药过程，不体现在制药阶段的医学实践活动，与药物生产的制备本身并没有必然的联系，没有对潜霉素的制备方法产生改变，影响药物本身，对制药过程不具有限定作用，不能使该制药用途具备新颖性。

【案件信息】

卡比斯特制药公司诉专利复审委员会、肖红发明专利权无效宣告案，最高人民法院(2012)知行字第75号行政裁定书(2013年11月19日，金克胜、罗霞、杜微科)，北京市高级人民法院(2010)高行终字第547号行政判决书(2010年8月23日，李燕蓉、焦彦、戴怡婷)，北京市第一中级人民法院(2009)一中行初字第1847号行政判决书(2009年12月23日，任进、邢军)。

案件来源：最高人民法院知识产权案件年度报告(2013)，2013年中国法院十大创新性知识产权案件。

第二章　说明书和权利要求书

第一节　说明书的充分公开

11　本领域技术人员阅读说明书时，能理解并更正其错误且不致技术方案变化的，则应允许更正其错误[①]

【裁判要旨】

判断专利说明书是否清楚、完整，应当以本领域技术人员能否理解技术方案并能够实现作为判断标准。如果本领域技术人员在阅读说明书公开的内容时，即能理解、发现并更正其错误，且该理解和更正并不会

---

① 相同裁判观点的案例另见《最高人民法院公报》2006年第2期收录的最高人民法院（2005）民三提字第2号许文庆诉专利复审委员会、邢鹏万发明专利无效宣告案再审判决书，该判决特别指出：本案专利权利要求书和说明书的撰写确实存在一定的缺陷。主要是每项权利要求所要求保护的技术方案在说明书中没有直接记载；权利要求1特征（b）的文字表述不够清楚，如"各种处理液""连续不间断地循环流动状态"等表述，就容易产生歧义，当事人就本案专利权利要求书是否以说明书为依据所发生的争议，也主要是由于上述原因造成的。但正如前面所分析的那样，这些缺陷，通过所属技术领域的技术人员仔细阅读说明书和借助于现有技术知识，是可以克服的，不至于严重到如专利复审委员会所认为的那样，权利要求书得不到说明书的支持，将专利权宣告无效。本院不愿意见到更多地以此种理由宣告专利权无效的趋向，有关各方应当尽心协力提高专利申请授权水平。至此，在全面考虑了各方当事人对本争议问题的意见后，可以得出这样的结论：本案专利权利要求得到了说明书的支持，符合《专利法》第26条第4款规定。

导致权利要求的技术方案发生变化,则应当允许对专利说明书中存在的错误予以更正理解。

【关键词】

说明书｜清楚完整｜本领域技术人员｜错误｜理解和更正

【基本案情】

第三人斯托布利公司系专利号为97123476.2、名称为“旋转多臂机构以及装备此类多臂机构的织机”发明专利权人。

原告常熟纺织公司提出无效宣告请求认为:本专利说明书中对本发明技术内容未作出清楚的说明,以致所属技术领域的技术人员不能实现本发明,不符合《专利法》第26条第3款的规定。本专利权利要求1~5也不符合《专利法》第26条第4款的规定,故请求宣告本专利全部无效。专利复审委员会决定:维持本专利有效。

常熟纺织公司不服,提起诉讼。北京市第一中级人民法判决:维持专利复审委员会的决定。常熟纺织公司仍不服,提起上诉。北京市高级人民法院判决:撤销一审判决和专利复审委员会的决定,判令专利复审委员会重新做出决定。斯托布利公司不服,申请再审。最高人民法院提审后判决:撤销二审判决,维持一审判决。

【裁判理由】

最高人民法院认为:

本专利说明书确有部分语句不清楚或者标记错误,但这些不清楚之处更多是对本专利的背景技术、现有技术所进行的描述。由于本领域技术人员在阅读本专利说明书公开的内容时,即能理解说明书不清楚之处的相关技术含义,看出其存在的错误,且在再现本发明的技术方案时,可以在自行理解和纠正的基础上实现发明创造的技术方案。因此,不宜以错误多少或者是否严重作为判断标准,而应当以本领域技术人员是否理解技术方案并能够实现作为判断标准。

说明书记载达到何种程度才算清楚、完整,与阅读者的水平有关。无论是判断专利说明书是否清楚、完整,还是判断说明书中是否存在错误,判断主体都是本领域技术人员,而非一般的公众。如果本领域技术人员在阅读说明书公开的内容时,即能理解、发现并更正其错误,尤其是该理解和更正并不会导致权利要求的技术方案发生变化,进而损害权利要求的公示性和稳定性的情况下,若不对说明书的不清楚之处及标记错误作出更正性理解，将会导致专利权人获得的利益与其对社会做出的贡献明显不相适应。从保护发明创造，鼓励发明创造的基本原则出发，一方面，应当允许对授权后的专利说明书中存在的错误予以更正理解；另一方面，也要防止专利权人滥用这一规则。要准确界定错误，在合理保护专利权人利益和维护社会公众利益之间进行利益平衡，以契合专利法鼓励发明创造、促进科技进步与经济社会发展的立法本意。

【案件信息】

常熟纺织机械厂有限公司诉专利复审委员会、斯托布利—法韦日公司发明专利权无效宣告案，最高人民法院(2017)最高法行再95号行政判决书(2017年6月28日，夏君丽、曹刚、傅蕾)，北京市高级人民法院(2013)高行终字990号行政判决书(2015年6月11日，焦彦、岑宏宇、刘庆辉)，北京市第一中级人民法院(2012)一中知行初字第1704号行政判决书(2013年2月28日，邢军、穆颖)。

案件来源：最高人民法院知识产权案件年度报告(2017)。

12 新化合物产品及方法发明应完整公开其用途和/或使用效果及证明可实现的实验数据

【裁判要旨】

对于化学产品的专利申请，应当完整公开该产品的用途和/或使用效果。如果所属技术领域的技术人员无法根据现有技术预测发明能够实现所述用途和/或使用效果，则说明书中还应当记载对于本领域技术人员来说，足以证明发明的技术方案可以实现所述用途和/或达到预期效果的定性或定量实验数据。

【关键词】

化学领域的发明创造｜公开不充分｜新化合物｜用途和/或者使用效果｜实验数据

【基本案情】

原告田边株式会社系申请号为200480022007.8、名称为“新颖化合物”的发明专利申请人，其权利要求1～6请求保护式(I)化合物或其医药上可接受的盐；权利要求 7 请求保护医药组合物;权利要求 8 和要求 9 请求保护式(I)化合物的制备方法。

本申请说明书记载:本申请的目的是提供具有钠依赖型葡萄糖转运体(SGLT)抑制活性的化合物,所述 SGLT 抑制剂通过降低糖尿病患者的血糖水平而预防糖尿病及糖尿病并发症如糖尿病视网膜病变、糖尿病神经病变、糖尿病肾病以及延迟性伤口愈合的发病与进程。说明书记载了大量式(I)化合物的苯环上连有噻吩基甲基和 1-β-D-吡喃葡萄糖基的具体化合物的制备实施例。但没有给出式(I)化合物对钠依赖性葡萄糖运转体(SGLT)的抑制活性数据或其降低血糖的效果数据,也未给出任何实验室试验(包括动物试验)或者临床试验的定性或者定量数据证明本申请式(I)化合物具有所述生物活性及医药用途,仅在发明内容部分描述了式(I)化合物具有上述活性和相关医药用途。

国家知识产权局原审查部门驳回了本申请。田边株式会社申请复审。专利复审委员会认为:本申请说明书公开不清楚、完整,不符合《专利法》第 26 条第 3 款的规定,因此决定:维持国家知识产权局对本申请作出的驳回决定。

田边株式会社不服,提起诉讼。北京市第一中级人民法院判决:维持专利复审委员会的决定。田边株式会社不服,提起上诉。北京市高级人民法院认为:对于新化合物产品及其制备方法权利要求,不能仅仅因为说明书没有充分公开新化合物能够取得某种治疗效果或具体用途的实验数据就认定说明书公开不充分。虽然在判断创造性和实用性时有可能需要考虑化合物能够取得的治疗效果或具体用途,但这与说明书充分公开是不同的问题,应分别判断。说明书没有充分公开实验数据支持发明人声称的治疗效果或具体用途是否会导致其不具备创造性或者实用性,应当根据法律对创造性或者实用性的相关规定进行判断。如果本申请仅仅要求保护式(I)化合物这种物质本身,从说明书充分公开的角度来看,不需要说明书充分公开该化合物是否能够取得某种治疗效果。但是,本申请还要求保护式(I)化合物在医药上可接受的盐,说明书对此公开不充分。因此判决:驳回上诉,维持原判。田边株式会社仍不服,申请再审。最高人民法院裁定:驳回其再审申请。

【裁判理由】

最高人民法院认为:

发明专利权作为一种工业产权,应当具备产业上的利用价值,对于尚不确定其具有何种技术意义或者无积极效果的发明创造不应予以保护。一项发明的技术方案是否具备产业的利用价值，需要根据说明书公开的内容并结合现有技术状况来判断，即专利说明书是判断发明创造是否实质上被完成以及是否应给予专利保护的关键，因此，说明书应当记载发明创造是否具备产业价值、是否被实质上完成的技术信息。对于化学领域的发明创造，在多数情况下，其能否实施以及具备何种用途或效果往往难以预测，必须借助于实验结果加以证实才能得到确认。因此，在本领域技术人员根据现有技术不能预测新的化合物具备说明书所述用途和/或使用效果的情况下，专利申请说明书应当记载该化合物可以实现所述用途和/或达到预期效果的定性或定量实验数据。

本申请说明书没有给出式（I）化合物对 SGLT 的抑制活性数据或其降低血糖的效果数据，也未给出任何定性或者定量数据证明式（I）化合物具有所述生物活性及医药用途，仅仅在发明内容部分断言式地描述式（I）化合物具有上述活性和相关医药用途。本领域技术人员难以根据本申请说明书和现有技术得出式（I）化合物及其医药上可接受的盐具有上述活性和相关医药用途的结论。

“医药上可接受的盐”是化学医药领域专利文件中的惯常用语，其本意并非表明该盐具有某种医药用途，也不意味着未加相应医药用途限定的所述化合物不需具备相应医药用途，而是表明在相应化合物具备医药用途的基础上，其所形成的盐既保留了所述化合物本身的医药用途，同时该盐又适于医药应用。在化合物本身被说明书充分公开的情况下，一般认为说明书对其一般概念的盐的公开也是充分的。

【案件信息】

田边三菱制药株式会社诉专利复审委员会发明专利申请驳回复审案，最高人民法院（2015）知行字第 352 号行政裁定书（2016 年 2 月 26 日，周翔、郎贵梅、罗霞），北京市高级人民法院（2013）高行终字第 2364 号行政判决书（2014 年 12 月 29 日，刘辉、石必胜、陶钧），北京市第一中级人民法院（2013）一中知行初字第 1356 号行政判决书（2013 年 9 月 17 日，侯占恒、陈勇）。

案件来源：最高人民法院知识产权案件年度报告（2016），《最高人民法院公报》2017 年第 11 期。

13 化合物发明专利说明书应公开其化学结构及相关理化性能参数，以便确认并能制备

14 说明书的充分公开是指其能实现该技术方案，解决声称的技术问题并产生预期效果

【裁判要旨】

化学产品发明的专利说明书中应当记载化学产品的确认、制备和用途。当发明是一种化合物时，说明书中应当说明该化合物的化学结构及与发明要解决的技术问题相关的化学、物理性能参数，使本领域技术人员能确认该化合物。说明书中还应当至少公开一种制备方法，使本领域技术人员能够实施。

《专利法》第26条第3款的适用，必须是能够实现技术方案，解决技术问题，产生预期效果三者同时满足。应首先确认本领域技术人员根据说明书公开的内容是否能够实现该技术方案，然后再确认是否解决了技术问题、产生了技术效果。

申请日后补交的实验性证据只能证明化学产品能否制备得到，不能用于证明化学产品的确认。

【关键词】

说明书充分公开 | 化学产品的确认和制备 | 化学、物理性能参数 | 申请日后补交的实验性证据

【基本案情】

原告朗伯公司系专利号为96195564.3、名称为“结晶[R－(R,R)]－2－(4－氟苯基)－β,δ－二羟基－5－(1－甲基乙基)－3－苯基－4－[(苯氨基)羰基]－1H－吡咯－1－庚酸半钙盐”的发明专利人权。本专利权利要求1的主题为含1－8摩尔水的Ⅰ型结晶阿托伐他汀水合物，特征部分用X－射线粉末衍射图(XPRD)予以限定。

第三人嘉林公司、张楚分别针对本专利提起无效宣告请求。专利复审委员会

以本专利不符合《专利法》第26条第3款规定为由，宣告本案专利权全部无效。

朗伯公司不服，提起诉讼。北京市第一中级人民法院判决：维持专利复审委员会的决定。朗伯公司不服，提起上诉。北京市高级人民法院判决：撤销一审判决和专利复审委员会的决定，并责令专利复审委员会重新作出决定。专利复审委员会、嘉林公司均不服，申请再审。最高人民法院提审后判决：撤销二审判决，维持一审判决。

【裁判理由】

最高人民法院认为：

《专利法》第26条第3款的适用，必须是能够实现技术方案，解决技术问题，产生预期效果三者同时满足。应首先确认本领域技术人员根据说明书公开的内容是否能够实现该技术方案，然后再确认是否解决了技术问题、产生了技术效果。

化学领域属于实验性科学领域，影响发明结果的因素是多方面、相互交叉且错综复杂的，发明能否实施往往需要加以验证才能够确认。比如在多数情况下，化学产品发明需要借助一些定性或者定量的数据和谱图才能够清楚地确认。由于化学领域发明专利的这些特性，化学产品发明的专利说明书中应当记载化学产品的确认、制备和用途。当发明是一种化合物时，说明书中应当说明该化合物的化学结构及与发明要解决的技术问题相关的化学、物理性能参数，使本领域技术人员能确认该化合物。同时，说明书中还应当至少公开一种制备方法，使本领域技术人员能够实施。

本专利请求保护的主题是“含1～8摩尔水的Ⅰ型结晶阿托伐他汀水合物”，其中的水含量应当是该产品发明的组成部分和结构特征：一是组成，即含1～8摩尔水（优选3摩尔）的Ⅰ型结晶阿托伐他汀水合物；二是从微观结构而言，该水合物具有权利要求所定义的XPRD和13CNMR数据。

现有证据表明本领域对于某种物质的水合物中的水到底会不会占位，水的存在或含水量的多寡是否会影响到其XPRD并不存在统一的教导，本专利说明书中仅声称本专利中无水形式和水合形式是等价的，但Ⅰ型结晶阿托伐他汀水合物中的水到底属于“水不占位，不影响晶体的XPRD”的物质，还是属于“水会占位，会影响晶体的XPRD”的物质，沃尼尔·朗伯公司并没有证据证明。即使通道水在水合物中不占位，不影响晶体的XPRD，沃尼尔·朗伯公司也没有证据证明本专利权利要求所限定的Ⅰ型结晶阿托伐他汀水合物中的水属于通道水。本领域技术人员也就不能从本专利说明书中确认含有不同摩尔水的Ⅰ型结晶阿托伐他汀水合物具有相同的 XPRD。

本专利说明书中未测定得到的 I 型结晶阿托伐他汀含有多少水，通过本专利说明书公开的图谱本身也不能确定对应的化合物中水的含量以及水的具体存在形式。本领域技术人员无法确信可以受控地制备得到本专利请求保护的含 1～8 摩尔水（优选 3 摩尔）的 I 型结晶阿托伐他汀水合物，本专利说明书不符合《专利法》第 26 条第 3 款的规定。

对于化学产品发明，说明书中没有记载化学产品的确认的，不属于已达到清楚、完整说明的要求，不符合《专利法》第 26 条第 3 款的规定。申请日后补交的实验性证据只能证明化学产品能否制备得到，不能用于证明化学产品的确认。

【案件信息】

沃尔尼·朗伯有限责任公司诉专利复审委员会、北京嘉林药业股份有限公司、张楚发明专利权无效宣告案，最高人民法院（2014）行提字第 8 号行政判决书（2015 年 4 月 16 日，周翔、罗霞、周云川），北京市高级人民法院（2010）高行终字第 1489 号行政判决书（2012 年 5 月 15 日，张冰、刘晓军、谢甄珂），北京市第一中级人民法院（2009）一中知行初字第 2710 号行政判决书（2010 年 5 月 14 日，任进、张晰昕）。

案件来源：最高人民法院知识产权案件年度报告（2015），《最高人民法院公报》2017 年第 5 期，2015 年中国法院十大知识产权案件。

15　根据说明书公开内容能预见到权利要求技术特征所限定的极其有限的生物序列均能实现发明目的和预期技术效果的，则权利要求得到说明书的支持

【裁判要旨】

对于保护主题为生物序列的权利要求是否得到说明书的支持，需要考虑其中的同源性加上来源和功能等技术特征对该生物序列的限定作用。如果这些特征的限定导致包含于该权利要求中的生物序列极其有限，且根据专利说明书公开的内容能够预见到这些极其有限的序列均能实现发明目的，达到预期的技术效果，则权利要求能够得到说明书的支持。

【关键词】

生物序列权利要求|同源性|来源和功能限定|实现发明目的|达到预期技术效果

【基本案情】

第三人诺维信公司系名称为"热稳定的葡糖淀粉酶"的发明专利权人为。本专利与本案争议焦点相关的部分权利要求如下:6. 一种具有葡糖淀粉酶活性的分离的酶,与 SEQ ID NO:7 中所示全长序列之间同源的程度至少为 99%,并且具有由等电聚焦测定的低于 3.5 的等电点。……10. 根据权利要求 6 ~ 9 任一项的分离的酶,所述的酶来源于丝状真菌 Talaromyces 属,其中丝状真菌是 T. emersonii 菌株。11. 权利要求 10 的酶,其中丝状真菌是 T. emersonii CBS 793.97。12. 一种克隆的 DNA 序列,所述 DNA 序列编码表现出葡糖淀粉酶活性的酶,该 DNA 序列包括:(a)在 SEQ ID NO:33 中所示 DNA 序列的所述葡糖淀粉酶编码部分;(b)在 SEQ ID NO:33 中第 649 ~ 2724 位中所示的 DNA 序列或其互补链……13. 权利要求 12 的 DNA 序列,其中所述的 DNA 序列来源于丝状真菌 Talaromyces 属,其中所述丝状真菌是 T. emersonii 的菌株。14. 权利要求 13 的 DNA 序列,其中所述丝状真菌是 T. emersonii CBS 793.97……

原告博立公司和山东隆大生物工程有限公司提出无效宣告请求,认为本专利不符合《专利法》第 26 条第 3 款、第 4 款和第 22 条第 3 款的规定。专利复审委员会决定,基于诺维信公司 2011 年 11 月 10 日提交的权利要求书修改文本宣告本专利部分权利要求无效,维持部分权利要求有效。

博立公司不服,提起诉讼。北京市第一中级人民法院判决:争议权利要求的概括超出了说明书的内容,因此撤销专利复审委员会的决定。专利复审委员会和诺维信公司不服,提起上诉。北京市高级人民法院判决:驳回上诉,维持原判。专利复审委员会和诺维信公司仍不服,申请再审。最高人民法院提审后判决:撤销一审、二审判决,维持专利复审委员会的决定。

【裁判理由】

最高人民法院认为:

本案争议焦点为:引用本专利权利要求 6 的权利要求 10 和 11,引用权利要求 12(a)和(b)的权利要求 13 和 14 能否得到说明书的支持,从而符合《专利法》第 26 条第 4 款的规定。

权利要求所要求保护的技术方案应当是所属技术领域的技术人员能够从说明书充分公开的内容中得到或概括得出的技术方案,并且不得超出说明书的范围。如果权利要求的概括包含申请人推测的内容,而其效果又难于预先确定和评价,应当认为这种概括超出了说明书公开的范围。如果权利要求的概括使所属技术领域的技术人员有理由怀疑该上位概念所包含的一种或多种下位概念或选择方式不能解决其技术问题,并达到相同的技术效果,则应当认为该权利要求没有得到说明书的支持。

种是生物分类的基本单位,在某些基本特征上,同一种中的个体彼此显示出高度的相似性。同一种真菌或同一株真菌编码其体内某种酶的基因序列一般是确定的,偶尔会存在极少数同源性极高的变体序列,相应地,由该基因编码的酶也是确定的或者极少数的。本案中,99%以上同源性与菌种或者菌株来源的双重限定已经使得权利要求10和11的保护范围限缩至极其有限的酶,何况权利要求10和11还包括权利要求6所限定的酶的等电点和具有葡糖淀粉酶活性的功能。因此,在说明书实施例已经证实了上述SEQIDNO:7具有葡糖淀粉酶活性的情况下,权利要求10和11的保护范围能够得到说明书的支持。采用同源性加上功能和来源限定的权利要求10、11已经得到说明书的支持,无须再测定保守区并根据是否具备保守区来判断是否具备相同的功能活性。

权利要求13和14引用了使用"包括"措辞的权利要求12,使得其所保护的DNA序列不限于序列(a)或序列(b)本身,还包括分别在这两种序列的一端或两端进行延伸而形成的DNA序列。但是,权利要求13和14包含有功能性特征"编码表现出葡糖淀粉酶活性的酶",在序列(a)或(b)无限延伸之后已不具备该功能的DNA序列并未包含于权利要求13和14的保护范围之内。而且,权利要求13和14还分别限定了所述DNA序列来源于T. emersonii菌种和特定菌株T. emersonii CBS793.97,而能够从T. emersonii菌种甚至特定菌株T. emersoniiCBS793.97中得到的包含序列(a)或序列(b)的DNA序列也是确定的和极少数的。因此,权利要求13和14中引用权利要求12(a)(b)的技术方案能够得到说明书的支持。

【案件信息】

江苏博立生物制品有限公司诉专利复审委员会、诺维信公司发明专利权无效宣告案,最高人民法院(2016)最高法行再85号行政判决书(2016年12月30日,夏君丽、郎贵梅、曹刚),北京市高级人民法院(2014)高行(知)终字第3524号行政判决书(2015年1月26日,焦彦、周波、张帆),北京市第一中级人民法院(2012)一中知行初字第2721号行政判决书(2013年12月20日,芮松艳、殷悦)。

案件来源:最高人民法院知识产权案件年度报告(2016),2016年中国法院十大知识产权案件。

第二节　权利要求以说明书为依据

16 专利权人在说明书公开的内容上概括的权利要求应与其技术贡献和公开范围相适应

17 权利要求是否以说明书为依据可结合说明书背景技术及其要解决的技术问题效果认定

18 专利说明书声称所要解决的技术问题可能不同于创造性判断中实际解决的技术问题

19 法院对诉讼请求及事实理由之外专利授权确权行为的其他违法情形可一并审查处理

【裁判要旨】

专利权人有权在说明书充分公开的具体实施方式等内容的基础上,通过合理概括的方式撰写权利要求,以获得适度的保护范围而不仅仅限于具体实施方式本身,从而给发明创造提供必要、适度的激励。另外,权利要求限定的保护范围应当与专利的技术贡献和说明书充分公开的范围相适应,以免过宽的保护范围阻碍科学技术的进步。

在适用《专利法》第26条第4款认定权利要求是否以说明书为依据时,可以结合说明书中记载的背景技术及其存在的缺陷,发明内容中记载的"发明目的""所要解决的技术问题""有益效果",以及具体实施方式中与"技术问题""有益效果"相关的内容等,对本专利所要解决的技术问题和实现的技术效果进行认定。

创造性判断中,权利要求与"最接近的现有技术"的区别技术特征所重新确定的"实际解决的技术问题"可能不同于说明书中记载的专利所要解决的技术问题,因此不能直接作为认定权利要求是否以说明书为依据的基础。

人民法院可主要根据当事人提出的诉讼请求以及主张的事实和理由,对专利复审委员会决定的合法性进行审理,但并不以此为限,但发现专利复审委员会决定存在违反法律规定的其他情形的,可以一并审查并进行处理。

【关键词】

权利要求应当以说明书为依据｜专利所要解决的技术问题和实现的技术效果｜技术贡献｜说明书充分公开的范围｜依职权审查

【基本案情】

原告传感电子公司系优先权日为1996年8月28日、申请日为1997年8月21日、授权公告日为2003年12月10日、专利号为97197519.1、名称为"具有低矫顽磁力特性的偏磁元件的磁力式电子货品监视用标识器"发明专利权人。本专利共包括47项权利要求,第三人讯强公司以本专利全部权利要求均未能以说明书为依据不符合《专利法》第26条第4款的规定、为由,请求宣告本专利权全部无效。

专利复审委员会决定:本专利权利要求1~4、6、7、9~12、14~18、20~26、29、30、34、35、37~42、44、46、47不符合《专利法》第26条第4款的规定,故宣告所述权利要求无效;讯强公司关于本专利权利要求5、8、13、19、27、28、31~33、36、43、45不符合《专利法》第26条第4款规定的无效理由不能成立,故在所述权利要求的基础上维持本专利继续有效。

讯强公司未提起诉讼,传感电子公司提起诉讼,请求法院撤销专利复审委员会的决定。北京市第一中级人民法院判决:维持专利复审委员会的决定。传感电子公司不服,提起上诉。北京市高级人民法院判决:驳回上诉,维持原判。传感电子公司仍不服,申请再审。最高人民法院提审后判决:撤销一审、二审判决,部分撤销专利复审委员会决定中关于本专利权利要求5、8、13、19、27、28、32、36、43、45

符合《专利法》第26条第4款的规定，维持所述权利要求有效的认定，由专利复审委员会就所述权利要求是否符合《专利法》第26条第5款的规定重新作出审查决定。

【裁判理由】

最高人民法院认为：

《专利法》第26条第4款的适用应当符合专利法的立法目的，一方面，专利权人有权在说明书充分公开的具体实施方式等内容的基础上，通过合理概括的方式撰写权利要求，以获得适度的保护范围而不仅仅限于具体实施方式本身，从而给发明创造提供必要、适度的激励。另一方面，权利要求限定的保护范围应当与专利的技术贡献和说明书充分公开的范围相适应，以免过宽的保护范围阻碍科学技术的进步。“权利要求应当以说明书为依据”是维护专利权人与社会公众的利益平衡，防止专利权侵蚀公有领域，为后续创新保留必要空间的重要制度保障。

如果权利要求限定的保护范围过于宽泛，包括了无法解决涉案专利所要解决的技术问题，实现涉案专利所要实现的技术效果的技术方案，并且本领域技术人员根据说明书充分公开的内容以及现有技术的整体状况，仍然无法合理确定、排除该技术方案的，应当认定该权利要求未能“以说明书为依据”，不符合《专利法》第26条第4款的规定。因此，正确认定本专利所要解决的技术问题和所要实现的技术效果，对于认定涉案专利权利要求1～47是否以说明书为依据具有重要意义。

对于本专利所要解决的技术问题、实现的技术效果，以及具体实施方式等，说明书中均应当予以写明。人民法院可以结合说明书中记载的背景技术及其存在的缺陷，发明内容中记载的“发明目的”“所要解决的技术问题”“有益效果”，以及具体实施方式中与“技术问题”“有益效果”相关的内容等，对本专利所要解决的技术问题和实现的技术效果进行认定。

在《专利法》第26条第4款规定的权利要求应当以说明书为依据的意义上，本专利所要解决的技术问题和实现的技术效果，涉及的主要是权利要求书与说明书的相互关系问题，相应地，在适用该法律规定的过程中，应当以说明书本身记载的相关内容为基本依据来认定本专利要解决的技术问题和实现的技术效果，即结合本专利说明书中记载的背景技术及其存在的缺陷，发明内容中记载的“发明目的”“所要解决的技术问题”“有益效果”，以及具体实施方式中与“技术问题”“有益效果”相关的内容等进行认定。在判断权利要求是否具有创造性时，根据权利要求与“最接近的现有技术”的区别技术特征所重新确定的“实际解决的技术问题”并不同于在认定权利要求是否以说明书为依据时所要确定的本专利要解决的技术问题,因为后者并不以该权利要求具有或不具有创造性为前提,而且创造性判断中确定“最接近的现有技术”“实际解决的技术问题”的目的与《专利法》第 26 条第 4 款的立法目的并不一致,其中的“实际解决的技术问题”是根据权利要求与“最接近的现有技术”的区别技术特征来认定的,是相对的、动态的,随着判断主体选择的“最接近的现有技术”改变而改变。《专利法》第 22 条第 3 款、第 26 条第 4 款分别对创造性和权利要求应当以说明书为依据做出规定。因此,即使权利要求具备创造性,对于其中记载的包括区别技术特征在内的各项技术特征是否概括适当,以及权利要求限定的技术方案整体上是否概括适当,仍然需要《专利法》第 26 条第 4 款的规定来进行认定。尤其是,在权利要求相对于现有技术具备区别技术特征,且现有技术整体上未能给出技术启示的情况下,如果该区别特征概括得过于宽泛,未能以说明书为依据,则只能依据《专利法》第 26 条第 4 款的规定请求宣告该权利要求无效。专利法中有关创造性、权利要求以说明书为依据的规定分别从不同角度,对权利要求的合法性进行规范和调整,共同保障专利制度的运行符合立法目的。

宣告无效的权利要求 1 ~ 4、6、7、9 ~ 12、14 ~ 18、20 ~ 26、29、30、37 ~ 42、44、46 ~ 47 中均没有限定制作偏磁元件、磁致伸缩元件的具体材料,而是以材料或者标识器应当具有的某种或某几种特性及其参数范围来限定权利要求的保护范围。根据本专利说明书的记载,SB1 材料、2628C0A 合金以及由其制作的标识器具有多种材料特性,仅仅在权利要求中限定某项或者某几项特定的特性及其参数范围,则限定的保护范围中不仅包括了本专利第 2 实施例的技术方案,也包括了其他数目无法穷尽、由各种已知甚至未知的材料制作的偏磁元件以及标识器。而对于哪些具体材料可用于实施本专利技术方案,本领域技术人员基于本专利说明书充分公开的技术内容,本专利作出的技术贡献,以及现有技术的整体状况,难以作出合理的预测,而是必须通过大量的选择、实验验证甚至发现,才能确认在所述权利要求所限定的范围内的哪些具体材料能够,或者不能解决本专利所要解决的技术问题,实现本专利所要实现的技术效果。故所述权利要求的保护范围明显超出了本专利说明书充分公开的程度和本专利的技术贡献程度,未能以说明书为依据。

根据《行政诉讼法》第 6 条的规定,人民法院可主要根据当事人提出的诉讼请求以及主张的事实和理由，对被诉决定的合法性进行审理，但并不以此为限。人民法院发现被诉决定存在违反法律规定的其他情形的，可以一并审查。专利复审委员会决定在权利要求5、8、13、19、27、28、31、32、33、36、43和45的基础上维持本专利权继续有效。虽然讯强公司没有提起行政诉讼，传感电子公司在起诉时也没有对被诉决定中维持上述权利要求有效的认定提出异议，但在对前述宣告无效的权利要求审理过程中，发现维持有效的权利要求中的大部分权利要求同样存在未能以说明书为依据的情形，不符合《专利法》第26条第4款的规定。如果对维持有效的权利要求的错误认定部分不予纠正，则被错误维持有效的权利要求会使得专利权人仍然享有排他权，会对他人的合法权益和社会公共利益带来不应有的限制。而且其他人今后以同样的理由针对被错误维持有效的权利要求再行申请宣告无效时，因"一事不再理"的规定，将"不予受理或者审理"。综上，为了监督专利复审委员会依法行政，避免错误维持有效的权利要求损害第三人的合法权益和社会公共利益，本院在充分听取各方当事人意见的基础上，根据行政诉讼法第六条的规定对维持有效的权利要求是否符合《专利法》第26条第4款的规定一并进行审理。

【案件信息】

传感电子有限责任公司诉专利复审委员会、宁波讯强电子科技有限公司发明专利权无效宣告案，最高人民法院(2016)最高法行再19号行政判决书(2017年3月23日，王艳芳、杜微科、钱小红)，北京市高级人民法院(2013)高行终字第961号行政判决书(2013年12月30日，刘晓军、袁相军、马军)，北京市第一中级人民法院(2012)一中知行初字第2111号行政判决书(2012年12月14日，侯占恒、董伟、陈勇)。

案件来源：最高人民法院知识产权案件年度报告(2017)。

20 权利要求的明显撰写错误使本领域技术人员得出唯一正确理解的系得到说明书支持

【裁判要旨】

权利要求中的撰写错误并不必然导致其得不到说明书支持；如果权利要求存在明显错误，本领域技术人员根据说明书和附图的相应记载能够确定其唯一的正确理解的，应根据修正后的理解确定权利要求所保护的技术方案，在此基础上再对该权利要求是否得到说明书的支持进行判断。

【关键词】

权利要求得到说明书的支持｜撰写错误｜明显错误｜唯一的正确理解

【基本案情】

原告洪亮系专利号为200720128801.1、名称为“精密旋转补偿器”的实用新型专利权人。第三人宋章根提出无效宣告请求，专利复审委员会决定：宣告本专利权全部无效。

洪亮不服，提起诉讼。北京市第一中级人民法院判决：维持专利复审委员会做的决定。洪亮不服，提起上诉。北京市高级人民法院判决：驳回上诉，维持原判。洪亮仍不服，申请再审。最高人民法院提审后判决：撤销一审、二审判决和专利复审委员会决定。

【裁判理由】

最高人民法院认为：

由于语言表达的局限性以及撰写和代理水平的客观限制，权利要求书在撰写过程中难免出现用词不够严谨或者表达不够准确等缺陷。根据撰写缺陷的性质和程度不同，权利要求书中的撰写错误可以分为明显错误和非明显错误。所谓明显错误，是指这样的错误，即对于本领域技术人员来说，如果该技术人员根据所具有的普通技术知识在阅读权利要求后能够立即发现某一技术特征存在错误，同时，该技术人员结合其具有的普通技术知识，阅读说明书及说明书附图的相关内容后能够立即确定其唯一的正确答案。

判断一项权利要求能否得到说明书的支持之前，首先需要确定权利要求所要保护的技术方案。对于权利要求中存在的明显错误，由于该错误的存在对本领域技术人员而言是如此“明显”，即在阅读权利要求时能够立即发现其存在错误，同时，更正该错误的答案也是如此“确定”，结合其普通技术知识和说明书能够立即得出其唯一的正确答案，所以，本领域技术人员必然以该唯一的正确解释为基准理解技术方案，明显错误的存在并不会导致权利要求的边界模糊不清。这也是在专利授权之前专利申请人可以通过提交修改文本的方式对明显错误进行修正的原因。

在无效宣告请求的审查过程中，如果不对权利要求中的明显错误作出更正性理解，而是"将错就错"地径行因明显错误的存在而一概以不符合《专利法》第26条第4款的规定为由将专利宣告无效，将会造成《专利法》第26条第4款成为一种对撰写权利要求不当的惩罚，导致专利权人获得的利益与其对社会做出的贡献明显不相适应，有悖于《专利法》第26条第4款的立法宗旨。不仅不利于鼓励发明创造，保护发明创造者的利益，而且会降低发明人以"公开换保护"制度申请专利的积极性。无论是判断权利要求是否符合《专利法》第26条第4款的规定，还是判断权利要求中是否存在明显错误，判断主体都是本领域技术人员，而非一般的公众。由于本领域技术人员在阅读权利要求时能够立即发现该明显错误，并且能从说明书的整体及上下文立即看出其唯一的正确答案，此时，本领域技术人员在再现该发明或实用新型的技术方案时，不会教条地"照搬错误"，而是必然会在自行纠正该明显错误的基础上，理解发明创造的技术方案。尤其是对该明显错误的更正性理解，并不会导致权利要求的技术方案在内容上发生变化，进而损害社会公众的利益和权利要求的公示性、稳定性和权威性。

如果对明显错误进行更正性理解后的权利要求所保护的技术方案，能够从说明书充分公开的内容得到或者概括得出，没有超出说明书公开的范围，则应当认定权利要求能得到说明书的支持，符合《专利法》第26条第4款的规定。

本专利权利要求1记载，"在所述的外套管的另一端与延伸管连接，两者之间留有间隙"，对于"两者"是何所指各方当事人各持己见。本专利权利要求1保护的补偿器包括外套管、内管、压料法兰、延伸管和密封材料，其中外套管的一端经由法兰与内管相连接，另一端与延伸管连接。该旋转补偿器通过内外套管的旋转来吸收热网管道的轴向推力和位移量。因此，内管与外套管之间以及外套管与延伸管之间不可能既连接，又留有空隙，因此"两者"不可能是指外套管与延伸管，而只可能是内管与延伸管。这种解释也与本专利说明书及其附图公开的内容一致。本领域技术人员基于其具有的普通技术知识，能够知道权利要求1的撰写存在错误，通过阅读说明书及附图可以直接地、毫无疑义地确定"两者"应当是指延伸管与内管，不会误认为是外套管与延伸管之间留有间隙。因此，本专利权利要求1所要求保护的技术方案能从说明书公开的内容中得出，得到了说明书的支持，符合《专利法》第26条第4款规定。

【案件信息】

洪亮诉专利复审委员会、宋章根实用新型专利权无效宣告案，最高人民法院（2011）行提字第13号行政判决书（2012年5月11日，金克胜、罗霞、杜微科），北京市高级人民法院

(2010)高行终字第500号行政判决书(2010年6月9日,刘辉、岑宏宇、石必胜),北京市第一中级人民法院(2009)一中行初字第1356号行政判决书(2009年10月19日,刘海旗、佟姝)。

案件来源:最高人民法院知识产权案件年度报告(2012)。

21 权利要求所概括的所有下位技术方案未必都能解决技术问题的无法得到说明书支持

【裁判要旨】

权利要求的概括使所属技术领域的技术人员有理由怀疑该上位概括或并列概括所包括的一种或多种下位概念或选择方式不能解决发明所要解决的技术问题,并达到相同的技术效果,则应当认为该权利要求没有得到说明书的支持。

【关键词】

权利要求得不到说明书的支持 | 本领域技术人员 | 常规实验 | 合理推测 | 过度劳动

【基本案情】

原告伊莱利利公司系专利号为93109045.8、名称为“立体选择性糖基化方法”的发明专利权人。针对本专利权,浦洋恒丰公司、第三人誉衡公司、天衡公司、豪森公司分别向被告专利复审委员会提出专利无效宣告请求。

本专利权利要求1要求保护的是“制备β异头物富集的核苷的方法”。根据本专利说明书的记载,“β异头物富集”是指制得的产物为β异头物的比例大于α异头物的二氟核苷,即β:α>1:1。本专利说明书公开的实施例中具体公开了制备β异头物富集的二氟核苷的58个实施例和3个表格实施例共计104个实施例数据,其中3个表格实施例中有11个得不到β异头物富集的二氟核苷。专利复审委员会认为,本专利不符合《专利法》第26条第4款的规定,因此决定:宣告本专利权全部无效。

伊莱利利公司不服,提起诉讼。北京市第一中级人民法院判决:撤销专利复审委员会的决定,并判令其重新作出决定。专利复审委员会、誉恒公司、天衡公司、豪森公司均不服,提起上诉。北京市高级人民法院判决:撤销一审判决,维持专利复审委员会的决定。伊莱利利公司不服，申请再审。最高人民法院驳回其再审申请。

【裁判理由】

最高人民法院认为：

权利要求所要求保护的技术方案应当是所属技术领域的技术人员能够从说明书充分公开的内容中得到或概括得出的技术方案，并且不得超出说明书公开的范围。如果说明书中公开的部分实施例或实施方式不能达到发明目的或发明效果却又被概括纳入权利要求书的保护范围，并且删除该部分实施例或实施方式时权利要求的保护范围相应缩小，则应当认为该权利要求得不到说明书的支持。如果权利要求的概括使所属技术领域的技术人员有理由怀疑该上位概括或并列概括所包括的一种或多种下位概念或选择方式不能解决发明或实用新型所要解决的技术问题，并达到相同的技术效果，则应当认为该权利要求没有得到说明书的支持。

本专利权利要求1保护的是一种β异头物富集的二氟核苷的制备方法，其限定的技术特征是：产物为式Ⅰ的β异头物富集的二氟核苷；原料及其用量是至少一摩尔当量被保护的核碱（R′′）1位是黄酰氧基、3和5位被保护的式Ⅱ的α异头物富集的糖；反应步骤是核碱R′′SN2亲核取代α异头物富集的糖中的黄酰氧基，之后去保护；溶剂是任选的适宜溶剂、温度是-120°~170°。专利权人在说明书的表格例中，有11组数据不能制备得到β异头物富集的二氟核苷。根据说明书的描述，影响所属立体选择性的方法的因素较多，除了原料糖的离去基团、原料糖构型和核碱用量外，还包括温度和溶剂的选择。权利要求1概括的制备方法的各因素，即离去基团、核碱类型、核碱当量、反应温度、反应溶剂等的范围十分宽泛。本领域技术人员有合理理由认为，除了11个不能实施的情况外，该权利要求1的概括还包含众多其他不能解决发明所要解决的技术问题的技术方案，所属技术领域的技术人员不容易从各种反应条件的排列组合中通过常规实验或者合理推测得出能够解决技术问题的技术方案，而是需要大量反复实验或者过度劳动才能确定权利要求1的范围。因此，权利要求1没有得到说明书的支持，不符合《专利法》第26条第4款的规定。

【案件信息】

伊莱利利公司诉专利复审委员会、哈尔滨誉衡药业有限公司、宁波市天衡制药有限公司、江苏豪森药业股份有限公司发明专利权无效宣告案，最高人民法院（2009）知行字第3号驳回再审申请通知书(2010年11月10日),北京市高级人民法院(2008)高行终字第451号行政判决书(2008年11月6日,刘辉、岑宏宇、焦彦),北京市第一中级人民法院(2007)一中行初字第922号行政判决书。

案件来源:最高人民法院知识产权案件年度报告(2010)。

22 从属权利要求实质替换所引用技术特征的应按其实质内容判断是否得到说明书支持

【裁判要旨】

对于形式上具有从属关系,实质上替换了独立权利要求中特定技术特征的从属权利要求,应当按照其限定技术方案的实质内容来确定其保护范围,并在此基础上判断是否得到说明书的支持。

【关键词】

从属权利要求 | 说明书的支持 | 实质替换 | 技术特征 | 技术方案的实质内容

【基本案情】

原告朱福奶、翟佑华、马国奶系专利号为03112809.2、名称为“无刷自控电机软启动器”的发明专利权人。其权利要求1请求保护一种无刷自控电机软启动器,包括电解液、电解液贮容器,处于电解液中可相对移动的静电极和动电极以及与其电气相连接的接线柱,接线柱与电机电枢连接,使静电极和动电极之间的电阻与电枢串接。其特征包括,动电极与静电极之间设有阻止动电极向静电极移动的弹性阻力装置;所述弹性阻力装置的阻力与动电极和静电极之间距离成反比,电解液贮容器上还设有排气阀和安全阀。权利要求3在权利要求1或2的基础上,进一步限定弹性阻力装置为拉簧,拉簧的一端固定在动电极上,另一端固定在环形凹腔的内环壁上。权利要求5在权利要求3的基础上,进一步限定所述排气阀为离心式排气阀,设置在靠近转轴位置的端面上。

第三人全新公司以本专利权利要求未得到说明书的支持为由,提出无效宣告请求。专利复审委员会认为,权利要求1没有得到说明书的支持,权利要求2~5也没有克服权利要求1的缺陷,故宣告本专利全部无效。

朱福奶、翟佑华、马国奶不服，提起诉讼。北京市第一中级人民法院认为：本专利权利要求1得到说明书的支持，故判决：撤销专利复审委员会的决定，并判令其重新作出决定。专利复审委员会和全新公司不服，提起上诉。北京市高级人民法院判决：撤销一审判决，维持专利复审委员会的决定。朱福奶、翟佑华、马国奶不服，申请再审。最高人民法院提审后判决：撤销一审、二审判决，判令专利复审委员会重新作出决定。

【裁判理由】

最高人民法院认为：

专利复审委员会的决定及二审判决认定权利要求1、2、4没有得到说明书的支持的结论是正确的。

权利要求3虽然形式上是权利要求1的从属权利要求，但其附加技术特征是"所述弹性阻力装置为拉簧，拉簧的一端固定在动电极上，另一端固定在环形凹腔的内环侧壁上"。然而该限定的特征与其所引用的权利要求1"动电极与静电极之间设有阻止动电极向静电极移动的弹性阻力装置"是相互矛盾的。事实上，权利要求3在进一步限定"所述弹性阻力装置为拉簧，拉簧的一端固定在动电极上，另一端固定在环形凹腔的内环侧壁上"的同时，替换了权利要求1所限定的弹性阻力装置"在动电极与静电极之间"的技术特征。对于这种形式上从属于某权利要求，但实质上替换了特定技术特征的权利要求，应当按照其限定的技术方案的实质内容来确定其保护范围，并在此基础上判断是否得到说明书的支持。

本专利说明书记载了环形凹腔外环侧壁上敷设一层薄铜皮构成静电极以及每块动电极与凹腔内环侧壁之间对称地设有一对拉簧，可见权利要求3限定的技术方案在本专利的说明书中有具体的实施例，得到了说明书的支持。权利要求5作为权利要求3的从属权利要求，进一步限定了排气阀为离心式排气阀，设置在靠近转轴位置的端面上。该技术方案同样得到说明书的支持。专利复审委员会决定以及二审判决以权利要求1没有得到说明书支持进而直接认定其从属权利要求3、5得不到说明书支持，没有结合本专利的具体情况，对权利要求3和5的具体技术方案做进一步分析，导致结论错误，应予纠正。

【案件信息】

朱福奶、翟佑华、马国奶诉专利复审委员会、河南全新液态起动设备有限公司发明专利权无效宣告案，最高人民法院（2014）行提字第32号行政判决书（2015年7月1日，周翔、罗霞、周云川），北京市高级人民法院（2012）高行终字第1836号行政判决书（2013年12月18

日，谢甄珂、刘晓军、袁相军），北京市第一中级人民法院（2011）一中知行初字第5号行政判决书（2011年12月20日，刘海旗、邢军）。

案件来源：最高人民法院知识产权案件年度报告（2015）。

第三节　权利要求缺少必要技术特征

23 独立权利要求中记载了解决技术问题的功能性特征的，并不构成缺少必要技术特征

24 必要技术特征的技术问题是说明书声称要解决的问题，非创造性判断中的技术问题

25 独立权利要求缺少解决技术问题的必要技术特征的，其一般也无法得到说明书的支持

【裁判要旨】

在权利要求中使用功能性技术特征，不为法律法规所禁止。独立权利要求中记载解决技术问题的必要技术特征，即使其为功能性技术特征，亦应当认定其符合《专利法实施细则》第20条第2款的规定，不宜再以独立权利要求中没有记载实现功能的具体结构或者方式为由，认定其缺少必要技术特征。

《专利法实施细则》第20条第2款规定中的"技术问题"，是指说明书中记载的专利所要解决的技术问题，是申请人根据其对说明书中记载的背景技术的主观认识，在说明书中声称其要解决的技术问题。该技术问题不同于创造性判断时根据区别技术特征重新确定的专利实际解决的技术问题。认定该技术问题，应当以说明书中的记载为基本依据，综合考虑说明书中有关背景技术及其存在的技术缺陷、涉案专利相对于背景技术取得的有益效果等内容。当说明书中明确记载本案专利能够解

决多个技术问题时，独立权利要求中应当记载能够同时解决上述技术问题的全部必要技术特征。

相对于《专利法实施细则》第20条第2款的适用范围，《专利法》第26条第4款适用范围更宽，即独立权利要求缺少必要技术特征，不符合《专利法实施细则》第20条第2款规定的，一般也不能得到说明书的支持，不符合《专利法》第26条第4款的规定。

【关键词】

缺少必要技术特征｜技术问题｜创造性｜权利要求得到说明书的支持｜功能性技术特征

【基本案情】

原告埃利康公司系专利号为02803734.0、名称为“自动的机械停车场中用于机动车水平传送的托架”的发明专利权人。本专利共15个权利要求，其中独立权利要求1为：“1.在轮子(3)上自行走的托架……一个部分还具有一对装置(58)，装置(58)可对称地垂直于该托架纵轴线移动并被构造用来支承、定中心、停止移动及抬升该机动车的一个轴的两个车轮，而另一部分具有一对装置(59)，装置(59)可对称地垂直于该托架纵轴线移动并被构造用来支承、定中心、停止移动及抬升该机动车第二轴的两个车轮……”本专利说明书中有如下记载：“关于已知的托架及附属系统……这些中没有一个令人满意地解决了涉及以下诸方面的所有问题：机动车的可靠传送(简称可靠传送)，传送的速度(简称传送速度)，减小传送及停泊机动车所需的空间(简称减小空间)，和减小用于传送及停泊机动车的托架及相关系统的综合成本(简称减小成本)。因此，本发明的目的是以这样一种方法来解决所有这些问题：提供一种托架，是区别特性的总和的革新，该托架在实现其功能及克服现有技术的局限上是最佳的。”“……本发明具有上面指出的所有最佳的特性，并且当与列举过的所有已知发明比较时是优越的。”

刘夏阳、怡峰公司分3次提出无效宣告请求，理由之一为本专利权利要求1~15缺少必要技术特征，不符合《专利法实施细则》第20条第2款的规定。专利复审委员会认为：权利要求1~3，引用权利要求1~3中任一项的权利要求5、6，以及权利要求7~15缺少必要技术特征，因此决定宣告上述权利要求无效，并认定权利要求4、权利要求5或6直接或间接引用权利要求4的技术方案符合《专利法》第26条第4款的规定。

埃利康公司不服，提起诉讼。北京市第一中级人民法院判决：驳回埃利康公司的诉讼请求。埃利康公司不服，上诉。北京市高级人民法院判决：驳回上诉，维持原判。埃利康公司仍不服，申请再审。最高人民法院提审后判决：撤销一审、二审判决，撤销专利复审委员会的决定，专利复审委员会就本专利程序作出无效决定。

【裁判理由】

最高人民法院认为：

根据《专利法实施细则》第 20 条第 2 款的规定，独立权利要求中记载的必要技术特征应当与发明或者实用新型专利所要解决的技术问题相对应，正确认定该规定所称的“技术问题”，是判断独立权利要求是否缺少必要技术特征的基础。该规定所称的“技术问题”，是指专利说明书中记载的专利所要解决的技术问题，是专利申请人根据其对说明书中记载的背景技术的主观认识，在说明书中主观声称的其要解决的技术问题。在认定时，应当以说明书中记载的技术问题为基本依据，并综合考虑说明书中有关背景技术及其存在的技术缺陷、本专利相对于背景技术取得的有益效果等内容。独立权利要求中记载的技术特征本身，并非认定专利所要解决的技术问题的依据。

《专利法实施细则》第 20 条第 2 款所称的“技术问题”，不同于在判断权利要求是否具有创造性时，根据权利要求与最接近的现有技术的区别技术特征，重新确定的专利实际解决的技术问题。其理由是：其一，在判断权利要求是否具有创造性时，重新确定技术问题的目的是规范自由裁量权的行使，使得对现有技术中是否存在技术启示的认定更为客观，对专利是否具有创造性的认定更为客观。该目的与《专利法实施细则》第 20 条第 2 款的立法目的存在本质区别。其二，在判断创造性时，随着与权利要求进行对比的最接近的现有技术不同，认定的区别技术特征往往也会有所差异，重新确定的技术问题也会随之改变。因此，重新确定的技术问题是动态的、相对的，并且通常不同于说明书中记载的专利所要解决的技术问题。因此，在认定权利要求是否缺少必要技术特征时，不能以重新确定的技术问题为基础。

在专利所要解决的各个技术问题彼此相对独立，解决各个技术问题的技术特征彼此也相对独立的情况下，独立权利要求中记载了解决一个或者部分技术问题的必要技术特征的，即可认定其符合《专利法实施细则》第 20 条第 2 款的规定，不应再要求其记载解决各个技术问题的所有技术特征。否则，会导致独立权利要求中记载的技术特征过多，保护范围被过分限制，与其创新程度不相适应，背离专利法“鼓励发明创造”的立法目的。但是,说明书中明确记载专利技术方案能够同时解决多个技术问题的,独立权利要求中应当记载能够同时解决各个技术问题的必要技术特征。本专利说明书记载,本专利要同时解决可靠传送、传送速度、减小空间、减小成本4个方面的技术问题。独立权利要求1中应当记载能够同时解决上述四个方面的技术问题的必要技术特征。专利复审委员会和二审法院依据权利要求1中记载的区别技术特征认定本专利所要解决的技术问题属于认定事实与适用法律均有错误。

相对于《专利法实施细则》第20条第2款的适用范围,《专利法》第26条第4款的适用范围更宽,其不仅适用于独立权利要求,也适用于从属权利要求;不仅适用于权利要求中记载的技术特征(如功能性技术特征)的范围过宽,技术特征本身不能得到说明书支持的情形,也适用于独立或者从属权利要求缺少技术特征,使得权利要求限定的技术方案不能解决专利所要解决的技术问题,权利要求整体上不能得到说明书支持的情形。独立权利要求缺少必要技术特征的,一般也不能得到说明书的支持。专利复审委员会关于权利要求1缺少必要技术特征的认定,与其有关本专利符合《专利法》第26条第4款的理由和结论相互矛盾,属于适用法律错误。

在权利要求中使用功能性技术特征,不为法律法规所禁止。在“无法用结构特征来限定,或者用结构特征限定不如用功能或效果特征来限定更为恰当”等情形下,有必要允许使用功能性技术特征进行限定。对于说明书中记载的解决技术问题的结构特征、实现方式等,权利人可以进行功能性概括,以功能性技术特征对独立权利要求的保护范围进行限定。独立权利要求中记载了解决技术问题的必要技术特征的,即使其为功能性技术特征,亦应当认定其符合《专利法实施细则》第20条第2款的规定,不宜再以独立权利要求中没有记载实现功能的具体结构或者方式为由,认定其缺少必要技术特征。

【案件信息】

(瑞士)埃利康亚洲股份公司诉专利复审委员会、刘夏阳、怡峰工业设备(深圳)有限公司发明专利权无效宣告案,最高人民法院(2014)行提字第13号、第14号、第15号行政判决书(2014年12月18日,周翔、杜微科、罗霞),北京市高级人民法院(2011)高行终字第531号行政判决书(2011年6月8日,李燕蓉、马军、焦彦),北京市第一中级人民法院(2010)一中知行初字第2635号行政判决书(2010年12月1日,彭文毅、蒋利玮)。

案件来源:最高人民法院知识产权案件年度报告(2014),2014年中国法院十大创新性知识产权案件。

第四节　专利文件的修改

26 对马库什权利要求的修改须严格限制，删除式修改导致保护范围不确定的不应允许

27 马库什权利要求具有极强的概括能力应视为马库什要素的集合，对其应当从严解释

【裁判要旨】

以马库什方式撰写的化合物权利要求应当被理解为一种概括性的技术方案，而不是众多化合物的集合。

允许对马库什权利要求进行修改的原则应当是不能因为修改而产生具有新性能和作用的一类或单个化合物，但是同时也要充分考量个案因素。

【关键词】

化学发明专利｜马库什权利要求｜概括性技术方案｜并列技术方案｜化合物的集合

【基本案情】

第三人第一三共株式会社系名称为“用于治疗或预防高血压症的药物组合物的制备方法”的发明专利权人。本专利权利要求以马库什方式撰写。原告万生公司以该专利不具备创造性等为由提出无效宣告请求。第一三共株式会社对权利要求进行了修改，包括：删除了权利要求 1 中“或其可作药用的盐或酯”中的“或酯”两字；删除权利要求 1 中 R4 定义下的“具有 1 至 6 个碳原子的烷基”；删除了权利要求 1 中 R5 定义下除羧基和式 COOR5a 外的其他技术方案。

专利复审委员会对删除权利要求 1 中“或酯”的修改予以认可，但认为其余修改不符合《专利法实施细则》第 68 条的相关规定不予接受。第一三共株式会社和

万生公司对此无异议,第一三共株式会社于2011年1月14日再次提交修改文本。专利复审委员会决定:本专利权利要求1相比于证据1具有创造性,在2011年1月14日修改文本基础上维持本专利权有效。

万生公司不服,提起诉讼。北京市第一中级人民法院判决:维持专利复审委员会的决定。万生公司不服,提起上诉。北京市高级人民法院认为:马库什权利要求属于并列技术方案的特殊类型,第一三共株式会社第一次的修改文本缩小了专利权的保护范围,符合《专利法实施细则》规定;本专利权利要求所涵盖的一个具体实施例的效果与证据1中实施例329的技术效果相当,未取得预料不到的技术效果,不具备创造性,因此判决:撤销一审判决和专利复审委员会的决定,责令专利复审委员会重新作出决定。专利复审委员会不服,申请再审。最高人民法院提审本案后判决:撤销二审判决,维持一审判决。

【裁判理由】

最高人民法院认为:

马库什权利要求是化学发明专利申请中一种特殊的权利要求撰写方式,即在一个权利要求中限定多个并列的可选择要素概括的权利要求,其产生是为了解决化学领域中多个取代基基团没有共同上位概念可概括的问题,其本身一直被视为结构式的表达方式,而非功能性的表达方式。马库什权利要求具有极强的概括能力,一旦获得授权,专利权保护范围将涵盖所有具有相同结构、性能或作用的化合物,因此从公平角度出发,对马库什权利要求的解释应当从严。马库什权利要求限定的是并列的可选要素而非权利要求,其所有可选择化合物具有共同性能和作用,并且具有共同的结构或者所有可选择要素属于该发明所属领域公认的同一化合物。因此,马库什权利要求应当被视为马库什要素的集合,而不是众多化合物的集合,如果认定马库什权利要求所表述的化合物是众多化合物的集合,就明显与单一性要求不符。

鉴于化学领域发明创造的特殊性,同时考虑到在马库什权利要求撰写之初,专利申请人为了获得最大的权利保护范围就有机会将所有结构方式尽可能写入一项权利要求,因此在无效阶段对马库什权利要求进行修改必须给予严格限制。如果允许专利申请人或专利权人删除任一变量的任一选项,即使该删除使得权利要求保护范围缩小,不会损伤社会公众的权益,但是由于是否因此会产生新的权利保护范围存在不确定性,不但无法给予社会公众稳定的预期,也不利于维护专利确权制度稳定,因此不应允许进行如此修改。

【案件信息】

北京万生药业有限责任公司诉专利复审委员会、第一三共株式会社发明专利权无效宣告案,最高人民法院(2016)最高法行再41号行政判决书(2017年12月20日,秦元明、李嵘、马秀荣),北京市高级人民法院(2012)高行终字第833号行政判决书(2013年9月24日,岑宏宇、刘庆辉、焦彦),北京市第一中级人民法院(2011)一中知行初字第2403号行政判决书(2011年12月20日,赵明、李轶萌)。

案件来源:最高人民法院知识产权案件年度报告(2017),2017年中国法院十大知识产权案件。

28 无效程序中满足修改原则的并不限于权利要求删除、合并和技术方案删除三种方式①

【裁判要旨】

专利无效宣告程序中,权利要求书的修改在满足修改原则的前提下,其修改方式一般情况下限于权利要求的删除、合并和技术方案的删除三种方式,但并未绝对排除其他修改方式。

【关键词】

权利要求书的修改｜修改原则｜无效宣告程序｜修改方式

【基本案情】

原告上海家化医药科技有限公司系专利号为03150966.7、名称为"氨氯地平、厄贝沙坦复方制剂"的发明专利原专利权人。本专利权利要求1为:"一种复方制剂,其特征在于该制剂是以重量比组成为1:10~30的氨氯地平或氨氯地平生理上可接受的盐和厄贝沙坦为活性成分组成的药物组合物。"

针对本专利,第三人李平提出无效宣告请求。家化公司提交权利要求书的修改文本,其中将本专利权利要求1中的比例"1:10~30"修改为"1:30"。专利复审委员会认为:家化公司提交的权利要求修改文本超出原权利要求书和说明书记载

① 《专利审查指南》在2017年2月28日以局令第74号作出的修改中,根据本案的规则在第四部分第三章第4.6.2节"修改方式"中规定:"在满足上述修改原则的前提下,修改权利要求书的具体方式一般限于权利要求的删除、技术方案的删除、权利要求的进一步限定、明显错误的修正。"

的范围，并且对该反映比例关系的技术特征进行修改也不属于无效宣告程序中允许的修改方式，因此不予接受。故在原授权文本的基础上以权利要求得不到说明书支持为由宣告本案专利全部无效。

家化公司不服，提起诉讼。北京市第一中级人民法院判决：维持专利复审委员会的决定。家化公司不服，提起上诉。二审诉讼期间，江苏先声公司、南京先声公司因受让本专利而承继家化公司的诉讼地位。北京市高级人民法院认为，家化公司在无效宣告程序中对权利要求的修改符合相关规定，故判决：撤销一审判决和专利复审委员会决定，判令专利复审委员会重新作出决定。专利复审委员会不服，申请再审。最高人民法院裁定：驳回其再审申请。

【裁判理由】

最高人民法院认为：

本专利说明书中明确公开了氨氯地平 1mg 与厄贝沙坦 30mg 的组合，并将氨氯地平 1mg/kg 与厄贝沙坦 30mg/kg 作为最佳剂量比，在片剂制备实施例中也有相应符合 1∶30 比例关系的组合，可见 1∶30 的比值在说明书中已经公开。对于比值关系的权利要求，说明书具体实施例只能记载具体的数值，而无法公开一个抽象的比值关系，而且说明书中明确记载可应用的剂量范围是氨氯地平 2～10mg，厄贝沙坦 50～300mg，如果认定其披露的最佳组方仅为 1mg∶30mg 这一具体剂量而非比值，则该最佳组方根本不包含在上述可应用的范围内，显然不符合常理。对于本领域技术人员来说，1mg/kg 和 30mg/kg 表明的是两种成分的比值而非一个固定的剂量，故应认为 1∶30 的比值关系在说明书已有记载，该修改没有超出原说明书和权利要求书的范围。另外，对于是否符合该比值关系的所有技术方案均能够实现本专利发明目的，是属于权利要求是否能得到说明书的支持的问题，不宜以该理由认定修改是否超出范围。

《专利审查指南》规定无效过程中权利要求的修改方式限于三种：权利要求的删除、合并和技术方案的删除。本案中，尽管原权利要求中 1∶10－30 的技术方案不属于典型的并列技术方案，但鉴于 1∶30 这一具体比值在原说明书中有明确记载，且是其推荐的最佳剂量比，本领域技术人员在阅读原说明书后会得出本专利包含1∶30的技术方案这一结论，且本专利权利要求仅有该一个变量，此种修改使本专利保护范围更加明确，不会造成其他诸如有若干变量的情况下修改可能造成的保护范围模糊不清等不利后果，允许其进行修改更加公平。《专利法实施细则》及《专利审查指南》对无效过程中权利要求的修改进行限制，其原因一方面在于维护专利保护范围的稳定性,保证专利权利要求的公示作用;另一方面在于防止专利权人通过事后修改的方式把申请日时尚未发现、至少从说明书中无法体现的技术方案纳入本专利的权利要求中,从而为在后发明抢占一个在先的申请日。本案中显然不存在上述情况,1∶30 的比值是专利权人在原说明书中明确推荐的最佳剂量比,将权利要求修改为 1∶30 既未超出原说明书和权利要求书记载的范围,更未扩大原专利的保护范围,不属于相关法律对于修改进行限制所考虑的要避免的情况。如果仅以不符合修改方式的要求而不允许此种修改,使得在本案中对修改的限制纯粹成为对专利权人权利要求撰写不当的惩罚,缺乏合理性。况且,《专利审查指南》规定在满足修改原则的前提下,修改方式一般情况不限于前述三种,并未绝对排除其他修改方式。

【案件信息】

江苏先声药物研究有限公司、南京先声药物研究有限公司诉专利复审委员会、李平发明专利权无效宣告案,最高人民法院(2011)知行字第 17 号行政裁定书(2011 年 10 月 8 日,夏君丽、殷少平、周云川),北京市高级人民法院(2010)高行终字第 1022 号行政判决书,北京市第一中级人民法院(2010)一中知行初字第 1364 号行政判决书。

案件来源:最高人民法院知识产权案件年度报告(2011)。

29 专利申请文件的修改符合所属技术领域的特点和本领域技术人员知识水平的应允许

【裁判要旨】

在审查专利申请人对专利申请文件的修改是否超出原说明书和权利要求书记载的范围时,应当充分考虑专利申请所属技术领域的特点,不能脱离本领域技术人员的知识水平。

【关键词】

专利申请文件的修改 | 所属技术领域的特点 | 本领域技术人员的知识水平 | 中药配方 | 换算关系

【基本案情】

原告曾关生系申请日为 2000 年 9 月 8 日、申请号为 00113917.7、名称为“一种既可外用又可内服的矿物类中药"的发明专利申请人。在实质审查程序中,国家知识产权局于2004年8月6日向曾关生发出第二次审查意见通知书,明确指出:"'水银八两……'属于未使用本领域的标准国际计量单位。"曾关生据此将其原专利申请配方中计量单位由"两"换算成"克",并作了其他修改。在第六次审查意见通知书中,国家知识产权局对曾关生采用"1两等于30克(g)"的换算关系明确予以认可。

2009年1月9日,国家知识产权局以曾关生对说明书和权利要求书的修改不符合《专利法》第33条的规定为由,驳回了本申请。曾关生不服,提出复审请求,并于2009年8月13日提交了权利要求书和说明书的修改替换页,将配方中的水银、明矾、牙硝、硼砂分别由八两、八两、十两、五分修改为240g、240g、300~330g和1.5g。专利复审委员会决定:维持国家知识产权局作出的驳回决定。

曾关生不服,提起诉讼。北京市第一中级人民法院判决:维持专利复审委员会的决定。曾关生不服,提起上诉。北京市高级人民法院判决:驳回上诉,维持原判。曾关生仍不服,申请再审。最高人民法院裁定:指令北京市高级人民法院再审本案。

【裁判理由】

最高人民法院认为:

在判断专利申请人对专利申请文件的修改是否超出原说明书和权利要求书记载的范围时,应当充分考虑专利申请所属技术领域的特点,不能脱离本领域技术人员的知识水平。就一般情况而言,虽然"两"与"克"(g)的换算关系确实存在新、旧制的不同,但是从查明的相关事实来看,在传统中药配方尤其是古方技术领域中,在进行"两"与"克"的换算时均遵循"一斤等于十六两"的旧制。根据本申请说明书记载的有关内容,本申请系在古方三仙丹的配方的基础上改进而成。因此,虽然说明书中没有明确记载"两"与"克"的换算是采用何种换算关系,但本领域技术人员结合本案专利申请的背景技术、发明内容以及本领域的常识,均能够确定在本申请中的"两"与"克"的换算应当采用旧制,不应当采用"一斤等于十两"的新制。根据《国务院批转国家标准计量局等单位关于改革中医处方用药计量单位的请示报告》的规定,在依据旧制进行换算时,旧制的一两显然应当换算为30克。从《中药学》《矿物本草》《中药药剂学》等教科书、技术手册中记载的相关内容来看,亦均采用"一两等于30克"的换算关系。因此,对于《方剂学》中所称的"换算时尾数可以舍去",本领域技术人员应当理解此处所指的尾数是指"31.25克"中的"1.25",即采用"一两等于30克"的换算关系。即使在以旧制进行换算时还存在以其他方式舍去尾数,或者不舍去尾数的情形,亦应认识到这种尾数省略方式的不唯一性是由于中药配方领域的技术特点所决定的。不同的省略方式之间仅有细微区别,采用不同的省略方式并不会导致技术方案发生实质性的改变。在实践中,本领域技术人员可以根据具体的情况和要求,选择特定的尾数省略方式。而且,一旦选择了特定的省略方式,本领域技术人员即会在一项中药配方中予以统一适用,不会也不应出现在同一配方中适用不同省略方式的情形。因此,在旧制的基础上选择不同的尾数省略方式,均属于本领域技术人员能够直接、毫无疑义地确定的内容,并不会引入新的技术内容,损害社会公众的利益;亦不会出现专利复审委员会所担心的"有可能实质上改变本发明的技术方案,将不能实施的技术方案改为可以实施的技术方案"的情形。

曾关生在再审程序中提交的《中华人民共和国国务院关于统一我国计量制度的命令》《国务院批转国家标准计量局等单位关于改革中医处方用药计量单位的请示报告》《中药学》《矿物本草》《中药药剂学》等教科书,以及技术手册均系用于进一步说明在本申请中药配方领域所普遍采用的"两"与"克"的换算关系,并非用于证明新的案件事实。根据所述证据,能够进一步合理地确定本领域技术人员在专利申请日应当具有的知识水平,有助于正确、客观地对相关法律问题进行审查、判断,应当采信。

【案件信息】

曾关生诉专利复审委员会发明专利申请驳回复审案,最高人民法院(2011)知行字第54号行政裁定书(2011年10月28日,金克胜、朱理、杜微科),北京市高级人民法院(2010)高行终字第1117号行政判决书(2010年11月10日,刘辉、岑宏宇、石必胜),北京市第一中级人民法院(2010)一中知行初字第1329号行政判决书(2010年7月22日,佟姝、毛天鹏、李轶萌)。

案件来源:最高人民法院知识产权案件年度报告(2011)。

30 修改权利要求并据此获得专利授权,并不因此产生应受保障其专利有效的信赖利益

31 专利申请文件修改中的意见陈述超出记载范围的,对修改是否合法的判断无参考作用

【裁判要旨】

是否对专利申请文件进行修改原则上是申请人的一项权利,只是该

项权利的行使方式和范围受到专利法及其实施细则的限制。国家知识产权局依法行使对专利申请进行审查的职权,但并不负有保证专利授权正确无误的责任。申请人对其修改行为所造成的一切后果应自负其责。修改后的权利要求获得授权,并不因此产生应予保障的信赖该专利权有效的利益。

在判断专利申请文件的修改是否超出原说明书和权利要求书记载的范围时,当事人的意见陈述在通常情况下只能作为理解说明书以及权利要求书含义的参考,而不是决定性依据,如果当事人意见陈述的内容超出了原说明书和权利要求书中记载的范围,则该意见陈述将完全丧失参考作用,不能参考该意见陈述对说明书或者权利要求书进行解释。

【关键词】

当事人意见陈述｜专利授权确权程序｜专利民事侵权程序｜权利要求的解释｜专利申请文件的修改

【基本案情】

精工爱普生系2004年6月23日授权公告的、名称为“墨盒”的00131800.4号发明专利权人,本专利是99800780.3号发明专利申请的分案申请,99800780.3号发明专利申请是进入中国国家阶段的国际申请(PCT/JP99/02579)。99800780.3号发明专利申请文件中均未出现“记忆装置”的用语。在PCT/JP99/02579国际专利申请文件中出现过“半导体记忆手段”和“记忆手段”的用语,该用语在99800780.3号发明专利申请文件中被翻译为“半导体存储装置”和“存储装置”。以分案方式提出本案专利申请后,精工爱普生多次修改其权利要求。最终,权利要求1中的“记忆装置”修改为“存储装置”,其他权利要求则保留了“记忆装置”的用语。精工爱普生在实质审查阶段答复通知书的意见陈述书中记载:“申请人首先希望解释,该权利要求及其后的权利要求中所述的‘记忆装置’是指说明书及附图中记载的电路板及设置在其上的半导体存储装置。”本专利经审查通过后授权公告。

凯德利公司、郑亚俐、易彩公司分别提出无效宣告请求,郑亚俐的无效理由是本专利不符合《专利法》第33条,第26条第4款,第22条第2款、第3款的规定。专利复审委员会决定:本专利不符合《专利法》第33条之规定,宣告本专利全部无效。

精工爱普生不服，提起诉讼。北京市第一中级人民法院判决：维持专利复审委员会的决定。精工爱普生不服，提起上诉。北京市高级人民法院认为：精工爱普生关于“存储装置”的修改符合《专利法》第33条的规定的上诉主张有事实和法律依据，应予支持；其关于“存储装置”的修改符合《专利法》第33条的上诉主张不能成立，予以驳回。因此判决：撤销一审判决和专利复审委员会的决定，专利复审委员会重新作出决定。精工爱普生仍不服，申请再审。最高人民法院裁定：驳回其再审申请。

【裁判理由】

最高人民法院认为：

是否对专利申请文件进行修改原则上是申请人的一项权利，只是该项权利的行使方式和范围受到专利法及其实施细则的限制。国家知识产权局依法行使对专利申请进行审查的职权，但并不负有也不可能负有保证专利授权正确无误的责任。申请人对其修改行为所造成的一切后果应自负其责。精工爱普生针对记忆装置的修改属于主动修改，并非应审查员的要求进行的被动修改，当然应该对其修改行为的后果自行负责。精工爱普生关于其修改行为在实审程序中已经得到审查员认可，其基于信赖该审查结论而产生的信赖利益在后续无效程序中应得到保障的主张没有法律依据，对此不予支持。

精工爱普生在分案申请中通过主动修改的方式引入了“记忆装置”的这一新术语。在本专利所属技术领域，“记忆装置”一词的通常含义应为“存储装置”。在本专利从属权利要求中，“记忆装置”和“存储装置”在一句话中同时出现，应认为申请人在修改过程中刻意对该两个术语进行区分，在无其他证据表明该两个术语具有相同含义的情况下，对该两个术语的含义原则上应作不同解释。因此，本专利授权文本中权利要求中的“记忆装置”不应解释为与“存储装置”具有同一含义。精工爱普生在意见陈述结合中将“记忆装置”这一抽象概念解释为“电路板及设置在其上的半导体存储装置”这一具体概念。“记忆装置”本身并无“电路板及设置在其上的半导体存储装置”的含义，这一解释在说明书中也找不到有说服力的根据。在这种情况下，不宜将精工爱普生的意见陈述作为确定“记忆装置”含义的决定性依据。而且该意见陈述的内容与专利授权文本的权利要求书的记载存在不和谐之处。可见，修改后授权文本中“记忆装置”的内容既非原申请文件明确表达的内容，又非本领域技术人员在阅读原申请文件后通过综合原说明书及其附图和权利要求书可以直接、明确推导出来的内容。因此，关于“记忆装置”的修改违反了《专利法》第33条的规定。

【案件信息】

精工爱普生株式会社诉专利复审委员会、郑亚俐、佛山凯德利办公用品有限公司、深圳市易彩实业发展有限公司发明专利权无效宣告案，最高人民法院（2010）知行字第53－1号行政裁定书（2013年9月23日，金克胜、朱理、郎贵梅），北京市高级人民法院（2009）高行终字第327号行政判决书（2009年10月13日，刘辉、岑宏宇、焦彦），北京市第一中级人民法院（2008）一中行初字第1030号行政判决书（2008年12月20日，任进、邢军）。

案件来源：最高人民法院知识产权案件年度报告（2013），2013年中国法院知识产权司法保护50件典型案例。

32 修改后专利申请未引入新技术内容则该修改未超出原说明书和权利要求书记载范围

33 实质审查中的主动修改可扩大或缩小其请求保护范围，但不得超出原申请文件记载

34 申请文件在原说明书和权利要求范围内修改未超出法律规定范围的不适用禁止反悔

【裁判要旨】

判断对专利申请文件的修改是否超出《专利法》第33条规定的原说明书和权利要求书记载的范围，不仅应考虑原说明书及其附图和权利要求书以文字或者图形表达的内容，还应考虑所属领域普通技术人员综合上述内容后显而易见的内容。在这个过程中，不能仅仅注重前者，对修改前后的文字进行字面对比即轻易得出结论；也不能对后者作机械理解，将所属领域普通技术人员可以直接、明确推导出的内容理解为数理逻辑上唯一确定的内容。如果修改后的专利申请文件未引入新的技术内容，可认定对该专利申请文件的修改未超出原说明书和权利要求书记载的范围。

根据《专利法》第33条以及《专利法实施细则》第68条的规定，在专利授权程序中，申请人可以对其专利申请文件进行修改，但是对发明和实用新型专利申请文件的修改不得超出原说明书和权利要求书记载的范围；在专利确权程序中，专利权人可以修改其权利要求书，但是不得扩大原专利的保护范围。同时，专利申请人根据《专利法实施细则》第51条的规定进行主动修改时，只要不超出原说明书和权利要求书记载的范围，在修改原权利要求书时既可以扩大其请求保护的范围，也可以缩小其请求保护的范围。专利申请文件的修改限制与专利保护范围的联系在于：在无效宣告请求审查程序中，专利权人修改权利要求书时要受原专利的保护范围的限制，不得扩大原专利的保护范围。

作为诚实信用原则的体现和要求，禁止反悔原则在专利授权确权程序中应予适用。但是，禁止反悔原则在专利授权确权程序中的适用要受到自身适用条件的限制以及与之相关的其他原则或者法律规定的限制。禁止反悔原则的适用应以行为人出尔反尔的行为损害第三人对其行为的信赖和预期为必要条件。同时，法律的明确规定以及其他同等重要的原则也限制着禁止反悔原则的适用。对于社会公众而言，基于《专利法》第33条规定，其应该预见到申请人可能对专利申请文件进行修改，其信赖的内容应该是原说明书和权利要求书记载的范围，即原说明书及其附图和权利要求书以文字或者图形等明确表达的内容和本领域技术人员通过综合原说明书及其附图和权利要求书可以直接、明确推导出的内容，而不是仅信赖原权利要求书记载的保护范围。因此，如果申请人对专利申请文件的修改符合《专利法》第33条的规定的禁止反悔原则在该修改范围内应无适用余地。

【关键词】

修改超范围｜原申请文件的记载｜原说明书和权利要求书｜禁止反悔原则

【基本案情】

精工爱普生系2004年6月23日授权公告的、名称为“墨盒”的00131800.4号发明专利权人，本专利是99800780.3号发明专利申请的分案申请，99800780.3号发明专利申请是进入中国国家阶段的国际申请（PCT/JP99/02579），相当于是PCT/JP99/02579号国际申请的中文翻译件。99800780.3号发明专利申请公开文本的权利要求书中并未出现独立使用的“存储装置”用语，而是使用了“半导体存储装置”或者“所述外部存储装置”的概念。本专利授权文本权利要求1中的“存储装置”一词系精工爱普生在提交分案申请时由“半导体存储装置”主动修改而来，并非在实质审查过程中根据审查员的要求所进行的修改。

凯德利公司、郑亚俐、易彩公司分别提出无效宣告请求，郑亚俐的无效理由是本专利不符合《专利法》第33条，第26条第4款，第22条第2款、第3款的规定。专利复审委员会决定：本专利不符合《专利法》第33条之规定，宣告本专利全部无效。

精工爱普生不服，提起诉讼。北京市第一中级人民法院判决：维持专利复审委员会的决定。精工爱普生不服，提起上诉。北京市高级人民法院判决：撤销一审判决和专利复审委员会的决定，专利复审委员会重新作出决定。郑亚俐不服，申请再审。最高人民法院裁定：驳回其再审申请。

【裁判理由】

最高人民法院认为：

判断对专利申请文件的修改是否超出《专利法》第33条规定的原说明书和权利要求书记载的范围，不仅应考虑原说明书及其附图和权利要求书以文字或者图形表达的内容，还应考虑所属领域普通技术人员综合上述内容后显而易见的内容。在这个过程中，不能仅仅注重前者，对修改前后的文字进行字面对比即轻易得出结论；也不能对后者作机械理解，将所属领域普通技术人员可以直接、明确推导出的内容理解为数理逻辑上唯一确定的内容。如果修改后的专利申请文件未引入新的技术内容，可认定对该专利申请文件的修改未超出原说明书和权利要求书记载的范围。

精工爱普生在提出分案申请时主动将原权利要求书中的“半导体存储装置”修改为“存储装置”。所属领域普通技术人员综合原始专利申请公开说明书、权利要求书和附图的记载能很容易联想到可以用其他存储装置替换半导体存储装置，并推导出该技术方案同样可以应用于使用非半导体存储装置的墨盒的内容，因此修改后新的独立权利要求与并未引入新的技术内容该修改并未超出原专利申请文件记载的范围。

专利申请文件的修改限制与专利保护范围之间既存在一定的联系，又具有明显差异。其主要差异在于，专利申请文件的修改以原说明书和权利要求书记载的范围为界，其记载的范围越广，披露的技术内容越多，允许的修改范围就越大；而发明或者实用新型专利权的保护范围以其权利要求的内容为准，说明书及附图可以用于解释权利要求，其权利要求记载的技术特征越多，其保护范围就越小。根据《专利法》第 33 条以及《专利法实施细则》第 68 条的规定，在专利授权程序中，申请人可以对其专利申请文件进行修改，但是对发明和实用新型专利申请文件的修改不得超出原说明书和权利要求书记载的范围；在专利确权程序中，专利权人可以修改其权利要求书，但是不得扩大原专利的保护范围。同时，专利申请人根据《专利法实施细则》第 51 条的规定进行主动修改时，只要不超出原说明书和权利要求书记载的范围，在修改原权利要求书时既可以扩大其请求保护的范围，也可以缩小其请求保护的范围。专利申请文件的修改限制与专利保护范围的联系在于：在无效宣告请求审查程序中，专利权人修改权利要求书时要受原专利的保护范围的限制，不得扩大原专利的保护范围。本案中，精工爱普生对原权利要求书中的“半导体存储装置”的修改发生于提出分案申请之时，并非无效宣告请求审查之时，相应的修改是否合法与原专利申请文件请求保护的范围没有关联性。

作为诚实信用原则的体现和要求，禁止反悔原则在专利授权确权程序中应予适用。但是，禁止反悔原则在专利授权确权程序中的适用并非无条件的，其要受到自身适用条件的限制以及与之相关的其他原则或者法律规定的限制。禁止反悔原则的适用应以行为人出尔反尔的行为损害第三人对其行为的信赖和预期为必要条件。同时，法律的明确规定以及其他同等重要的原则也限制着禁止反悔原则的适用。在专利授权程序中，相关法律已经赋予了申请人修改专利申请文件的权利，只要这种修改不超出原说明书和权利要求书记载的范围即可。对于社会公众而言，基于《专利法》第 33 条规定，其应该预见到申请人可能对专利申请文件进行修改，其信赖的内容应该是原说明书和权利要求书记载的范围，即原说明书及其附图和权利要求书以文字或者图形等明确表达的内容和所属领域普通技术人员通过综合原说明书及其附图和权利要求书可以直接、明确推导出的内容，而不是仅信赖原权利要求书记载的保护范围。因此，如果申请人对专利申请文件的修改符合《专利法》第 33 条的规定，禁止反悔原则在该修改范围内应无适用余地。

本领域技术人员综合原始专利申请公开说明书及其附图和权利要求书的记载，可以推导出该专利申请的技术方案同样可以应用于使用非半导体存储装置的墨盒，精工爱普生在提出分案申请时主动将原权利要求书中的“半导体存储装置”修改为“存储装置”，并未超出原说明书和权利要求书记载的范围，这种修改对于公众而言是可以预见的，社会公众不会因为该修改而导致信赖利益受损。因此，精工爱普生在本案中有关“存储装置”的修改不存在适用禁止反悔原则的问题。

【案件信息】

精工爱普生株式会社诉专利复审委员会、郑亚俐、佛山凯德利办公用品有限公司、深圳市易彩实业发展有限公司发明专利权无效宣告案，最高人民法院（2010）知行字第53号行政裁定书（2011年12月25日，郃中林、朱理、秦元明），北京市高级人民法院（2009）高行终字第327号行政判决书（2009年10月13日，刘辉、岑宏宇、焦彦），北京市第一中级人民法院（2008）一中行初字第1030号行政判决书（2008年12月20日，任进、邢军）。

案件来源：最高人民法院知识产权案件年度报告（2011），《最高人民法院公报》2014年第7期，2011年中国法院知识产权司法保护50件典型案例。

35 判断修改是否超范围应考虑本领域技术特点、惯常表达、知识能力及技术方案内在要求等

36 在修改超范围的判断上应针对发明点和非发明点采取不同标准，但在法律未予规定时司法不应干预

【裁判要旨】

确定原说明书和权利要求书记载的范围应当考虑所属技术领域的技术特点和惯常表达、所属领域普通技术人员的知识水平和认知能力、技术方案本身在技术上的内在必然要求等因素。

《专利法》第33条对专利申请文件的修改没有区分“发明点”和“非发明点”而采取不同的标准，有违实质公平和立法本意，不利于创新激励和科技发展，但对此不应当通过司法程序解决。

【关键词】

修改超范围｜原说明书和权利要求书记载的范围｜发明点｜非发明点｜技术贡献

【基本案情】

原告株式会社岛野系专利号为94102612.4、名称为“后换挡器支架”的发明专利权人。第三人赛冠公司以本专利不符合《专利法》第33条，第26条第3款、第4

款;《专利法实施细则》第21条第2款为由请求宣告本专利全部无效。专利复审委员会认为:本专利权不符合《专利法》第33条的规定,因此决定:宣告本专利权全部无效。

株式会社岛野不服,提起诉讼。北京市第一中级人民法院判决:维持专利复审委员会的决定。株式会社岛野不服,提起上诉。北京市高级人民法院判决:驳回上诉,维持原判。株式会社岛野仍不服,申请再审。最高人民法院提审后判决:撤销一审、二审判决和专利复审委员会的决定,专利复审委员会就本专利重新作出决定。

【裁判理由】

最高人民法院认为:

《专利法》第33条中"原说明书和权利要求书记载的范围",应当理解为原说明书和权利要求书所呈现的发明创造的全部信息。这既是先申请制度的基石,也是专利申请进入后续阶段的客观基础。具体可以表现为:原说明书及其附图和权利要求书以文字和图形直接记载的内容,以及所属领域普通技术人员根据原说明书及其附图和权利要求书能够确定的内容。审查专利申请文件的修改是否超出原说明书和权利要求书记载的范围,应当考虑所属技术领域的技术特点和惯常表达、所属领域普通技术人员的知识水平和认知能力、技术方案本身在技术上的内在必然要求等因素,以正确确定原说明书和权利要求书记载的范围。

原申请文本中,8a和8b实质上由两个技术特征共同限定;一是圆形孔;二是供螺栓穿过;在权利要求1中,株式会社岛野将"圆的螺栓孔""圆形螺栓孔"以及"螺栓孔"概括修改为"圆形孔",删除了"供螺栓穿过"的技术特征。对本领域技术人员而言,"圆形孔"与"圆的螺栓孔"具有不同的技术含义。株式会社岛野的上述修改并不属于从原申请文本中能够确定的内容超出了原说明书和权利要求书记载的范围。

株式会社岛野将原说明书中的"模压"修改为本专利权利要求2中的"压制",对本领域技术人员而言,压制属于模压的上位概念,两者具有不同的技术含义。株式会社岛野的上述修改并不属于从原申请文本中能够确定的内容超出了原说明书和权利要求书记载的范围。

专利制度是对技术方案的评价和肯定,一项技术方案能够被授予独占性的专利权,是因为其对现有技术做出了实质性的贡献。被授予的专利权的范围与该技术方案对现有技术的贡献大小相当,这是专利制度的合理性基础。一般而言,一项技术方案包含多个技术特征,其中体现发明创造对现有技术做出贡献的技术特征通常被称为"发明点","发明点"使发明创造相对于现有技术具有新颖性和创造性,是发明创造能够被授予专利权的基础和根本原因。在专利授权和确权程序中,确实存在因为“发明点”以外的技术特征的修改超出原说明书和权利要求书记载的范围而使得确有创造性的发明创造不能取得专利权的情形。《专利法》第 33 条对专利申请文件的修改没有区分“发明点”和“非发明点”而采取不同的标准,但是该条款的立法本意之一是尽可能保证确有创造性的发明创造取得专利权,实现专利申请人所获得的权利与其技术贡献相匹配。如果仅仅因为专利申请文件中“非发明点”的修改超出原说明书和权利要求书记载的范围而无视整个发明创造对现有技术的贡献,最终使得确有创造性的发明创造难以取得专利权,专利申请人获得的利益与其对社会做出的贡献明显不相适应,不仅有违实质公平,也有悖于《专利法》第 33 条的立法本意,不利于创新激励和科技发展。因此,在现行法律框架和制度体系下,在维护《专利法》第 33 条标准的前提下,相关部门应当积极寻求相应的解决和救济渠道,在防止专利申请人获得不正当的先申请利益的同时,积极挽救具有技术创新价值的发明创造。

【案件信息】

株式会社岛野诉专利复审委员会、宁波赛冠车业有限公司发明专利权无效宣告案,最高人民法院(2013)行提字第 21 号行政判决书(2013 年 12 月 27 日,王永昌、李剑、吴蓉),北京市高级人民法院(2011)高行终字第 1577 号行政判决书(2012 年 7 月 16 日,岑宏宇、刘庆辉、焦彦),北京市第一中级人民法院(2011)一中知行初字第 1139 号行政判决书(2011 年 7 月 30 日,饶亚东、陈勇)。

案件来源:最高人民法院知识产权案件年度报告(2013),2013 年中国法院 50 件典型知识产权案例。

第五节 重 复 授 权

37 禁止重复授权是不能有相同权利要求的多项专利权同时存在而非仅授予一次专利权

【裁判要旨】

专利法上的禁止重复授权,是指权利要求相同不能有两项或者两项以上的处于有效状态的专利权同时存在，而不是指同样的发明创造只能被授予一次专利权。

“同样的发明创造只能被授予一项专利”，是指同样的发明创造不能有两项或者两项以上的处于有效状态的专利权同时存在，而不能理解为同样的发明创造不能被两次授予专利权。

【关键词】

同样的发明创造｜重复授权｜保护范围｜权利要求｜有效状态

【基本案情】

第三人舒学章于1992年2月22日申请了“一种高效节能双层炉排反烧锅炉”发明专利，1999年8月14日颁证，1999年10月13日授权公告，专利号为92106401.2。授权公告的权利要求书为：一种立式或卧式双层炉排平面波浪型反烧炉排锅炉，其特征是上层水管反烧炉排是平面波浪型布置。

针对该专利，济宁无压锅炉厂于2000年12月22日提出无效宣告请求，认为本发明专利不符合1992年《专利法实施细则》第12条第1款同样的发明创造只能授予一项专利的规定，所提交的对比文件为1992年2月26日公告的公告号为CN2097376U的实用新型专利申请说明书，专利申请号为91211222.0，设计人、申请人均为舒学章。该实用新型专利的申请日为1991年2月7日，颁证日为1992年6月17日，授权公告日为1992年9月30日，其公告的权利要求书内容为：一种主要由反烧炉排[2]、正烧炉排[1]和炉体[3]构成的高效节能双层炉排反烧锅炉，本实用新型的特征在于正烧炉排[1]和反烧炉排[2]的各个炉条是间隔的一上、一下分两层构成波浪形排列。该实用新型专利权至1999年2月8日有效期届满终止。

专利复审委员会认为，本发明专利在授权时，对比文件的实用新型专利权已经终止，不存在实用新型专利权和本发明专利权共同存在的情况。因此，本发明专利权的授予不违反重复授权的规定，因此决定：维持本发明专利权有效。

济宁无压锅炉厂不服，提起诉讼。北京市第一中级人民法院判决：维持专利复审委员会的决定。济宁无压锅炉厂不服，提起上诉。北京市高级人民法院认为：舒学章在后申请的本发明专利因与对比文件的实用新型专利系相同主题的发明创造，在本发明专利于1999年10月13日被授权公告时，相当于把已进入公有领域的技术又赋予了专利权人以专利权，应属重复授权。故判决：撤销一审判决和专利复审委员会的决定。舒学章和专利复审委员会均不服,申请再审。最高人民法院提审后判决:撤销二审判决,维持一审判决和专利复审委员会的决定。

【裁判理由】

最高人民法院认为:

禁止重复授权的目的在于防止对于同样的发明创造有两项或者两项以上的专利权同时存在而导致专利权之间的冲突或者不必要的重叠。只要两项专利申请或者专利要求保护的内容不同,即可以达到防止重复授权的目的。因此,同样的发明创造,应当是指保护范围相同的专利申请或者专利,即应当仅就各自请求保护的内容进行比较,而不是将权利要求书与专利申请或专利文件的全部内容进行比较。被比对的两项权利要求所要求保护的范围相同的,应当认为是同样的发明创造;要求保护的范围不同,不论二者的说明书内容是否相同,均不属于同样的发明创造。权利要求保护范围部分重叠的,也不能认为属于同样的发明创造而依据禁止重复授权原则拒绝授予其中一项申请以专利权,而是应当根据对新颖性、创造性等其他专利授权条件的审查来决定是否授予专利权。本发明专利要求保护的是上层炉排为平面波浪形排列的双层炉排反烧锅炉;实用新型专利要求保护的是上下层炉排均为波浪形排列的双层炉排反烧锅炉。本发明专利权利要求并未对下层炉排的具体结构作出特别限定,其在保护范围上不仅包含了实用新型专利,而且大于实用新型专利的保护范围,因此涉案两个专利的保护范围并不相同,不属于同样的发明创造。

“同样的发明创造只能被授予一项专利”,是指同样的发明创造不能有两项或者两项以上的处于有效状态的专利权同时存在;在现行的制度安排下,同一申请人就同样的发明创造既申请实用新型专利又申请发明专利的,只要两项专利权不同时存在,就不违反禁止重复授权原则。二审法院将重复授权理解为同样的发明创造被授予两次专利权,会造成专利审查与授权的实践操作困难。另外,作为一种排他权的专利权,其终止仅表明权利人不能再就该技术向他人行使该专利权,并不表示在该技术上已经不存在任何其他权利,不能得出一项专利权一旦终止有关技术就进入了公有领域的结论。在允许同一申请人对同样的发明创造既申请实用新型专利又申请发明专利的情况下,申请人应审查要求放弃一项在先的实用新型专利权时,该发明专利申请处于临时保护期,也不能认为有关技术已经进入公有领域。

【案件信息】

济宁市无压锅炉厂诉专利复审委员会、舒学章发明专利权无效宣告案，最高人民法院(2007)行提字第4号行政判决书(2008年7月14日，蒋志培、王永昌、邰中林)，北京市高级人民法院(2002)高民终字第33号行政判决书，北京市第一中级人民法院(2001)一中知初字第195号行政判决书。

案件来源：最高人民法院知识产权年度报告(2008)，2008年中国法院知识产权司法保护十大案件。

38 权利人依据重复授权的两项专利主张同一行为构成侵权的只应保护其中一项专利权

【裁判要旨】

权利人以相同的技术方案先后申请实用新型和发明专利，并先后获得授权，如果专利权人以上述两项专利分别指控被告的同一行为构成侵权，虽然从形式上应认定两项专利权均有效，只应保护其中一项专利，此时可由权利人自主选择。

【关键词】

重复起诉 | 重复授权 | 发明 | 实用新型 | 选择

【基本案情】

原告陈锡奎2008年8月28日申请了名称为"圆柱形石材自动仿形机"的实用新型专利，2009年10月28日获得授权，专利号为200820145412.4。陈锡奎于2008年9月23日申请了名称为"多头圆柱形石材仿形机"的发明专利，2011年9月7日获得授权，专利号为200810071856.2，该发明专利的权利要求书、说明书、附图及摘要等与陈锡奎在本案主张保护的200820145412.4号实用新型专利完全相同。

2012年8月10日，陈锡奎以本案被告凯达公司为被告向福建省泉州市中级人民法院提起侵害其发明专利的诉讼，泉州市中级人民法院以(2012)泉民初字第764号民事判决凯达公司在广告册上登载"多头栏杆仿型机"的行为构成对上述发明专利的许诺销售行为，构成侵权，福建省高级人民法院做出(2013)闽民终字第 522 号判决，维持了该一审判决。

陈锡奎在本案中依据其 200820145412.4 实用新型专利权针对凯达公司再次提起诉讼，主张凯达公司的产品广告册上刊登的“多头圆柱形石材仿形机”构成对其实用新型专利权的侵害，请求判令：确认凯达公司生产、销售“多头圆柱石材仿形机”及“多头栏杆仿型机”侵害了陈锡奎的实用新型专利权，凯达公司删除侵害陈锡奎实用新型专利权的广告及产品销售介绍文册等销售媒介，停止生产、销售侵害陈锡奎实用新型专利权的产品，并销毁已生产的侵害上述实用新型专利权的库存产品，赔偿损失 30 万元及合理开支 1 万元。

福建省泉州市中级人民法院判决：凯达公司停止侵权，即删除侵害陈锡奎实用新型专利权的广告及产品销售介绍文册等销售媒介，赔偿损失及合理开支 3 万元。凯达公司不服，提起上诉。福建省高级人民法院判决：撤销一审判决，驳回陈锡奎的诉讼请求。

【裁判理由】

法院认为：

陈锡奎分别以“圆柱形石材自动仿形机”“多头圆柱形石材仿形机”的名称在 2008 年 8 月 10 日、2008 年 9 月 23 日分别申请实用新型专利和发明专利，并分别于 2009 年 10 月 28 日、2011 年 9 月 7 日被授予发明专利权和实用新型专利权。经比较，2 项专利的权利要求书、说明书、附图及摘要等内容完全相同，应当认定 2 项专利的名称虽然不同，但法律保护的发明创造涉及的技术方案完全相同，实质为同一技术方案。

陈锡奎在 2008 年 9 月 23 日申请其发明专利，该时间虽晚于其 2008 年 8 月 10 日以同样的技术方案申请实用新型专利的时间，但依照当时的专利法关于“新颖性”的规定，同一个人先后以相同的技术方案申请发明和实用新型专利，并不构成抵触申请，因此，从形式上而言，应当认定被上诉人申请的发明专利及实用新型专利均为有效。但根据《专利法》第 9 条规定，同样的发明创造只能授予一项专利权。因此，对同一专利权人就相同的技术方案申请的两项专利，法律应该只保护其一项专利。因发明专利的保护期限为 20 年，而实用新型专利的保护期限 10 年，陈锡奎请求保护其发明专利，从有利于保护发明创造、鼓励创新的角度应予准许。

根据（2013）闽民终字第 522 号的民事判决，法院已认定陈锡奎的发明专利有效并对凯达公司的许诺销售行为作出评判。现陈锡奎又要求与曾作出评判的发明专利相同技术方案的实用新型专利追究凯达公司同样行为的侵权责任,本质上属于重复请求,对其诉讼请求显然应予以驳回。

【案件信息】

陈锡奎诉晋江市凯达石材机械有限公司侵害实用新型专利权案,福建省高级人民法院(2013)闽民终字第482号民事判决书(2013年6月14日,黄从珍、陈茂和、蔡伟),福建省泉州市中级人民法院(2012)泉民初字第765号民事判决书。

案件来源:2013年中国法院50件典型知识产权案例。

第三章　实用性与新颖性

第一节　实　用　性

39　专利不具备产业上制造或使用的可能性与专利技术方案是否被说明书充分公开无关

【裁判要旨】

《专利法》第22条第4款规定的“能够制造或者使用”是指发明或者实用新型的技术方案具有在产业上被制造或者使用的可能性；《专利法》第26条第3款规定的“能够实现”是指本领域技术人员根据说明书的内容能否实现该发明或实用新型。两者的判断标准不同，之间没有必然联系。

【关键词】

实用性｜自然规律｜产业中被制造或者使用的可能｜说明书充分公开｜能够实现

【基本案情】

原告顾庆良、彭安玲系申请号为201010147700.5、名称为“磁悬浮磁能动力机”的发明专利申请人。国家知识产权局原审查部门于2012年6月5日驳回了本申请,认为不具备《专利法》第22条第4款规定的实用性。专利复审委员会复审也认为本申请不具备实用性。据此决定:维持国家知识产权局对本申请作出的驳回决定。

顾庆良、彭安玲不服,提起诉讼。北京市第一中级人民法院判决:维持专利复审委员会的决定。顾庆良、彭安玲不服,提起上诉。北京市高级人民法院判决:驳回上诉,维持原判。顾庆良、彭安玲仍不服,申请再审。最高人民法院裁定:驳回其再审申请。

【裁判理由】

最高人民法院认为:

依据本申请公开的整体技术内容,该磁悬浮磁能动力机具备外转子和内转子以及飞轮等结构,在少量的动能输入的情况下,由磁场产生磁力对负载阻力做功,主要能量来源于内部特定结构产生的"磁能"。众所周知,飞轮的惯性需要外力提供,外力对飞轮做功后,一方面要克服负载阻力,另一方面要加速推动外转子旋转做功,而要维持该磁场为动磁场,也需要能量的输入。由此可知,要达到持续推动飞轮前进,并对外做功的效果,输出的能量必然要大于输入的能量。但依据本申请权利要求书和说明书公开的整体技术内容,其请求保护的技术方案的实质是要在磁悬浮磁能动力机只有少量用于维持飞轮转动的直流电输入的情况下,通过动力机特定结构得到"磁能",满足300°空间不消耗电能,实现连续运转的技术效果。由于离开永磁体磁场之时与进入永磁体磁场之时相比而言无法获得更多能量,因此在运转的设备还存在能量消耗的情况下,本申请在少量的动能输入,不可能通过磁场内部产生的磁力得到一个大于输入的输出能量,本申请所强调给予少量的输入,从设备内部得到一个大于输入的输出的能量,保证飞轮持续运动的技术方案违反了能量守恒定律。因此,本申请请求保护的技术方案仅仅是一种设想或者说是一种结果,依靠所谓的"磁能"实现不间断的连续运转的技术方案是不能够在产业上制造或使用的。

《专利法》第26条第3款要求说明书应当对发明或者实用新型作出清楚、完整的说明,以所属技术领域的技术人员能够实现为准。符合该款关于能够"实现"请求保护的技术方案不同于判断不具备实用性的"不能够制造或者使用"的标准。"能够制造或者使用"是指发明或者实用新型的技术方案具有在产业中被制造或使用的可能性,如果技术方案违背了自然规律,就不存在可以实施的技术方案,无法在工业上制造或使用,并且产生积极的效果,这与是否在说明书中公开了相关的具体信息并无关系。本申请说明书没有记载飞轮旋转中转子到达阻力最大的“死点”时给予通电激励,确保其沿正确方向前进的具体技术方案,如在负载变化时,如何调节持续直流电的大小、控制内电机的线圈通电流大小、时间长短从而保证在新的负载下继续做功,产生平衡负载能量的技术内容。尽管在形式存在没有公开电能驱动后,如何利用所获得的“磁能”实现连续运转的具体技术方案,以致本领域的技术人员不能够实现该技术方案,但是,本申请能否完成,能否在产业上被制造或者使用,是基于技术方案的本质而言。如上所述,由于本申请的技术方案违反自然规律,导致本申请事实上就不可能存在可以实施的技术信息,无法在工业上制造或使用,并产生积极的效果,因此,这种由于技术方案本身固有的缺陷引起的不能够制造或使用,与说明书中公开的程度并无关系。当请求保护的技术方案存在本质的缺陷导致无法在工业上制造或使用的情形,与说明书是否充分公开了权利要求的相关信息并无关系。

【案件信息】

顾庆良、彭安玲诉专利复审委员会发明专利申请驳回复审案,最高人民法院(2016)最高法行申789号行政裁定书(2016年11月7日,周翔、罗霞、佟姝),北京市高级人民法院(2015)高行(知)终字第2084号行政判决书(2015年8月5日,岑宏宇、刘庆辉、马军),北京市第一中级人民法院(2014)一中行(知)初字第10512号行政判决书(2015年4月20日,王春光、李茜)。

案件来源:最高人民法院知识产权案件年度报告(2016)。

第二节　新　颖　性

40 货物交易完成日为公众能够获知的该货物所使用的现有技术结构或者方法的公开日

【裁判要旨】

现有技术可以通过使用而公开,使用公开的方式包括能够使公众得知其技术内容的制造、使用、销售、进口、交换、馈赠、演示、展出等方式。只要通过上述方式使有关技术内容处于公众想得知就能够得知的状态,就构成使用公开,而不取决于是否有公众得知。使用公开是以公众能够得知该产品或方法之日为公开日。在专利无效宣告审查程序中,若待证事实已达到高度盖然性要求,在无相反证据的情况下,可以认定该事实成立。

【关键词】

新颖性｜使用公开｜交货日｜交易完成｜想得知就能够得知

【基本案情】

原告金启想系专利号为201020642806.8、名称为“一种喷气式干手器”的实用新型专利权人。本专利权利要求1为:一种喷气式干手器,其特征在于它包含隔音棉(1),过滤棉(2),线路冷却板(3),电机(4),发热架(5),喷气出风口(6),可拆板(7),积水盘(8),水流道(9),流水缝隙(10),机体(11)和风道(12),过滤棉(2)设置在机体(11)底部一侧,过滤棉(2)上设置有风道(12),风道(12)下部一侧设置有隔音棉(1),风道(12)下部另一侧依次设置有线路冷却板(3)和电机(4),电机(4)与发热架(5)相连,发热架(5)上方设置又分为两路的上部风道(12),上部风道(12)的末端为喷气出风口(6),可拆板(7)设置在机体(11)下部,可拆板(7)内设置有水流道(9),水流道(9)上方设置有流水缝隙(10),水流道(9)下方设置有积水盘(8)。

第三人三菱株式会社以本专利不符合《专利法》第22条第2款、第3款的规定为由提出无效宣告请求。专利复审委员会认为,三菱株式会社提交的证据7~8、10能够证明与本专利权利要求1技术方案相同的产品已经在本专利申请日之前公开销售,导致本专利权利要求1不具备新颖性,因此决定,宣告本专利权全部无效。

金启想不服,提起诉讼。北京市第一中级人民法院和北京市高级人民法院均以相同的理由驳回其申请。

【裁判理由】

法院认为:

专利新颖性判断,一般指被审查的发明或者实用新型专利申请与现有技术或者申请日前由任何单位或者个人向专利局提出申请并在申请日后(含申请日)公布或公告的发明或者实用新型的相关内容相比,其技术领域、所解决的技术问题、技术方案和预期效果实质上相同。

现有技术可以通过使用而公开,使用公开的方式包括能够使公众得知其技术内容的制造、使用、销售、进口、交换、馈赠、演示、展出等方式。只要通过上述方式使有关技术内容处于公众想得知就能够得知的状态,就构成使用公开,而不取决于是否有公众得知。使用公开是以公众能够得知该产品或方法之日为公开日。在专利无效宣告审查程序中,若待证事实已达到高度盖然性要求,在无相反证据的情况下,可以认定该事实成立。

三菱株式会社提交的证据7、证据8 两份证据均指向三菱株式会社生产制造的 JT - SB116JH - W 型干手机,该交易的卖方为株式会社菱和(三菱株式会社的代理商),制造商为三菱株式会社(本案第三人),该笔交易中按照时间顺序先后经过买方向卖方订货、卖方确认并约定交货时间、卖方向制造商发出订货信息并指定交货时间、制造商完成货物交付、买方完成货款交付的过程,各证据的时间顺序,以及证据7 文件说明部分及⑤、⑥、⑦中的货物名称、型号和货款金额均相互对应,符合一般商业规则和交易习惯,且卖方向买方发送文件③的订单确认书和交货日期答复书之日即为合同成立日,货物交付之日即 2010 年 10 月 6 日为交易完成日。因此,证据7、8 相互印证用于证明对 JT - SB116JH - W 型干手机公开销售的事实。

证据10 的产品实物信息标签表明该干手机的型号为 JT - SB116JH - W,与上述证据7、8 中证明的公开销售行为中的干手机型号完全相同,虽然金启想对证据7、8、10 的关联性持有质疑,但是未给出充分的证据和理由,基于优势证据原则,原审法院和专利复审委员会认定证据10 的产品实物可以用来证明上述公开销售行为中的干手机的结构并无不当。

金启想主张本专利的过滤棉与在先使用产品的过滤网不同,但是,证据10 产品实物的过滤设施是一种网状结构,包括用于过滤的部件,实现的功能都是过滤并且位置和本专利相同。因此,证据10 公开了该过滤棉的特征。关于本专利冷却板的结构,证据10 产品实物的线路冷却设施整体外形也为一盒状,盒内为电子部件和线路,靠近风道的一侧也为一板状体,能够对盒内的电子部件和线路进行冷却,因此证据10 的产品实物中同样具备本专利权利要求1 中的线路冷却板。因此,证据10 的产品实物作为本专利的现有技术已经公开了本专利权利要求1 的全部技术特征,两者技术方案实质相同,且两者属于同一技术领域,能够解决相同的技术问题,具有相同的预期效果。本专利不具备新颖性。

【案件信息】

金启想诉专利复审委员会、三菱电机株式会社实用新型专利权无效宣告案，北京市高级人民法院(2016)京行终4114号行政判决书(2016年11月23日，刘晓军、孔庆兵、蒋强)，北京市第一中级人民法院(2015)一中行(知)初字第1398号行政判决书(2015年11月20日，邢军、肖玲玲)。

案件来源：中国裁判文书网。

41 国家药品行政管理机关为规范药品生产而统一发布的药品标准汇编属于公开出版物

【裁判要旨】

国家药品行政管理机关为规范药品生产要求而统一发布药品标准汇编的目的在于保障中成药生产制造环节上的质量安全，为了实现该目的，必须要在该领域中推行该标准，引导该领域的生产者遵行该标准，为此该标准至少要在该领域的生产者范围内公开，并且处于任何人想要获得即可以获得的状态。

【关键词】

新颖性｜出版物公开｜药品标准汇编

【基本案情】

原告云南省药物研究所系专利号为200510010899.6、名称为“治疗肿痛的药物组合物”的发明专利权人，本专利授权公告时的权利要求书如下：“1.一种治疗肿痛的药物组合物，其特征是由以下重量配比的原料制成的口服药剂：七叶莲180~200、三七180~220、灯盏细辛150~190、玉葡萄根40~60、珠子参20~30、重楼40~60、甘草5~15、栀子40~60。2.按照权利要求1所述的治疗肿痛的药物组合物，其特征是由以下重量配比的原料制成的口服药剂：七叶莲190、三七200、灯盏细辛180、玉葡萄根50、珠子参26、重楼50、甘草10、栀子50。”

针对本专利，刘晓海以本专利权利要求1和2不符合2001年《专利法》第22条第1款和第2款的规定为由提出无效宣告请求，并提交了证据1《国家中成药标准汇编—中成药地方标准上升国家标准部分—骨伤科》分册。

专利复审委员会认为,本专利权利要求1~2相对于证据1均不具备新颖性,因此决定,宣告本专利权全部无效。云南省药物研究所不服,提起诉讼。北京市第一中级人民法院和北京市高级人民法院均驳回其申请。

【裁判理由】

法院认为:

专利法意义上的出版物公开是指记载有技术或设计内容的独立存在的传播载体,并且应当表明或者有其他证据证明其公开发表或出版的时间。

证据1前言部分记载有:"为强化中成药国标管理工作……本标准汇编为使用方便,按医学分类进行了编排,共分十三册,并编制了医学分类、拼音、笔画及标准序号索引目录……",第217页记载有:"抄送单位各省、自治区、直辖市药品检验所,中国药品生物制品检定所,国家药典委员会,国家药品监督管理局药品审评中心,国家中药品种保护审定委员会,有关生产单位。"可见,证据1属于国家药品监督管理部门为规范药品生产要求而统一发布的药品标准汇编,其宗旨是为了强化中成药国家标准管理工作,制定中成药标准的目的在于保障中成药生产制造环节上的质量安全。同时为了实现前述目的,必须要在该领域中推行该标准,引导该领域的生产者遵行该标准,为此该标准至少要在该领域的生产者范围内公开,并且处于任何人想要获得即可以获得的状态,即属于处于能够为公众所知的状态。

由于证据1封面注明时间为2002年,专利复审委员会由此推定该证据的公开日为2002年12月31日是恰当的,即在本专利申请日之前。因此,一审判决及专利复审委员会关于证据1属于专利法意义上的公开出版物,可以作为本专利申请日之前现有技术使用的认定正确。

证据1公开的处方中的原料药与权利要求1所述药物的原料药完全相同,处方中各原料药的配比也全部落入权利要求1的范围内,可见,权利要求1与证据1的技术方案相同,属于相同技术领域,能够解决相同的技术问题,实现相同的技术效果。因此,权利要求1相对于证据1不具备新颖性。权利要求2对原料药的重量配比做了进一步限定,然而证据1公开的处方中各原料药的重量配比与权利要求2所限定的重量配比完全相同,因此权利要求2相对于证据1也不具备新颖性。

【案件信息】

云南省药物研究所诉专利复审委员会、刘晓海发明专利权无效宣告案,北京市高级人民法院(2012)高行终字第1488号行政判决书(2012年12月19日,刘辉、石必胜、陶钧),北京市第一中级人民法院(2012)一中知行初字第1485号(2012年7月19日,芮松艳、王东勇)。

案件来源:中国裁判文书网。

42 判断化合物是否已被现有技术文献公开,应以该领域普通技术人员是否能从该文献的启示中制造或分离出该化合物为标准

【裁判要旨】

在涉及化合物专利是否具有新颖性的判断过程中,对于现有技术文献是否已公开该化合物,应以所属领域的普通技术人员根据该文献的启示能否制造或分离出该化合物为标准。

【关键词】

化合物专利｜新颖性｜公开｜公众无法获得｜举证责任

【基本案情】

原告基因技术公司系申请号为200610009258.3、申请日为1999年5月3日、优先权日为1998年5月6日、公开日为2006年8月2日、名称为“用离子交换层析纯化蛋白质”的发明专利申请人。

本申请权利要求1要求保护一种包含抗－HER2抗体和一种或多种其酸性变体的组合物。对比文件1公开了一系列包含抗－HER2的全长人源化抗体humMAb4D5－8的液体制剂及其稳定性测试结果。

国家知识产权局原审查部门以本申请权利要求1～7、9～13不符合《专利法》第22条第3款的规定和权利要求8不符合《专利法》第26条第4款的规定为由,驳回本申请。专利复审委员会复审认为:对比文件1已经隐含公开了权利要求1的组合物技术方案,权利要求1所要求保护的技术方案相对于对比文件1不符合《专利法》第22条第2款有关新颖性的规定,同理其他权利要求也不具备新颖性。因此决定:维持国家知识产权局的驳回决定。

基因技术公司不服，提起诉讼。北京市第一中级人民法院判决：维持专利复审委员会的决定。基因技术公司不服，提起上诉。二审诉讼中，基因技术公司主张，对比文件 1 中所使用的一系列包含抗 - HER2 的全长人源化抗体 humMAb4D5 - 8 的液体制剂就是本申请所要求保护的产品，但是在本申请的优先权日之前，该产品在基因技术公司的控制之下，并不能通过公开的途径获得，因此本申请具有新颖性。但在二审法院指定的举证期限内，基因技术公司所提交的证据并不能证明上述抗体并未公开、公众无法获得的事实，其试图通过证据证明的仅仅是上述抗体无法通过本申请以外的方法能够获得。因此北京市高级人民法院判决：驳回上诉，维持原判。基因技术公司仍不服，申请再审。最高人民法院裁定：驳回其再审申请。

【裁判理由】

最高人民法院认为：

对于现有技术文献是否已公开了某化合物，均是以所属领域的普通技术人员从该文献的启示能否制造或分离出该化合物为准。本案中，基因技术公司已经认可对比文件 1 实施例中所使用的抗体即是本申请中的纯化抗体，即应推定本申请不具有新颖性。基因技术公司主张对比文件 1 披露的技术结果公众无法获得，即所属领域的普通技术人员不能制造或分离出该产品，其应进一步举证证明。在二审法院指定的举证期限内，基因技术公司所提交的证据，仅能证明在本申请优先权日之前，其对使用本申请说明书的纯化方法制备本申请产品采取了保密措施，尚不能证明对比文件 1 提及的产品公众无法获得。二审法院据此认为申请人的举证责任并未尽到，进而认定本申请相对于对比文件 1 不具有新颖性，并无不当。

【案件信息】

基因技术股份有限公司诉专利复审委员会发明专利申请驳回复审案，最高人民法院(2015)知行字第 356 号行政裁定书(2016 年 6 月 29 日，周翔、秦元明、马秀荣)，北京市高级人民法院(2013)高行终字第 735 号行政判决书(2014 年 5 月 16 日，谢甄珂、钟鸣、亓蕾)，北京市第一中级人民法院(2012)一中知行初字第 2235 号行政判决书(2012 年 12 月 26 日，饶亚东、逯遥)。

案件来源：最高人民法院知识产权案件年度报告(2016)。

43　企业标准的备案并不意味着其内容可自由获取即并不因备案导致专利法意义上的公开

44　1993年《行政诉讼法》之下，在授权确权行政判决主文中直接宣告专利权效力的缺乏法律依据①

【裁判要旨】

企业标准的备案并不意味着标准的具体内容要向社会公开发布，备案也不意味着公众可以自由查阅和获得，企业标准并不因备案行为本身而构成专利法意义上的公开。

在1993年的行政诉讼法律框架下，法院在判决主文中直接对涉案专利权的效力作出宣告判决，缺乏充分的法律依据。

【关键词】

专利法意义上的公开｜企业标准备案｜出版物公开｜使用公开｜宣告权利效力

【基本案情】

第三人王玉山系专利号为98248629.4、名称为“清洁器吸棉管废棉截留装置”的实用新型专利权人。

原告爱吉科公司以本专利权利要求1～10不具有新颖性和创造性为由提出无效宣告请求并提交了证据5——江苏昌升集团如皋市纺织机械制造厂1998年7月1日发布，7月10日实施并已备案的《AJQ型系列吹吸清洁机》的企业标准——Q/320682KC01—1998。专利复审委员会以证据5未公开不能作为对比文件等理由，决定：本专利维持有效。爱吉科公司不服，提起诉讼。北京市第一中级人民法院判决：维持专利复审委员会的决定。爱吉科公司仍不服，提起上诉。北

① 本规则是最高人民法院在其裁判当时形势下确立的规则。在2016年之后，最高人民法院呼吁改变做法，希望法院能在专利授权确权行政案件的裁判主文中对诉争专利权的效力表示意见，而在商标授权确权领域，最高人民法院已经允许下级法院在裁判理由部分表示诉争商标是否应予注册或者宣告无效的意见，对此敬请注意。

京市高级人民法院认为：证据5已公开并足以否定本专利的新颖性，故判决：撤销一审判决和专利复审委员会的决定，宣告本专利权无效。专利复审委员会不服，申请再审。最高人民法院裁定：撤销二审判决，发回二审重审。

【裁判理由】

最高人民法院认为：

对于备案的企业标准，备案管理机关一般只公告标准的代号、编号、名称和备案企业名称，并不公告标准的具体内容。公众能够向管理标准档案的机构借阅的标准不包括企业标准，除了法院等特定执法机关，企业标准备案管理部门一般也不对外提供对备案企业标准具体内容的查询服务。

有关企业标准是否因产品买卖等交易行为导致为交易相对人所知进而导致构成专利法上的使用公开，当事人首先必须提供证据证明已经实际为他人所知，其次至少还要证明知悉该企业标准内容的人并不负有任何法定或者约定的保密义务。

本案中无效请求人并无证据证明争议企业标准已经处于社会公众中任何人想要得知就能够得知的状态。二审法院关于“作为交货依据的企业标准在规定的时间、在规定的部门备案本身就意味着公众可以根据该标准备案的时间、通过相关的部门获知该企业标准的备案信息”的认定，既无明确的法律依据，也与主管部门的实践操作不符，属于认定事实错误。二审法院在此基础上所做关于本专利丧失新颖性的判断亦属错误。爱吉科公司有关本专利丧失新颖性的理由不能成立，专利复审委员会的此点申请再审理由成立。

在无效请求人未明确单独以证据5涉案企业标准备案为由主张本专利丧失新颖性、专利复审委员会也未就此予以审查认定的情况下，二审判决以各方当事人对证据5记载的有关技术方案与本专利权利要求10相同这一事实不持异议为由，直接依据证据5对本专利新颖性予以审查认定，超出了无效审查决定的审查范围，违反了行政诉讼中的合法性审查原则。二审判决在认定本专利丧失新颖性的基础上未审查专利的创造性，在本院认定本专利具备新颖性的情况下，应当由二审法院继续对创造性问题作出审查判断。

根据我国《行政诉讼法》的规定，即使专利复审委员会的决定错误，法院也不能直接予以变更，只能判决撤销或者一并要求重作决定。在判决主文中直接对涉案专利权的效力作出宣告判决，超出了《行政诉讼法》及其司法解释有关裁判方式的规定，缺乏充分的法律依据。在现行的行政诉讼法律框架下，人民法院审理专利无效纠纷案件,应当依法按照合法性审查原则,对所争议专利权是否符合专利法规定的专利授权实质性条件等问题作出判断。但对于宣告专利权有效性问题,仍应遵循现行法律规定的裁判方式进行。

【案件信息】

如皋市爱吉科纺织机械有限公司诉专利复审委员会、王玉山实用新型专利权无效宣告案,最高人民法院(2007)行提字第3号行政裁定书,北京市高级人民法院(2004)高行终字第95号行政判决书(2004年9月29日,陈锦川、张冬梅、岑宏宇),北京市第一中级人民法院(2003)一中行初字第522号行政判决书(2003年11月28日,马来客、李燕蓉、任进)。

案件来源:最高人民法院知识产权案件年度报告(2008)。

第四章　创　造　性

第一节　权利要求的解释

45　专利授权确权程序中，应基于权利要求的文字记载和对说明书的理解对权利要求作最广义的合理解释

【裁判要旨】

通常情况下，在专利授权确权程序中，对权利要求的解释采取最大合理解释原则，即基于权利要求的文字记载，结合对说明书的理解，对权利要求作出最广义的合理解释。如果说明书未对权利要求用语的含义作出特别界定，原则上应采取本领域技术人员在阅读权利要求书、说明书和附图之后对该术语所能理解的通常含义，尽量避免利用说明书或者审查档案对该术语作不适当的限制，以便对权利要求是否符合授权条件和效力问题作出更清晰的结论，从而促使申请人修改和完善专利申请文件，提高专利授权确权质量。①

① 《最高人民法院关于审理专利授权确权行政案件若干问题的规定(一)(征求意见稿)》中，原有的"最大/最广义合理解释"规定被删除，敬请注意。

【关键词】

权利要求的解释｜最大合理解释原则｜文字记载｜通常理解｜专利授权确权程序

【基本案情】

第三人郭伟和沈阳天正公司系专利号为03123304.X、名称为“反射式萨格奈克干涉仪型全光纤电流互感器”的发明专利共同权利人。其独立权利要求公开了一种反射式萨格奈克干涉仪型全光纤电流互感器，其特征之一是它至少由光电单元和光纤电流感应单元连接构成。权利要求1中没有关于反射膜的内容记载。权利要求10为权利要求1的从属权利要求，其进一步限定了光纤电流感应单元设在电流互感器的高压区，至少由λ/4波片，其中λ为光纤中传递的光信号的波长、感应光纤线圈和感应光纤线圈端面镀反射膜组成。

原告李晓乐针对本专利提出无效宣告请求，认为本专利不具有新颖性和创造性。专利复审委员会决定：维持本专利权有效。李晓乐不服，提起诉讼。北京市第一中级人民法院判决：维持专利复审委员会的决定。李晓乐、郭伟、沈阳天正公司均不服，分别提起上诉。北京市高级人民法院判决：驳回上诉，维持原判。李晓乐仍不服，申请再审。最高人民法院提审后判决：撤销一审、二审判决和专利复审委员会的决定，判令专利复审委员会重新作出决定。

【裁判理由】

最高人民法院认为：

专利授权确权程序中，权利要求解释的目的在于通过明确权利要求的含义及其保护范围，对权利要求是否符合专利授权条件或者其效力如何作出判断。基于此目的，在解释权利要求用语的含义时，必须顾及专利法关于说明书应该充分公开发明的技术方案、权利要求书应当得到说明书支持、专利申请文件的修改不得超出原说明书和权利要求书记载的范围等法定要求。通常情况下，在专利授权确权程序中，对权利要求的解释采取最大合理解释原则，即基于权利要求的文字记载，结合对说明书的理解，对权利要求作出最广义的合理解释。如果说明书未对权利要求用语的含义作出特别界定，原则上应采取本领域技术人员在阅读权利要求书、说明书和附图之后对该术语所能理解的通常含义，尽量避免利用说明书或者审查档案对该术语作不适当的限制，以便对权利要求是否符合授权条件和效力问题作出更清晰的结论，从而促使申请人修改和完善专利申请文件，提高专利授权确权质量。

本案中，本专利权利要求1中记载全光纤电流互感器至少由光电单元和光纤电流感应单元连接构成，并没有记载“反射膜”的技术特征，“反射膜”的技术特征出现在权利要求1的从属权利要求10的附加技术特征中。说明书中既没有将具有“反射膜”的技术方案作为背景技术描述，也没有用“反射膜”这一技术特征对权利要求1所述的“全光纤电流互感器”作出特别界定，说明书中的相关内容仅能说明本专利在对应于从属权利要求10的进一步的优选实施例中，采用了光纤端面镀反射膜的方式，并不是指本专利权利要求1中的“全光纤电流互感器”具有此处描述的特定含义。专利复审委员会在对权利要求1中的“全光纤电流互感器”进行界定时，引入其从属权利要求的附加技术特征和说明书的内容对其进行限缩性解释，适用法律错误，应予纠正。

【案件信息】

李晓乐诉专利复审委员会、郭伟、沈阳天正输变电设备制造有限责任公司发明专利权无效宣告案，最高人民法院(2014)行提字第17号行政判决书(2015年8月11日，周翔、吴蓉、宋淑华)，北京市高级人民法院(2011)高行终字第1106号行政判决书(2011年10月，张冰、谢甄珂、陈曦)，北京市第一中级人民法院(2010)一中行初字第3093号行政判决书(2011年3月15日，任进、陈勇)。

案件来源：最高人民法院知识产权案件年度报告(2015)。

46 解释权利要求应当以说明书及其附图为依据使其保护范围与说明书公开范围相适应

【裁判要旨】

利用说明书和附图解释权利要求时，应当以说明书为依据，使其保护范围与说明书公开的范围相适应。

【关键词】

权利要求的解释｜说明书及其附图｜保护范围｜说明书公开的范围

【基本案情】

原告新利达德庆公司、肇庆新利达公司系专利号为01234722.1、名称为“无水银碱性钮形电池”的实用新型专利权人。本专利权利要求1为：“一种无水银碱性钮形电池，包括正极片、负极盖、负极锌膏、密封胶圈、正极外壳和隔膜，其特征在于,在电池负极片上电镀上一层铟或锡原料,并在锌膏中加入金属铟以代替水银。"

第三人东莞佳畅公司等先后提出无效宣告请求。专利复审委员会决定:宣告本专利权全部无效。新利达德庆公司、肇庆新利达公司不服,提起诉讼。北京市第一中级人民法院判决:撤销专利复审委员会的决定,并判令其重新作出决定。专利复审委员会、东莞佳畅公司等不服,提起上诉。北京市高级人民法院判决:驳回上诉,维持原判。东莞佳畅公司、许楚华不服,申请再审。最高人民法院提审后判决:撤销一审、二审判决,维持专利复审委员会的决定。

【裁判理由】

最高人民法院认为:

本专利权利要求1未对电池负极片的结构及成型方法作具体的限定。根据通常的理解,电池负极片是指用作电池负极的片状物,其不仅覆盖了单层的片状物,也覆盖了多层的片状物;不仅覆盖通过电镀方式形成的多层片状物,也覆盖了通过诸如层压的其他方式形成的多层片状物。

利用说明书和附图解释权利要求时,应当以说明书为依据,使其保护范围与说明书公开的范围相适应。首先,本专利说明书背景技术部分记载:"必须加入水银,防止'锌'与其他原料或金属接触时,产生气体而膨胀。"由此可见,本专利的申请人从产生发明动机开始直到申请专利之时也未认识到层压结构的电池负极片与电镀结构的电池负极片孰优孰劣,而是认识到水银之所以能够防止漏液,是因为其能够在锌与其他原料或金属之间形成隔离,防止它们之间的接触。故其认为解决钮形电池无汞化问题旨在找到一种能够代替汞的材料,使其亦能够在锌与其他原料或金属之间形成隔离,而未认识到要对电池负极片本身的结构作出专门的改进。其次,本专利说明书发明内容部分记载:"在负极片上进行镀金、镀银、铜、锡、铟等实验,最后发现在负极片上镀铟或锡成功地控制了电池负极锌膏与负极片接触时产生的气体……"由此可见,本专利的申请人在探索本专利的过程中,所做的工作主要是探索在负极片上电镀哪种金属能够成功地控制电池负极锌膏和负极片的接触,而并未针对电池负极片本身的结构变化进行任何尝试性的探索。再次,本专利说明书发明内容部分还记载:"本实用新型是在电池的负极片上镀上一层铟稀有金属或锡,镀上铟或锡后的负极片,可以防止'锌'因与负极片接触时所产生的气体膨胀。"由此可见,本专利的申请人认为在电池的负极片上镀上铟或锡,就可以防止锌与负极片接触而产生气体膨胀,就已经完成了其发明的任务,而没有认识到其已经完成的该项发明是否还有待进一步的改进,诸如要对电池负极片本身的结构做进一步的改进并为此付出了创造性的劳动。最后，本专利说明书发明内容部分还记载："电镀方法是（1）可将金属片（铁片或不锈钢片）制成负极片……（2）……再镀上一层铟或锡……然后制成负极片。"由此可见，这里制成的负极片既可以是未镀镍或铜之前的金属裸片也可以是镀完铟或锡的最终产物。故本专利的申请人即使在申请专利之时亦未想到要对负极片的概念加以区分以体现其针对电池负极片的结构作出过改进。综上，本专利并非针对电池负极片的结构作出的改进，新利达德庆公司和肇庆新利达公司认为本专利权利要求 1 的电池负极片特指是电镀结构的主张均没有事实和法律依据。

本专利权利要求 1 请求保护一种无水银碱性钮形电池，对比文件证据 B1、B2、B4 和 C1 分别公开本专利权利要求 1 的所有技术特征，本专利权利要求 1 相对于这些证据不具有新颖性和创造性。权利要求 2 ~4 的附加技术特征要么被这些证据公开，要么属于本领域的常用技术手段，故亦不具有新颖性或创造性。本专利权利要求 1 ~4 应当被宣告无效，专利复审委员会决定的结果正确，应当予以维持。

【案件信息】

新利达电池实业（德庆）有限公司、肇庆新利达电池实业有限公司诉专利复审委员会、东莞佳畅玩具有限公司、许楚华、四会永利五金电池有限公司、简凤萍、松柏（广东）电池工业有限公司、符琼实用新型专利权无效宣告案，最高人民法院（2012）行提字第 29 号行政判决书（2012 年 12 月 20 日，王永昌、秦元明、宋淑华），北京市高级人民法院（2011）高行终字第 676 号行政判决书（2011 年 10 月 31 日，李燕蓉、潘伟、焦彦），北京市第一中级人民法院（2009）一中知行初字第 2300 号行政判决书（2010 年 12 月 21 日，芮松艳、宁勃、殷悦）。

案件来源：最高人民法院知识产权案件年度报告（2012）。

47 解释字面含义有歧义的技术特征应结合说明书并符合发明目的且不得与公知常识冲突

【裁判要旨】

对于权利要求中字面含义存在歧义的技术特征的解释，应当结合说明书及附图中已经公开的内容，并符合本案专利的发明目的，且不得与本领域的公知常识相矛盾。

【关键词】

技术特征的解释｜字面含义存在歧义｜说明书｜发明目的｜公知常识

【基本案情】

原告般若公司系专利号为01106125.1、名称为“容错阵列服务器”的发明专利权人。本专利共有8项权利要求,其中权利要求1的技术特征b为:“键盘、鼠标、显示器、网卡和电源通过整体插头和整体插座连接。”

惠普公司针对本专利提出无效宣告请求,认为本专利不具有创造性。专利复审委员会决定,宣告本专利权利要求1~8全部无效。般若公司不服,提起诉讼。

北京市第一中级人民法院判决:维持专利复审委员会的决定。般若公司不服提起上诉。北京市高级人民法院判决:驳回上诉,维持原判。般若公司不服,申请再审。最高人民法院指令北京市高级人民法院再审本案。北京市高级人民法院再审后判决:维持原二审判决。般若公司不服,提出申诉。其主要理由之一为:权利要求1的技术特征b限定了服务器与机箱的连接方式和内容。其中整体插头和整体插座连接,键盘、鼠标、显示器、网卡和电源为并列关系。专利复审委员会认定权利要求1的特征b是“键盘、鼠标、显示器……连接电源的”,与权利要求1的内容不符。最高人民法院提审后判决:撤销一审、二审及原再审判决,撤销专利复审委员会的决定,判令专利复审委员会重新作出决定。

【裁判理由】

最高人民法院认为:

技术特征b中使用了“和……和……连接”的表述,其字面含义存在歧义,至少具有两种解释方式:1.电源是键盘、鼠标、显示器和网卡的连接对象,即通过整体插头、整体插座,将键盘、鼠标、显示器和网卡与电源连接在一起;2.电源与键盘、鼠标、显示器、网卡为并列关系,所述部件均通过整体插头和整体插座连接。

对于字面含义存在歧义的技术特征,应当结合说明书及其附图中的有关内容,对技术特征进行权利要求解释。对技术特征的解释应当符合专利的发明目的,不得与本领域的公知常识相矛盾。

首先,根据说明书中有关本专利发明目的和技术效果的记载,本发明是要提供一种一次插拔就能完成键盘、鼠标、显示器、网卡和电源的连接的容错阵列服务器,其主板可以带电插拔,并通过切换器实现光驱、软驱、键盘、显示器和鼠标共用。本专利通过一次性的热插拔,实现键盘、鼠标、显示器、网卡和电源的连接,通过切换器实现光驱、软驱、键盘、显示器和鼠标的共用。

其次，本发明的改进之一还包括设置一个集中容错电源，由该集中容错电源同时给容错阵列服务器供电，避免了传统电源在容错时，一个服务器备用一个冗余电源的技术缺陷。因此，本专利中的集中容错电源是为了给容错阵列服务器中各个服务器集中供电而设置的，而不是仅仅为键盘、鼠标、显示器、网卡供电而设置电源。各个服务器是通过整体插头和整体插座的一次插拔，实现键盘、鼠标、显示器、网卡以及电源的连接和断开，而不仅仅是将键盘、鼠标、显示器、网卡与电源相连接。

最后，在本领域中，鼠标、键盘和网卡通常无须单独连接电源，而是通过接口的插拔同时实现电力以及信号的传输。因此，如果将技术特征 b 仅仅理解为通过整体插头和整体插座的连接，使得键盘、鼠标、显示器、网卡与电源相连接，既不能实现本专利所要解决的“一次插拔”的发明目的，亦有悖于本领域的公知常识。

综上，般若公司有关技术特征 b 应理解为“电源与键盘、鼠标、显示器、网卡为并列关系，所述部件均通过整体插头和整体插座连接”的申请再审理由成立，专利复审委员会对技术特征 b 的解释错误，一审、二审判决以及原再审判决对此未予纠正，亦有错误。

【案件信息】

辽宁般若网络科技有限公司诉专利复审委员会、中国惠普有限公司发明专利权无效宣告案，最高人民法院(2013)行提字第 17 号行政判决书(2015 年 4 月 1 日，王艳芳、杜微科、佟姝)，北京市高级人民法院(2010)高行终字第 205 号行政判决书(2010 年 5 月 17 日，刘辉、岑宏宇、焦彦)、(2012)高行再终字第 293 号行政判决书，北京市第一中级人民法院(2009)一中行初字第 2215 号行政判决书(2009 年 12 月 2 日，侯占恒、王晫)。

案件来源：最高人民法院知识产权案件年度报告(2015)。

48 以权利要求不清楚或无明确唯一含义为前提严格把握解释时机的观点不能得到支持

49 权利要求解释方法在确权和侵权中的差异在于意见陈述仅为参考还是限缩保护范围

【裁判要旨】

说明书构成权利要求所处的语境或者上下文，只有结合说明书的记载，才能正确理解权利要求的含义，因此在理解和确定权利要求含义的过程中，必须结合说明书及其附图才能正确解释权利要求。关于权利要求的解释应严格把握解释时机，以权利要求不清楚或者没有明确的唯一含义为前提的主张不能得到支持。

在专利授权确权程序与专利民事侵权程序中，权利要求的解释方法既存在一致性，又存在差异性。其一致性至少体现在，均需遵循文本解释的一般规则、均应遵循权利要求解释的一般规则两个方面。具体差异突出体现在当事人意见陈述的作用上。在专利授权确权程序中，申请人的意见陈述在通常情况下只能作为理解说明书以及权利要求书含义的参考，而不是决定性依据；在侵权程序中，只要当事人在专利申请或者授权程序中通过意见陈述放弃了某个技术方案，一般情况下应据此对专利保护范围进行限缩解释。

【关键词】

权利要求的解释｜当事人意见陈述｜专利授权确权程序｜专利民事侵权程序｜专利申请文件的修改

【基本案情】

原告精工爱普生系专利号为00131800.4号、名称为“墨盒”的发明专利权人，本专利于2004年6月23日授权公告，是99800780.3号发明专利申请的分案申请，99800780.3号发明专利申请是进入中国国家阶段的国际申请（PCT/JP99/02579）。

99800780.3号发明专利申请文件中均未出现“记忆装置”的用语。在PCT/JP99/02579国际专利申请文件中出现过“半导体记忆手段”和“记忆手段”的用语，该用语在99800780.3号发明专利申请文件中被翻译为“半导体存储装置”和“存储装置”。

以分案方式提出本案专利申请后，精工爱普生多次修改其权利要求。最终，权利要求1中的“记忆装置”修改为“存储装置”，其他权利要求则保留了“记忆装置”的用语。精工爱普生在实质审查阶段答复通知书的意见陈述书中记载：“申请人首先希望解释，该权利要求及其后的权利要求中所述的‘记忆装置’是指说明书及附图中记载的电路板及设置在其上的半导体存储装置。”本专利经审查通过后授权公告。

凯德利公司、郑亚俐、易彩公司分别提出无效宣告请求，郑亚俐的无效理由是本专利不符合《专利法》第33条,第26条第4款,第22条第2款、第3款的规定。专利复审委员会决定:本专利不符合《专利法》第33条之规定,宣告本专利全部无效。

精工爱普生不服,提起诉讼。北京市第一中级人民法院判决:维持专利复审委员会的决定。精工爱普生不服,提起上诉。北京市高级人民法院认为:精工爱普生关于"存储装置"的修改符合《专利法》第33条的规定的上诉主张有事实和法律依据,应予支持;其关于"记忆装置"的修改符合《专利法》第33条的上诉主张不能成立,予以驳回。因此判决:撤销一审判决和专利复审委员会的决定,专利复审委员会重新作出决定。精工爱普生仍不服,申请再审。最高人民法院裁定:驳回其再审申请。

【裁判理由】

最高人民法院认为:

是否对专利申请文件进行修改原则上是申请人的一项权利,只是该项权利的行使方式和范围受到专利法及其实施细则的限制。国家知识产权局依法行使对专利申请进行审查的职权,但并不负有也不可能负有保证专利授权正确无误的责任。申请人对其修改行为所造成的一切后果应自负其责。精工爱普生针对记忆装置的修改属于主动修改,并非应审查员的要求进行的被动修改,当然应该对其修改行为的后果自行负责。精工爱普生关于其修改行为在实审程序中已经得到审查员认可,其基于信赖该审查结论而产生的信赖利益在后续无效程序中应得到保障的主张没有法律依据,对此不予支持。

权利要求由语言文字表达形成,通过记载解决技术问题的必要技术特征的方式来描述和反映发明的技术方案,清楚、简要地表述请求保护的范围。任何语言只有置于特定语境中才能得到理解。同时,基于语言表达的局限性和文字篇幅的限制,权利要求不可能对发明所涉及的全部问题表述无遗,需要通过说明书对要求保护的技术方案的技术领域、背景技术、发明内容、附图及具体实施方式等加以说明。为此,专利法明确规定了权利要求书和说明书之间的关系,要求说明书应该充分公开发明的技术方案,使所属技术领域的技术人员能够实现;权利要求书应当以说明书为依据,清楚、简要地限定要求专利保护的范围。在专利法的上述法定要求下,说明书记载的上述内容对于理解权利要求含义更是不可或缺,两者具有法律意义上的密切关联性。说明书的上述内容构成权利要求所处的语境或者上下文,只有结合说明书的记载,才能正确理解权利要求的含义。在这一意义上，说明书乃权利要求之母，不参考说明书及其附图，仅仅通过阅读权利要求书即可正确理解权利要求及其用语的含义，在通常情况下是不可能的。权利要求的解释就是理解和确定权利要求含义的过程。在这个过程中，必须结合说明书及其附图才能正确解释权利要求。专利复审委员会关于权利要求的解释应严格把握解释时机，以权利要求不清楚或者没有明确的唯一含义为前提的主张，既违背文本解释的逻辑，又不符合权利要求解释的实践，无法赞同。

在专利授权确权程序和专利民事侵权程序中，权利要求的解释方法既存在很强的一致性，又存在一定的差异性。这种差异突出体现在当事人意见陈述的作用上。

在专利授权确权程序中，意见陈述书的作用在特定的场合下要受到专利法明文规定的限制。例如，我国专利法规定了说明书应当对发明作出清楚完整的说明、权利要求书应当得到说明书的支持、专利申请文件的修改不得超出原说明书和权利要求书记载的范围等法定要求。在审查某项专利或者专利申请是否符合上述法定要求时，当然应该以说明书或者原说明书和权利要求书为依据，当事人意见陈述不能也不应该起到决定作用。相反，如果将当事人的意见陈述作为判断某项专利或者专利申请是否符合上述法定要求的决定性依据，则无法促使专利申请人将相关内容尽量写入说明书，专利法关于说明书应当对发明作出清楚完整的说明、权利要求书应当得到说明书的支持、专利申请文件的修改不得超出原说明书和权利要求书记载的范围等法定要求也将无法得到实现。因此，在专利授权确权程序中，申请人在审查档案中的意见陈述在通常情况下只能作为理解说明书以及权利要求书含义的参考，而不是决定性依据。而在专利民事侵权程序中解释权利要求的保护范围时，只要当事人在专利申请或者授权程序中通过意见陈述放弃了某个技术方案，一般情况下应该根据当事人的意见陈述对专利保护范围进行限缩解释。

在本专利申请过程中，精工爱普生在分案申请中通过主动修改的方式引入了"记忆装置"的这一新术语，修改后授权文本中"记忆装置"的内容既非原申请文件明确表达的内容，又非本领域技术人员在阅读原申请文件后通过综合原说明书及其附图和权利要求书可以直接、明确推导出来的内容。因此，关于"记忆装置"的修改违反了《专利法》第33条的规定。

【案件信息】

精工爱普生株式会社诉专利复审委员会、郑亚俐、佛山凯德利办公用品有限公司、深圳市易彩实业发展有限公司发明专利权无效宣告案，最高人民法院（2010）知行字第53-1号行政裁定书（2013年9月23日，金克胜、朱理、郎贵梅），北京市高级人民法院（2009）高行终字第327号行政判决书(2009年10月13日,刘辉、岑宏宇、焦彦),北京市第一中级人民法院(2008)一中行初字第1030号行政判决书(2008年12月20日,任进、邢军)。

案件来源:最高人民法院知识产权案件年度报告(2013),2013年中国法院知识产权司法保护50件典型案例。

第二节 “三步法”

50 发明所要解决的技术问题以改进最接近的现有技术、提供比该现有技术更好的技术效果为目标和任务

51 相对于最接近的现有技术,发明所解决技术问题是客观的,区别技术特征的确定是理解该技术问题的基础

52 确定发明解决的技术问题时应考虑本领域技术人员阅读说明书后能得出的技术效果

53 对发明解决技术问题进行上位概括在客观上会混淆创造性与充分公开、支持等标准

54 对所要解决的技术问题可获知的技术启示应是具体明确的技术手段以避免后见之明

【裁判要旨】

创造性判断所运用的“问题——解决方案”思路中,一般遵循“三步法”进行判断,在第二个步中,确定发明实际解决的问题时,通常是以最接近的现有技术为参照,在分析发明与最接近的现有技术相比所存在的区别特征的基础上,考虑区别特征整体上所能达到的技术效果来确定。

因此，发明所要解决的技术问题是改进最接近的现有技术以提供比该最接近现有技术更好的技术效果的目标和任务。在这一意义上，发明所解决的技术问题是客观的，区别特征的确定是理解发明实际解决的技术问题的基础。在此基础上，还应考虑本领域普通技术人员在阅读说明书所记载的内容后能够得出的技术效果。

对发明所要解决的技术问题进行了更宽泛的上位概括，既否定了区别特征作为发明实际解决的技术问题的基础，与创造性判断的“问题——解决方案”思路不符，又在客观上混淆了创造性判断与说明书充分公开、权利要求应该得到说明书支持等不同法律标准，不利于创造性判断法律标准的稳定性和一致性，又可能在一定程度上制约了申请人对说明书充分公开、权利要求应该得到说明书支持等问题进行实质论辩，还可能致使说明书充分公开、权利要求应该得到说明书支持、修改超范围等法律要求被搁置，原则上应予避免。

面对所要解决的客观的技术问题，本领域普通技术人员从现有技术中可以获知的启示原则上应该是具体、明确的技术手段，而不是抽象的想法或者一般的研究方向。仅仅依据研究方向的一致性和本领域的抽象、普遍需求来认定现有技术给出的启示，隐含着后见之明的危险，容易低估发明的创造性。那些表面上看似显而易见的发明事实上也可能具有创造性。发明的技术方案一旦形成，其可能经常被发现可以从某些已知事物出发，经由一系列非常简单的步骤推导出来。为避免这种后见之明，必须全面、谨慎、现实地评估，面对本申请所要解决的问题，本领域普通技术人员基于其所认知的全部现有技术，是否能够容易地得出本申请的技术方案。

【关键词】

创造性｜发明所要解决的技术问题｜区别特征｜法律标准｜后见之明

【基本案情】

原告克雷格、鹿特丹医学中心系申请号为201210057668.0、名称为“结合分子”的发明专利申请人，其申请日为2005年7月22日，最早优先权日为2004年7月22日，公开日为2012年9月12日。经实质审查，国家知识产权局原审查部门于2015年10月8日驳回了本申请。

鹿特丹医学中心、克雷格不服,申请复审,并修改了权利要求。国家知识产权局原审查部门前置审查后坚持原驳回决定。国家知识产权局向鹿特丹医学中心、克雷格发出复审通知书。鹿特丹医学中心、克雷格提交意见陈述并再次修改了权利要求。

国家知识产权局认为:本申请权利要求 1 ~7 均不具备《专利法》第 22 条第 3 款规定的创造性,故维持国家知识产权局原审查部门对本申请作出的驳回决定。

克雷格、鹿特丹医学中心不服,提起诉讼。北京知识产权法院判决:撤销国家知识产权局的复审决定,国家知识产权局对本申请的复审请求重新作出审查决定。国家知识产权局不服,提起上诉。最高人民法院知识产权法庭判决:驳回上诉,维持原判。

【裁判理由】

最高人民法院知识产权法庭认为:

创造性判断所运用的"问题——解决方案"思路中,一般遵循三个步骤:确定最接近的现有技术;确定发明的区别特征和发明实际解决的技术问题;判断要求保护的发明对本领域普通技术人员而言是否显而易见。在第二个步骤中,确定发明实际解决的问题时,通常是以最接近的现有技术为参照,在分析发明与最接近的现有技术相比所存在的区别特征的基础上,考虑区别特征整体上所能达到的技术效果来确定。因此,发明所要解决的技术问题是改进最接近的现有技术以提供比该最接近现有技术更好的技术效果的目标和任务。在这一意义上,发明所解决的技术问题是客观的,区别特征的确定是理解发明实际解决的技术问题的基础。在此基础上,还应考虑本领域普通技术人员在阅读说明书所记载的内容后能够得出的技术效果。

本申请权利要求 1 相对于对比文件 1 的区别特征在于:(1)所述可变区包含的 D、J 基因片段是天然存在的;(2)所述 V 基因片段是源自人的天然存在的 V 基因片段,而对比文件 1 公开的是骆驼化的 VH 外显子/区;(3)该哺乳动物内源性的免疫球蛋白重链基因座缺失或被沉默。根据本申请说明书的记载,本领域技术人员可以理解,本申请所优选实现的是一种人源可溶的仅有 VH 重链抗体的效果。结合上述区别特征及说明书的记载,本申请相对于对比文件 1 所实际解决的技术问题应该是提供一种产生表达包含天然人 V 基因片段的仅有 VH 重链的可溶抗体的方法。国家知识产权局上诉主张所确定的本申请所解决的技术问题明显与其复审决定所确定的技术问题不同,实质变更了被诉决定的相关认定内容,不符合正当程序原则，不应得到支持。

国家知识产权局的上诉主张将本申请相对于对比文件 1 所解决的技术问题概括为“提供一种表达包含其他异源基因片段的异源重链基因座的仅重链抗体的方法”，实质上是质疑本申请说明书是否公开了制备包含天然人 V 基因片段的仅有 VH 重链的具有水溶性的抗体这一效果，并认为由于说明书没有公开已经制备上述抗体，缺乏数据支持和验证，因而可以脱离本申请权利要求 1 相对于对比文件 1 的区别特征，特别是“所述 V 基因片段是源自人的天然存在的 V 基因片段”这一区别特征，对本申请所要解决的技术问题进行了更宽泛的上位概括。这种做法既否定了区别特征作为发明实际解决的技术问题的基础，与创造性判断的“问题——解决方案”思路不符，又在客观上混淆了创造性判断与说明书充分公开、权利要求应该得到说明书支持等不同法律标准。创造性判断与说明书充分公开、权利要求应该得到说明书支持等法定要求在专利法上具有不同的功能，遵循不同的逻辑。将本质上属于说明书充分公开、权利要求应该得到说明书支持等法律要求所应审查的内容纳入创造性判断中予以考虑，既可能使创造性判断不堪承受重负，不利于创造性判断法律标准的稳定性和一致性，又可能在一定程度上制约了申请人对说明书充分公开、权利要求应该得到说明书支持等问题进行实质论辩，还可能致使说明书充分公开、权利要求应该得到说明书支持、修改超范围等法律要求被搁置，原则上应予避免。

因此，在专利实质审查程序中，既要重视对新颖性、创造性等实质授权条件的审查，又要重视说明书充分公开、权利要求应该得到说明书支持、修改超范围等授权条件的适用，使各种授权条件各司其职、各得其所，而不宜只关注新颖性、创造性等实质授权条件。根据专利实质审查的一般规律，原则上可以先审查判断专利申请是否符合说明书充分公开、权利要求应该得到说明书支持、修改超范围等授权条件，在此基础上再进行新颖性、创造性的判断，否则可能导致新颖性、创造性审查建立在不稳固的基础上，在程序上是不经济的。本案中，国家知识产权局上诉主张中关于本申请是否公开了制备人源可溶仅有重链的抗体及是否有数据支持和验证等问题，更适合在说明书是否充分公开这一法律问题下予以审查，不宜一概纳入创造性判断中予以考虑。

对比文件 1 与本申请有着基本相同的研究方向，即在了解骆驼可以天然地形成仅有重链的抗体的基础上，研制仅有重链、分子量更小的抗体。两者最重要的区别在于，对比文件 1 在研制仅有重链的抗体时，使用的是骆驼化 VH 外显子即骆驼化 V 基因片段,而本申请则使用的是源自人的天然存在的 V 基因片段。同时,在本申请提出之日,将其中的所述骆驼化 V 基因片段替换为源自人的天然存在的 V 基因片段,进而获得仅有 VH 重链的抗体,在基因技术上并不存在特殊的困难。国家知识产权局主张,当抗体小型化和人源仅有重链的抗体已经是基因工程抗体进一步的研究方向,出于对这一研究方向的知悉和确保人体安全性等方面的考虑,本领域普通技术人员完全有动机使用人的天然 V 基因片段替换对比文件 1 中的骆驼化 VH 外显子。

对此本院认为,面对所要解决的客观的技术问题,本领域普通技术人员从现有技术中可以获知的启示原则上应该是具体、明确的技术手段,而不是抽象的想法或者一般的研究方向。仅仅依据研究方向的一致性和本领域的抽象、普遍需求来认定现有技术给出的启示,隐含着后见之明的危险,容易低估发明的创造性。那些表面上看似显而易见的发明事实上也可能具有创造性。发明的技术方案一旦形成,其可能经常被发现可以从某些已知事物出发,经由一系列非常简单的步骤推导出来。为避免这种后见之明,必须全面、谨慎、现实地评估,面对本申请所要解决的问题,本领域普通技术人员基于其所认知的全部现有技术,是否能够容易地得出本申请的技术方案。在对比文件 1 的基础上研发仅包含天然人 V 基因片段仅有 VH 重链的抗体时,虽然对比文件 1 给出了使用骆驼化 V 基因片段形成单重链抗体的方法,且本领域确实存在降低抗体免疫原性、提高治疗效果的需求,但是基于人的天然的仅有 VH 重链的抗体会发生聚集或者黏着,而骆驼化 V 基因片段形成的仅有重链的抗体具有更好水溶性的认知,本领域技术人员难以有动机以"源自人的天然存在的 V 基因片段"替代"骆驼化 V 基因片段",制备 V、D、J 基因片段均是天然存在的源自人的 V、D、J 基因片段的仅有重链的抗体。本申请没有囿于人的天然的仅有 VH 重链的抗体会发生聚集或者黏着的认知,以"源自人的天然存在的 V 基因片段"替代"骆驼化 V 基因片段",得到表达天然人 V 基因片段的仅有 VH 重链的具有更好水溶性的新抗体,具有创造性。国家知识产权局在评估对比文件 1 的启示时,脱离了申请日前本领域普通技术人员的认知,低估了本申请权利要求 1 的创造性。

【案件信息】

罗杰·金登·克雷格、伊拉兹马斯大学鹿特丹医学中心诉国家知识产权局发明专利申请驳回复审案,最高人民法院知识产权法庭(2019)最高法知行终 127 号行政判决书(2019 年 12 月 6 日,王闯、朱理、刘晓军),北京知识产权法院(2018)京 73 行初 2154 号行政判决书

(2019年5月9日,卓锐)。

案件来源:中国裁判文书网。

55 “三步法”是判断发明创造是否显而易见并具备创造性最重要、最基本方法但非唯一方法

56 正确确定区别特征之后,虽然对实际解决的技术问题未做认定或认定错误,但不一定导致创造性判断结果错误

57 现有技术整体上给出区别特征应用到专利的启示并可实现相同效果的属有技术启示

【裁判要旨】

在认定发明创造是否显而易见,是否具有创造性时,一般应当通过“三步法”来进行判断,但也要注意到“三步法”并非判断创造性的唯一方法。在准确、客观、全面地理解权利要求限定的技术方案和现有技术的基础上,不排除对创造性的判断也可以通过“三步法”以外的其他方法来完成。而且,无论采用哪种方法,理应得到相同的结论。

在正确认定区别技术特征的基础上,即使被诉决定或一审法院对涉案专利实际解决的技术问题未做认定或者认定错误,亦不必然影响二审法院对权利要求是否具有创造性作出正确的认定。

在对区别技术特征在权利要求技术方案中的作用、功能、技术效果作出认定的基础上,如果继续在此基础上对实际解决的技术问题做出不同程度的抽象或者概括,则难免仁者见仁智者见智,引发不必要的争议。在此种情况下,应当回到区别技术特征在权利要求限定的技术方案中的作用、功能和技术效果本身,而不必刻意、主观地去抽象、概括一个实际解决的技术问题。对区别技术特征在权利要求技术方案中的作用、功能、技术效果作出认定的基础上,如果现有技术整体上给出了将区别技术特征应用于权利要求技术方案的技术启示,并且本领域技术人员能够

认识到此种应用可实现相同或者实质相同的作用、功能、技术效果的，则可以据此认定现有技术整体上给出了技术启示。

【关键词】

创造性 | “三步法” | 区别技术特征 | 实际解决的技术问题 | 技术启示

【基本案情】

原告王贺、姚鹏系专利号为200920095008.5、名称为“处于坐垫下表面或座椅骨架上的压力型安全带提醒传感器”实用新型专利权人。

第三人埃意公司以涉案专利权利要求不符合《专利法》第22条第2款、第3款，第26条第4款，说明书不符合《专利法》第26条第3款的规定为由提出无效宣告请求。王贺、姚鹏删除了涉案专利权利要求1，保留权利要求2－7。

王贺、姚鹏不服，提起诉讼。北京知识产权法院判决：驳回王贺、姚鹏的诉讼请求。王贺、姚鹏不服，提起上诉。北京市高级人民法院判决：撤销一审判决和专利复审委员会的决定，专利复审委员会重新作出决定。埃意公司不服，申请再审。最高人民法院提审后判决：撤销二审判决，维持一审判决，维持专利复审委员会的决定。

【裁判理由】

最高人民法院认为：

“三步法”是认定发明创造是否显而易见的“一般性判断方法”，长期以来在专利审查实践以及司法实践中，“三步法”始终是认定创造性最为重要、最为基本的方法。在认定发明创造是否显而易见，是否具有创造性时，一般应当通过“三步法”来进行判断，但也要注意到“三步法”并非判断创造性的唯一方法。在准确、客观、全面地理解权利要求限定的技术方案和现有技术的基础上，不排除对创造性的判断也可以通过“三步法”以外的其他方法来完成。而且，无论采用哪种方法，理应得到相同的结论。

对于“三步法”的适用，包括“三步法”中每一个步骤的适用，都应当立足于并服务于认定发明创造是否显而易见、是否具有创造性这个根本目标。因此，在正确认定区别技术特征的基础上，即使专利复审委员会或一审法院对“第二步”中的实际解决的技术问题未做认定，或者认定错误，亦不必然影响对权利要求是否具有创造性作出正确的认定。

二审法院并未对本案争议焦点原权利要求2是否具有创造性作出实体认定，

而是以一审法院在“三步法”的“第二步”中认定的实际解决的技术问题存在错误、专利复审委员会未认定实际解决的技术问题以及避免审级损失为由，撤销专利复审委员会决定和一审判决，不利于行政争议的实质性解决，徒增当事人诉累，本院予以纠正。

在正确认定发明相对于最接近的现有技术的区别技术特征的基础上，应当以涉案专利说明书为依据，根据该区别技术特征在权利要求保护的技术方案中所实现的作用、功能、技术效果，来确定其实际解决的技术问题。在对区别技术特征在权利要求技术方案中的作用、功能、技术效果作出认定的基础上，如果继续在此基础上对实际解决的技术问题作出不同程度的抽象或者概括，则难免仁者见仁智者见智，引发不必要的争议。尤其是像本案这样，在权利要求中具有多个区别技术特征，或者权利要求本身属于减少技术特征的省略发明时，更是难以抽象、概括出一个单一的实际解决的技术问题。在此种情况下，应当回到区别技术特征在权利要求限定的技术方案中的作用、功能和技术效果本身，而不必刻意、主观地去抽象、概括一个实际解决的技术问题。如此，与“三步法”的第三步的认定亦不矛盾。即如果现有技术给出了将区别技术特征应用于权利要求技术方案的启示或者教导，并且本领域技术人员能够认识到此种应用可实现相同或者实质相同的作用、功能、技术效果的，则可以据此认定现有技术整体上给出了技术启示。

本案争议主要在于区别技术特征3、3′能否给原权利要求2带来实质性特点和进步。本领域技术人员在证据2公开的技术内容和给出的技术启示下，能够显而易见地想到对证据2中的技术方案进行简化，以获得区别技术特征3、3′，以及区别技术特征3、3′在权利要求2的技术方案中所实现的技术效果。因此，区别技术特征3和3′未给权利要求2带来实质性特点和进步。

【案件信息】

王贺、姚鹏诉专利复审委员会、埃意（廊坊）电子工程有限公司实用新型专利权无效宣告案，最高人民法院（2018）最高法行再33号行政判决书（2018年12月31日，王艳芳、杜微科、毛立华），北京市高级人民法院（2015）高行（知）终字第3065号行政判决书（2017年3月30日，谢甄珂、袁相军、亓蕾），北京知识产权法院（2015）京知行初字第1298号行政判决书（2015年5月20日，陈锦川、赵明、张玲玲）。

案件来源：最高人民法院知识产权案件年度报告（2018），2018年中国法院50件典型知识产权案例。

58 在创造性判断中，发明是否实际解决技术问题是与最接近的现有技术比较而非由背景技术的记载得出

【裁判要旨】

发明实际所要解决的技术问题的确定，是通过与最接近的现有技术比较得出的，而非以其背景技术的记载为依据。

【关键词】

创造性｜发明实际所要解决的技术问题｜最接近的现有技术｜背景技术｜显而易见

【基本案情】

第三人迈瑞公司系专利号为200710124611.7、名称为“一种便携超声诊断仪”的发明专利权人。其权利要求1限定了电源板竖直设置于所述主机架的一侧，主板与探头板竖直设置于主机架的另一侧。根据说明书的记载，权利要求1实际要解决的技术问题是，在便携超声诊断仪中减小电源板对探头板的干扰以及避免机器重心的偏差。说明书的背景技术部分同时记载，现有的便携式超声诊断系统中的架构方案为主板和探头板竖直分置于机器的两侧，电源板和探头板紧挨在一起。

理邦公司针对本专利提出无效宣告请求，并提交了证据1（US6561979B1）作为对比文件。证据1公开了一种便携式超声诊断仪，其中信号处理板432、发射/接收板430竖直安装于金属结构402内，电源板426竖直安装于金属结构402后下部。理邦公司同时提交了证据2和证据11作为公知常识的证据。证据2公开了电子设备防干扰的控制策略、原理和技术，并具体公开了将相互易干扰的设备尽量安排得距离远一些、将其分别放置使之各自隔离以便实现防止干扰的神相关技术手段。证据11记载了超声诊断设备的结构设计依据要考虑到整体轻便。专利复审委员会决定：维持本专利权有效。

理邦公司不服，提起诉讼。北京市第一中级人民法院认为，本专利权利要求1相对于证据1与公知常识的结合不具备创造性，因此判决：撤销专利复审委员会的决定，并判令其重新作出决定。迈瑞公司和专利复审委员会均不服，分别提起上诉。北京市高级人民法院判决：撤销一审判决，维持专利复审委员会的决定。

理邦公司不服,申请再审。最高人民法院裁定:驳回其再审申请。

【裁判理由】

最高人民法院认为:

判断要求保护的发明是否具有创造性,就是要判断对本领域技术人员来说,该发明相对于现有技术是否显而易见。在这一判断过程中,要确定现有技术整体上是否存在某种启示,以促使本领域技术人员在面对所述技术问题时,有动机改进最接近的现有技术并获得要求保护的发明。如果现有技术不存在这种技术启示,则发明是非显然易见的,即具有创造性。

本专利权利要求1实际要解决的技术问题是,在便携超声诊断仪中减小电源板对探头板的干扰以及避免机器重心的偏差。证据1中防止各组件之间的电磁干扰主要是通过设置封闭的屏蔽隔室的技术手段来实现的。证据2公开了电子设备防干扰控制的空间分离方法、元器件布局技术;证据11记载了超声诊断设备的结构设计要尽量做到外形美观、整体轻便。证据2和证据11所记载的上述内容,并没有具体披露本专利所要实际解决的技术问题的具体技术手段。

本专利说明书虽然在背景技术部分记载了现有CRT显示器的超声诊断仪的主板、探头、电源板是放置在机架两侧的,理邦公司也据此主张对于采用CRT显示器的超声诊断仪而言,将电路板布置在CRT显示器两侧是常规技术手段,本专利实际要解决的技术问题仅在于到底哪块电路板放置在哪一侧,这对本领域技术人员而言是显而易见的。但发明实际要解决的技术问题,是指为获得更好的技术效果而需对最接近的现有技术进行改进的技术任务。发明实际解决的技术问题的确定,是将其与最接近的现有技术相比较而得出的,而不是以其背景技术的记载为依据。权利要求1对本领域技术人员而言并非显而易见,实现本专利的技术效果需要本领域技术人员付出创造性劳动。

判断发明是否具有突出的实质性特点,就是要判断对本领域技术人员而言,该发明相对于现有技术是否显而易见;评价发明是否具有显著的进步,主要应当考虑该发明是否具有有益的技术效果。具体到本案,如上所述,现有技术整体上并不存在促使本领域技术人员通过改进证据1而获得本专利的技术启示。因此,本专利权利要求1具有突出的实质性特点;同时,本专利与现有技术相比,亦具有减小电源板对探头板的干扰以及避免机器重心偏差的有益技术效果,故本专利符合发明专利的授权标准。

对于一项技术方案创造性的评价,需要以《专利法》第22条的规定为依据,在进行判断时,不仅要考虑发明的技术方案本身,还要考虑发明所属的技术领域、所解决的技术问题和所产生的技术效果，将发明作为一个整体看待。具体到本案，虽然 LCD 显示器在显示效果方面优于 CRT 显示器，但并不能据此认为对使用 CRT 显示器的超声诊断仪的技术改进就不具有创造性，而是需要看本专利的技术方案在整体上相对于现有技术是否具有突出的实质性特点和显著的进步。

【案件信息】

深圳市理邦精密仪器股份有限公司诉专利复审委员会、深圳迈瑞生物医疗电子股份有限公司发明专利权无效宣告案，最高人民法院（2014）知行字第 6 号行政裁定书（2014 年 7 月 16 日，李剑、宋淑华、秦元明），北京市高级人民法院（2013）高行终字第 669 号行政判决书（2013 年 12 月 3 日，刘辉、石必胜、陶钧），北京市第一中级人民法院（2012）一中知行初字第 1528 号行政判决书（2012 年 12 月 18 日，司品华、穆颖）。

案件来源：最高人民法院知识产权案件年度报告（2014）。

59 创造性判断中发明实际解决的技术问题应根据区别特征的作用、功能或效果等确定

60 未记载在权利要求中的特征不构成与最接近现有技术对比的基础，也不构成区别特征

61 专利权人未记载在专利说明书中的技术贡献不能作为其要求获得专利权保护的基础

62 预料不到的技术效果应综合考虑技术效果的可预见性、现有技术中的启示等因素确定

63 申请日后的文献非公知常识或不属本领域技术人员知识能力的不能作为获得专利权的依据

【裁判要旨】

在创造性判断中，确定发明实际解决的技术问题，通常要在发明相

对于最接近的现有技术存在的区别技术特征的基础上，由本领域技术人员在阅读本案专利说明书后，根据该区别技术特征在权利要求请求保护的技术方案中所产生的作用、功能或者技术效果等来确定。

认定区别技术特征，应当将权利要求中记载的技术特征与最接近的现有技术公开的技术特征进行逐一对比，未记载在权利要求中的技术特征不能作为对比的基础，也不可能构成区别技术特征。

未记载在说明书中的技术贡献不能作为要求获得专利权保护的基础。对于专利权人提交的申请日之后的技术文献，用于证明未在专利说明书中记载的技术内容，如该技术内容不属于申请日之前的公知常识，或不是用于证明本领域技术人员的知识水平与认知能力的，一般不应作为判断能否获得专利权的依据。

发明的技术效果是判断创造性的重要因素。如果发明相对于现有技术所产生的技术效果在质或量上发生明显变化，超出了本领域技术人员的合理预期，可以认定发明具有预料不到的技术效果。在认定是否存在预料不到的技术效果时，应当综合考虑发明所属技术领域的特点尤其是技术效果的可预见性、现有技术中存在的技术启示等因素。通常，现有技术中给出的技术启示越明确，技术效果的可预见性就越高。

未记载在说明书中的技术贡献不能作为要求获得专利权保护的基础。申请日提交的专利申请文件是确定专利申请能否得到授权的基础。对于专利权人在申请日之后提交技术文献，用于证明未在专利说明书中记载的技术内容，如该技术内容不属于专利申请日之前的公知常识，或不是用于证明本领域技术人员的知识水平与认知能力的，一般不应作为判断能否获得专利权的依据。

【关键词】

区别技术特征｜技术贡献｜实际要解决的技术问题｜预料不到的技术效果｜权利要求书和说明书的记载

【基本案情】

原告亚东制药公司系名称为“治疗乳腺增生性疾病的药物组合物及其制备方法”发明专利权人。第三人华洋公司针对本专利提出无效宣告请求，其提交的证据1、证据3分别为《药典》公开的“乳块消片”的功能主治、处方以及颗粒剂的相关制法。专利复审委员会决定认定,本专利不具有创造性,宣告本专利权全部无效。亚东制药公司不服,提起诉讼。

北京市第一中级人民法院判决:撤销专利复审委员会的决定,并判令其重新作出决定。专利复审委员会不服,提起上诉。北京市高级人民法院判决:撤销一审判决,维持专利复审委员会的决定。亚东制药公司不服,申请再审。最高人民法院裁定:驳回其再审申请。

【裁判理由】

最高人民法院认为:

认定区别技术特征,应当将权利要求中记载的技术特征与最接近的现有技术公开的技术特征进行逐一对比,未记载在权利要求中的技术特征不能作为对比的基础,也不可能构成区别技术特征。

作为公开换保护的专利制度,对专利权的保护应当与发明人相对于申请日前的现有技术所做出的技术贡献相称,其技术贡献应当充分公开,并记载在说明书中。未记载在说明书中的技术贡献不能作为要求获得专利权保护的基础。申请日提交的专利申请文件是确定专利申请能否得到授权的基础。对于专利权人在申请日之后提交技术文献,用于证明未在专利说明书中记载的技术内容,如该技术内容不属于专利申请日之前的公知常识,或不是用于证明本领域技术人员的知识水平与认知能力的,一般不应作为判断能否获得专利权的依据。

反证 3 虽然一定程度上解释了制备工艺与丹酚酸 b 含量之间的关系,但其系本专利申请日之后公开的技术文献,不能用于证明本领域技术人员在本专利申请日前所具有的知识水平与认知能力,故不应当以其作为判断本专利技术效果的基础。在本专利说明书没有记载提高丹酚酸 b 含量及其技术效果的情况下,也不应当将反证 3 作为对比实验数据使用。而且,亚东制药公司主张的本专利的技术效果,即丹酚酸 b 含量的提高可以有效改善乳块消片未记载在专利申请文件中,故反证 3 的相关内容与判断本专利是否具备创造性缺乏直接关联。

在采用“三步法”判断权利要求是否具备创造性时,确定权利要求保护的发明实际要解决的技术问题是判断该发明相对于现有技术是否具有显而易见的基础和前提。确定发明实际解决的技术问题,通常要在发明相对于最接近的现有技术存在的区别技术特征的基础上,由本领域技术人员在阅读本专利说明书后,根据该区别技术特征在权利要求请求保护的技术方案中所产生的作用、功能或者技术效果等来确定。

本专利权利要求中并没有记载药物组合物中丹酚酸 b 的含量，也没有记载用于提高丹酚酸 b 的具体技术手段，更没有记载丹酚酸 b 含量与疗效之间的因果关系。在阅读本专利说明书后，本领域技术人员无法得知本发明要解决的技术问题与提高丹酚酸 b 的含量有何关联，更无法得出本专利实际要解决的技术问题是改变药物特定活性成分比例的结论。

发明的技术效果是判断创造性的重要因素。发明相对于现有技术产生的预料不到的技术效果应超出本领域技术人员的合理预期。在认定是否存在预料不到的技术效果时，应当综合考虑发明所属技术领域的特点尤其是技术效果的可预见性、现有技术中存在的技术启示等因素。通常，现有技术中给出的技术启示越明确，技术效果的可预见性就越高。

本案中，片剂和颗粒剂均为中药领域常见剂型，其技术效果的可预见性较为充分，本领域技术人员面对本专利实际要解决的剂型改变技术问题时，容易想到结合证据 3 公开的将中药提取物制成颗粒剂的常规制法。该制法不含减压干燥步骤、有利于保持药物活性、产品易于崩解、药物溶出度和生物利用度好，由此提高药物有效率也在合理预期之内，不能得出本专利具有预料不到技术效果的结论。

【案件信息】

北京亚东生物制药有限公司诉专利复审委员会、山东华洋制药有限公司发明专利权无效宣告案，最高人民法院(2013)知行字第 77 号行政裁定书(2014 年 10 月 17 日，周翔、罗霞、杜微科)，北京市高级人民法院作出的(2011)高行终字第 1704 号行政判决书(2013 年 2 月 21 日，刘辉、石必胜、陶钧)，北京市第一中级人民法院(2011)一中知行初字第 675 号行政判决书(2011 年 8 月 21 日，邢军、张晰昕)。

案件来源：最高人民法院知识产权案件年度报告(2014)，2014 年中国法院十大知识产权案件。

64 难以用“三步法”判断创造性时才引入“商业上的成功”作为辅助且该成功应由技术改进直接导致

【裁判要旨】

一般情况下，只有利用“三步法”难以判断技术方案的创造性或者得出无创造性的评价时，才将商业上的成功作为创造性判断的辅助因素；

对于商业上的成功的考量应当持相对严格的标准,只有技术方案相比现有技术作出改进的技术特征是商业上成功的直接原因的,才可认定其具有创造性。

【关键词】

创造性｜商业上的成功｜“三步法”｜辅助因素｜直接原因

【基本案情】

原告胡颖系专利号为200420012332.3、名称为“女性计划生育手术B型超声监测仪”的实用新型专利权人。第三人恩普公司以本专利不具有创造性为由提出无效宣告请求。专利复审委员会决定:宣告本专利权全部无效。胡颖不服,提起诉讼。

北京市第一中级人民法院判决:维持专利复审委员会的决定。胡颖不服,提起上诉,主张本专利获得可以商业上的成功,具备创造性并提交了相应证据。北京市高级人民法院据此判决:撤销一审判决和专利复审委员会的决定,并判令专利复审委员会重新作出决定。专利复审委员会不服,申请再审。最高人民法院提审后判决:撤销一审、二审判决和专利复审委员会的决定,并判令专利复审委员会重新作出决定。

【裁判理由】

最高人民法院认为:

本专利权利要求1记载:“一种女性计划生育手术B型超声监测仪,包括现有的B型超声仪(1),其特征在于:该B型超声仪的探头(2)与阴道窥器(3)卡接。”附件2公开了一种可用于检查宫颈及阴道癌变和其他异常的宫颈摄影机,其与本专利权利要求1的区别在于:(1)探测元件类型不同,权利要求1中为超声探测元件(B超探头),附件2中为光学探测元件;(2)探测元件与阴道扩张器的连接方式不同,权利要求1中为卡接,附件2中是通过一纵向导向件34连接;(3)监测部位不同,权利要求1中用于监测子宫,附件2中用于监测宫颈及阴道。

附件4公开了上述区别特征(1)和(3),也给出了引入区别技术特征(1)和(3)的技术启示。附件2和附件4均没有公开区别技术特征(2),专利复审委员会既未对“卡接”在机械领域的具体含义进行查明,也没有就“卡接”属于公知常识进行举证或者充分说理,更没有结合本专利所要解决的技术问题和产生的技术效果对“卡接”进行具体分析,在技术事实尚未查明的情况下即得出权利要求1不具有创造性的结论，难以令人信服。

对技术方案创造性的评价，一般会从对现有技术作出贡献的角度出发，采取相对客观的“三步法”判断方式，判断要求保护的技术方案是否对现有技术构成了实质上的“贡献”，从而决定是否对其授予专利权。当采取“三步法”难以判断技术方案的创造性或者得出技术方案无创造性的评价时，从社会经济的激励作用角度出发，商业上的成功就会被纳入创造性判断的考量因素。当一项技术方案的产品在商业上获得成功时，如果这种成功是由于其技术特征直接导致的，则一方面反映了该技术方案具有有益的效果，同时也说明了其是非显而易见的，该技术方案即具有创造性。但是，如果商业上的成功是由于其他原因所致，例如销售技术的改进或者广告宣传等，则不能作为判断创造性的依据。因此，商业上的成功是当技术方案本身与现有技术的区别在构成可授予专利权的程度上有所欠缺时，如有证据能够证明该区别技术特征在市场上取得了成功，则从经济激励的层面对其予以肯定。

商业成功是创造性判断的辅助性因素。与相对客观的“三步法”而言，对于商业上的成功是否确实导致技术方案达到被授予专利权的程度，应当持相对严格的标准。当申请人或专利权人主张其发明或者实用新型获得了商业上的成功时，应当审查：(1)发明或者实用新型的技术方案是否真正取得了商业上的成功；(2)该商业上的成功是否源于发明或者实用新型的技术方案相比现有技术作出改进的技术特征，而非该技术特征以外的其他因素所导致的。商业上的成功体现的是一项发明或者实用新型被社会认可的程度。理论上讲，成功与否应当由该发明或者实用新型所代表的技术或产品相比其他类似的技术或产品在同行业所占的市场份额来决定，单纯的产品销售并不能代表已经取得商业上的成功。一项发明或者实用新型获得商业上的成功所基于的直接原因应当是创造性判断的重点。导致商业上取得成功的，必须是发明或者实用新型的技术方案相比现有技术做出改进的技术特征，而非该技术特征之外的其他因素。因此，必须对导致商业成功的原因进行详细分析，从而排除技术特征之外的其他因素对取得商业成功的影响。

本案无效程序中，专利权人没有主张本专利在商业上获得了成功，也没有提交关于本专利在商业上成功的证据，从专利产品的销售量等证据来看，也尚不足以证明本专利产品达到商业上成功的标准。

【案件信息】

胡颖诉专利复审委员会、深圳市恩普电子技术有限公司实用新型专利权无效宣告案，最高人民法院(2012)行提字第8号行政判决书(2012年4月13日,王永昌、李剑、宋淑华),北京市高级人民法院(2009)高行终字第1441号行政判决书(2010年6月13日,刘辉、岑宏宇、焦彦),北京市第一中级人民法院(2009)一中行初字第911号行政判决书(2009年9月23日,赵静、司品华)。

案件来源:最高人民法院知识产权案件年度报告(2012)。

65 预料不到的技术效果是创造性判断的辅助通常不宜跨过“三步法”直接适用

【裁判要旨】

意料不到的技术效果是创造性判断的辅助因素,通常不宜跨过“三步法”直接适用具有意料不到的技术效果来判断专利是否具有创造性。

【关键词】

化学发明专利｜创造性｜预料不到的技术效果｜“三步法”｜辅助因素

【基本案情】

第三人第一三共株式会社系名称为“用于治疗或预防高血压症的药物组合物的制备方法”的发明专利权人。本专利权利要求以马库什方式撰写。原告万生公司以该专利不具备创造性等为由提出无效宣告请求。第一三共株式会社对权利要求进行了修改,包括:删除了权利要求1中“或其可作药用的盐或酯”中的“或酯”两字;删除权利要求1中R4定义下的“具有1至6个碳原子的烷基”;删除了权利要求1中R5定义下除羧基和式COOR5a外的其他技术方案。专利复审委员会对删除权利要求1中“或酯”的修改予以认可,但认为其余修改不符合《专利法实施细则》第68条的相关规定不予接受。第一三共株式会社和万生公司对此无异议,第一三共株式会社于2011年1月14日再次提交修改文本。专利复审委员会决定:本专利权利要求1相比于证据1具有创造性,在2011年1月14日修改文本基础上维持本专利权有效。万生公司不服,提起诉讼。

北京市第一中级人民法院判决:维持专利复审委员会的决定。万生公司不服,提起上诉。北京市高级人民法院认为,马库什权利要求属于并列技术方案的特殊类型,第一三共株式会社于2010年8月30日的修改文本缩小了专利权的保护范围，符合《专利法实施细则》第68条第1款规定；本专利权利要求所涵盖的一个具体实施例的效果与证据1中实施例329的技术效果相当，未取得预料不到的技术效果，不具备创造性，因此判决：撤销一审判决和专利复审委员会的决定，责令专利复审委员会重新作出决定。专利复审委员会不服，申请再审。最高人民法院提审本案后判决：撤销二审判决，维持一审判决。

【裁判理由】

最高人民法院认为：

马库什权利要求具有极强的概括能力，一旦获得授权，专利权保护范围将涵盖所有具有相同结构、性能或作用的化合物，因此从公平角度出发，对马库什权利要求的解释应当从严。马库什权利要求限定的是并列的可选要素而非权利要求，其所有可选择化合物具有共同性能和作用，并且具有共同的结构或者所有可选择要素属于该发明所属领域公认的同一化合物。因此，马库什权利要求应当被视为马库什要素的集合，而不是众多化合物的集合。

马库什权利要求创造性判断应当遵循创造性判断的基本方法，即"三步法"。意料不到的技术效果是创造性判断的辅助因素，而且作为一种倒推的判断方法具有特殊性，不具有普遍适用性。只有在经过"三步法"审查和判断得不出是否是非显而易见时，才能根据具有意料不到的技术效果认定专利申请是否具有创造性，通常不宜跨过"三步法"直接适用具有意想不到的技术效果来判断专利申请是否具有创造性。

专利复审委员会并未将证据1实施例和本专利的实施例进行比对且就此作出认定，而二审直接进行比对并作出认定，明显超出了无效审查决定的审查范围，应予纠正。

【案件信息】

北京万生药业有限责任公司诉专利复审委员会、第一三共株式会社发明专利权无效宣告案，最高人民法院（2016）最高法行再41号行政判决书（2017年12月20日，秦元明、李嵘、马秀荣），北京市高级人民法院（2012）高行终字第833号行政判决书（2013年9月24日，岑宏宇、刘庆辉、焦彦），北京市第一中级人民法院（2011）一中知行初字第2403号行政判决书（2011年12月20日，赵明、李轶萌）。

案件来源：最高人民法院知识产权案件年度报告（2017），2017年中国法院十大知识产权案件。

第三节 现有技术

66 对比文件仅公开产品结构图形但无文字描述的可结合结构特点和公知常识确定含义

【裁判要旨】

对比文件中仅公开产品的结构图形但没有文字描述的，可以结合其结构特点和本领域技术人员的公知常识确定其含义。

【关键词】

创造性｜产品结构｜文字描述｜公知常识

【基本案情】

原告广东科进公司系专利号为03274825.6、名称为“一种带法兰的铸型尼龙管道”的实用新型专利权人。本专利权利要求1已在另案被宣告无效。

第三人镇江营房塑电公司以本专利权利要求2～6、7不具有创造性为由提出无效宣告请求。并提交了对比文件1：名称为“直管”的外观设计专利，其主视图中管道两端有圆柱形凸起；对比文件2：化学工业部标准《管法兰》首页、《管件、连接件及管道的法兰紧密面》第23页至第27页，其中公开了法兰的圆柱形台面上有若干“V”形沟槽，其图1右侧部分即公开了法兰与管道一次成型的设计。专利复审委员会决定：宣告本专利相关权利要求无效。广东科进公司不服，提起诉讼。

北京市第一中级人民法院判决：撤销专利复审委员会的决定，并判令其重新作出决定。专利复审委员会和镇江营房塑电公司均不服，分别提起上诉。北京市高级人民法院判决：驳回上诉，维持原判。镇江营房塑电公司，申请再审。最高人民法院提审后判决：撤销一审、二审判决，维持专利复审委员会的决定。

【裁判理由】

最高人民法院认为：

首先，法兰是英文“flange”的音译，其汉语意译就是凸缘，是结构或机械零件上垂直于零件轴线突出的边缘，可用于管件或设备之间的相互连接。法兰之间的连接可通过螺栓连接、焊接、粘接、卡夹连接等多种方式实现。因此，采用螺栓连接的法兰仅是各种不同法兰连接类型中的一种形式，也存在如下情况，即法兰作为成品时不带有螺栓孔，而是在安装过程中与其连接的另外法兰进行配钻制孔。

其次，专利复审委员会宣告本专利权利要求1无效的另案决定认定，对比文件1的圆柱形凸起为法兰，专利权人对此没有异议，并且该决定为法院所维持，现已生效。在宣告本案对比文件1无效的第9291号决定中，认定该对比文件1的附图中直管端部的圆柱形凸起为法兰，专利权人对此亦无异议，并且该决定为亦为法院所维持，现已生效。而本案一审、二审认为对比文件1的主视图只能看到直管及其两端点圆柱形凸起，不能直接地、毫无疑义地确定该圆柱形凸起为法兰或其他管道连接部件，该事实认定与在先决定和判决存在冲突。在一般情况下，已经被当事人认可并且在先裁判文书已经确定的事实可以为在后裁判文书所采用，并且通常不应做出相反认定。尽管广东科进公司于申请再审阶段主张其在过去一直认为两端是法兰，但随着认识的深入才认为不是法兰。但广东科进公司的上述主张也在另一方面表明了本领域技术人员对圆柱形凸起是法兰的普遍认识。对比文件1为一种管道设备，必然和其他管道配合才可以起到分配液体的作用，其两端必然是一个连接部件。综上，虽然对比文件1没有明确说明该圆柱形凸起为法兰，但结合其结构特点和本领域技术人员的公知常识，该圆柱形凸起实际是起到法兰的作用。

按照本专利说明书的记载，本专利的目的在于提供一种法兰与管道一体成型的铸型尼龙管道，可以解决法兰在连接处容易发生爆裂、泄漏等现象的技术问题。对比文件1于其简要说明中公开了"MC尼龙材料一次性铸造成型"的技术特征。从本领域技术人员的角度来看，直管两端的圆柱形凸起的作用一般是用于连接管道或封头，防止直管与连接件在连接处泄漏，因此对比文件1已经公开了"直管与用于管道连接的连接件一体成型"的技术特征。所以，本领域技术人员在对比文件1公开的直管与圆柱形凸起一体成型的基础上，容易想到将直管与法兰一体成型，从而得到法兰与直管一体式的技术方案。

【案件信息】

广东科进尼龙管道制品有限公司诉专利复审委员会、镇江市营房塑电有限公司实用新型专利权无效宣告案，最高人民法院(2012)行提字第25号行政判决书(2012年11月30日，王永昌、李剑、宋淑华)，北京市高级人民法院(2011)高行终字第31号行政判决书(2011年4

月15 日,张冰、刘晓军、李珊),北京市第一中级人民法院(2010)一中知行初字第3085号行政判决书(2010年11月16日,侯占恒、董伟)。

案件来源:最高人民法院知识产权案件年度报告(2012)。

67 无效请求人未提出的无效理由和放弃的证据,如无法律依据不得依职权引入并审查

【裁判要旨】

《专利审查指南》对专利复审委员会可以依职权审查的具体情形作了列举,限定了专利复审委员会依职权审查的范围。对于请求人放弃的无效理由和证据,在没有法律依据的情况下,专利复审委员会通常不应再作审查。

【关键词】

依职权审查 | 未提出的无效理由 | 放弃的证据 | 法律依据 | 请求原则

【基本案情】

原告王伟耀系专利号为200620074801.3、名称为“全喂入联合收割机的脱粒与分离装置”的实用新型专利权人。第三人福田雷沃公司针对本专利提出无效宣告请求,理由是:权利要求1~4相对于对比文件2结合公知常识不具备创造性,放弃对比文件3、5、6、7分别结合对比文件评价创造性的理由。

专利复审委员会决定对权利要求1相对于对比文件2、3和公知常识的结合是否具备创造性依职权进行审查,并据此宣告本专利权无效。王伟耀不服,提起诉讼。

北京市第一中级人民法院认定:专利复审委员会依职权审查的情形应是明确而特定的,原则上应限于《专利审查指南》规定的可以依职权审查的情形及其性质相同或相近的情形,而不能对依职权审查原则作任意扩大解释。福田雷沃公司在口头审理中明确放弃对比文件3结合公知常识评价本专利创造性的理由,专利复审委员会依职权引入本专利权利要求1~4相对于对比文件3、2及公知常识不具备创造性的理由没有法律依据,超越行政职权,故判决:撤销专利复审委员会的决定,并判令其重新作出决定。专利复审委员会和福田雷沃公司不服,分别提起上

诉。北京市高级人民法院判决:驳回上诉,维持原判。专利复审委员会仍不服,申请再审。最高人民法院裁定:驳回其再审申请。

【裁判理由】

最高人民法院认为:

福田雷沃公司的无效宣告请求中并未提出本专利与对比文件 3、对比文件 2 和公知常识的结合相比不具有创造性的理由,其在口头审理中放弃的是其曾主张的本专利相对于对比文件 3 和公知常识的结合不具有创造性的无效理由。

《专利法实施细则》第 72 条第 2 款适用于无效宣告请求人撤回其请求或者其无效宣告请求被视为撤回的情形,本案中福田雷沃公司并未撤回其请求也不存在其无效宣告请求被视为撤回的情况,而且福田雷沃公司并未提出过诉争无效宣告理由,不存在放弃的事实,故专利复审委员会缺乏依据《专利法实施细则》第 72 条第 2 款的规定依职权进行审查事实和法律依据。

无效宣告审查程序是基于请求人的请求而启动。请求原则作为无效宣告审查程序的基本原则,不仅要求无效宣告审查程序必须由请求人启动,而且在无效宣告审查程序中,通常仅针对当事人提交的无效宣告请求的范围、理由和提交的证据进行审查,专利复审委员会不承担全面审查专利有效性的义务。请求原则还意味着请求人有权处分自己的请求,可以放弃全部或者部分无效宣告理由及证据。对于请求人放弃的无效宣告理由和证据,在没有法律依据的情况下,通常专利复审委员会不应再作审查。《专利审查指南》同时规定了依职权审查原则,并对专利复审委员会可以依职权审查的具体情形作了列举规定。这些依职权审查的情形是请求原则的例外,一方面赋予专利复审委员会依职权审查的职权,给予公众相应的预期,另一方面也限定了专利复审委员会可以依职权审查情形的范围。专利复审委员会关于《专利审查指南》的规定仅是"对依职权审查情形的列举而非对依职权审查情形的限制"的主张没有法律依据。

福田雷沃公司并未提出过本专利相对于对比文件 3、对比文件 2 和公知常识的结合不具有创造性的无效宣告理由,且在口头审理中明确放弃对比文件 3 结合公知常识评价本专利创造性的无效宣告理由。在请求人未提出且明确放弃对比文件 3 的情形下,专利复审委员会主动引入请求人放弃的证据并引入请求人未提出的证据组合方式,这种做法并不属于《专利审查指南》规定的可以依职权审查的范围。专利复审委员会主动引入诉争无效宣告理由进行审查并据此宣告本专利无效,缺乏相应的法律依据。

听证原则是在符合请求原则或者依职权审查原则之下的程序要求，不能因给予当事人陈述意见的机会就使得本没有法律依据的主动审查行为合法化。

【案件信息】

王伟耀诉专利复审委员会、福田雷沃国际重工股份有限公司实用新型专利权无效宣告案，最高人民法院(2013)知行字第92号行政裁定书(2014年5月21日，周翔、周云川、罗霞)，北京市高级人民法院(2013)高行终字第530号行政判决书(2013年5月21日，刘晓军、袁相军、马军)，北京市第一中级人民法院(2012)一中知行初字第3616号行政判决书(2012年12月19日，宁勃、杨钊)。

案件来源：最高人民法院知识产权案件年度报告(2014)，2014年中国法院50件知识产权典型案例。

68 创造性判断中现有技术中是否存在技术偏见应当结合现有技术的整体内容进行考察

【裁判要旨】

现有技术中是否存在技术偏见，应当结合现有技术的整体内容进行判断。

【关键词】

创造性 | 现有技术 | 技术偏见 | 反面教导 | 整体内容

【基本案情】

阿瑞斯塔公司系“以取代的苯基磺酰基氨基羰基三唑酮为基础的选择性除草剂”发明专利申请的申请人。本申请涉及一种使用单一化合物作为除草剂的技术方案，要求保护在谷类作物中选择性控制至少一种杂草的方法，所述杂草选自冰草属、燕麦属、芸苔属、荠属、黑麦草属、芥属、遏蓝菜属、婆婆纳属及其组合。该方法包括将有效量的式(Ⅰ)化合物和/或式(Ⅰ)化合物的盐施用于所述谷类作物和/或其环境中，此外还限定了其中对至少1种所述杂草的药效百分比为70%至100%。

国家知识产权局结合对比文件1(US5534486A)和对比文件2(WO98/12923A1)，认定本申请权利要求1和2不具备新颖性、权利要求3~6不具备创造性,因此驳回其申请。阿瑞斯塔公司不服,申请复审,同时删除了原权利要求1~6,将原权利要求6修改为新的权利要求1,并增加新的从属权利要求2~7专利复审委员会发出复审通知书,认为权利要求1相对于对比文件2不具备创造性,从属权利要求2~7也不具备创造性。阿瑞斯塔公司据此对权利要求1增加了药效限定的技术特征。修改后的权利要求1为:在谷类作物中选择性控制至少一种杂草的方法,所述杂草选自冰草属、燕麦属、芸薹属、荠属、黑麦草属、芥属、遏蓝菜属、婆婆纳属及其组合,该方法包括将有效量的式(Ⅰ)化合物2-(2-三氟甲氧基-苯基磺酰基氨基羰基)-4-甲基-5-甲氧基-2,4-二氢-3H-1,2,4-三唑-3酮和/或式(Ⅰ)化合物的盐施用于所述谷类作物和/或其环境中,其中对至少一种所述杂草的药效百分比为70%至100%。

对比文件2记载了包含式(Ⅰ)化合物或其盐的组合物可应用于小麦等作物中防治冰草属、燕麦属、荠属、黑麦草属、芥属、婆婆纳属等杂草;同时,在表A-2中还公开了作为本专利申请的已知单一化合物(Ⅰ-2,Na盐)施用于风草和狗尾草的效果,与含式(Ⅰ)化合物的钠盐和赛克津的组合物相比,针对风草测试植物破坏或有效百分比,前者为60%,后者为98%;针对狗尾草测试植物破坏或有效百分比,前者为90%,后者为100%。对比文件2中已经提到了活性化合物组合可用于双子叶杂草类和单子叶杂草类。针对实施例,对比文件2还记载有"所述新型活性化合物组合良好的除草活性,在单一活性化合物在除草活性方面显示出弱点时,所述组合物毫无例外地显出非常好的除草活性,该活性超过了简单的叠加效应"。

本申请权利要求1与对比文件2的区别在于:权利要求1将式(Ⅰ)化合物的钠盐(Ⅰ-2,Na盐)具体限定为谷类作物,并具体限定用于除去冰草属、燕麦属、荠属、黑麦草属、芥属、婆婆纳属杂草,以及对上述至少一种杂草的药效百分比为70%至100%。

专利复审委员会决定:维持国家知识产权局的驳回决定。阿瑞斯塔公司不服,提起诉讼。北京市第一中级人民法院判决:维持专利复审委员会的决定。阿瑞斯塔公司不服,提起上诉。北京市高级人民法院判决:驳回上诉,维持原判。阿瑞斯塔公司仍不服,申请再审。北京市高级人民法院裁定:驳回其再审申请。阿瑞斯塔公司提起申诉,最高人民法院裁定:驳回其申诉。

【裁判理由】

最高人民法院认为:

主张本专利申请克服了技术偏见而具备创造性前提必须是其能够证明这种技术偏见是客观存在的。虽然对比文件2表A-2的数据表明，单独使用与本专利申请完全相同的式（Ⅰ）化合物的钠盐（Ⅰ-2，Na盐），与其和赛克津组合使用的协同作用效果相比，显示的效果差。但对比文件2并没有披露式（Ⅰ）化合物的钠盐（Ⅰ-2，Na盐）不能用于对比文件2所述的施用作物范围和除草范围。相反，对比文件2表A-2的数据表明，单独使用式（Ⅰ）化合物的钠盐（Ⅰ-2，Na盐）时，针对风草和狗尾草的药效百分比分别达到了60%和90%。因此，阿瑞斯塔公司提交的证据尚不能证明单独选择使用单一化合物式（Ⅰ）化合物（Ⅰ-2，Na盐）作为谷类作物选择性的控制杂草是本领域技术人员舍弃的技术方案。阿瑞斯塔公司亦未提供证据证明对比文件2记载的式（Ⅰ）化合物在除草方面存在何种具体的活性缺陷或不足，从而导致本领域技术人员不去考虑单独使用式（Ⅰ）化合物来去除任何杂草。

虽然对比文件2的表A-2是用于说明式（Ⅰ）化合物的钠盐（Ⅰ-2，Na盐）与其他活性物质混合使用的效果好于单独使用式（Ⅰ）化合物的钠盐（Ⅰ-2，Na盐），但观察到的对比结果表明，单独使用式（Ⅰ）化合物的钠盐（Ⅰ-2，Na盐）在风草和狗尾草上也有一定的技术效果。因此，将式（Ⅰ）化合物和其他化合物组合使用的技术方案与单独使用式（Ⅰ）化合物的技术方案并不属于两个完全对立的技术方案。对本领域技术人员而言，存在将式（Ⅰ）化合物的钠盐（Ⅰ-2，Na盐）应用于对比文件2所述的施用作物范围和除草范围的技术启示。阿瑞斯塔公司提出本申请克服了技术偏见以及文件2具有反面教导的理由不能成立。

【案件信息】

阿瑞斯塔生命科学北美有限责任公司诉专利复审委员会发明专利申请驳回复审案，最高人民法院（2013）知行字第31号行政裁定书（2013年11月5日，周翔、罗霞、杜微科），北京市高级人民法院（2009）高行终字第719号行政判决书，北京市高级人民法院（2012）高行监字第437号驳回再审申请通知书。

案件来源：最高人民法院知识产权案件年度报告（2013）。

69 当现有技术有明确技术启示时评价实用新型专利创造性可考虑相近或相关技术领域

【裁判要旨】

评价实用新型专利创造性时，一般应当着重比对该实用新型专利所属技术领域的现有技术，但在现有技术已经给出明确技术启示的情况下，也可以考虑相近或者相关技术领域的现有技术，相近技术领域一般指与实用新型专利产品功能以及具体用途相近的领域，相关技术领域一般指实用新型专利与最接近的现有技术的区别技术特征所应用的功能领域。

【关键词】

实用新型专利的创造性｜技术领域｜明确的技术启示｜相近技术领域｜相关技术领域

【基本案情】

原告赵东红、张如一系专利号为97216613.0、名称为“握力计”的实用新型专利权人，本专利的申请日为1997年5月28日、授权公告日为1998年9月23日。第三人邹继豪以本专利不符合《专利法》第22条第3款、第26条第3款以及《专利法实施细则》第20条第1款、第21条第2款的规定为由，提出无效宣告请求。

专利复审委员会认为，本专利权利要求1要求保护一种握力计，证据7公开了一种体力测定器，两者区别在于：(1)本专利权利要求1中的测力传感器是具有多个凸台的弹性体梁，而证据7中是利用由压缩弹簧、压缩板、齿条杆、齿条、回转式编码器、小齿轮构成的整体来实现测力传感器的功能；(2)本专利权利要求1中的检测显示装置安装于外壳内，而证据7中没有明确记载显示装置的安装位置。证据2公开了一种手提式数字显示电子秤，上述区别技术特征(1)和(2)均已被证据2公开；并且证据2与本专利、证据7同属于测力装置技术领域，仅仅是施力对象不同，而施力对象的不同不会对该重力和握力的测量造成实质性影响，即该重力和握力的测量原理是基本相同的；此外，在对测力装置的实际设计中，测重力装置和测握力装置均是采用测力领域中常用的压力传感器或拉力传感器来实现的，而对本领域技术人员来说，用测重力装置中的压力传感器来替换测握力装置中的传感器结构是不需要付出创造性劳动的。因此,本专利权利要求 1 相对于证据 7 和证据 2 的结合不具备创造性。本专利权利要求 2 ~ 6 不具备创造性。因此决定:宣告本专利权全部无效。

赵东红、张如一不服,提起诉讼。专利复审委员会曾于 2008 年 3 月 3 日作出另一决定认定:本专利与证据 2“属于不同的技术领域,且两者的发明目的以及传感器受力方向均存在差异,本领域技术人员不能轻易想到将其他技术领域中的传感器运用到本领域”。北京市第一中级人民法院判决:维持专利复审委员会的决定。赵东红、张如一仍不服,提起上诉。北京市高级人民法院认为:本专利与证据 2 属于不同技术领域,本领域技术人员不能轻易想到将其他技术领域的传感器运用到本领域,故判决:撤销一审判决和专利复审委员会的决定。专利复审委员会不服,申请再审。最高人民法院裁定驳回其再审申请。

【裁判理由】

最高人民法院认为:

为了实现专利权人的合法权益与社会公众利益的平衡,需要设置合理的专利授权标准。对于发明或者实用新型专利而言,需要设立合理的创造性判断标准。如果创造性标准设置得太低,就会导致创新程度不高的专利申请较容易获得授权或者很难被宣告无效,限制技术的传播和利用,不利于科技进步和社会发展,损害社会公众利益。如果创造性标准设置得太高,专利申请获得授权的难度就会大大提高,将会减损专利法对技术创新的激励作用。判断发明创造是否具有创造性,应当基于所属技术领域的技术人员的知识和能力,并通过将发明创造的技术方案与现有技术进行比对来判断。发明专利和实用新型专利的创造性标准不同,因此技术比对时所考虑的现有技术领域也应当有所不同。

考虑到实用新型专利创造性标准要求较低,因此在评价其创造性时所考虑的现有技术领域范围应当较窄,一般应当着重比对实用新型专利所属技术领域的现有技术。但是在现有技术已经给出明确的技术启示,促使本领域技术人员到相近或者相关的技术领域寻找有关技术手段的情形下,也可以考虑相近或者相关技术领域的现有技术。所谓明确的技术启示是指明确记载在现有技术中的技术启示或者本领域技术人员能够从现有技术直接、毫无疑义地确定的技术启示。相近的技术领域一般指与实用新型专利产品功能以及具体用途相近的领域,相关的技术领域一般指实用新型专利与最接近的现有技术的区别技术特征所应用的功能领域。

本专利是名称为“握力计”的实用新型专利，与最接近的现有技术证据7相比，区别技术特征在于测力传感器不同，测力传感装置为本专利的相关技术领域。为了评价测力传感器的创造性，专利复审委员会考虑了证据2（手提式数字显示电子秤，用于测重力），将其测力传感器与本专利的传感器进行比对。虽然握力计和电子秤都是测力装置，但二者分别具有不同的特定用途。同时，重力和人手的握力相比较，施力对象不同，施力方向也不同，重力单纯向下，人手的握力不是单纯向下而是从四周向中心，所以二者不属于相同技术领域。但本专利与手提式数字显示电子秤功能相同，用途相近，二者测力传感器的测力原理基本相同，可以将手提式数字显示电子秤视为本专利的相近技术领域。但是，由于现有技术并未给出明确的技术启示，专利复审委员会在评价本专利的创造性时考虑手提式电子秤的测力传感器属于适用法律错误。

【案件信息】

赵东红、张如一诉专利复审委员会、邹继豪实用新型专利权无效宣告案，最高人民法院（2011）知行字第19号行政裁定书（2012年1月19日，王永昌、秦元明、李剑），北京市高级人民法院（2010）高行终字第811号行政判决书。

案件来源：最高人民法院知识产权案件年度报告（2012），《最高人民法院公报》2012年第10期。

70 有技术启示的区别特征在对比文件中的作用是其实际所起的作用而非客观作用的全集

【裁判要旨】

权利要求的技术特征被对比文件公开，不仅要求该对比文件中包含有相应的技术特征，还要求该相应的技术特征在对比文件中所起的作用与权利要求中的技术特征所起的作用实质相同。相应的技术特征在对比文件中所起的作用是指该相应的技术特征在对比文件公开的技术方案中实际所起的作用，而不是客观上可具有的作用的全集。

【关键词】

创造性 | 区别技术特征 | 公开 | 实质相同

【基本案情】

原告捷瑞特中心系专利号为01274761.0、名称为“快进慢出型弹性阻尼体缓冲器”的实用新型专利权人。其权利要求1为:一种快进慢出型弹性阻尼体缓冲器,主要由套筒座(1),承接头(2),活塞(3),弹性阻尼体(4)和密封装置(5)组成,其特征在于:在承接头(2)的内腔(22)中装入弹性阻尼体(4)将活塞(3)与活塞杆(31)相连接,装入承接头(2)的内腔(22)之中,将缸盖(21)与承接头(2)连接成一整体,沿活塞(3)圆周部位设置有单向限流装置(32),压缩行程时单项限流装置(32)打开,恢复行程时单项限流装置(32)关闭,活塞(3)外径与内腔(22)之间留有间隙。

金自天和公司以本专利不具有创造性等为由提出无效宣告请求。专利复审委员会认为:证据1公开了一种带单向阀的弹性胶泥缓冲器,具有套筒座,壳体(相当于本专利的承接头),活塞,弹性胶泥和密封圈,壳体和内腔中装入弹性胶泥,活塞和活塞杆相连接,装入壳体的内腔之中,将缸盖与壳体连接成一整体,活塞外径与内腔之间留有间隙。尽管证据1中没有明确记载弹性胶泥缓冲器的单向阀的设置位置,但其中描述:“2种(带单向阀的弹性胶泥缓冲器和带高压室的缓冲器)缓冲器结构方案的主要区别是,活塞杆压缩后返回到初始位置的原理不同。图1(a)为此采用单向阀;图1(b)为此预设高压室。……研制的加料设备可给缓冲器填装弹性胶泥材料,使其达到给定的初始压力。”据此,证据1隐含公开了沿活塞圆周部位设置有单向限流装置的技术特征。权利要求1与证据1的区别在于:压缩行程时单向限流装置打开,恢复行程时单向限流装置关闭。本领域技术人员容易想到将单向限流装置反装,通过与在活塞上的限流装置配合活塞外径与内腔之间留有的间隙实现缓冲器的快进慢出,从而无须创造性劳动即可得到权利要求1所要求保护的技术方案。因此决定:宣告本专利权无效。捷瑞特公司不服,提起诉讼。

北京市第一中级人民法院认为:证据1的附图1(a)没有标明单向阀的具体形状和位置,文字部分仅仅提到了图1(a)所示为带单向阀的缓冲器,也没有描述“单向阀的形状和位置”的文字说明,专利复审委员会认定证据1隐含公开了沿活塞圆周部位设置有单向限流装置的技术特征,该结论系从证据1附图中推测得出,缺乏事实依据,且与《专利审查指南》相关规定相悖。因此判决:撤销专利复审委员会的决定,并判令其重新作出决定。专利复审委员会和金自天和公司不服,提起上诉。北京市高级人民法院判决:驳回上诉,维持原判。专利复审委员会仍不服,申请再审。最高人民法院裁定:驳回其再审申请。

【裁判理由】

最高人民法院认为:

《专利审查指南》规定,引用对比文件判断发明或者实用新型的新颖性和创造性等时,应当以对比文件公开的技术内容为准;该技术内容不仅包括明确记载在对比文件中的内容,而且包括对于所属技术领域的技术人员来说,隐含的且可直接地、毫无疑义地确定的技术内容。但是,不得随意将对比文件的内容扩大或缩小。

权利要求的技术特征被对比文件公开,不仅要求该对比文件中包含有相应的技术特征,还要求该相应的技术特征在对比文件中所起的作用与权利要求中的技术特征所起的作用实质相同。相应的技术特征在对比文件中所起的作用是指该相应的技术特征在对比文件公开的技术方案中实际所起的作用,而不是客观上可具有的作用的全集。

本专利系一种快进慢出型弹性阻尼体缓冲器,其中单向限流装置(单向阀)在本专利中的作用就是调节缓冲器内腔内填充的弹性阻尼体的流量,实现承撞头的快进慢出,达到保护设备和降低噪音的目的。证据1公开了一种带单向阀的弹性胶泥缓冲器,其附图1(a)没有公开单向阀的具体形状和设置位置,其文字部分的表述内容是:图1(a)所示为带单向阀的方案,其单向阀的作用是使压缩后的活塞杆返回到初始位置。由于证据1中单向阀的作用不同于本专利权利要求1中单向限流装置的作用,故本专利权利要求1中"沿活塞圆周部位设置有单向限流装置"的技术特征,并不能从证据1中直接地、毫无异议地确定。专利复审委员会在其决定中认定证据1隐含公开了沿活塞圆周部位设置有单向限流装置的技术特征,没有事实依据。

【案件信息】

北京市捷瑞特弹性阻尼体技术研究中心诉专利复审委员会、北京金自天和缓冲技术有限公司实用新型专利权无效宣告案,最高人民法院(2012)知行字第3号行政裁定书(2012年4月20日,王永昌、宋淑华、李剑),北京市高级人民法院(2011)高行终字第213号行政判决书(2011年9月28日,刘辉、岑宏宇、石必胜),北京市第一中级人民法院(2010)一中知行初字第2005号行政判决书(2010年12月17日,邢军、张晰昕)。

案件来源:最高人民法院知识产权案件年度报告(2012)。

第四节　技术特征与技术效果

71 一项权利要求有多个并列技术方案且保护范围相互独立则应对其创造性分别作出认定

72 区别技术特征作用功能和技术效果与说明书记载有实质差异则应根据其具体情形确定

73 区别技术特征有多个功能和技术效果确定专利实际解决技术问题及是否有技术启示时应考虑所有功能和效果

【裁判要旨】

对于同一项权利要求中以"或者"等方式限定的多个并列的技术方案，如果其保护范围相互独立，则应当对其与最接近的现有技术的区别技术特征、实际解决的技术问题以及创造性分别作出认定。

在认定权利要求的创造性时，区别技术特征的功能和技术效果是认定该权利要求实际解决的技术问题的根本依据。在认定其功能和技术效果时，应注意权利要求限定的技术方案是否与说明书中记载的具有特定功能、技术效果的技术方案具有对应性。如果二者存在实质性差异，则需要根据权利要求限定的技术方案的具体情形，相应确定区别技术特征能够实现的功能、技术效果。

如果说明书中明确记载了区别技术特征同时具有多个方面的功能和技术效果，那么在确定权利要求限定的技术方案实际解决的技术问题，以及其他对比文件是否公开该区别技术特征，现有技术整体上是否给出技术启示时，应当综合考虑该区别技术特征实际具有的所有功能和技术效果。

【关键词】

创造性｜并列的技术方案｜区别技术特征｜功能和技术效果

【基本案情】

原告施特里克斯公司系申请号为200610135704.5、名称为“用于液体加热容器的加热器”的发明专利申请人。国家知识产权局实质审查部门以其权利要求1－10相对于对比文件1、对比文件5以及公知常识的结合不具备创造性为由驳回本申请。

施特里克斯公司不服，申请复审并提交了权利要求书修改替换文本，包含8项权利要求。专利复审委员会决定：维持国家知识产权局对本申请作出的驳回决定。

施特里克斯公司不服，提起诉讼。北京市第一中级人民法院判决：驳回施特里克斯公司的诉讼请求。施特里克斯公司不服，提起上诉。北京市高级人民法院判决：驳回上诉，维持原判。施特里克斯公司仍不服，申请再审。最高人民法院提审后判决：撤销专利复审委员会的决定和一审、二审判决，专利复审委员会就本申请重新作出决定。

【裁判理由】

最高人民法院认为：

权利要求1中以“或者”的方式，限定了两个并列的技术方案：权利要求1A、权利要求1B。二者的区别在于“壁体”的设置方式不同，因此，权利要求1与对比文件1的区别技术特征为：1A. 权利要求1中的壁体作为单独的一部分附设到所述基板上，或者1B. 通过在基板面对液体的上侧形成沟槽而设置；权利要求1中的容器用于将水加热到或保持其温度低于沸腾温度。在两个并列的权利要求1A、1B存在实质性差异，具有不同的作用功能和技术效果的情况下，未加区分笼统认定权利要求1实际解决的技术问题是“通过隔离检测区域和热扩散区域，防止检测区域内的热传感器受到周围加热元件的影响”，属于认定错误。

在认定区别技术特征作用功能和技术效果时，应注意权利要求限定的技术方案是否与说明书中记载的具有特定作用功能、技术效果的技术方案具有对应性。如果二者存在实质性差异，则需要根据权利要求限定的技术方案的具体情形，相应确定区别技术特征能够实现的作用功能、技术效果。区别技术特征1A仅起到热屏障的作用，对比文件5的双壁辐射屏26具有热屏障的作用、功能和技术效果，能够与对比文件 1 结合解决区别特征 1A 实际解决的技术问题，权利要求 1A 不具有创造性。

以一项技术特征同时实现多个方面的作用功能和技术效果，是技术创新的重要方式之一。因此，如果说明书中明确记载了区别技术特征同时具有多个方面的作用功能和技术效果，那么在确定权利要求限定的技术方案实际解决的技术问题，以及其他对比文件是否公开该区别技术特征，现有技术整体上是否给出技术启示时，应当综合考虑该区别技术特征实际具有的所有作用功能和技术效果。专利复审委员会有关"当区别技术特征能够带来多个互不关联的技术效果时，被诉决定选择了与本申请声称所要解决的技术问题相关联的技术效果来认定实际解决的技术问题并无不当"的主张，割裂了区别技术特征与其实现的各个作用功能、技术效果之间的有机联系，亦与本申请实际作出的技术贡献和公开的技术内容明显不符，既不符合事实，也没有相应的法律依据。

区别技术特征 1B 除了屏蔽热辐射的作用之外，还具有说明书中记载的"在使用中将充满正被加热的液体……进一步增强检测区域与加热元件的热绝缘以及检测区域与液体之间的热连接"，更加准确地测量温度的作用功能和技术效果。对比文件 1、5 均未公开该区别技术特征，也没有给出相应技术启示，也没有证据证明采用区别技术特征 1B 解决以上所述两个方面的技术问题为本领域的公知常识，故权利要求 1B 具有创造性。

【案件信息】

施特里克斯有限公司诉专利复审委员会发明专利申请驳回复审案，最高人民法院(2018)最高法行再 131 号行政判决书(2018 年 12 月 30 日，王艳芳、毛立华、杜微科)，北京市高级人民法院(2017)京行终 600 号行政判决书(2017 年 5 月 31 日，刘晓军、蒋强、陈曦)，北京市第一中级人民法院(2014)一中行(知)初字第 10267 号行政判决书。

案件来源：最高人民法院知识产权案件年度报告(2018)。

74 含有或包括是开放式权利要求重要标志，开放或封闭权利要求在全部技术领域均适用

75 开放式权利要求中未明确提及对比文件的某技术特征的，该特征一般并非区别特征

【裁判要旨】

“含有”“包括”本身就具有并未排除未指出的内容的含义，因而成为开放式专利权利要求的重要标志；开放式和封闭式权利要求的区分在包括化学、机械领域在内的全部技术领域有普遍适用性。

【关键词】

开放式权利要求｜全部技术领域｜含有｜包含｜明确提及

【基本案情】

原告世纪联保公司系专利号外02123866.9、名称为“脉冲超细干粉自动灭火装置”的发明专利权人。其权利要求1为：脉冲超细干粉自动灭火装置，含有启动器和内装超细干粉灭火剂（冷气溶胶灭火剂）的壳体，其特征在于，它含有：壳体，它包括：外壳、装在外壳内的粒度在30μm以下的超细干粉灭火剂及壳体喷口密封用的铝膜，传导速度大于0.5米/秒的启动器，它包括：由燃点大于或等于135℃，并对火焰或温度敏感的热敏线和套在热敏线外的套管组成的启动组件，由靠螺母和贯穿着热敏线的穿孔螺栓紧压在壳体内侧的铝板、与热敏线接触的产气剂和扣压在铝板上用以包住产气剂的非金属薄膜共同组成的产气组件。

第三人中远公司针对本专利提出无效宣告请求，并提交了附件1（CN00200992.7）作为对比文件，该对比文件中公开的灭火装置中有多孔件，而本专利没有提及该部件。专利复审委员会认为，本专利权利要求1与附件1存在三个区别技术特征，但未将权利要求1缺少多孔件以及由多孔件上端与顶盖底部环形凸端配合形成的产气室作为区别技术特征。权利要求1～5相对于附件1不具有创造性，本专利权利要求1没有多孔件，相应地也就不具有附件1所述的多孔件的功能，缺失多孔件不能使权利要求1的技术方案具备创造性。因此决定：宣告本专利权全

部无效。世纪联保公司不服,提起诉讼。

北京市第一中级人民法院判决:维持专利复审委员会的决定。世纪联保公司不服,提起上诉。北京市高级人民法院判决:驳回上诉,维持原判。世纪联保公司仍不服,申请再审。最高人民法院提审后判决:维持二审判决。

【裁判理由】

最高人民法院认为:

2001 年《专利审查指南》仅在第 2 部分第 10 章“关于化学领域发明专利申请审查的若干规定”中第 3.2.1 节规定了开放式、封闭式及半开放式三种表达方式。开放式表示组合物中并不排除权利要求中未指出的组分,封闭式则表示组合物中仅包括所指出的组分而排除所有其他的组分,半开放式介于两者之间。这三种表达方式的保护范围不同。其中,“含有”“包括”为开放式表达方式的常用措辞。鉴于开放式和封闭式权利要求在其他领域也有普遍适用性,且半开放式权利要求保护范围的判断方法与开放式权利要求的判断方法在实际操作中相同,2006 年《专利审查指南》对此进行了修改,删除了半开放式权利要求的相关规定,并将原来的半开放式权利要求的几种表达方式归入开放式权利要求中,同时将开放式权利要求和封闭式权利要求的规定移入权利要求的通用章节即第 2 部分第 2 章第 3.3 节“权利要求的撰写规定”中。

虽然本专利的审查应当适用 2001 年《专利审查指南》,且根据该《专利审查指南》,开放式、封闭式权利要求的表达方式仅适用于化学领域发明专利。但是,开放式、封闭式权利要求的常用措辞本身是对专利申请审查实践中不同类型权利要求常用措辞的总结,应当考虑到了措辞本身的含义。本专利权利要求 1 使用的“含有”“包括”措辞的本身含义就应当理解为没有排除未指出的结构组成部分。

专利复审委员会根据本专利权利要求 1 使用的“含有”“包括”措辞的本身含义以及本专利没有将多孔件排除在保护范围之外的限定内容,在多孔件是附件 1 的技术特征而不是本专利权利要求 1 的技术特征的情况下,未将“多孔件”作为本专利权利要求 1 与附件 1 的区别技术特征,符合机械领域专利审查实践的常规做法,并无不妥。二审法院基于同样理由认定本专利权利要求 1 是一开放式的权利要求,其并没有排除还可能包含除了其中明确限定的部件以外的部件,因此,多孔件并不能构成本专利权利要求 1 与附件 1 的区别技术特征,也并不存在错误。

世纪联保公司所述的产气室是指由附件 1 灭火器中的多孔件与顶盖底部环形凸端配合形成的腔室,本身并不是一个独立的部件;没有多孔件,就不会形成所谓的产气室。在多孔件不属于本专利权利要求 1 与附件 1 的区别技术特征的情况下,依附于多孔件而存在的所谓产气室自然也不属于本专利权利要求 1 与附件 1 的区别技术特征。

本领域技术人员在附件 1 的基础上结合附件 2、3、6、9 ~ 13 中公开的内容获得本专利权利要求 1 的技术方案是显而易见的,权利要求 1 不具备突出的实质性特点和显著的进步,不具备创造性。

【案件信息】

北京世纪联保消防新技术有限公司诉专利复审委员会、山西中远消防设备有限公司发明专利权无效宣告案,最高人民法院(2012)行提字第 20 号行政判决书(2013 年 2 月 26 日,金克胜、郎贵梅、罗霞),北京市高级人民法院(2011)高行终字第 76 号行政判决书(2011 年 3 月 18 日,李燕蓉、马军、焦彦),北京市第一中级人民法院(2010)一中知行初字第 1729 号行政判决书(2010 年 11 月 8 日,侯占恒、王晫)。

案件来源:最高人民法院知识产权案件年度报告(2013),2013 年中国法院 50 件典型知识产权案例。

76 判断区别技术特征是否被现有技术公开时,应考虑它们在各自技术方案中所起作用是否相同

【裁判要旨】

在确定本案专利的某一区别技术特征与现有技术中的技术特征是否具有对应关系,从而导致该区别技术特征已经被现有技术所公开时,要考虑它们在各自技术方案中所起的作用是否相同。

【关键词】

创造性 | 区别技术特征 | 现有技术 | 技术方案中的作用

【基本案情】

原告泰科公司系专利号为 96194851.5、名称为“闭锁装置”的发明专利的现专利权人。

第三人展通公司针对本专利提出无效宣告请求,主张权利要求 1 相对于证据 1 和证据 2 的结合不具有创造性。证据 1(GB2253020A)涉及一种可释放的夹具,证据

1 设有凹口 24A 和延长到 24A 之外的延伸部分的杠杆 11A 的这一端通过枢轴 9A 与第二部分 B 相连，无法与第二部分分离，运动轨迹固定。证据 2(US5315489A)公开了一种闭锁装置，其中杠杆 38 具有一个自由端，上面设置有一个与物件的第二部分 32 接合的接合表面 42。专利复审委员会认为：权利要求 1 与证据 1 的区别在于，本专利中接合表面设置在杠杆的自由端上，而证据 1 中接合表面设置在杠杆的侧部而非自由端，但该区别技术特征已经被证据 2 所公开。在此基础上，专利复审委员会认定本专利相对于证据 1 和证据 2 的结合不具备创造性，因此决定：宣告本专利权全部无效。

泰科公司不服，提起诉讼。北京市第一中级人民法院判决：驳回泰科公司的诉讼请求。泰科公司不服，提起上诉。北京市高级人民法院认为：专利复审委员会和一审法院未考虑权利要求 1 与证据 1 在实现相应功能时的技术手段的差异，而此种差异足以构成两种技术方案中的区别技术特征，故判决：撤销一审判决和专利复审委员会的决定，并判令专利复审委员会重新作出决定。展通公司不服，申请再审。最高人民法院裁定：驳回其再审申请。

【裁判理由】

最高人民法院认为：

判断发明相对于现有技术是否显而易见，通常要先确定发明与最接近的现有技术之间的区别特征。具体操作时，通常是把本专利要求保护的技术方案划分成若干技术特征，然后判断最接近的现有技术公开了哪些技术特征，哪些技术特征与本专利相应的技术特征相当，哪些技术特征是区别技术特征。但比对时应当注意，发明是一个整体，技术方案中的技术特征之间并不是孤立的，不能割裂特征之间的关系，忽视特征在整体技术方案中所发挥的作用。尤其是涉及机械结构领域的发明创造，可能由于两个技术方案整体的技术构思、工作方式、技术效果不同，结构或者位置等形式上看似类似的部件在整个技术方案中实际上起到完全不同的作用。因此，在确定现有技术中的某技术特征与本专利的相应技术特征是否具有相当性时，要考虑它们在各自技术方案中所起的作用是否相同。

根据本专利权利要求 1 的文字记载，本专利权利要求 1 限定的接合表面和延长段均是设置在杠杆 11 的一个自由端上，在工作时，延长段与第二部分协同作用，提供初始闭锁杠杆作用，接合表面与第二部分相接触，提供最终的杠杆闭锁作用。对于延长段和接合表面实现上述作用的具体结构和方式，本专利权利要求 1 中没有进一步限定，因此不能将其他权利要求和实施例进一步限定的结构、方式特征引进来与证据1进行比对,但对于本专利权利要求1已有的位置关系和作用限定,则必须予以考虑。对于自由端,本专利没有进一步解释,展通公司和泰科公司一致认为"自由端是指脱离于第二部分且运动轨迹是自由的"。本专利权利要求1中延长段和接合表面均是设置在可以脱离于第二部分而自由运动的杠杆的一端,这个限定是服从于本专利的整体技术方案,服务于本专利的发明目的的,进而也决定了延长段和接合表面的工作方式和功能作用。

由于证据1的技术方案所要解决的技术问题和所要实现的技术效果与本专利不同,证据1中设有凹口24A和延长到凹口24A之外的延伸部分的杠杆11A的这一端通过枢轴9A与第二部分B相连,无法与第二部分分离,其运动轨迹是固定的。因此证据1中凹口24A和延长到凹口24A之外的延伸部分相对于其他部件的位置关系与本专利权利要求1中的接合表面及延长段和其他部件的位置关系明显不同,而且在各自整个技术方案中所起作用也不同。比如,证据1中的凹口24A用于在关闭状态下容纳销钉25A,并不提供最终的杠杆闭锁作用。因此展通公司关于证据1中凹口24A和延长到凹口24A之外的延伸部分相当于本专利权利要求1中限定的接合表面和延长段的主张不能成立。

【案件信息】

泰科电子瑞侃有限公司诉专利复审委员会、宁波展通电信设备实业有限公司发明专利权无效宣告案,最高人民法院(2014)知行字第43号行政裁定书(2014年12月12日,周翔、周云川、郎贵梅),北京市高级人民法院(2013)高行终字第1759号行政判决书(2013年12月20日,谢甄珂、戴怡婷、周波),北京市第一中级人民法院(2011)一中知行初字第2961号行政判决书(2013年7月1日,强刚华、曾谦)。

案件来源:最高人民法院知识产权案件年度报告(2014)。

77 难预测混合物或组合物组分含量变化所带来效果的,以预料不到的技术效果判断创造性

【裁判要旨】

涉及化学混合物或组合物的创造性判断中,当本领域技术人员可以预测技术方案中组分及其含量的变化所带来的效果时,运用"三步法"判断创造性是可以的。但是,当本领域技术人员难以预测技术方案中组分

及其含量的变化所带来的效果时，不能机械地适用“三步法”，应当根据技术方案是否取得预料不到的技术效果作为判断是否具备创造性的方法。

【关键词】

创造性｜化合物｜组合物｜“三步法”｜预料不到的技术效果

【基本案情】

原告新日铁住金会社系专利号为200780016464.X、名称为“耐腐蚀性优良的不锈钢、耐间隙腐蚀性和成形性优良的铁素体系不锈钢、以及耐间隙腐蚀性优良的铁素体系不锈钢”的发明专利权人。其修改后的权利要求7如下：一种耐间隙腐蚀性优良的铁素体系不锈钢，其特征在于，以质量%计含有：C:0.001%~0.02%、N:001%~0.02%、Si:0.01%~0.5%、Mn:0.05%~1%、P:0.04%以下、S:0.01%以下、Cr:12%~25%，按照Ti:0.02%~0.5%、Nb:0.02%~1%的范围含有Ti、Nb中的一种或两种，并且按照Sn:0.005%~2%的范围含有Sn，剩余部分由Fe和不可避免的杂质构成。

2011年9月7日，第三人李建新提出无效宣告请求，认为涉案专利不符合说明书充分公开和创造性的规定。被告专利复审委员会认为涉案专利权不具备创造性，因此决定宣告涉案专利权无效。新日铁住金会社不服，提起诉讼。北京市第一中级人民法院判决：维持专利复审委员会的决定。新日铁住金会社仍不服，提起上诉。北京市高级人民法院判决：撤销一审判决和专利复审委员会的决定，专利复审委员会就涉案专利重新作出无效宣告请求审查决定。

【裁判理由】

法院认为：

当技术主题涉及化学混合物或组合物时，各组分及其含量均属于必要技术特征，均应当在独立权利要求中限定。在此类技术方案中，各组分或其含量的变化会引起相应的物理化学反应，可能会导致整体技术方案在效果上的变化。因此，涉及化学混合物或组合物的创造性判断中，当本领域技术人员可以预测技术方案中组分及其含量的变化所带来的效果时，运用“三步法”判断创造性是可以的。但是，当本领域技术人员难以预测技术方案中组分及其含量的变化所带来的效果时，不能机械地适用“三步法”，应当根据技术方案是否取得预料不到的技术效果作为判断是否具备创造性的方法。

涉案专利权利要求7要求保护一种耐间隙腐蚀性优良的铁素体系不锈钢，属于由诸多金属元素及其含量作为必要技术特征的合金领域。附件4作为最接近的现有技术，公开了一种高温强度优异的铁素体系不锈钢。两者比对，本专利权利要求7各组分与附件4的技术方案中各组分相同，本专利权利要求7各组分除Mn和Ti外，其含量数值范围均与附件4相应组分含量数值范围有共同的一个端点，另一端点也落入附件4所述范围之内，其中，权利要求7中Mn和Ti的含量范围完全落入附件4所述范围之内。由此可见，权利要求7的技术方案均落入附件4的技术方案之中。在此情况下，权利要求7具备创造性的前提是权利要求7属于附件4技术方案的选择发明。在进行选择发明创造性判断时，该选择所带来的预料不到的技术效果是考虑的主要因素。

根据本专利说明书的记载，权利要求7的发明目的在于合成一种具有耐间隙腐蚀性铁素体系不锈钢，从本专利说明书载明的实验数据可知，本专利实施例中C1的最大侵蚀深度为516μm，而对比例C16的最大侵蚀深度为925μm。对比例C16属于落入附件4中而未落入权利要求7中的具体技术方案。从效果上看，本专利实施例的最大侵蚀深度比对比例C16的效果提高了44%，可以认为本专利权利要求7取得了预料不到的技术效果，具备创造性。一审法院及专利复审委员会关于本专利权利要求7相对于附件4不具备创造性的认定有误，对此予以纠正。

【案件信息】

新日铁住金不锈钢株式会社诉专利复审委员会、李建新发明专利权无效宣告案，北京市高级人民法院(2013)高行终字第1754号行政判决书(2013年12月19日，岑宏宇、刘庆辉、焦彦)，北京市第一中级人民法院(2013)一中知行初字第180号行政判决书(2013年6月20日，刘海旗、逯遥)。

案件来源:2013年中国法院50件典型知识产权案例。

78 专利与现有技术的区别仅为组分的含量不同但未取得预料不到技术效果的无创造性

79 申请日后提交且未在原始申请文件中记载的实验数据不能作为判断能否授权的依据

【裁判要旨】

在判断权利要求是否具备创造性时，应当考虑其选择的数值范围与现有技术相比是否取得了预料不到的技术效果。

以公开换保护的专利制度要求，未记载在说明书中的技术贡献不能作为请求获得专利权保护的基础，因此申请人在申请日后提交的、没有在原始申请文件中记载的技术文献或实验数据，不能作为判断该发明创造能否获得授权的依据。

【关键词】

创造性｜数值范围｜预料不到的技术效果｜申请日后的实验数据

【基本案情】

原告斯倍利亚社系专利号为99800339.5、名称为“无铅软钎焊料合金”的发明专利权人。其授权公告的权利要求1为：“1. 无铅的钎焊料合金，其特征在于，含有0.1～2wt% Cu，0.002～1wt% Ni，其余为Sn。”

第三人史天蕾提出无效宣告请求。并提交了证据1（US5366692）作为对比文件。与本专利权利要求1相比，证据1公开的合金组成中Ni为0.5wt%。2009年8月24日，斯倍利亚社修改权利要求1，将Ni含量改为0.04～0.1wt%。

专利复审委员会决定：宣告本专利全部无效。斯倍利亚社不服，提起诉讼。北京市第一中级人民法院认为：权利要求1和证据1的区别在于镍的含量不同，本领域技术人员通过证据1的教导并结合其常规实验能力容易得出权利要求1保护的技术方案，故判决：维持专利复审委员会的决定。斯倍利亚社不服，提起上诉。北京市高级人民法院判决：驳回上诉，维持原判。斯倍利亚社仍不服，申请再审。最高人民法院裁定：驳回其再审申请。

【裁判理由】

最高人民法院认为：

判断一项现有技术是否可以作为最接近的对比文件使用，需要从所属技术领域、所要解决的技术问题、技术效果或者用途、是否能够实现发明的功能以及公开发明的技术特征的多少等方面进行判断。如果一项现有技术与要求保护的发明技术领域相同，且公开发明的技术特征最多，或者是与要求保护的发明技术领域不同，但能够实现发明的功能，且公开发明的技术特征最多，则均可以作为最接近的现有技术来评价要求保护的发明的创造性。而技术领域的确定，应当以权利要求所限定的内容为准，一般根据专利的主题名称，结合技术方案所实现的技术功能、用途加以确定。本专利权利要求 1 请求保护一种无铅的焊料合金，证据 1 公开了一种用于半导体的合金连接材料，二者均属于软钎焊料合金领域，技术领域相同，且证据 1 公开了权利要求 1 的无铅焊料合金的各组份以及 Cu 的含量和 Sn 为余量的技术特征，故证据 1 可以作为最接近的对比文件来评价本专利的创造性。此外，本专利权利要求 1 请求保护的是一种无铅钎焊料合金产品，在该权利要求中并未限定其用途，故斯倍利亚社所述二者适用的技术领域不同，证据 1 不能用以评价本专利创造性的申请理由不能成立。

本专利权利要求 1 与证据 1 的区别技术特征仅为 Ni 的含量不同。在此情况下，判断本专利权利要求 1 是否具有创造性，则应当考虑该数值范围与现有技术相比的技术效果是否产生了质的变化，具有新的性能，或者产生了量的变化，超出人们的预期。斯倍利亚社虽主张调节 Ni 的含量能够改善熔融焊料合金的流动性，但从其据以佐证的本专利说明书第 7 页附表所示试验数据的记载来看，该组数据不能证明权利要求 1 限定的 Ni 的含量范围相较于证据 1 公开的技术方案，以及包含有该技术方案的修改前的技术方案中 Ni 的含量范围，在改善流动性方面具有预料不到的技术效果，也不能说明焊料合金的伸长率仅仅是由 Ni 的含量决定的，更不能确定或教导焊料合金中 Ni 的含量不同和伸长率有何必然联系，且本专利说明书中亦未记载附表中的伸长率与熔融焊料合金的流动性的线性关系。因此，本专利权利要求 1 对于 Ni 含量的选择，是本领域技术人员通过有限的试验就可以得到的，并未取得意料不到的技术效果，其相对于证据 1 而言是显而易见的，不具有突出的实质性特点和显著的进步，不具备创造性。

专利制度是以公开换保护为前提的，因此对专利权的保护应当与其相较于现有技术作出的技术贡献相适应，在此情况下，请求保护的发明创造的技术贡献应当充分公开并记载在说明书中，未记载在说明书中的技术贡献不能作为请求获得专利权保护的基础，也即如果申请人在申请日后提交的技术文献或实验数据所要证明的事实在原始提交的申请文件中没有记载，则因上述证据不能证明所述发明已经在申请日前完成，故通常不能作为判断该发明创造能否获得授权的依据。由于本专利说明书中没有记载权利要求 1 请求保护的产品中 Ni 的含量范围相较于证据 1 产生了预料不到的技术效果，因此斯倍利亚社于申请日后提交的证据所要证明的内容均不属于明确记载在本专利说明书中的内容，对该证据不予认定。

斯倍利亚社在本案无效宣告请求审查阶段提交了主张商业成功的证据材料，但这些证据材料并不能证明 Sn100c 产品的商业业绩与本专利之间的关联性，且商业成功只是判断一项技术方案是否具有创造性的辅助因素，而不是唯一决定性条件，故对于斯倍利亚社关于本专利获得商业上成功从而具有创造性的主张不予支持。

【案件信息】

日本斯倍利亚社股份有限公司诉专利复审委员会、史天蕾发明专利权无效宣告案，最高人民法院(2014)知行字第 84 号行政裁定书(2014 年 12 月 16 日，周翔、宋淑华、吴蓉)，北京市高级人民法院(2012)高行终字第 528 号行政判决书(2012 年 8 月 2 日，岑宏宇、袁相军、焦彦)，北京市第一中级人民法院(2011)一中知行初字第 1113 号行政判决书(2011 年 12 月 20 日，仪军、周丽婷、杨钊)。

案件来源：最高人民法院知识产权案件年度报告(2014)，2014 年中国法院知识产权司法保护 50 件典型案例。

80 与已知化合物接近的新晶型化合物在具有预料不到的技术效果时才符合创造性要求

【裁判要旨】

《专利审查指南》所称“结构接近的化合物”，仅特指该化合物必须具有相同的核心部分或者基本的环，不涉及化合物微观晶体结构本身的比较；在新晶型化合物创造性判断中，并非所有的微观晶体结构变化均必然具有突出的实质性特点和显著的进步，必须结合其是否带来预料不到的技术效果进行考虑。

【关键词】

新晶型化合物｜创造性｜结构接近的化合物｜预料不到的技术效果

【基本案情】

原告贝林格尔公司系专利号为01817143.5、名称为“结晶单水合物、其制备方法及其在制备药物组合中的用途”的发明专利权人。

正大天晴公司以本专利缺乏创造性为由提出无效宣告请求。无效审查期间，贝林格尔公司修改了权利要求，其修改后的权利要求1为：“1.式（Ⅰ）化合物溴化替托品的结晶性单水合物，其特征为单一的单斜晶体，它具有的量度如下：a＝18.0774埃、b＝11.9711埃、c＝9.9321埃、β＝102.691度、V＝2096.96埃3；在使用DSC进行热分析时在10K/分钟的加热速度下，在230±5℃出现吸热峰；IR光谱表明在波数3570、3410、3105、1730、1260、1035及720厘米－1处有吸收带。”专利复审委员会决定：宣告本专利权全部无效。贝林格尔公司不服，提起诉讼。北京市第一中级人民法院判决：维持专利复审委员会的决定。贝林格尔公司不服，提起上诉。北京市高级人民法院判决：驳回上诉，维持原判。贝林格尔公司仍不服，申请再审。最高人民法院裁定：驳回其再审申请。

【裁判理由】

最高人民法院认为：

《专利审查指南》要求，结构上与已知化合物接近的化合物，必须要有预料不到的用途或者效果。此预料不到的用途或者效果可以是与该已知化合物的已知用途不同的用途；或者是对已知化合物的某一已知效果有实质性的改进或提高；或者是在公知常识中没有明确的或不能由常识推论得到的用途或效果。

虽然某种化合物是否存在晶体形式、存在多少种晶体形式以及存在何种晶体形式是不可预期的，但却是客观的，且晶体一般是对已知化合物采用公知结晶方法后得到的必然产物，即只要某种化合物确实存在采用公知结晶方法就能够获得的晶体，本领域的技术人员如果想要获得该化合物的晶体，并不需要付出创造性的劳动就可以获得，除非该化合物晶体存在意想不到的技术效果。

本案证据5a尽管未公开溴化替托品X水合物的制备方法，也未公开其表征参数、物理形态，但是证据5a作为客观存在的对比文件，在没有反证的情况下，对于本领域的技术人员来说，其客观上公开了溴化替托品X水合物，结合证据1公开的溴化替托品晶体的制备方法及其具有治疗COPD和气喘的活性，本领域技术人员根据其掌握的常规实验手段，通过有限次的试验能够获得该溴化替托品 X 水合物及其表征参数，并能够确定其也具有治疗 COPD 和气喘的活性。

由于证据 5a 公开的溴化替托品 X 水合物与本专利权利要求 1 保护的溴化替托品结晶性单水合物都是以溴化替托品为基本核心部分，而该基本核心部分使二者具有了相同的活性，因此无论 X 值是多少，对于本领域的技术人员来说，二者的结构都是接近的，虽然二者的晶体形态有所区别，但是该区别并不足以使二者在结构上不接近。因此，权利要求 1 的溴化替托品结晶性单水合物只有在其具有预料不到的用途或效果的情况下才具备创造性。

由于本专利权利要求 1 保护的并不是单晶，因此单晶纯度高、稳定并不必然能够表明本专利权利要求 1 保护的溴化替托品结晶性单水合物具有纯度高、稳定的技术效果；本专利附图 1 显示本专利的溴化替托品结晶性单水合物在 50℃开始失水，120℃以上脱水成为无水形式，显然相对于证据 1 的无水晶体并非更稳定；尽管附图 1 显示在加热速率 10K/分时在 230±5℃观察到熔化/分解过程，但是鉴于本专利说明书记载了物质熔化/分解的熔点极大程度取决于加热速度，加之本专利说明书还记载了在加热速率为 3K/分时，本专利的溴化替托品结晶性单水合物在220±5℃观察到熔化/分解过程，说明附图 1 并不能够表明本专利的溴化替托品结晶性单水合物相对于证据 1 性质更稳定。因此，本专利说明书实际上仅断言了本专利的溴化替托品结晶性单水合物满足所述的诸多苛刻要求，但并未给出相应证据。

依据本专利说明书的记载，本专利的溴化替托品结晶性单水合物要满足的与研磨有关的稳定性要求是在研磨过程中活性物质的化学结构、晶格、晶形稳定，并不涉及活性物质在研磨后颗粒的粒径稳定，因此与反证 1 所证“微粉化以后结晶性单水合物的细分颗粒级分在压力条件下基本上不变”的技术效果并未记载在说明书中，且本领域技术人员根据本专利公开的信息以及现有技术，也得不到任何有关溴化替托品结晶性单水合物具有上述技术效果的教导，因此，这一效果不能作为认定本专利的溴化替托品结晶性单水合物具备创造性的依据。

【案件信息】

贝林格尔英格海姆法码两合公司诉专利复审委员会、江苏正大天晴药业股份有限公司发明专利权无效宣告案，最高人民法院（2011）知行字第 86 号行政裁定书（2012 年 11 月 27 日，王永昌、李剑、宋淑华），北京市高级人民法院（2010）高行终字第 751 号行政判决书（2010 年 12 月 10 日，李燕蓉、焦彦、戴怡婷），北京市第一中级人民法院（2009）一中行初字第 83 号行政判决书(2009 年 12 月 25 日,仪军、王晫)。

案件来源:最高人民法院知识产权案件年度报告(2012)。

第五节 其　　他

81 产品权利要求并非由方法权利要求唯一限定的即使后者有创造性前者未必有创造性

【裁判要旨】

对于同时包含产品权利要求与方法权利要求的发明专利而言,如果产品权利要求并非由方法权利要求所唯一限定,即存在通过其他方法获得该产品的可能性。在方法权利要求具备创造性的情况下,并不能必然得出产品权利要求也具备创造性的结论。

【关键词】

创造性 | 产品权利要求 | 方法权利要求 | 发明人的贡献 | 唯一限定

【基本案情】

原告天普公司系专利号为 200610000601.8、名称为“高纯度乌司他丁及其制备方法和含有乌司他丁的药物组合物”的发明专利权人。其权利要求 1 是:“一种高纯度乌司他丁,其特征在于该乌司他丁具有以下特性:浓度为 5 万单位/ml 时,在 405nm 处的光吸收值不超过 0.03,人尿激肽原酶的含量不超过 0.0002PNAU;采用十二烷基硫酸钠聚丙烯酰胺凝胶电泳,即 SDS - PAGE 法测定的分子量为 40000 ± 3000Da 或采用高效液相色谱法测定的分子量为 67000 ± 5000Da;采用凯氏定氮法测定蛋白含量,其抑制胰蛋白酶的活性不低于 3500 单位/mg 蛋白。”

第三人张亮针对本专利提出无效宣告请求,认为本专利不具备创造性,并提交了对比文件 2(公开号为 JP5009200A 的日本专利公开文本),该文件发现,用金属螯合树脂或疏水性担体处理含有乌司他丁的水溶液,可高效率地纯化乌司他丁,另外发现将这些方法与迄今已知的方法组合使用,可制造高纯度的乌司他丁;并具体列举已知的作为乌司他丁的纯化方法有,阴离子交换体处理、凝胶过滤、限外过滤等,同时还记载,按其发明的方法制得的乌司他丁"比活性2000~3000单位/mg蛋白左右,纯度几乎100%,几乎没有发现杂质,金属离子,EDTA等也小于检出限度,着色物质也被充分除去"。

专利复审委员会决定:宣告本专利权利要求1、8无效,在权利要求2~7的基础上继续维持本专利权有效。天普公司不服,提起诉讼。北京市第一中级人民法院判决:维持专利复审委员会的决定。天普公司不服,提起上诉。北京市高级人民法院判决:驳回上诉,维持原判。天普公司仍不服,申请再审。最高人民法院裁定:驳回其再审申请。

【裁判理由】

最高人民法院认为:

尽管对比文件2公开的比活性低于本专利限定的比活性,但对比文件2已经给出了纯化乌司他丁的技术启示,在其已经提示以血管舒缓素作为杂质控制目标的情况下,基于进一步提高纯度的需要,本领域技术人员容易想到利用其掌握的纯化方法来实现该目的。基于本领域技术人员对蛋白质在纯化过程中要保持相应的生物活性,避免变性失活的认知,在进行蛋白质的提纯程序,本领域技术人员会根据分子大小、溶解度差别等方面选择适当的提取剂和提纯方法等,选用常规的手段完成提高纯度的技术需要。天普生化公司并未提交证据证明,对乌司他丁产品的进一步提纯,需要克服特定的技术难题,以至于超出了本领域技术人员掌握常规提纯方法的能力。专利复审委员会基于上述区别特征,认定本领域技术人员有动机且能够在对比文件2公开的现有技术的基础上获得权利要求1所述的乌司他丁产品,并用常规手段例如吸光度、比活性、杂质人尿激肽原酶含量参数对产品进行验证,并无明显不当,本专利权利要求1相对于对比文件2不具备突出的实质性特点和显著的进步,不具备创造性。

发明人对更高纯度限定的乌司他丁产品所做出的贡献,体现在本专利方法权利要求2~7的无效审查中,专利复审委员会已经认定其具备创造性,符合《专利法》第22条第3款的规定。本专利权利要求1并非由权利要求2~7限定的产品,在无证据证明本专利权利要求1的产品只能由权利要求2~7的方法获得,而更高纯度乌司他丁产品存在通过其他方法获得的情况下,如果认定本专利权利要求1的乌司他丁产品具有创造性,就会存在通过其他方法获得高纯度乌司他丁产品落入本专利权利要求1请求保护的范围,而事实上这种保护与本专利发明人对本专利权利要求1所作出的技术贡献并不匹配。由于本专利权利要求1、8并不涉及采用权利要求2～7特定纯化方法来限定，因此，专利复审委员会肯定了本专利权利要求2～7的纯化方法具有创造性，与权利要求1、8产品权利要求不具备创造性并不存在矛盾。

尽管专利复审委员会在审查本专利是否符合《专利法》第26条第3款时，认定了本专利的说明书满足公开充分的要求，但审查本专利说明书满足充分公开是针对说明书是否对发明作出了清楚和完整的说明，所关注的是本领域技术人员是否能够实现本专利的技术方案，并不涉及本发明相对于现有技术是否具有突出的实质性特点和显著的进步。因此，从本专利符合《专利法》第26条第3款并不能推导出本专利相对于现有技术，具有创造性。

【案件信息】

广东天普生化医药股份有限公司诉专利复审委员会、张亮发明专利权无效宣告案，最高人民法院(2015)知行字第261号行政裁定书(2015年12月24日，周翔、钱小红、罗霞)，北京市高级人民法院(2014)高行终字第1454号行政判决书(2014年7月18日，岑宏宇、刘庆辉、焦彦)，北京市第一中级人民法院(2013)一中知行初字第989号行政判决书(2013年12月20日，侯占恒、陈勇)。

案件来源：最高人民法院知识产权案件年度报告(2015)。

82 允许提交补充实验数据的条件是其技术效果在说明书中有记载且充分公开，而不能仅是“断言”

【裁判要旨】

在创造性判断中，针对无效请求人提交的不同于背景技术的对比文件，一般应当允许专利权人提交补充实验数据来证明本专利相对于对比文件具有预料不到的技术效果。但是，该技术效果应当记载在说明书中且不能仅是“断言”，该技术效果应当是本领域技术人员通过阅读说明书能够知晓的且符合充分公开的条件的。

【关键词】

发明专利无效 | 创造性 | 补充实验数据 | 充分公开

【基本案情】

原告阿斯利康公司系专利号为99815926.3号、名称为“新的三唑并(4,5－D)嘧啶化合物”的发明专利权人。第三人信立泰公司提出无效宣告请求,认为涉案专利权利要求1－5相对于证据1和公知常识(用证据3、4、5或7予以佐证)的结合不具备创造性,不符合《专利法》第22条第3款的规定。

阿斯利康公司修改了权利要求,修改后的权利要求1如下:

“1.一种化合物或其药学上可接受的盐,所述化合物是:

[1S－[1α,2α,3β(1S*,2R*),5β]]－3－[7－[[2－(3,4－二氟代苯基)环丙基]氨基]－5－(丙基硫代)－3H－1,2,3－三唑并[4,5－d]嘧啶－3－基]－5－(2－羟基乙氧基)－环戊烷－1,2－二醇。”

专利复审委员会认为:涉案专利权利要求1~5不具备创造性,不符合《专利法》第22条第3款的规定,因此决定:宣告涉案专利权全部无效。阿斯利康公司不服,提起上诉。北京市高级人民法院判决:撤销专利复审委员会的决定和一审判决,专利复审委员会重新作出无效宣告决定。

【裁判理由】

法院认为:

在创造性判断中,针对无效请求人提交的不同于背景技术的对比文件,一般应当允许专利权人提交补充实验数据来证明本专利相对于对比文件具有预料不到的技术效果。但是,该技术效果应当记载在说明书中且不能仅仅是“断言”,该技术效果应当是本领域技术人员通过阅读说明书能够知晓的且符合充分公开的条件的。

反证5系本专利申请日后完成的涉及代谢稳定性的实验数据。虽然本专利授权公告时的说明书记载了“现已发现在国际专利申请WO9905143范围内的某些化合物,但没有特别说明其中化合物显示与意想不到的高代谢稳定性和生物利用率结合的高效能……”但未提及本专利所述化合物的代谢稳定性,亦未给出任何有关代谢稳定性的实验数据,即阿斯利康公司声称的代谢稳定性方面的技术效果仅仅是阿斯利康公司的“断言”。本领域技术人员根据现有技术亦无法直接地、毫无疑义地得出本专利具有意想不到的代谢稳定性的技术效果。反证5系针对的是WO9905143范围内的某些化合物,并非针对证据1实施例86,本领域技术人员不能当然推导出反证5能够证明本专利权利要求1在代谢稳定性及生物利用度方面相对于证据1实施例86具有预料不到的技术效果。综上,对反证5不予采纳。

【案件信息】

阿斯利康(瑞典)有限公司诉专利复审委员会、深圳信立泰药业股份有限公司发明专利权无效案,北京市高级人民法院(2018)京行终6345号行政判决书(2018年12月24日,焦彦、戴怡婷、王东勇),北京知识产权法院(2018)京73行初753号行政判决书(2018年7月30日,彭文毅、刘炫孜)。

案件来源:2018年中国法院50件典型知识产权案例。

83 申请日后补交的实验数据以证明原申请文件中记载的预料不到技术效果的可以接受

【裁判要旨】

创造性判断中,当专利申请人或专利权人在申请日后补充对比实验数据以证明专利技术方案产生了预料不到的技术效果时,接受该实验数据的前提是其用以证明的技术效果在原申请文件中有明确记载。

【关键词】

创造性 | 实验数据 | 申请日后 | 预料不到的技术效果 | 原申请文件

【基本案情】

原告武田药品工业株式会社系专利号为96111063.5、名称为“用于治疗糖尿病的药物组合物”的发明专利权人。本专利授权公告的权利要求1为:用于预防或治疗糖尿病、糖尿病综合征、糖代谢紊乱或脂质代谢紊乱的药物组合物,其含有选自吡格列酮或其药理学可接受的盐的胰岛素敏感性增强剂,和作为胰岛素分泌增强剂的磺酰脲。

第三人海思科公司和重庆研究院分别提出无效宣告请求。无效程序中,武田药品工业株式会社提交了反证7的实验数据证明本专利权利要求1具有预料不到的技术效果。专利复审委员会对该证据不予采信,并认为:在证据1的教导下,选择吡格列酮作为胰岛素敏感性增强剂与磺脲剂一起制成药物组合物用于预防或治疗糖尿病对于本领域技术人员来说是显而易见的,不具备突出的实质性特点。从本专利说明书记载的内容也看不到这种选择相对于证据1取得了任何意料不到的技术效果。故权利要求1的技术方案相对于证据1公开的内容不具备创造性,据此专利复审委员会决定:宣告本专利部分权利要求无效。

武田药品工业株式会社不服,提起诉讼并提交了本专利审查档案和欧洲同族专利审查档案用以证明反证 7 的实验数据在本专利实审和欧洲同族专利审查程序中提交过并被接受,对其真实性应当认可。北京市第一中级人民法院对此未予认可,并判决:维持专利复审委员会的决定。武田药品工业株式会社不服,提起上诉。北京市高级人民法院判决:驳回上诉,维持原判。武田药品工业株式会社仍不服,申请再审。最高人民法院裁定:驳回其再审申请。

【裁判理由】

最高人民法院认为:

专利申请人在申请专利时提交的专利说明书中公开的技术内容,是国务院专利行政部门审查专利的基础和申请人对申请文件进行修改的依据,亦是社会公众了解、传播和利用专利技术的基础。说明书应当满足充分公开的要求。化学领域属于实验性科学领域,影响发明结果的因素是多方面、相互交叉且错综复杂的。说明书的撰写应该达到所属技术领域的技术人员能够实施发明的程度。根据现有技术,本领域技术人员无法预测请求保护的技术方案能够实现所述用途、技术效果时,说明书应当清楚、完整地记载相应的实验数据,以使所属技术领域的技术人员能够实现该技术方案,解决其技术问题,并且产生预期的技术效果。凡是所属领域的技术人员不能从现有技术中直接、唯一地得出的有关内容,均应当在说明书中予以表述。如果所属领域的技术人员根据现有技术不能预期该技术方案所声称的治疗效果时,说明书还应当给出足以证明所述技术方案能够产生所声称效果的实验数据。没有在专利说明书中公开的技术方案、技术效果等,一般不得作为评价专利权是否符合法定授权确权标准的依据。申请日后补交的实验数据不属于专利原始申请文件记载和公开的内容,公众看不到这些信息,如果这些实验数据也不是本申请的现有技术内容,在专利申请日之前并不能被所属领域技术人员所获知,则以这些实验数据为依据认定技术方案能够达到所述技术效果,有违专利先申请制原则,也背离专利权以公开换保护的制度本质,在此基础上对申请授予专利权对于公众来说是不公平的。当专利申请人或专利权人欲通过提交对比试验数据证明其要求保护的技术方案相对于现有技术具备创造性时,接受该数据的前提必须是针对在原申请文件中明确记载的技术效果。

武田药品工业株式会社提供反证 7 欲证明吡格列酮与格列苯脲的联合用药方案相对于单独用药方案以及其他联合用药方案均取得了意料不到的降血糖效

果。但是，本专利说明书仅通过吡格列酮与伏格列波糖联用以及吡格列酮与优降糖联用的实验结果，证明胰岛素敏感性增强剂与胰岛素分泌增强剂联用相对于其中一类药物单独用药有更好的降血糖效果，并没有提及各种不同的药物联用方案之间效果的优劣。武田药品工业株式会社提交实验数据所要证明的技术效果是原始申请文件中未记载，也未证实的，不能以这样的实验数据作为评价专利创造性的依据。而且由于反证7并非实验记录的原件，没有出处，其内容也没有显示是由哪一机构或个人作出的实验，也没有任何公证手续，且海思科公司以及重庆研究院对其真实性不予认可，一审、二审法院对反证7未予采信，并无不当。

【案件信息】

武田药品工业株式会社诉专利复审委员会、四川海思科制药有限公司、重庆医药工业研究院有限责任公司发明专利权无效宣告案，最高人民法院(2012)知行字第41号行政裁定书(2012年9月17日，金克胜、罗霞、郎贵梅)，北京市高级人民法院(2010)高行终字第566号行政判决书。

案件来源：最高人民法院知识产权案件年度报告(2012)。

84 未能在说明书中公开的技术方案、效果等一般不得用于评价专利是否符合授权标准

85 药品发明创造符合专利法授权条件即可授权无须考虑其他有关药品研制生产的规定

【裁判要旨】

专利申请人未能在专利说明书中公开的技术方案、技术效果等，一般不得作为评价专利权是否符合法定授权确权标准的依据。对于涉及药品的发明创造而言，在其符合专利法中规定的授权条件的前提下，即可授予专利权，无须另行考虑该药品是否符合其他法律法规中有关药品研制、生产的相关规定。

【关键词】

专利说明书｜未公开的技术方案、技术效果｜授权条件｜药品研制、生产的规定｜复方制剂｜联合用药

【基本案情】

一审原告广州威尔曼公司系专利号为97108942.6、名称为“抗β-内酰胺酶抗菌素复合物”的发明专利的原权利人，后该专利权利人变更为二审上诉人湘北威尔曼公司。

本专利的权利要求如下：“1.一种抗β-内酰胺酶抗菌素复合物，其特征在于它由舒巴坦与氧哌嗪青霉素或头孢氨噻肟所组成，舒巴坦与氧哌嗪青霉素或头孢氨噻肟以0.5~2∶0.5~2的比例混合制成复方制剂。”本专利说明书记载：本专利提供一种抗β-内酰胺酶抗菌素组合物，既可保护氧哌嗪青霉素和头孢氨噻肟不受细菌产生的水解酶破坏，又可增强其疗效，解决细菌对氧哌嗪青霉素和头孢氨噻肟的耐药问题。

针对本专利权，第三人双鹤公司提出无效宣告请求，理由为本专利不具有新颖性和创造性。专利复审委员会以本专利权不具有创造性为由，决定：宣告本专利权全部无效。

广州威尔曼公司不服，提起诉讼。北京市第一中级人民法院判决：维持专利复审委员会的决定。广州威尔曼公司不服，提起上诉。二审诉讼中，本专利权利人变更为湘北威尔曼公司，该公司申请参加本案诉讼，故本案上诉人变更为湘北威尔曼公司。北京市高级人民法院判决：撤销一审判决及专利复审委员会决定，判令专利复审委员会就本专利重新作出决定。双鹤公司不服，申请再审。最高人民法院提审后判决：撤销二审判决，维持一审判决及专利复审委员会决定。

【裁判理由】

最高人民法院认为：

专利申请人在其申请专利时提交的专利说明书中公开的技术内容，是国务院专利行政部门审查专利的基础，亦是社会公众了解、传播和利用专利技术的基础。因此，专利申请人未能在专利说明书中公开的技术方案、技术效果等，一般不得作为评价专利权是否符合法定授权确权标准的依据，否则会与专利法规定的先申请原则相抵触，背离专利权以公开换保护的本质属性。专利法中有关专利说明书应当对发明创造予以充分公开的规定，实为对专利说明书的最低限度要求。在满足充分公开的前提下，专利申请人有权利决定其在专利说明书中公开的技术内容的具体范围，适当保留其技术要点，但也应当承担由此可能带来的不利后果。

湘北威尔曼公司主张其为了解决本案专利的安全性、有效性、稳定性，还进行了长期毒性试验、急性毒性试验、一般药理研究试验等一系列试验和研究，但由于相关技术内容并未记载于本案专利说明书中，不能体现出本案专利在安全性、有效性、稳定性等方面对现有技术作出了创新性的改进与贡献。因此，这些试验和研究不能作为认定权利要求 1 的创造性的依据。

临床联合用药与复方制剂虽属于不同的技术领域，性质有所不同，但亦具有十分紧密的联系。包括联合用药有内的临床医学实践，是研发以及验证 β－内酰胺酶抑制剂与抗生素联合用药的具体方式。在临床联合用药公开了足够的技术信息的情况下，本领域技术人员能够从中获得相应的技术启示，使本领域技术人员能够想到采用常规工艺将舒巴坦与哌拉西林或者头孢氨噻肟制为复方制剂。同时，也不存在不宜将其制为复方制剂的反面教导或者明显障碍，湘北威尔曼公司亦未提供任何证据，证明在制备本专利所得复方制剂的过程中需要克服何种技术难题。因此权利要求 1 相对于对比文件不具有创造性。

由于药品质量与人民群众的生命健康和医疗用药安全息息相关，故相关法律法规对药品的研制、生产规定了严格的标准和条件。与之相比，专利法保护的是以技术方案为具体对象的智力成果，专利法中有关新颖性、创造性等专利授权确权标准的规定，均是为了实现保护发明创造专利权，鼓励发明创造，有利于发明创造的推广应用，促进科学技术进步和创新的立法目的。二者在立法目的、规范对象以及具体标准方面均有实质性区别。对于涉及药品的发明创造而言，在其符合专利法中规定的授权条件的情况下，即可授予专利权，无须另行考虑该药品是否符合其他法律法规中有关药品研制、生产的相关规定。因此，对于湘北威尔曼公司有关复方制剂作为人用药物，必须具有安全性、有效性、稳定性，未经一系列研究和试验，不能显而易见地得知可以将 β－内酰胺酶抑制剂与 β－内酰胺类抗生素制为复方制剂的主张，不予支持。

【案件信息】

湘北威尔曼制药股份有限公司诉专利复审委员会、北京双鹤药业股份有限公司发明专利权无效宣告案，最高人民法院(2011)行提字第 8 号行政判决书(2011 年 11 月 22 日，金克胜、杜微科、朱理)，北京市高级人民法院(2007)高行终字第 146 号行政判决书(2010 年 4 月 9 日，张冰、焦彦、钟鸣)，北京市第一中级人民法院(2006)一中行初字第 786 号行政判决书(2006 年 12 月 6 日，仪军、赵明、侯占恒)。

案件来源：最高人民法院知识产权案件年度报告(2011)。

第五章 职务发明与专利权属

86 主张执行本单位任务的职务发明须证明发明人本职工作范围以及发明创造与其工作之关联

【裁判要旨】

《专利法实施细则》第 12 条第 1 款规定,“专利法第六条所称执行本单位的任务所完成的职务发明创造,是指:……劳动、人事关系终止后一年内作出的,与其在原单位承担的本职工作或者原单位分配的任务有关的发明创造”。所谓本职工作即发明人或设计人的职务范围,属日常工作职责的范围,既不是指单位的业务范围,也不是指个人所学专业的范围。单位主张一项发明创造系发明人在本职工作中做出,首先须证明发明人的本职工作范围,然后须证明该发明人的发明创造与其在单位的工作内容具有关联性。

【关键词】

职务发明创造 | 执行本单位的任务 | 劳动、人事关系终止后一年内 | 本职工作 | 关联性

【基本案情】

2008 年 7 月 10 日,被告时百明到原告安瑞公司就职,任工艺工程师。2009 年 11 月 9 日,时百明作为发明人之一,安瑞公司作为申请人,向国家知识产权局申请了

专利号为200920200362.x、名称为“一种旋转式止血夹”的实用新型专利。2011年7月10日，时百明与安瑞公司续签劳动合同，合同约定时百明从事研发工程师工作。2011年12月30日，时百明与安瑞公司劳动关系终止。2012年1月，时百明到被告安杰思公司就职，任研发工程师。2012年5月28日，安杰思公司向国家知识产权局申请了专利号为201220250652.7、名称为“带推送器可重复开合的止血夹”的实用新型专利（以下简称诉争专利），发明人为时百明，授权公告日为2013年1月30日。

安瑞公司认为诉争专利系时百明与安瑞公司劳动、人事关系终止后一年内作出的，且属“与其在原单位承担的本职工作或者原单位分配的任务有关的”发明创造，属职务发明创造，申请权应属于安瑞公司，提起诉讼，请求确认安瑞公司为诉争专利权人。

浙江省杭州市中级人民法院判决：确认安瑞公司为诉争专利权人。时百明和安杰思公司不服，提起上诉。浙江省高级人民法院判决：驳回上诉，维持原判。

【裁判理由】

法院认为：

时百明于2011年12月30日离职，距离诉争专利申请日2012年5月28日不足1年，故诉争专利系时百明劳动、人事关系终止后一年内作出的发明创造。因此，本案争议焦点为诉争专利是否与时百明在原单位承担的本职工作或者原单位分配的任务有关。

时百明在安瑞公司任研发工程师期间，作为发明人之一，由安瑞公司申请了名为“一种旋转式止血夹”的实用新型专利，时百明在此期间势必会实际接触并了解到止血夹技术领域相关内容。时百明在安瑞公司离职时的工作交接清单亦表明其工作项目涉及止血夹新方案的原样评估。故可以确定时百明在安瑞公司工作期间参与了止血夹的研发工作。诉争专利系时百明自安瑞公司离职后一年内作出，解决的是止血夹的可重复开合问题，同样涉及对止血夹领域的技术改进，与时百明在安瑞公司承担的本职工作具有关联性，属职务发明创造。

【案件信息】

安瑞医疗器械（杭州）有限公司诉杭州安杰思医学科技有限公司、时百明专利权属案，浙江省高级人民法院（2014）浙知终字第188号民事判决书（2014年11月18日，徐燕如、李臻、陈宇），浙江省杭州市中级人民法院（2013）浙杭知初字第290号民事判决书（2014年6月25日，潘才敏、徐珺）。

案件来源：2014年杭州法院十大知识产权典型案例（一审判决）。

87 专利证书上记载的发明人应提供其为实际发明人的证据以否定对其身份的合理怀疑

88 单位对诉争专利相关技术布置了明确具体的任务并形成与之相应成果的为职务发明

【裁判要旨】

专利证书所记载的发明人不具有证明实际发明人的当然效力，当对其身份提出异议并提交合理怀疑证据时，专利权证书上记载的发明人应提交相关证据予以证明其为实际发明人。

原单位对诉争专利相关的技术进行了研发投入，尤其是对其中的具体改进布置了明确的调研任务并形成与诉争专利相同成果的，应当认定诉争专利为原单位职工为执行其工作任务的职务发明，专利权归属于原单位所有。

【关键词】

专利权属｜职务发明｜执行本单位的任务｜实际发明人

【基本案情】

原告伟思公司系一家专业从事医疗器械等产品的研发、生产、代理销售的企业。被告史志怀、杨瑞嘉、周干均为伟思公司的前员工，分别为伟思公司研发部、产品部、质量部负责人。自2010年起，伟思公司先后申请了十多项专利，这些专利发明人中包括以上三被告。

2013年1月16日，被告麦澜德公司登记成立，经营范围为与伟思公司基本相同，杨东为公司股东之一，其他股东均是史志怀、杨瑞嘉以及周干的亲友。麦澜德公司成立后，史志怀、杨瑞嘉先后从伟思公司离职，并入职麦澜德公司工作至今，分别担任副总经理、总经理。2014年8月，伟思公司发现周干以其配偶名义入股麦澜德公司并将伟思公司技术泄露给麦澜德公司后，将周干开除。

2012年11月5日，杨东申请了名称为“一种阴道电极”发明专利，即涉案专利。2013年9月13日，涉案专利申请人变更为麦澜德公司，2014年4月16日，该专利获得授权并公告，专利号为201210435831.2，专利权利证书上记载发明人为杨东，权利人为麦澜德公司。

自2011年起，伟思公司就为一次性阴道电极项目进行了长期大量的投入与研发，而史志怀、杨瑞嘉、周干在伟思公司处工作时参与了该技术的设计、研发。2011年11月18日，伟思公司申请了一项名称为“一种阴道电极”（专利号为201120458525.1）的实用新型专利，发明人包括史志怀。该专利与涉案专利区别仅在于其采集肌电的导电部分是不锈钢材质，而并非涉案专利的导电硅胶。2012年2月17日，伟思公司展开了以导电硅胶为材料的阴道电极套的调研、评估与论证；5月25日，伟思公司安排周干负责导电硅胶的市场调研工作，周干与市场上多个厂家进行了沟通，编写完成《阴道电极套可行性调研》。

伟思公司提起诉讼认为，涉案专利属于职务发明，请求判令：涉案专利权归伟思公司所有，实际发明人为史志怀、杨瑞嘉、周干，杨东不是实际发明人。南京市中级人民法院判决支持了伟思公司的诉讼请求。麦澜德公司、史志怀、周干、杨东、杨瑞嘉不服，提起上诉。江苏省高级人民法院判决：驳回上诉，维持原判。麦澜德公司仍不服，申请再审，最高人民法院裁定：驳回其再审申请。

【裁判理由】

法院认为：

我国专利证书上所记载的发明人仅是名义上的发明人，并不具有证明实际发明人的当然效力。当对记载在专利证书上杨东的发明人身份提出异议并提交了相应的合理怀疑证据时，杨东仍需就其为实际发明人提交相关证据予以证明。但杨东不具备研发涉案专利的工作经验和相应的专业知识和研发能力，其陈述或无法证实甚至自相矛盾，故其并非涉案专利的发明人。

史志怀、杨瑞嘉、周干均完全具备研发涉案专利的专业知识和研发能力，掌握了涉案专利核心技术，亦有利用伟思公司技术成果为己谋利的动机和故意。再考虑到涉案专利的专利代理机构及代理人与伟思公司同时间段内申请的多项专利为同一机构、同一代理人，伟思公司的上述专利的发明人中，均有史志怀、杨瑞嘉和周干，而在涉案专利申请权从杨东转让至麦澜德公司之后，答复知识产权局审查意见通知书的相关事宜，均是由史志怀负责跟进并完成。因此应认定史志怀、杨瑞嘉、周干系涉案专利实际发明人。

在职务发明的认定中，并非只有当原单位能够举出包含了与诉争专利技术完全一致信息的相关证据时，才能将诉争专利认定为属于原单位职工的职务发明。

虽然伟思公司的实用新型专利采集肌电的导电部分是不锈钢片，而涉案专利为导电硅胶，但伟思公司在涉案专利申请前已经认识到了采用不锈钢片材料的不足，进行了用导电硅胶作为替代材料的研究工作，并提出了阴道电极套的技术方案，这与涉案专利技术方案密切相关，应认定涉案专利属于杨瑞嘉、史志怀、周干执行伟思公司任务所完成的发明创造，为职务发明，专利权属应归伟思公司。

【案件信息】

南京伟思医疗科技股份有限公司诉南京麦澜德医疗科技有限公司、史志怀、杨瑞嘉、杨东、周干专利权属案，最高人民法院（2017）最高法民申 4145 号民事裁定书（2017 年 12 月 19 日，朱理、毛立华、佟姝），江苏省高级人民法院（2016）苏民终 988 号民事判决书（2017 年 3 月 10 日，顾韬、顾正义、张晓阳），江苏省南京市中级人民法院（2015）宁知民初字第 130 号民事判决书（2016 年 5 月 20 日，徐新、梁永宏、柯胥宁）。

案件来源：2017 年中国法院 50 件典型知识产权案例（二审判决），2017 年江苏法院知识产权司法保护十大案例（二审判决）。

89 判断是否属于主要利用本单位物质技术条件的职务发明须考虑发明人身份、单位的研发条件以及是否被利用等因素

【裁判要旨】

主要利用本单位的物质技术条件的职务发明四个考量因素：一是发明人是否是本单位的员工；二是诉争专利研发需要哪些物质技术条件，该单位是否具备这些条件；三是诉争专利的研发是否主要实际利用了该单位的物质技术条件；四是审查是否有相反证据证明诉争专利系利用本单位之外的物质技术条件研发。

【关键词】

职务发明创造 | 本单位的物质技术条件 | 主要利用 | 劳动关系

【基本案情】

2008 年 12 月，原告华昌锑业催化剂公司股东之一华昌锑业公司与文威公司、被告刘谏文和刘晓阳签订《技术（专利申请权）转让合同》，约定文威公司将结晶型乙二醇锑的制备方法以及专利申请权（申请号为 200710035237.3，原申请人为

文威公司,发明人为刘谏文、刘晓阳)转让给华昌锑业公司;2009 年 8 月,华昌锑业公司将该合同的全部权利义务转让给华昌锑业催化剂公司。

华昌锑业催化剂公司于 2009 年 7 月 28 日成立,2009 年 7 月 1 日刘谏文被选举为该公司总经理;2009 年 8 月 10 日,被告刘固坚被任命为乙二醇锑车间主任,负责车间生产和技术管理工作;2012 年 7 月刘谏文离开华昌锑业催化剂公司。

2011 年 1 月 18 日,刘谏文以自己的名义申请了诉争的专利号为 201110009826.0、名称为"非干燥法生产乙二醇锑的制备方法"的发明专利,发明人为刘谏文、刘晓阳、刘固坚,该专利于 2013 年 2 月 13 日被授权公告。

华昌锑业催化剂公司提起诉讼,请求确认诉争专利系职务发明并判决归华昌锑业催化剂公司所有。湖南省长沙市中级人民法院判决支持了华昌锑业催化剂公司的诉讼请求。刘谏文不服,提起上诉。湖南省高级人民法院判决:驳回上诉,维持原判。

【裁判理由】

法院认为:

刘谏文是华昌锑业催化剂公司的员工。

华昌锑业催化剂公司建立了结晶型乙二醇锑制备方法生产线,该生产线也有研发非干燥法生产乙二醇锑制备方法所需的反应罐、加温减压设备、循环过滤设备、离心机、结晶釜、蒸馏釜等主要物质技术条件,也采购了乙二醇、三氧化二锑、活性炭等原材料,具备研发非干燥法生产乙二醇锑制备方法的基础和条件。

根据《技术(专利申请权)转让合同》约定,刘谏文负有完善结晶型乙二醇锑制备方法的义务。诉争专利说明书中记载的技术背景和发明内容,以及刘固坚的供述和刘晓阳的陈述等证据证明,在结晶型乙二醇锑制备方法研发完成之后,刘谏文以结晶型乙二醇锑制备方法为基础,在华昌锑业催化剂公司对结晶型乙二醇锑制备方法进行了改进完善,即研发非干燥法生产乙二醇锑制备方法。从前后两个专利登记的发明人、刘固坚的供述和刘晓阳的陈述看,刘固坚没有参与研发结晶型乙二醇锑制备方法,故没有将其登记为发明人;而刘固坚在华昌锑业催化剂公司担任车间主任期间,负责生产和技术管理工作,收集问题和技术参数等,实际参与了非干燥法生产乙二醇锑制备方法的研发,故登记为发明人,这也说明非干燥法生产乙二醇锑制备方法系利用华昌锑业催化剂公司的物质技术条件研发。

未添加重金属抑制剂不能证明刘谏文在华昌锑业催化剂公司工作就前已掌

握非干燥法生产乙二醇锑制备方法。一个完整的技术方案包括若干技术特征，非干燥法生产乙二醇锑制备方法专利与结晶型乙二醇锑制备方法专利相比较，脱色除杂剂、减压条件、过滤方法等必要技术特征均不相同。即使刘谏文在申请结晶型乙二醇锑的制备方法时，掌握了不添加重金属抑制剂这一必要技术特征，也不能由此推断就掌握了非干燥法生产乙二醇锑制备方法专利的减压条件、过滤方法等其他必要技术特征，故不能以在华昌锑业催化剂公司研发时未添加重金属抑制剂反推刘谏文在完成结晶型乙二醇锑制备方法时即已掌握非干燥法生产乙二醇锑制备方法。

【案件信息】

益阳市华昌锑业催化剂有限公司诉刘谏文、刘固坚、刘晓阳专利权属案，湖南省高级人民法院(2015)湘高法民三终字第215号民事判决书(2016年2月29日，陈小珍、徐康、曾志燕)，湖南省长沙市中级人民法院(2014)长中民五初字第975号民事判决书。

案件来源：2016年湖南法院知识产权司法保护十大典型案例。

90 判断本职工作范围是否包含技术研发应根据发明人实际工作岗位和工作职责来认定

91 “与原单位分配的任务有关”指承担工作任务且与原单位技术成果密切关联的发明创造

92 原单位负有举证证明员工在离职一年内申请的专利系主要利用其物质技术条件的责任

【裁判要旨】

判断本职工作范围是否包含技术研发，应根据发明人实际从事的工作岗位、实际履行的工作职责来认定。

发明创造与承担原单位分配的工作任务有关，是指发明创造与原单位的技术成果密切关联，是在承担原单位工作任务的基础上完成的发明创造。

不能因单位职工曾在原单位工作过就将其做出的与工作单位技术有关的任何发明一律认定为职务发明，职工已离职的，应由原单位举证证明该职工在离职一年内作出的发明创造如何利用单位的物质技术条件这一事实。

【关键词】

职务发明创造｜本职工作｜原单位分配的任务｜离职｜利用单位的物质技术条件

【基本案情】

原告湖南高雷公司的前身长沙高雷公司于2008年8月8日成立，2011年4月变更为现名称，经营范围是同层排水施工及相关产品卫生设备的销售。被告张超被聘用为湖南高雷公司员工，负责公司产品的解说、安装和施工等工作。2009年5月间，长沙高雷公司作为专利申请人，张超作为发明人申请了两项实用新型专利。

2009年6月8日，张超作为专利申请人和发明人申请了名为“水封式防臭型积水处理装置”实用新型专利，该专利号为200920304100.8，授权公告日为2010年3月3日。2010年4月26日，长沙高雷公司提起诉讼，湖南省长沙市中级人民法院于2010年9月28日做出(2010)长中民五初字第0202号民事判决，判决长沙高雷公司为该专利权人，该判决被湖南省高级人民法院(2011)湘高法民三终字第26号判决维持。

2009年10月20日，张超辞职离开长沙高雷公司，并于2010年1月28日以自己的名义申请了名称为“一种同层安装的防沉积自动回气排水系统”的实用新型专利，该专利2011年1月5日被授权公告，专利号为201020301813.1。湖南高雷公司提起诉讼，请求确认该专利为职务发明、湖南高雷公司为该专利权人。

湖南省长沙市中级人民法院判决：驳回湖南高雷公司的诉讼请求。

【裁判理由】

法院认为：

本职工作是根据劳动合同、聘用合同或单位有关规定等确定的工作人员的工作职责。判断本职工作范围是否包含技术研发，应根据张超实际从事的工作岗位、实际履行的工作职责来认定。技术研发是在现有技术基础之上作出改进形成创新成果的行为，而进行发明创造属于技术研发的范围。张超进入湖南高雷公司之后，一直担任湖南高雷公司所销售产品的解说、安装和施工等技术工作，负责解决产品在安装、施工中出现的难题，但这些工作内容与技术研发并不属于同一概念。

我国专利法规定的发明创造与承担原单位分配的工作任务有关是指发明创造与原单位的技术成果密切关联，是在承担原单位工作任务的基础上完成的发明创造。“有关”的范围并不代表该员工所有与该工作涉及领域的知识，不能随意地扩大应做严格的理解。

本案中无直接证据证明张超的本职工作包含发明创造在内的技术研发，亦无证据证明张超在湖南高雷公司工作期间实际接触和利用了其技术研发成果，即使诉争专利与湖南高雷公司享有专利权的其他专利均为同层排水技术领域，亦不能就此必然得出诉争专利地做出与张超在原单位承担的工作任务有关这一结论。

湖南高雷公司未提出证据证明诉争专利的完成利用了湖南高雷公司的资金、设备、零部件、原材料等物质条件。张超在进入湖南高雷公司之前就从事山西高扬专利产品的推广工作，了解同层排水领域的相关专利技术，且湖南高雷公司亦聘用张超从事其公司同层排水产品的安装解说等工作，可说明张超已具备同层排水相关技术领域的技术基础。诉争专利是否在湖南高雷公司的在先专利基础之上进行了技术改进属于在后专利与在先专利之间的许可与被许可使用的关系，而与本案中以此认定其是否利用了湖南高雷公司的技术条件二者之间并无因果关系。我国专利法的立法宗旨在于鼓励发明创造，不能因单位职工曾在原单位工作过就将其做出的与工作单位技术有关的任何发明一律认定为职务发明，而应该严格按照法律的规定并考虑专利法的立法宗旨进行认定，这样才有利于充分发挥发明人或设计人的创造热情，真正创造出有价值的发明。故诉争专利的完成并未主要利用湖南高雷公司的物质技术条件。

湖南省高级人民法院在(2011)湘高法民三终字第26号判决认定属于职务发明的主要理由主要是以物质技术条件这一事实的认定为基础，并未确认张超的本职工作是否包括发明创造这一条件。由于在本案中张超已离职，以诉争专利与在先专利技术相关而推定诉争专利地做出必然主要利用湖南高雷公司的技术条件的逻辑基础不再具备，而应该由湖南高雷公司举证证明诉争专利地做出主要利用了湖南高雷公司的物质技术条件。但本案中，湖南高雷公司现有证据不能证明该条件成立。

【案件信息】

湖南高雷同层排水科技有限公司与张超专利权属案，湖南省长沙市中级人民法院(2012)长中民五初字第0334号民事判决书(2012年11月2日，尹承丽、熊萍、肖娟闻)。

案件来源:2012年中国法院知识产权司法保护50件典型案例。

93 判断是否属于职务发明应考察工作任务或利用本单位物质技术条件以及约定等因素

94 诉争专利的所有技术特征属于单位的成果且申请人能接触到该成果的构成职务发明

【裁判要旨】

审查判断一项发明创造是否属于职务发明创造时，应当遵循的发明人与单位之间是否存在劳动关系或者临时工作关系、单位主张具体职务发明创造的类型、发明人在本单位的工作任务、是否主要利用本单位物质技术条件、单位与发明人之间有没有约定等“五要件审查法”。

利用原单位已完成发明创造申请专利是否获得非法利益的判断应当遵循“全面覆盖加接触原则”，即首先将原单位已有的具体工作任务与涉案发明创造进行技术对比，如果经过对比，可以认定该具体工作任务包含了涉案发明创造的所有技术特征，则只需要审查专利申请人或者登记发明人是否因与该单位有工作关系或者其他关系能够接触到该单位的上述发明创造，然后判断涉案专利申请权或者专利权是否应当归原单位所有。

【关键词】

职务发明｜专利权属｜工作任务｜本单位物质技术条件｜接触

【基本案情】

原告碎得公司于2006年2月28日成立。被告天津碎易得公司于2014年12月3日成立，法定代表人为曹保卫，股东(发起人)共有5人，分别是曹保卫、蒋林军、杨海龙、贾云鹏、王虎成，均系原告碎得公司前员工，均在天津碎易得公司成立前后与碎得公司解除劳动关系。

本案诉争的是专利号为201520933410.1、名称为“一种固体泵”的实用新型专利，发明人为杨海龙、王虎成、贾云鹏，该专利由天津碎易得公司于2015年11月20日提出申请，于2016年4月13日授权公告。涉案专利申请时三位发明人从原告碎得公司离职均不足一年。

碎得公司主张涉案专利系其在专利申请日前主要利用了其物质技术条件已经完成的发明创造，请求：确认天津碎易得公司申请的涉案专利为职务发明，并判令属于碎得公司所有。

天津市第一中级人民法院判决：确认涉案专利权归属于原告碎得公司。天津碎易得公司不服，提起上诉。天津市高级人民法院判决：驳回上诉，维持原判。

【裁判理由】

法院认为：

我国专利制度中的职务发明创造分为“执行本单位的工作任务”所完成的发明创造和“主要是利用本单位的物质技术条件”所完成的发明创造两类。

第一类“执行本单位的工作任务”所完成的发明创造，又可以区分为两种情形：

1. 完成单位工作任务中完成的发明创造，要求：完成时间是在发明人与单位工作关系的存续期间内，内容是发明创造的内容必须属于发明人在单位工作任务的内容。

2. 离职一年后完成的与原单位工作任务有关的发明创造，要求：完成时间扩大到发明人与原单位脱离工作关系1年内；内容不限于发明创造属于发明人在原单位的工作任务，还包括了与原单位工作任务有关的发明创造。

第二类“主要是利用本单位的物质技术条件”所完成的发明创造，是指主要是利用本单位的物质技术条件，包括：资金、设备、零部件、原材料或者不对外公开的技术资料等所完成的发明创造。

综上，判断一项发明创造是否属于职务发明创造，专利申请权或专利权是否属于单位所有，应当从以下五方面进行审查：第一，需要审查发明人与单位之间是否存在劳动关系或者临时工作关系，这是判断职务发明创造的前提。第二，要根据单位主张具体职务发明创造的类型来分别确定审查内容。第三，对于是否属于“执行本单位的工作任务”所完成的发明创造进行审查。第四，对于是否属于第二类“主要是利用本单位的物质技术条件”所完成的发明创造进行审查。第五，根据单位与发明人之间有没有约定来判断职务发明创造专利申请权和专利权的归属。

本案中，碎得公司主张涉案发明创造系该公司在专利申请日前已经完成的发明创造，并提供碎得公司溧阳中材项目及相关设计图纸等证据，证明涉案专利技术是碎得公司在专利申请日前已经完成的发明创造，专利权应当归碎得公司所有。因此，本案应审查碎得公司溧阳中材项目等内容与涉案发明创造的相关性。

第一，通过将碎得公司溧阳中材项目相关技术内容与涉案发明创造的必要技术特征相比较，可以认定涉案专利技术系碎得公司在专利申请日前已经完成的发明创造。首先，溧阳中材项目合同中记载的相关技术内容的完成时间早于本案发明创造的申请专利时间。其次，溧阳中材项目合同第三章技术条款3.3.1载明的“单柱塞泵SPPs35”的技术特征包含了涉案发明创造的必要技术特征。

第二，涉案发明创造的专利权应当归碎得公司所有。首先，依据溧阳中材项目合同约定，碎得公司作为卖方对项目下的技术享有所有相关专利权等知识产权或者取得相关权利人的授权许可使用。其次，本案发明创造中载明的发明人杨海龙、贾云鹏在碎得公司工作期间均接触到了“单柱塞泵SPPs35”产品。最后，天津碎易得公司一审时没有提供证据证明溧阳中材项目下的“单柱塞泵SPPs35”产品的相关技术成果权应当归除碎得公司以外的他人享有。

综上，判决涉案发明创造的实用新型专利权归碎得公司所有。

【案件信息】

碎得机械（北京）有限公司诉天津碎易得环保工程技术有限公司、杨海龙、王虎成、贾云鹏专利权属案，天津市高级人民法院(2017)津民终98号民事判决书(2017年12月29日，原晓爽、黄砚丽、赵博)，天津市第一中级人民法院(2016)津01民初309号民事判决书(2016年12月27日，魏逎莉、史会明、雷艳珍、王颖鑫)。

案件来源：2017年中国法院50件典型知识产权案例，《人民法院案例选》2018年第6辑，2017年天津法院知识产权司法保护十大案例。

95　诉争专利与单位的研发相关而与发明人进入该单位前的经验无关的应推定为职务发明

【裁判要旨】

在涉及职务发明认定过程中，判断发明创造与发明人在原单位工作内容之间是否具有关联性时，除了可依据发明人在原单位所从事的本职工作、单位给其分配的任务等证据进行正向判断之外，还可以从发明人在进入原单位工作前所具有的专业知识背景与其所作出的发明创造之间的匹配程度进行反向审查。如果发明人在进入原单位时所具备的学历背景、工作经历，与其所作出的发明创造的技术内容和创新高度不相符合，且发明创造与原单位的研发内容或方向具有相当程度的相关性，则亦可认定该发明创造与发明人在原单位工作内容之间具有关联性，除非发明人能够就此提出相反证据予以推翻。

【关键词】

职务发明创造｜执行本单位的任务｜研发内容｜工作经历｜学历背景

【基本案情】

原告泛普公司是一家从事纳米触控膜的研发、生产与销售的高新技术企业。被告罗延廷自2011年至2013年在该公司任职，担任研发总监。2013年1月14日，罗延廷离职并于同年6月27日投资设立被告触动公司。7月18日，触动公司以罗延廷为发明人向国家知识产权局提出一项申请号201310301987.6、名称为“一种投射式电容触控屏制作工艺”的发明专利申请。

泛普公司认为，诉争专利申请应为罗延廷的职务发明，故诉至法院请求判令上述发明的专利申请权归泛普公司所有。罗延廷的本科阶段专业为电子科学与技术，硕士阶段专业为电路与系统。罗延廷陈述其在进入泛普公司之前没有从事与诉争专利申请技术研发有关的工作。

江苏省苏州市中级人民法院判决：驳回泛普公司的诉讼请求。泛普公司不服，提起上诉。其间，泛普公司提交了作为委托方委托中科院苏州纳米所进行一项名称为“纳米导电油墨的功能化及改性研发”的技术开发合同项目的证据，该项目中罗延廷作为泛普公司的联系人与中科院苏州纳米所进行技术方面的沟通和联络；泛普公司还申请两位技术专家出庭作证称，诉争专利中将纳米材料打印到PET膜上有许多技术难题要克服，具有很高的技术门槛。江苏省高级人民法院判决：撤销一审判决，诉争专利发明申请权归泛普公司所有。

【裁判理由】

法院认为：

本案中诉争专利申请系罗延廷从泛普公司离职后一年内作出，且属于与其在泛普公司承担的本职工作及分配的任务有关的发明创造，故应认定为职务发明创造。具体理由如下：

在涉及职务发明认定过程中，判断发明创造与发明人在原单位工作内容之间是否具有关联性时，除了可依据发明人在原单位所从事的本职工作、单位给其分配的任务等证据进行正向判断之外，还可以从发明人在进入原单位工作前所具有的专业知识背景与其所作出的发明创造之间的匹配程度进行反向审查。即如果发明人在进入原单位时所具备的学历背景、工作经历，与其所作出的发明创造的技术内容和创新高度不相符合，且发明创造与原单位的研发内容或方向具有相当程度的相关性，则亦可认定该发明创造与发明人在原单位工作内容之间具有关联性，除非发明人能够就此提出相反证据予以推翻。

从罗延廷的专业知识背景来看，其在进入泛普公司之前，既不具有与金属纳米材料科学和技术有关的学历，又无从事与纳米触控膜制造工艺研发相关的工作经历。而根据诉争专利申请的内容及二审中两位出庭作证的技术专家的证言，诉争专利申请所涉技术领域并非普通技术领域，而是属于前瞻性的金属纳米材料应用技术领域。如果罗延廷在泛普公司从事的工作与诉争专利申请没有任何关系，那么其从泛普公司离职后，在无专业基础知识背景的情况下，仅凭个人之力在半年内就研发出诉争专利申请的技术成果，这明显有违该领域的科研规律，其就诉争专利申请给出的解释亦不能令公众所信服。

在“纳米导电油墨的功能化及改性研发”技术开发项目研发过程中，罗延廷到张珽处进行过测试和样品分析，其作为泛普公司方面的项目联系人，工作范围不仅仅限于沟通、协调等事务性工作，还具体参与了项目研发有关的技术性工作。该项目结题报告中提到的“在制备超细导线的研发方向上，还可以采取使用金属粉末直接成型工艺，采用静电吸附和3D打印排布金属粉末并采用激光烧结的方式进行精细加工成型”，实际上已经包含了诉争专利权利申请的主要发明点。因此，现有证据亦能直接证实诉争专利申请与罗延廷在泛普公司承担的本职工作直接相关。

【案件信息】

苏州泛普纳米科技有限公司诉苏州触动电子科技有限公司、罗延廷专利权属案，江苏省高级人民法院(2015)苏知民终字第00145号民事判决书(2015年11月25日，宋健、张长琦、张晓阳)，江苏省苏州市中级人民法院(2014)苏中知民初字第0025号民事判决书。

案件来源：江苏法院知识产权司法保障科技创新典型案例(2018年2月28日发布)，2015年江苏法院知识产权司法保护十大案例。

96 单位明知或应知员工作为职务发明创造专利共有人但未及时提出异议的应维持共有

【裁判要旨】

员工在职期间完成的发明创造的权益分配,员工与单位之间如有约定,则按照约定进行分配;如无约定,则需要进一步判断该发明创造是否属于职务发明,并进而确定权益归属。

【关键词】

职务发明创造|专利权共有|约定|合理期限|异议

【基本案情】

原告长顺研究院的母公司长顺集团经营范围为化工产品的购销、高分子材料技术的研发等。杨彦威于2010年10月8日入职长顺集团担任研发中心副总经理,2011年1月长顺研究院成立,杨彦威即至长顺研究院工作,历任总经理、副董事长兼总工程师等岗位,负责长顺研究院研发项目,2013年10月1日杨彦威从长顺研究院离职。

2013年12月,长顺研究院发现杨彦威将其在长顺研究院任职期间的发明创造"具有多羟基结构的氨基树脂及其制备方法"(专利号为:201110128180.8,简称诉争专利)擅自申请为专利共有权人。长顺研究院认为,诉争专利系杨彦威在本职工作中作出的职务发明,专利权应归属长顺研究院独有,故诉至法院,请求判令确认诉争专利的申请权为长顺研究院独有、杨彦威立即履行协助办理变更诉争专利权为长顺研究院独有之相关手续。

江苏省苏州市中级人民法院判决:驳回长顺研究院的诉讼请求。长顺研究院不服,提起上诉。江苏省高级人民法院判决:驳回上诉,维持原判。

【裁判理由】

法院认为:

杨彦威2010年10月8日入职长顺集团担任研发中心副总经理,主要负责项目研发、工艺优化和参与研发中心筹建与团队建设等工作,自2010年1月7日长顺研究院成立后,担任长顺研究院总经理,直至2013年10月1日离职。诉争专利的申请日为2011年12月23日，故应认定该专利技术方案系杨彦威在长顺研究院任职期间所做出的。长顺研究院经营范围包括高分子材料技术的研发、转让、咨询、服务等，而诉争专利涉及的阻燃聚氨酯喷涂泡沫塑料亦属于长顺研究院研发范围的高分子材料领域，故可以认定诉争专利的研发与杨彦威执行的本单位任务间具有一定的关联性。从杨彦威相关陈述内容来看，诉争专利系其根据长顺集团董事长顾仁发的安排，而研发了诉争专利技术方案。杨彦威声称诉争专利技术方案系其在入职前即已形成，但对此未能举证证明。即便诉争专利技术方案的确形成于杨彦威入职前，但因其接受了顾仁发的相应工作安排，故仍可视为杨彦威自愿将诉争专利技术方案作为其执行本单位任务的工作成果。综上，应认定诉争专利系杨彦威执行本单位工作任务所完成的发明创造，为职务发明创造。

专利权系一种民事权利，其权利归属应遵从约定优先的原则，因此，尽管诉争专利系杨彦威执行本单位工作任务所完成的职务发明创造，但也不能排除双方就该专利的权属所做出的相应约定。诉争专利的发明公布日为2011年5月18日，授权公告日为2013年9月4日，发明公布及授权公告文本的相关记载内容均表明诉争专利的申请人及专利权人为长顺研究院和杨彦威。长顺研究院作为声称的唯一权利人，完全可以及时发现该专利申请、授权过程中的有关专利权人的信息，损害其合法权益。即便考虑到长顺研究院因信任杨彦威而未能及时关注诉争权利在申请、授权过程中的有关专利权人的信息这一因素，但在其工作人员于2013年9月6日收到诉争专利的发明专利证书原件，且该证书已明确载明诉争专利的专利权人为长顺研究院和杨彦威时，长顺研究院也应当发现诉争专利的权属登记有违其本意，损害其合法权益。然未有证据证明长顺研究院在杨彦威离职前，曾对此提出异议。

【案件信息】

江苏长顺高分子材料研究院有限公司诉杨彦威专利权属案，江苏省高级人民法院(2015)苏知民终字第00139号民事判决书(2016年8月31日，施国伟、张长琦、张晓阳)，江苏省苏州市中级人民法院(2014)苏中知民初字第0061号民事判决书。

案件来源：江苏法院知识产权司法保障科技创新典型案例(2018年2月28日发布)。

97 给予完成科技成果及其转化做出重要贡献的人员奖励的计算基础是技术转让净收入

【裁判要旨】

《促进科技成果转化法》(1996 年)第 29 条规定的从转让该项职务科技成果所取得的净收入中,提取不低于 20% 的比例,对完成该项科技成果及其转化做出重要贡献的人员给予奖励中,奖励金额提取的对象是技术转让所得的净收入,技术转让净收入应指转让方依据技术转让合同取得的技术转让收入扣除所支付的试验、交通、劳务、文件制作等开支后所剩余的纯技术所得。

【关键词】

职务技术成果的奖励 | 净收入 | 转让技术成果 | 奖励金额

【基本案情】

原告刘法新是国家植物新品种“豫玉 26 号”“济单七号”两个玉米品种的培育人。2004 年 1 月 24 日,被告农科所与合肥丰乐公司达成协议,约定“豫玉 26 号”“济单七号”玉米品种的品种权、保护权、独占开发权归合肥丰乐公司,合肥丰乐公司付给农科所补偿费 450 万元。

河南省科委、教委、人事厅等七部门 2000 年 3 月 24 日联合下发的《关于贯彻落实〈关于促进科技成果转化若干规定〉的实施意见》第 20 条规定,依法对研究开发科技成果的职务科技成果的完成人和为成果转化做出贡献的其他人给予奖励,以技术转让方式将职务科技成果提供给他人实施的,应当从技术转让所得的净收入中提取 25% 的比例用于一次性奖励,并在转让费到位后 1 个月内付清。农科所根据以上实施意见于 2001 年 9 月 15 日下发的济农科字(2001)18 号文件第 3 条规定,品种审定后创经济效益 100 万元以上的按 10% ~15% 奖励品种选育者。

刘法新提起诉讼,请求判令农科所支付奖励款 112.5 万元。河南省济源市中级人民法院判决:农科所给付刘法新奖励款 50 万元。刘法新不服,提起上诉。河南省高级人民法院判决:驳回上诉,维持原判。农科所不服,申请再审。最高人民法院裁定:驳回其再审申请。

【裁判理由】

法院认为：

2004年1月24日，农科所与合肥丰乐公司达成的协议主要有两个方面的内容：一是双方决定解散并清算济源丰乐公司；二是“豫玉26号”“济单七号”玉米品种的品种权、保护权和独占开发权归合肥丰乐公司所有，合肥丰乐公司补偿农科所450万元。由于“豫玉26号”“济单七号”玉米品种的技术成果的所有权及品种权在此之前一直属于农科所所有，故该协议实际包括了农科所将“豫玉26号”“济单七号”玉米的品种权转让给合肥丰乐公司的内容。据此认定，该协议应作为农科所向合肥丰乐公司转让涉案技术成果权的依据，其签订时间应为涉案技术成果权的转让时间，刘法新以农科所拒不向其支付职务技术成果奖励款为由，于2004年9月26日提起诉讼，尚未超过诉讼时效。

刘法新提起本案诉讼后，农科所依法可以从诉讼时效、转让涉案技术成果所获得的净收入总额及提起奖励款的比例等抗辩理由中，选择一个或多个理由进行抗辩。农科所对其依法享有的抗辩权，可以自行处分，并承担由此产生的法律后果。在本案诉讼中，刘法新提出农科所应当以450万元为基数，并按照25%的比例向其支付职务技术成果奖励款的诉讼请求后，农科所除了以刘法新的起诉已超过诉讼时效为由进行抗辩外，一直未对刘法新所主张的奖励款的计算基数及提取比例提出异议，且未就其为得到涉案技术成果权所支出的成本费用及因涉案技术成果所产生的收益分别进行举证，或申请原审法院进行司法鉴定。

刘法新主张本案奖励款系依据七委局文件有关规定，七委局文件第20条明确规定，奖励的金额是从技术转让所得的净收入中提取不低于25%的比例；奖励的对象是职务科技成果完成人和为成果转化做出贡献的其他人员。根据《促进科技成果转化法》(1996年)第29条的规定，奖励金额提取的对象是技术转让所得的净收入，技术转让净收入应指转让方依据技术转让合同取得的技术转让收入扣除所支付的试验、交通、劳务、文件制作等开支后所剩余的纯技术所得。而农科所与合肥丰乐公司协议约定获得的450万元款项是农科所与合肥丰乐公司就解散济源丰乐公司时权衡双方各项利益之后的结果，并不仅仅涉及两个玉米品种的价值因素，还涉及济源丰乐公司经营时的情况以及解散时的资产、债权、债务等，故不能认定这450万元就全部是技术转让收入，亦不能以此确定技术所得净收入。同时，参与技术转让净收入奖励分配人员是包括职务科技成果完成人和为成果转化作出贡献的其他人员，而刘法新仅为技术成果完成人，其他人员并不明确。因此，无论是具体奖励数额还是参与奖励分配人员均无法确定。

鉴于农科所放弃对刘法新所主张的奖励款的计算基数及提取比例方面的抗辩权利，综合考虑各种合理因素，依据合同法和促进科技成果转化法的相关规定，酌情判令农科所向刘法新支付50万元的奖励款。

【案件信息】

刘法新诉济源市农业科学研究所职务技术成果完成人奖励案，最高人民法院（2009）民申字第1772号民事裁定书（2009年12月31日，王永昌、李剑、罗霞），河南省高级人民法院（2009）豫法民三终字第75号民事判决书（2009年8月26日，谷彩霞、傅印杰、赵艳斌）河南省济源市中级人民法院（2007）济中民一初字第12号民事判决书（2009年3月26日，张智忠、闫志强、商敏）。

案件来源：2009年中国法院知识产权司法保护50件典型案例（二审判决）。

98 单位将职务技术成果作价入股后转让获得的增资收益应分配给职务技术成果完成人

【裁判要旨】

单位将职务技术成果作价出资持有第三人部分股权，之后将该股权转让获得增资收益，该增资收益本质上属于转让职务发明技术成果所获得的收益，股权转让款系技术转让的净收入，职务技术成果完成人对该部分增资享有获得报酬、奖励的权利。

【关键词】

职务技术成果｜奖励报酬｜股权转让｜增资收益

【基本案情】

1999年2月，欧克公司（甲方）与被告湖北工业大学的前身湖北工学院（乙方）签订《科技开发合同》约定，由乙方负责提供铁钛复合系列云母珠光颜料的批量生产技术，技术转让费包括100万元现金和甲方为此技术成果成立的专业生产厂的总股份的10%，截至2001年7月为欧克公司的100万股份，其中的24万元来自湖北工业大学的债权，与涉案技术成果的出资入股无关。

湖北工业大学向付建生和原告彭义霆、田晓辉等三人组成的课题组发放了86

万元现金作为对技术成果完成人的奖励或报酬。2009 年 3 月 13 日，付建生、彭义霆和田晓辉与湖北工业大学约定对欧克公司 100 万股份的股权分配、股权分红和股权生成的其他利润等利益，在扣除学校政策的提成后，所剩余部分由付建生、彭义霆和田晓辉按各 1/3 进行分配。2009 年 12 月 22 日，深圳市中圳兴科技发展有限公司以 545 万元竞得湖北工业大学持有的欧克公司 100 万股股权，据此湖北工业大学将其持有的欧克公司 100 万股股权作价 545 万元转让给深圳市中圳兴科技发展有限公司。

彭义霆、田晓辉提起本案诉讼请求对 545 万元股权转让款获得相应奖励报酬各 127.17 万元。湖北省武汉市中级人民法院判决：湖北工业大学向彭义霆、田晓辉各支付职务技术成果奖励报酬 96.6 万元。湖北工业大学不服，提起上诉。湖北省高级人民法院判决：驳回上诉，维持原判。

【裁判理由】

法院认为：

湖北工业大学持有欧克公司 100 万股股权，彭义霆、田晓辉只对其中 76 万技术出资入股的份额享有权益。本案应以湖工大党字(2009)23 号文件为依据分配股权收益，其第 11 条规定："技术转让净收入的 70% 一次性奖励科技成果完成人；科技成果入股时作价金额的 70% 股份一次性奖励给科技成果完成人"，据此湖北工业大学应当将涉案技术成果入股所获得的 70% 股份奖励给该技术成果的完成人，但彭义霆、田晓辉提起本案诉讼时，湖北工业大学持有欧克公司的股权已经拍卖转让，彭义霆、田晓辉在本案中无法再主张分配股份，而只能请求分配股份的相应对价即拍卖后的股权转让款。我国《合同法》第 326 条和《促进科技成果转化法》(1996 年)第 29 条专门规定了职务技术成果的奖励报酬制度。湖北工业大学 2000 年即已持有欧克公司 76 万股股权，但直至 2009 年拍卖该股权时仍未就该股权本身向职务技术成果完成人进行奖励或支付报酬，现股权已被转让，职务技术成果完成人享有此期间股权的资本增值收益，更能体现上述法律规定关于保护职务技术成果完成人权益和促进科学技术创新的法律精神。综上，彭义霆、田晓辉只对 545 万元的 100 万股欧克公司股权转让款中 76% 的技术投资入股享有权益，即 414.2 万元，在湖北工业大学提取 30% 后，彭义霆、田晓辉与课题组另一技术成果完成人对该款剩余的 70%，即 289.94 万元，各享有 1/3 的权利，即 96.6 万元。

【案件信息】

彭义霆、田晓辉诉湖北工业大学职务技术成果完成人奖励、报酬案,湖北省高级人民法院(2014)鄂民三终字第109号民事判决书(2014年5月20日,徐翠、陈辉、童海超),湖北省武汉市中级人民法院(2011)武知初字第609号民事判决书。

案件来源:2017年中国法院50件典型知识产权案例(二审判决),《人民法院案例选》2017年(第2辑)。

99 职务发明人奖励报酬可按专利的性质数量发明人付出的劳动参照法定奖励数额酌定

【裁判要旨】

按照职务发明专利的性质、数量、职务发明人在涉案专利研发中付出的劳动情况,并参照法定的奖励数额酌定发明人奖励、报酬。

【关键词】

职务发明创造奖励报酬 | 性质 | 数量 | 付出的劳动 | 法定

【基本案情】

原告李梁和周巍均为被告恒听公司股东,两人各自通过货币和专利技术入股恒听公司。恒听公司为李梁和周巍缴纳社保记录的时间分别是2012年9月至2014年2月、2011年12月至2015年7月,双方当事人确认周巍在2011年3月即进入恒听公司工作。2013年1月10日,苏州国家高新技术产业开发区管理委员会发布苏高新委〔2013〕2号文件,授予李梁等人"苏州高新区科技创新创业领军人才"称号,所从事的领域为超微高灵敏电声/声电转换器。

李梁、周巍提起诉讼,请求恒听公司支付涉及81项职务发明专利的发明人奖励、延迟履行利息、律师费、调查费50万元。恒听公司确认上述专利均处于有效状态。其中,李梁和周巍作为共同发明人的专利共计38项,包括15项发明专利和23项实用新型专利,授权日期在2014年1月1日之后的包括15项发明专利;周巍单独作为发明人的专利共计46项,包括1项发明专利和45项实用新型专利,授权日期在2014年1月1日之后的专利共计34项,包括1项发明专利和33项实用新型专利。双方当事人均无关于奖励数额的约定,恒听公司规章制度中亦无关于发明人、设计人奖励的规定，恒听公司也未能提交其曾向李梁和周巍支付发明人奖励的证据。

江苏省苏州市中级人民法院判决：恒听公司基于李梁和周巍作为共同发明人的15项发明专利支付李梁和周巍发明人奖励55000元；恒听公司基于周巍作为单独发明人的1项发明专利和33项实用新型专利应支付周巍发明人奖励45000元。恒听公司不服，提起上诉。江苏省高级人民法院判决：驳回上诉，维持原判。

【裁判理由】

法院认为：

首先，专利著录事项中所记载的信息具有公示效力，在无其他相反证据予以推翻的情况下，应认定专利著录事项中记载的发明人即为专利的实际发明人。本案涉案专利的著录事项中记载的发明人为周巍或李梁和周巍，故在无其他相反证据的情况下，应当认定周巍或李梁和周巍系涉案专利的发明人。

其次，恒听公司认为李梁和周巍并非涉案专利的发明人，应就该主张承担举证责任。恒听公司诉讼中提交了"苏州恒听电子有限公司职工花名册""研发中心的组织机构及聘用人员制度"和两份项目申请立项报告，用于证明李梁和周巍在恒听公司担任总经理职务，并非研发人员，但上述证据均系复印件，真实性难以确认。且李梁和周巍是否在恒听公司担任总经理，与该二人是否为涉案专利的发明人之间并不必然冲突，恒听公司以李梁和周巍在恒听公司的职位为总经理即认为两人并非涉案专利的发明人缺乏逻辑和事实依据。此外，恒听公司还提交了"账本、专项审计报告、专项资料"等证据，据以主张李梁、周巍为恒听公司的实际控制人，两人在担任公司高管的过程中，擅自将自己作为涉案专利的发明人。这些证据仅能反映李梁、周巍具有核准报销单、对外支付款项的行为，不足以证明两人为公司的实际控制人，更无法证明两人利用职权私自将涉案专利的发明人改为自己的事实。恒听公司还主张涉案专利实际上是由恒听公司专门的研发部门进行研发，并由恒听公司委托的专利代理机构进行专利挖掘并撰写相关申请文件，但并未就此提供证据予以证明。

最后，涉案专利系李梁、周巍在恒听公司工作期间完成并申请的专利，专利的申请人为恒听公司，获得授权后恒听公司亦成为涉案专利的专利权人。因此，从涉案专利的完成时间、发明人的身份、申请专利的主体以及获得授权后的专利权人等情况来看，涉案专利外在形式符合法律就职务发明所规定的形式要件。而且，本案中李梁、周巍仅以其系涉案专利的发明人身份向恒听公司主张奖励报酬，恒听公司也并未以涉案专利为李梁、周巍的个人发明、而非职务发明为由抗辩其不应支付奖励报酬,即本案双方并未就涉案专利权属发生争议,基于以上情况,涉案专利应认定系李梁、周巍的职务发明。

恒听公司未与李梁、周巍约定,也未在其规章制度中规定职务发明人奖励和报酬的数额和计算方式,根据《专利法实施细则》第77条的规定,按照涉案专利的性质、数量、两人在涉案专利研发中付出的劳动情况,酌定恒听公司应支付李梁和周巍作为共同发明人的专利奖励。

【案件信息】

李梁、周巍诉苏州恒听电子有限公司职务发明创造发明人奖励、报酬纠纷案,江苏省高级人民法院(2017)苏民终271号民事判决书(2017年6月7日,施国伟、张晓阳、顾正义),江苏省苏州市中级人民法院(2016)苏05民初248号民事判决书。

案件来源:江苏法院知识产权司法保障科技创新典型案例(2018年2月28日发布)。

100 即使职务发明创造专利被宣告无效,专利权人也应基于之前合法收取的许可使用费支付发明设计人报酬

【裁判要旨】

在发明人、设计人起诉要求许可他人实施职务发明创造专利的专利权人依法支付职务发明设计人报酬的案件中,即使该专利因丧失新颖性被宣告无效,专利权人仍应基于在该专利权被宣告无效前已经合法取得的专利实施许可使用费支付相应报酬。

【关键词】

职务发明创造｜发明人、设计人奖励、报酬｜专利无效｜许可使用费

【基本案情】

原告翁立克自1995年12月15日被告伊维公司成立之日起一直担任该公司的总工程师,2005年3月退休。被告上柴公司伊维公司的股东之一,其出资占伊维公司注册资本的90%。

2001年4月17日,上柴公司申请了名称为“喷油泵挺柱体滚轮锁簧装置”和“矩形截面柱塞弹簧喷油泵”实用新型专利,2002年1月23日获得授权,专利号分别为01238898.X和01238896.3,设计人均为翁立克。后,该两项专利无偿转让给伊维公司。

2003年11月，伊维公司将包含上述两项专利在内的“P7、PE型柴油喷射泵技术”许可给案外人电装公司使用，收取了入门费250万元以及各年的提成费。一审诉讼中，电装公司对涉案两专利提出无效宣告申请，专利复审委员会以涉案两专利不具有新颖性为由，于2005年12月23日决定宣告无效，该决定生效。

翁立克提起诉讼，请求判令两被告支付截至2007年4月的两项职务发明创造专利许可使用费之职务发明人报酬200万元。

上海市第一中级人民法院判决：伊维公司从许可电装公司实施涉案两专利所收取的使用费中提取276461.57元作为报酬支付给翁立克。翁立克不服，提起上诉。上海市高级人民法院判决：驳回上诉，维持原判。

【裁判理由】

法院认为：

翁立克是涉案两项专利的设计人，有权就该两项职务发明创造主张合理的报酬。伊维公司许可电装公司实施上述专利收取了使用费，应从中提取一定比例作为报酬支付给翁立克。涉案两项专利已于2005年12月23日被宣告无效，翁立克只能要求伊维公司支付专利权被宣告无效前基于专利许可使用费的收取所应提取的相应报酬。该专利使用费是伊维公司已经实现的涉案专利许可使用费，本案也不存在专利权人伊维公司的恶意给电装公司造成损失的情形，根据专利法的规定，伊维公司并无义务返还被许可人电装公司在涉案专利权被宣告无效之前已经收取的专利使用费。伊维公司关于涉案专利权已经无效，伊维公司不应支付相关报酬的理由不能成立。

涉案两项专利报酬的计算基数应将伊维公司收取的协议款项纳税后乘以70%，再乘以专利在合同产品中技术贡献率，以此方式计算至2005年年底之前，伊维公司许可电装公司在P7泵中使用“喷油泵挺柱体滚轮锁簧装置”专利所获得的税后净收益为168104.69元，许可电装公司在PE泵中使用涉讼两项专利所获得的税后净收益为753433.86元。

在翁立克提起本案诉讼不久，电装公司即申请宣告涉案两专利权无效，且所依据的证据持有人应为本案两被告，暂且不论存在关联关系的两被告之间的销售事实是否足以否定涉案专利新颖性的问题，但从伊维公司在收到无效宣告请求审查决定后3个月内未能采取有效措施挽救专利权的消极行为来看，无效宣告事实的发生显然事出有因，其后果直接致使翁立克根据涉案专利在专利权期限届满之前继续被推广应用所产生的经济效益而主张报酬的权利行使不能，考虑到这一因素，将提取比例适当调高至30%。这已经给涉案专利设计人翁立克充分的照顾，现翁立克要求将提取比例提高到50%，甚至更高，没有法律依据，不予支持。

按照专利法及其实施细则的规定，作为发明人或者设计人报酬的专利使用费分成，是对实施相应专利已经实现利益的分成，并不包括对期待利益的分成。翁立克要求"计算报酬时间段"应延伸至涉案专利的届满期限2011年4月，以求对预期利益进行分成，没有法律依据，不予支持。

上柴公司将涉案两专利无偿转让给伊维公司的实质是解决知识产权实际归属问题，且翁立克也主张涉案职务发明是在伊维公司任职期间完成的，另外与电装公司就包括涉案专利在内的技术许可使用签订协议的是伊维公司，从中获取收益的也是伊维公司，基于以上两点原因，翁立克要求上柴公司承担报酬支付的连带责任于法无据，不予支持。

【案件信息】

翁立克诉上海浦东伊维燃油喷射有限公司、上海柴油机股份有限公司职务发明创造发明人、设计人奖励、报酬案，上海市高级人民法院(2008)沪高民三(知)终字第23号民事判决书(2008年4月18日，朱丹、于金龙、张晓都)，上海市第一中级人民法院(2005)沪一中民五(知)初字第220号民事判决书(2007年12月25日，黎淑兰、刘静、郑军欢)。

案件来源：《最高人民法院公报》2009年第7期。

101 发明人在中国境内用人单位完成职务发明创造且单位因实施获利的应向其支付报酬

102 支付职务发明创造发明人报酬主体是用人单位，非受让专利申请权或专利权的第三人

103 职务发明创造专利实施后发明人的一次性报酬请求权在专利权有效期内不罹于时效

【裁判要旨】

职务发明创造的发明人获得报酬的基本要件应当是发明人在中国

境内的用人单位完成职务发明创造，并且用人单位通过实施该职务发明创造而获利。

职务发明创造发明人报酬的法律关系中承担支付发明人报酬的责任主体是用人单位，而非受让专利申请权或专利权的第三人。

发明创造专利实施后，发明人的一次性报酬在专利权有效期内没有明确规定履行期限，故不存在超过诉讼时效的情况。

【关键词】

职务发明创造｜奖励报酬｜向国外申请专利｜转让｜一次性报酬

【基本案情】

被告希美克公司于1999年7月28日成立，属于台港澳自然人独资的有限责任公司。自1999年起，原告吴丰庆在希美克公司任职；吴丰庆在工作期间，完成了"防止锁闭的防风门插芯锁"的职务发明创造。被告BETTELI是在我国香港特别行政区成立的公司。2003年12月5日，吴丰庆向BETTELI转让上述职务发明创造在美国、美国领属地以及所有外国的与发明有关的一切权益；但是，BETTELI与希美克公司就该职务发明创造的专利申请权未签订过相关转让合同，并且BETTELI就专利申请权转让未向吴丰庆或希美克公司支付过转让对价。

被告BETTELI于2003年12月9日将涉案职务发明创造在美国申请"STORMDOORMORTISELOCKTHATPREVENTSLOCKOUT"（防止锁闭的防风门插芯锁）的发明专利，专利号为US7213426B2，授权日为2007年5月8日，发明人为吴丰庆。两被告未将该职务发明创造在美国以外的国家申请过其他专利。

其后，BETTELI委托希美克公司在中国境内制造使用涉案专利权的产品，再全部出口至美国提供给BETTELI进行销售。吴丰庆提起诉讼，请求判令希美克公司和BETTELI连带向吴丰庆支付职务发明创造发明人报酬43万美元及合理开支。

广州知识产权法院判决：希美克公司向吴丰庆支付发明人报酬30万元。

【裁判理由】

法院认为：

职务发明创造是基于用人单位与发明人之间的劳动雇佣关系而产生的，用人单位在职务发明创造专利实施获利后，应当给予发明人报酬。因此职务发明创造的发明人获得报酬的基本要件应当是发明人在中国境内的用人单位完成职务发明创造,并且用人单位通过实施该职务发明创造而获利。本案中,涉案发明专利属于吴丰庆在希美克公司工作期间在中国大陆所完成的职务发明创造,虽然由于专利申请权转让导致出现 BETTELI 在美国申请获得涉案发明专利而未在中国申请发明专利,但时希美克公司在中国境内可以根据 BETTELI 的委托实施发明创造生产专利产品从而获得实际利益,也能达到其将发明人作出重要贡献的涉案发明创造在中国申请专利后实施获利的相同效果。因此,若以涉案专利属于美国专利为由认定不应适用我国法律关于职务发明创造发明人报酬的规定,对于发明人显失公平,也纵容了用人单位此种实际获利同时规避支付发明人报酬的行为。

《专利法》规定的职务发明创造是基于用人单位与发明人之间的劳动雇佣关系而产生的,发明人基于劳动合同,按照用人单位的要求履行本职工作;而用人单位则依据与发明人的合同约定或者专利法关于职务发明报酬的相关规定,给予发明人报酬。因此,《专利法》第 16 条所规定的“被授予专利权的单位”不应理解为现在的专利权人,而应理解为与发明人有劳动雇佣关系、且在职务发明创造完成时本应依法享有专利申请权的用人单位。至于用人单位将专利申请权转让给第三人,或者在获得专利权后转让给第三人的情况,参照《合同法》第 326 条以及《促进科技成果转化法》第 45 条第 1 款第 1 项的规定,在职务发明创造发明人报酬的法律关系中承担支付发明人报酬的责任主体依然是用人单位,而非受让专利申请权或专利权的第三人。故吴丰庆以职务发明创造发明人报酬的法律关系对 BETTELI 主张的全部诉讼请求不予支持。吴丰庆已与 BETTELI 签署的专利申请权转让书仅能证明 BETTELI 在美国申请涉案发明专利具有合法的权利来源,不能证明吴丰庆已作出放弃其向希美克公司主张发明人报酬的意思表示,且 BETTELI 也没有证据证明其针对该次专利申请权转让支付任何对价,因此吴丰庆有权向希美克公司主张发明人报酬。

根据《专利法实施细则》第 78 条的规定,发明创造专利实施后,发明人的一次性报酬在专利权有效期内没有明确规定履行期限,因此吴丰庆在涉案专利权的有效期内主张一次性报酬,没有超过诉讼时效;而且,希美克公司于 2016 年 9 月 19 日曾向吴丰庆支付过 3 万元的报酬,即使存在诉讼时效,该部分履行行为也是在吴丰庆主张后实施的,应构成时效中断的效果。由于吴丰庆与希美克公司未在规章制度以及相关劳动合同中约定《专利法》第 16 条规定的报酬的方式和数额,因此法院酌定希美克公司应支付职务发明创造的发明人报酬 30 万元。

【案件信息】

吴丰庆诉希美克(广州)实业有限公司、BETTELILIMITED 职务发明创造发明人、设计人奖励、报酬案,广州知识产权法院(2016)粤 73 民初 1721 号民事判决书(2018 年 6 月 25 日,朱文彬、龚麒天、刘小鹏)。

案件来源:广州知识产权法院服务和保障科技创新十大典型案例(2018 年 12 月 19 日发布)。

104 无法查明具体贡献大小的应推定各职务发明人具有同等的技术贡献并平分专利报酬

105 零部件专利利润不应据整体产品的利润确定而可参考零部件的市场平均利润酌定

106 职务发明人原则上无权就职务发明创造专利权的处分提出任何要求或施加干涉影响

【裁判要旨】

在无法查明主张报酬的发明人在专利设计过程中的具体贡献大小的情况下,推定其与其他发明人贡献具有同等贡献,因此应平分专利报酬。

实施零部件专利所得利润体现在整体产品利润中的不应以不同产品的差价确定专利利润,可在参考市场平均利润率基础上酌情确定报酬。

职务发明人无权就职务发明创造专利权的处分提出任何要求或施加干涉和影响。

【关键词】

职务发明创造 | 发明人、设计人奖励、报酬 | 技术贡献 | 利润计算 | 处分

【基本案情】

原告唐开平原为被告嘉陵公司职工。2004 年 7 月 15 日,嘉陵公司与其配套

企业力华公司、吉力公司共同申请了名为“摩托车用高能点火系统”的实用新型专利，并于2006年1月25日获得授权，该专利以嘉陵公司的职工刘建国、唐开平，力华公司的职工陈兵以及吉力公司的职工周申林为共同设计人。2006年起，嘉陵公司开始在415摩托车上使用该专利。2006～2007年，嘉陵公司从配套厂家购进的007点火器扣除退货数量后总计为75698个。

2007年3月29日，嘉陵公司又申请了名为“一种摩托车用磁电机”的实用新型专利，嘉陵公司的职工刘建国、唐开平为设计人，该专利系针对“摩托车用高能点火系统”的关键部件磁电机的技术缺陷而改进技术申请的专利。嘉陵公司使用“摩托车用高能点火系统”生产摩托车以来，未向职务设计人支付报酬。

唐开平提起诉讼，请求判嘉陵公司支付2006～2007年的职务专利报酬1630421元，按照每月110845元计算并支付2008年1月至5月的职务专利报酬，在涉及本案专利权的放弃、终止、无效纠纷时通知其共同维护专利权否则应赔偿损失。

重庆市第一中级人民法院判决：嘉陵公司支付唐开平2008年5月前的职务专利报酬2万元。唐开平和嘉陵公司均不服，分别提起上诉。重庆市高级人民法院判决：驳回上诉，维持原判。

【裁判理由】

法院认为：

涉案职务专利技术成果完成人涉及嘉陵公司的职工为唐开平、刘建国二人，唐开平主张嘉陵公司应向其支付实施专利所得利润应付职务设计报酬的一半，嘉陵公司和刘建国则认为唐开平在专利设计中仅起辅助作用，不应当平分报酬。唐开平虽未参与专利申请后的一些会议、技术检测记录等，但不能直接反映唐开平在该专利设计过程中所作的具体工作和业绩；设计人排名在后也不必然表明其贡献较小；此外，嘉陵公司和刘建国陈述唐开平在嘉陵公司的职务较刘建国低、立项由刘建国提出等事实，均不足以表明唐开平在专利设计过程中的实际工作情况。在没有足够证据证明嘉陵公司和刘建国的主张，亦无法查明唐开平在涉案专利设计过程中的具体贡献大小的情况下，推定唐开平应与刘建国平分专利报酬。

理论上，由于嘉陵公司实施高能点火系统专利是以生产销售采用该点火系统的摩托车的方式实现的，其实施专利所得利润应当体现在整车利润中，但唐开平以不同摩托车的价差确定专利为整车所带来的利润，缺乏事实依据。因为不同摩托车价差受多方面因素的综合影响制约，如多种专利的组合应用、不同的功能配置、消费者对产品的偏好、产品在不同时期的价格策略、广告投入等,两种对比摩托车的差异不仅仅体现在高能点火系统的运用上。由于涉案专利摩托车及专利点火系统的利润无法通过审计评估确定,考虑到该专利点火系统虽非市场通用产品但其所实现的功能仍为点火器的功能,参照摩托车行业整体情况及摩托车点火器的市场平均利润率,以高能点火系统本身为基础估算报酬。目前市场较好的数字点火器价格在八九十元,点火器的行业平均利润率在3% ~5%,高能点火系统的利润率应当在此基础上参考其技术的先进性及对整车的价值提升而酌情确定。根据双方提交的技术资料,007 点火器为高能点火系统专用点火器,两者在数量上存在一一对应关系,且唐开平计算时已扣除退货数量,而嘉陵公司提交的 415 摩托车生产数量统计无其他证据佐证,故对唐开平的主张予以支持,并以之前的平均数量估算 2008 年 1 月至 5 月的产量。关于应付报酬比例,《专利法实施细则》规定实用新型专利应当以实施专利税后利润提取不低于 2% 支付给职务设计人,唐开平按照 6% 计算并要求其中的一半并无明显不当。综合确定嘉陵公司应付报酬 2 万元。

涉及专利权的放弃、终止、无效纠纷的处理,系专利权人对其知识产权所享有的处分权问题,唐开平作为职务设计人,对该专利所享有的权利限于法律规定的获得奖励和报酬的权利,除非双方另有约定,其无权就专利权的处分对嘉陵公司及其他专利权共有人提出任何要求或施加干涉和影响。

【案件信息】

唐开平诉中国嘉陵工业股份有限公司(集团)、刘建国职务发明创造报酬案,重庆市高级人民法院(2008)渝高法民终字第 246 号民事判决书(2009 年 4 月 16 日,张勤、周敏、易健雄),重庆市第一中级人民法院(2008)渝一中法民初字第 52 号民事判决书(2008 年 9 月 24 日,喻志强、谭颖、钟拯)。

案件来源:2008 年中国法院知识产权司法保护 50 件典型案例(一审判决)。

第六章　侵害专利权的行为

第一节　权利要求的解释

107　无法确定权利要求书中技术术语的具体含义而致保护范围不清的应驳回其侵权诉求

【裁判要旨】

实用新型专利的权利要求书表述存在明显瑕疵，结合说明书、附图、本领域的公知常识及相关现有技术等，不能确定权利要求中技术术语的具体含义而导致专利权保护范围明显不清，则无法将其与被诉侵权技术方案进行有实质意义的侵权对比，从而不能认定被诉侵权技术方案构成侵权。

【关键词】

侵害实用新型专利权｜保护范围不清楚｜技术术语｜含义不清

【基本案情】

原告柏万清系专利号为200420091540.7、名称为“防电磁污染服”实用新型专利权人。该专利权利要求1的技术特征为：A. 一种防电磁污染服，包括上装和下装；B. 服装的面料里设有起屏蔽作用的金属网或膜；C. 起屏蔽作用的金属网或膜由导磁率高而无剩磁的金属细丝或者金属粉末构成。其说明书载明：该专利的目的是提供一种成本低、保护范围宽和效果好的防电磁污染服。其特征在于所述服装在面料里设有由导磁率高而无剩磁的金属细丝或者金属粉末构成的起屏蔽保护作用的金属网或膜。所述金属细丝可用市售 5～8 丝的铜丝等，所述金属粉末可用如软铁粉末等。附图 1、2 表明，防护服是在不改变已有服装样式和面料功能的基础上，通过在面料里织进导电金属细丝或者以喷、涂、扩散、浸泡和印染等任一方式的加工方法将导电金属粉末与面料复合，构成带网眼的网状结构即可。

被告成都难寻物品营销服务中心销售了由被告上海添香实业有限公司生产的添香牌防辐射服上装，该产品售价 490 元，其技术特征是：a. 一种防电磁污染服上装；b. 服装的面料里设有起屏蔽作用的金属防护网；c. 起屏蔽作用的金属防护网由不锈钢金属纤维构成。

柏万提起诉讼，请求判令成都难寻物品营销服务中心立即停止销售被诉侵权产品；上海添香实业有限公司停止生产、销售被诉侵权产品，并赔偿损失 100 万元。四川省成都市中级人民法院判决：驳回柏万清的诉讼请求。柏万清不服，提起上诉。四川省高级人民法院判决：驳回上诉，维持原判。柏万清不服，申请再审。最高人民法院裁定：驳回其再审申请。

【裁判理由】

最高人民法院认为：

准确界定专利权的保护范围，是认定被诉侵权技术方案是否构成侵权的前提条件。如果权利要求书的撰写存在明显瑕疵，结合说明书、附图、本领域的公知常识以及相关现有技术等，仍然不能确定权利要求中技术术语的具体含义，无法准确确定专利权的保护范围的，则无法将被诉侵权技术方案与之进行有意义的侵权对比。因此，对于保护范围明显不清楚的专利权，不能认定被诉侵权技术方案构成侵权。

权利要求 1 的技术特征 C 中的“导磁率高”的具体范围难以确定，不能准确确定权利要求 1 的保护范围，无法将被诉侵权产品与之进行有实质意义的侵权对比。根据柏万清提供的证据，虽然磁导率有时也被称为导磁率，但磁导率有绝对磁导率与相对磁导率之分，根据具体条件的不同还涉及起始磁导率 μi、最大磁导率 μm 等概念。不同概念的含义不同，计算方式也不尽相同。磁导率并非常数，磁场强度 H 发生变化时，即可观察到磁导率的变化。但是在说明书中，既没有记载导磁率在本专利技术方案中是指相对磁导率还是绝对磁导率或者其他概念，又没有记载导磁率高的具体范围，也没有记载包括磁场强度 H 等在内的计算导磁率的客观条件。本领域技术人员根据本专利说明书，难以确定本专利中所称的导磁率高的具体含义。从柏万清提交的相关证据来看，虽能证明有些现有技术中确实采用了高磁导率、高导磁率等表述，但根据技术领域以及磁场强度的不同，所谓高导磁率的含义十分宽泛，从 80 Gs/Oe 至 83.5×104 Gs/Oe 均被柏万清称为高导磁率。柏万清提供的证据并不能证明在其专利所属技术领域中，本领域技术人员对于高导磁率的含义或者范围有着相对统一的认识。柏万清主张根据具体使用环境的不同，本领域技术人员可以确定具体的安全下限，从而确定所需的导磁率。该主张实际上是将能够实现防辐射目的的所有情形均纳入本专利权的保护范围，保护范围过于宽泛，亦缺乏事实和法律依据。

【案件信息】

柏万清诉成都难寻物品营销服务中心、上海添香实业有限公司侵害实用新型专利权案，最高人民法院(2012)民申字第1544号民事裁定书(2012年12月28日，周翔、罗霞、杜微科)，四川省高级人民法院(2011)川民终字第391号民事判决书(2011年10月24日，林涛、张良、周静)，四川省成都市中级人民法院于(2010)成民初字第597号民事判决书(2011年2月18日，徐秉晖、何苗、刘蓓)。

案件来源：指导案例55号(最高人民法院审判委员会讨论通过，2015年11月19日发布)，最高人民法院知识产权案件年度报告(2012)，《最高人民法院公报》2013年第9期，2012年中国法院知识产权司法保护十大创新性案件，《知识产权审判指导》2013年第1辑(总第21辑)。

108 解释权利要求需要考虑发明目的，被诉侵权技术手段与发明目的区别明显的，不构成侵权

【裁判要旨】

权利要求的解释要考虑说明书中有关本专利发明目的的说明，即便权利要求中对某一特征没有进行明确限定，但被诉侵权技术方案明显采用了与实现本专利发明目的不同的技术手段的，不应认定构成侵权。

【关键词】

侵害实用新型专利权｜权利要求的解释｜发明目的｜明确限定

【基本案情】

王承君系专利号为201120152809.8号、名称为“全自动快装箱锁扣装订机”实用新型专利权人。该专利经令美嘉隆公司提出无效宣告请求后,专利复审委员会决定:维持专利权利要求全部有效。

美嘉隆公司生产、销售被诉侵权产品自动锁扣装订机,已销售给特变电工衡阳变压器有限公司众业分公司。王承君向青岛局提出专利侵权纠纷处理请求,请求责令美嘉隆公司停止制造、销售、许诺销售、出口专利权产品。

王承君、美嘉隆公司对青岛局将专利技术特征的归纳为9个均无异议,对被诉侵权产品的技术方案包含与涉案专利的9项技术特征的1-8项技术特征相同的技术特征均无异议,对第9项:“装订完成后所述控制器发送用于控制输送锁扣原料的送料信号至原料输送装置”的特征存在不同理解。

青岛局认为:被诉侵权产品的技术方案包含涉案专利权利要求1的第9项技术特征等同的技术特征,落入了涉案专利的保护范围,侵犯了王承君专利权,决定:美嘉隆公司停止制造、销售并销毁侵权产品,销毁制造侵权产品的专用零部件、工具、模具、设备等物品。嘉隆公司不服,提起诉讼。

青岛市中级人民法院认为:王承君的本案专利权利要求1第9项技术特征并未限定控制器发送的输送锁扣原料的送料信号是何种信号、通过何种途径到达原料输送装置,以及原料输送装置是何种装置、如何送料。因此,该专利技术特征中使用的“用于控制输送锁扣原料的送料信号”,以及“原料输送装置”等均是上位概念。不管是控制器直接发送用于控制输送锁扣原料送料的信号至伺服电机,通过信号驱动伺服电机送料,还是控制器发送信号控制级进模的上行下行、级进模的上行下行又控制气动送料装置的气动阀开关,采用机械动作气动送料,均属于下位概念,故被诉侵权产品的技术方案包含王承君本案专利权利要求1第9项技术特征,落入专利权保护范围。因此,判决:驳回美嘉隆包装机械有限公司的诉讼请求。美嘉隆公司不服,提起上诉。二审期间,美嘉隆公司提交了其获得授权的专利号为201410704165.7、名称为“一种钢带箱锁扣装订机自动送料装置”的发明专利。该发明专利是与其201420730930.8实用新型专利同日申请,是针对送料装置部分单独做的发明专利申请。山东省高级人民法院判决:驳回上诉,维持原判。美嘉隆公司仍不服,申请再审。

最高人民法院查明:美嘉隆公司201410704165.7专利记载:“CN202053566U(即王承君的本案专利)公开了一种全自动快装箱锁扣装订机”,“一旦其中任何一个信号环节出现问题,控制器将会发出错误信号,导致原料输送装置无法正常发出信号控制伺服电机进料,直接影响装订机的正常运转,众所周知,设备的电路信号传输越复杂,其设备的故障率越高、成本也越大,后期设备的维护量也越大,直接影响该行业的发展。……(本专利)摒弃了传统的通过电信号先进料再装订的方式,采用机械自动进料的方式,液压油缸接收驱动信号驱动级进模进行装订动作的同时夹紧锁扣原料,在级进模装订完成后驱动锁扣原料进入级进模完成下一次预装订,节约了工序,减少了对锁扣原料的进料信号控制,大大降低了设备维护量,提高了设备的使用寿命。”最高人民法院裁定:指令山东省高级人民法院再审本案。

【裁判理由】

最高人民法院认为:

结合王承君本案专利权利要求书的记载,通过阅读说明书和附图,其发明目的在于,实现锁扣装订的全自动化,降低人工劳动强度,提高生产效率。为实现这一目的,权利要求 1 的技术方案将驱动装置、工件输送装置、原料输送装置、级进模等部件通过控制器实现信号连接,通过控制器向各个部件发送信号来实现有序作业。

被诉侵权技术方案中在锁扣原料输送的环节采取了机械自动进料的方式,即通过级进模的下压和上行触发“气动压板 + 气动阀 + 气动送料夹板”的气动连锁反应,最终实现对锁扣原料输送的控制,该种进料方式与王承君本案专利权利要求 1 中“控制器发送送料信号至原料输送装置,控制其输送锁扣原料”在信号的表现形式和传送方式上形成了区别,这种区别导致二者所解决的技术问题和技术效果亦有所不同,应从王承君本案专利的发明目的出发,结合说明书和附图,对其权利要求 1 中的“送料信号”做出更明确的解释。青岛局被诉处理决定及一审、二审判决仅以权利要求 1 未限定信号的类型为由认为被诉侵权技术方案落入其保护范围,有所不当。

【案件信息】

青岛美嘉隆包装机械有限公司诉青岛市知识产权局、王承君专利侵权行政处理案,最高人民法院(2018)最高法行申 1545 号行政裁定书(2018 年 9 月 21 日,李剑、吴蓉、佟姝),山东省高级人民法院(2017)鲁行终 275 号行政判决书(2017 年 8 月 29 日,山莹、宋海东、赵轶宁),山东省青岛市中级人民法院(2016)鲁 02 行初 34 号行政判决书(2016 年 7 月 28 日,石利华、郭静、王燕)。

案件来源:最高人民法院知识产权案件年度报告(2018)。

109 对权利要求的解释应避免纳入本领域技术人员阅读专利文档时无法得出的技术特征

【裁判要旨】

对专利权利要求的解释应当考虑专利所要解决的技术问题、所要达到的技术效果，但应避免在专利申请日前，本领域技术人员通过阅读专利权利要求书、说明书及附图无法得出的技术特征作为本专利的保护范围予以认知。

【关键词】

侵害发明专利权｜权利要求的解释｜专利申请日前｜无法得出的技术特征｜保护范围

【基本案情】

原告搜狗科技公司系专利号200810116190.8、名称为“一种输入过程中删除信息的方法及装置”的发明专利权人，该专利的申请日2008年7月4日，授权公告日2011年9月28日。搜狗科技公司许可搜狗信息公司以普通许可方式实施涉案专利，并有权以自己的名义单独或与搜狗科技公司共同就本协议所涉专利的侵权行为提起诉讼。

涉案专利的权利要求1记载的是方法专利，权利要求7为权利要求1相对应的装置权利要求。涉案专利授权公告文本记载的权利要求1:“一种输入过程中删除信息的方法，其特征在于，输入区域包括编码输入区和字符上屏区，所述方法包括：当输入焦点在编码输入区时，接收删除键的指令，删除已输入的编码；当所有的编码全部删除完时，暂停接收所述删除键的指令；当所述删除键的按键状态达到预置条件时，继续接收删除键的指令，删除字符上屏区中的字符。”

搜狗科技公司和搜狗信息公司提起诉讼，请求判令百度网讯公司停止发行或通过任何方式向第三方提供侵害专利权的“百度手机输入法”产品，停止使用侵害专利权的删除信息的方法，赔偿损失990万元以及合理开支10万元。

双方当事人均认可涉案权利要求1为涉案专利的最大保护范围，且涉案专利权利要求1与权利要求7具有实质相同的保护范围，并同意以涉案专利权利要求

1 为比对对象。

北京知识产权法院作出先行判决：百度网讯公司停止使用涉案专利权的行为，停止发行或通过任何方式向第三方提供使用涉案专利权的"百度手机输入法"产品。百度网讯公司不服，提起上诉。北京市高级人民法院判决：驳回上诉，维持原判。

【裁判理由】

法院认为：

涉案被诉的百度手机输入法是否实施了涉案专利权利要求 1 中所述的"当所述删除键的按键状态达到预置条件时，继续接收删除键的指令，删除字符上屏区中的字符"和"当输入焦点在编码输入区时，接收删除键的指令，删除已输入的编码"的技术特征。专利权利要求保护范围的确定应当从该专利所属领域的普通技术人员的视角，以权利要求所记载的技术内容为准，同时在考虑专利对现有技术贡献的基础上，结合说明书、附图以及现有技术对权利要求的保护范围作出合理解释，而且相关解释应当考虑专利所要解决的技术问题、所要达到的技术效果。但应避免在专利申请日前，本领域技术人员通过阅读专利权利要求书、说明书及附图无法得出的技术特征作为本专利的保护范围予以认知。

虽然百度网讯公司主张被诉侵权的百度手机输入法只能删除编码，字符上屏区的删除的操作已经脱离了输入法的控制，删除字符上屏区中字符的动作是由操作系统与应用程序配合执行的，与百度手机输入法无关。然而，因涉案专利技术方案所要解决的技术问题在于在编码输入区的字符删除完后，不再进行删除操作，防止上屏区的字符被错误删除，故此需要预设一个条件，从而满足在达到预设条件后再次按下删除键，才会继续删除字符上屏区的字符。但是，对满足预置条件后，再次按下删除键，字符上屏区中的字符具体如何在屏幕上删除，在涉案专利权利要求 1 中并未限定，亦不属于其所要保护的技术特征。同时，在输入法领域技术人员看来，从输入法监测到按键信息至字符上屏区显示用户输入或删除的文本，必然需要操作系统、输入法程序和应用程序（消息编辑器）协同处理。因此，只要涉案被诉的百度手机输入法实施了删除的步骤即落入涉案专利的保护范围，至于删除是由输入法程序单独实现的还是与其他程序配合实现，并不能成为其未落入涉案专利权保护范围的合法抗辩事由。

涉案被诉侵权的百度手机输入法与百度网讯公司所主张的飞利浦 9@9r 手机所承载的输入法删除方式是否相同或者等同，则是百度网讯公司关于现有技术抗辩能否成立的关键问题。飞利浦 9@9r 手机在编码输入区是一次按下清除键后全部清空已经输入的内容，而百度输入法无论在长按删除键的演示方案中还是在快速连续点击删除键的演示方案中，在编码输入区均是逐一字符删除已经输入的内容。故飞利浦 9@9r 手机的清除键下发的是一次性清空的删除指令，而百度输入法则是连续多次下发删除指令，而并非一个删除指令，两者实施删除的具体方式不同。百度输入法在删除过程中对于删除的内容有较大的控制余地，可以保留部分不需要删除的内容，而一次性清空的删除方式控制选择的余地较小，不能保留不需要删除的内容。因此，两者既不相同也不等同。

【案件信息】

北京搜狗科技发展有限公司、北京搜狗信息服务有限公司诉北京百度网讯科技有限公司侵害发明专利权案，北京市高级人民法院(2018)京民终 498 号民事判决书(2018 年 11 月 30 日，陶钧、孙柱永、陈曦)，北京知识产权法院(2015)京知民初字第 1943 号民事判决书(2018 年 3 月 29 日，张晓霞、邓卓、张玲玲)。

案件来源：2018 年中国法院 50 件典型知识产权案例。

110　对权利要求表述内容产生不同理解导致对其保护范围产生争议的可以用说明书解释

【裁判要旨】

根据《专利法》第 56 条第 1 款的规定，如果对权利要求的表述内容产生不同理解，导致对权利要求保护范围产生争议，说明书及其附图可以用于解释权利要求。

【关键词】

权利要求的解释 | 保护范围 | 不同理解 | 说明书及其附图

【基本案情】

原告付志洪系专利号为 200420017642.4、名称为“玻镁、竹、木、植物纤维复合板”的实用新型专利权人，原告新绿环公司系该专利的独占实施被许可人。本专利权利要求 1 为：一种玻镁、竹、木、植物纤维复合板，它由镁质胶凝竹、木、植物纤维复合层和玻纤网格布层或竹编网增强层组成，其特征在于：镁质胶凝竹、木、植物纤维复合层至少有两层，玻纤网格布层或竹编网增强层至少有一层，两层镁质胶凝竹、木、植物纤维层置于玻纤网格布层或竹编网增强层的下面和上面。说明书称：本实用新型的目的在于提供一种采用玻纤网格布层或竹编网增强层作为增强骨架，镁质胶凝材料作为凝固剂，竹、木、植物纤维为填充材料，多层结构复合，具有防火、防潮及抗水功能的玻镁、竹、木、植物纤维复合板。说明书在将该专利与现有技术进行对比时称：采用镁质胶凝植物纤维复合层和玻纤网格布层或竹编网增强层多层结构复合，具有强度好，防火、防潮、抗水、隔热、隔音多种功能……说明书在描述具体实施例时称：镁质胶凝植物纤维层是由氯化镁、氧化镁和竹纤维或木糠或植物纤维制成的混合物。

付志洪、新绿环公司针对被告台山公司提出侵权诉讼，请求判令停止侵权，消除影响，赔礼道歉，并赔偿损失 500 万元。

广东省广州市中级人民法院认为：专利权利要求书记载的技术内容与说明书中的描述或体现不尽相同，则以权利要求书中的记载优先，不能以说明书及附图记载的内容“纠正”权利要求书记载的内容，本案应以权利要求 1 的记载内容确定保护范围。被诉侵权产品有镁质胶凝材料与植物纤维材料复合层，不含竹、木材料，与本专利权利要求 1 不同，故不侵权。因此判决：驳回付志洪和新绿环公司的诉讼请求。付志洪和新绿环公司不服，提起上诉。广东省高级人民法院认为：如对权利要求书中记载的内容产生不同理解，容易产生歧义，要确定专利权的保护范围，可以结合说明书对权利要求进行解释。本专利说明书中，竹、木、植物纤维三种材料采用的是选择公信力，三者具备其一即可，因此被诉侵权产品落入本专利保护范围，故判决：撤销一审判决，台山公司停止侵权赔偿损失 30 万元。台山公司不服，申请再审。最高人民法院裁定：驳回其再审申请。

【裁判理由】

最高人民法院认为：

《专利法》第 56 条第 1 款规定，发明或者实用新型专利权的保护范围以其权利要求的内容为准，说明书及附图可以用于解释权利要求。因此，如果对权利要求的表述内容产生不同理解，导致对权利要求保护范围产生争议，说明书及其附图可以用于解释权利要求。仅从本专利权利要求 1 对“竹、木、植物纤维”三者关系的文字表述看，很难判断三者是“和”的关系还是“或”的关系，应当结合说明书记载的相关内容进行解释。根据专利说明书实施例的记载：“镁质胶凝植物纤维层是由氯化镁、氧化镁和竹纤维或木糠或植物纤维制成的混合物。”由此可见，专利权利要求 1 对“竹、木、植物纤维”三者关系的表述,其含义应当包括选择关系,即三者具备其中之一即可,而非竹、木及植物纤维三者必须同时具备。二审判决认定事实清楚,适用法律正确,台山建材公司的再审申请理由不能成立。

【案件信息】

付志洪、广州新绿环阻燃装饰材料有限公司诉台山先驱建材有限公司侵害实用新型专利权案,最高人民法院(2010)民申字第 871 号民事裁定书(2010 年 9 月 7 日,王永昌、李剑、罗霞),广东省高级人民法院(2009)粤高法民三终字第 195 号民事判决书。

案件来源:最高人民法院知识产权案件年度报告(2011)。

111 权利要求中的技术术语在说明书中有明确且特定含义的应根据说明书的界定来解释

【裁判要旨】

对于当事人存在争议的专利权利要求的技术术语,然该术语在相关行业领域并没有明确的定义,但本专利说明书中的记载指明了其具有的特定的含义,并且该界定明确了本专利权利要求 1 的保护范围,所以应当以说明书的界定理解权利要求用语的含义。

【关键词】

权利要求的解释 | 术语 | 明确的特定含义 | 说明书

【基本案情】

原告福建多棱公司系专利号为 01127387.9、名称为“一种钢砂生产方法”的发明专利权人。权利要求 1 为:一种钢砂的生产方法,其特征在于将轴承厂生产轴承时冲切下来的边角废料,进行淬火,淬火后分两级破碎,筛分得到不同粒度的钢砂,制得多棱形的钢砂。本专利说明书载明:本发明的创新之处在于:本发明采用两级破碎,粗碎用颚式破碎机,细碎用辐式破碎机。本发明不是用钢珠破碎成钢砂,而是用冲切料破碎成钢砂,冲切料不像钢珠粒度小且均匀,对于粗大的冲切料本发明采取先用颚式破碎机将其轧碎成小块,而后进行细碎,破碎成钢砂。

被告启东八菱公司生产与福建多棱公司相同的钢砂产品。被诉侵权方法与本专利的独立权利要求保护的范围相对比,相同之处在于:启东八菱公司同样选用轴承厂生产轴承时冲切下来的边角废料，经过破碎，筛分得到不同粒度的钢砂，制得多棱形的钢砂。不同之处在于：在启东八菱公司生产过程中，仅选用7～10毫米生产轴承时冲切下来的冲片作为生产原料，淬火根据需要进行；特别是破碎方法不同，启东八菱公司的破碎设备只使用双辊破碎机，即辐式破碎机，然后将7～10毫米的冲片直接投入双辊破碎机中，通过该机器两组单独传动的辊轴，相对旋转产生的挤轧和磨剪力来破碎物料，一次性生产出投入料10%～30%的成品钢砂。之后，通过筛分，将未成品筛选出来，再次投入双辊破碎机中，以此循环，生产出成品钢砂。

在行业领域内，对两级破碎没有明确的定义。在《化工辞典》中，有"粗碎"和"细碎"设备之分。对"破碎"定义为"用机械方法使大块固体物料变成小块的操作"。按被粉碎物料的大小和所得粉碎成品的尺寸分类，"粉碎设备"可以分类为：粗碎或预碎设备：处理直径40～1500毫米范围的原料，所得成品的直径是5～50毫米，如颚式压碎机等。中碎和细碎设备：处理直径5～50毫米范围的原料，所得成品的直径是0.1～5毫米，如滚碎机等。

江苏省南通市中级人民法院、江苏省高级人民法院均认为，被诉侵权的一级破碎方法与本专利的二级破碎不构成等同，故判决驳回了福建多棱公司的诉讼请求。福建多棱公司不服，申请再审。最高人民法院裁定：驳回其再审申请。

【裁判理由】

最高人民法院认为：

虽然"两级破碎"在相关行业领域并没有明确的定义，但本专利说明书的记载指明了"两级破碎"具有的特定的含义，并且该界定明确了本专利权利要求1的保护范围，所以应当以说明书的界定理解权利要求用语的含义。"两级破碎"应当理解是先进行粗碎和后进行细碎的"两级破碎"。各个破碎级别的设备所处理的原料直径范围以及加工出的成品均不相同，并且粗碎或预碎设备的出料成品直径范围为中碎和细碎设备的进料直径范围，因此，本专利的"两级破碎"中，"粗碎级"破碎和"细碎级"破碎应当理解为是相互独立的两个步骤，"粗碎级"的出料为"细碎级"的进料，工序一先一后，不能理解为"粗碎级"和"细碎级"可以合并或者替代。原一审、二审法院将"两级破碎"解释为只能是先粗碎再细碎的两级破碎方法，并无不当。

被诉侵权方法仅使用一种双辊式破碎机进行钢砂加工。由于双辊式破碎机的破碎动力产生于两个辊子之间的挤压力，其加工方法是在一个级别的破碎中多次循环，每次破碎都是加工出一定比例的钢砂，在多次积累加工出钢砂后进行筛选。而且，福建多棱钢公司也曾在本案诉讼中明确，粗碎过程不可能生产出成品钢砂，所以，被诉侵权方法只存在“细碎级”破碎，不存在“粗碎级”破碎，缺少本专利“两级破碎”中的粗碎。使用辊式破碎机进行破碎的手段、实现的功能和达到的效果与本专利“两级破碎”并不基本相同。因此，福建多棱钢公司主张被诉侵权方法构成等同侵权以及属于变劣技术方案，落入本利保护范围的理由不能成立。

【案件信息】

福建多棱钢业集团有限公司诉启东市八菱钢丸有限公司侵害发明专利权案，最高人民法院(2010)民申字第979号民事裁定书(2010年9月8日，王永昌、李剑、罗霞)，江苏省高级人民法院(2008)苏民三终字第0134号民事判决书(2008年7月30日，王成龙、袁滔、王天红)，江苏省南通市中级人民法院(2007)通中民三初字第0255号民事判决书(2008年1月29日，刘瑜、刘琰、罗勇)。

案件来源：最高人民法院知识产权案件年度报告(2010)。

112 技术特征及其术语含义不清楚的，应当根据说明书及其技术方案的实现方式来解释

【裁判要旨】

主张保护的专利技术特征及其术语的含义在权利要求中未做限定的，应根据说明书的内容以及请求保护技术方案的实现方式进行解释。

被诉侵权的获利情况由侵权人掌握，却无正当理由不向法院披露相应证据或者披露证据不完整的。应承担举证妨碍的后果。

根据已有证据能够推定侵权获利超过法定赔偿最高限额的，但难以确定具体数额的，可在法定赔偿最高限额以上、诉讼请求数额以下合理确定赔偿数额。

【关键词】

权利要求的解释 | 技术特征 | 侵权获利 | 证据披露 | 裁量性赔偿

【基本案情】

原告格力公司系名称为“控制空调器按照自定义曲线运行的方法”的发明专

利权人。2008 年 6 月 3 日,格力公司在被告泰锋公司处购买了被告美的公司生产的 KFR－26G/DY－V2(E2)美的冷暖型梦空调,认为该梦静星系列四款空调产品在“舒睡模式 3”运行方式下的技术特征完全落入其本发明专利权利要求 2 中。美的公司提供型号为 KFR－26GW/DY－V2(E2)分体机的 2008 年 4 月 8 日至 2010 年 9 月 18 日的销售数量为 11735 台;利润为 477000 元。

鉴定机构出具《司法鉴定意见书》认为,被诉侵权产品在“舒睡模式 3”运行方式下技术方案中的技术特征包含有本专利权利要求 2、4、5、6、7 中记载的全部技术特征。其中,本专利权利要求 2 的技术特征 3A“当设置完成后,遥控器将已设置好的自定义曲线数据存储在遥控器自带的记忆芯片中”与美的公司空调器“舒睡模式 3”的技术特征 3B“遥控器将设置完的舒睡时间和舒睡时间中每小时的温度参数存储在遥控器的‘NEC78F9468’控制芯片的存储器中(RAM 随机存取存储器)”等同,其他特征相同。

格力公司提起诉讼,请求判令美的公司和泰锋公司停止侵权行为,赔偿损失 300 万元及合理开支。

广东省珠海市中级人民法院判决:美的公司和泰锋公司停止侵权,美的公司赔偿损失及合理开支 200 万元。美的公司不服,提起上诉。广东省高级人民法院判决:驳回上诉,维持原判。

【裁判理由】

法院认为:

本专利的技术特征 3A 中未提及遥控器主芯片,更未限定记忆芯片与遥控器主芯片的相互关系,包括物理位置关系,那么记忆芯片既可以单独存在于遥控器主芯片外,也可以存在于遥控器主芯片内,无论其物理关系如何,从专利侵权的覆盖原则来讲,只需审查被诉侵权技术方案是否包含了“当设置完成后遥控器将已设置好的自定义曲线数据存储在遥控器自带的记忆芯片中”的技术特征。

根据本专利权利要求 2 记载,在进入自定义设置状态时,遥控器首先显示的是上一次设定的信息,而不是空白的信息,而要实现这一状态,用以存储曲线数据的记忆芯片通常是非易失性的,而被诉侵权“舒睡模式 3”是将参数存储在易失性的控制芯片的 RAM 中,两者不相同。两种芯片均为存储设备,用以储存睡眠曲线参数,控制芯片的 RAM 虽然是易失性的,在遥控器掉电时数据不会被保存,但通常情况下,空调遥控器在使用中一般不会取下电池,也就是说在实际使用中,控制芯片的 RAM 与记忆芯片的效果基本相同。对于本领域的普通技术人员来讲,以控制芯片的RAM代替记忆芯片，无须经过创造性劳动就能够联想到。上述技术特征构成等同，其他技术特征相同，被诉侵权技术方案落入专利权利要求2的保护范围构成侵权。

格力公司提交了《资产评估书》和销量下滑的数据，而这两份证据均为格力公司单方委托评估或单方制作的，无法确定相关评估标准和数据的真实性、准确性以及合理性，故不能据此确定格力公司的实际损失，亦不能据此确定专利许可使用费。

美的公司四款侵权空调的销售数量、售价和利润等情况由其掌握，在其没有对外披露的情况下，格力公司很难查知，故美的公司负有证据披露的义务，但其没有正当理由未提交其他三款空调器的相关数据，应承担举证妨碍的法律后果。参照KFR－26GW/DY－V2（E2）的利润，推定另外三款空调器的利润均不少于477000元，即有证据证明侵权获利明显超过法定赔偿最高限额，应当在法定最高限额以上合理确定赔偿数额。考虑本专利的类型、市场价值、侵权主观过错程度、侵权情节、参考利润、维权成本等因素并包括合理开支，判令赔偿损失200万元于法有据。

【案件信息】

珠海格力电器股份有限公司与广东美的制冷设备有限公司、珠海市泰锋电业有限公司侵害发明专利案，广东省高级人民法院（2011）粤高法民三终字第326号民事判决书（2011年10月27日，潘奇志、肖少杨、郑颖），广东省珠海市中级人民法院（2009）珠中法民三初字第5号民事判决书。

案件来源：2011年中国法院知识产权司法保护十大案件。

113　解释权利要求应使用说明书，相同术语应解释为相同含义并据专利权人自述来限定范围

【裁判要旨】

确定专利权保护范围，应遵循说明书和附图可以用于解释权利要求、权利要求中的术语在说明书未做特别解释的情况下应采用通常理解、不同权利要求中采用的相关技术术语应当解释为具有相同的含义、专利权人在专利授权和无效宣告程序中为保证获得专利权或者维持专

利权有效而对专利权保护范围作出的限制等原则。

【关键词】

权利要求的解释｜说明书及其附图｜通常理解｜相同术语｜授权确权程序

【基本案情】

原告孙守辉系专利号为200620115497.2、名称为“简易牙膏挤出器”的实用新型专利权人。其权利要求如下:1.一种简易牙膏挤出器,其特征在于:包括一梯形端面的框架体,其中框架梯形宽度较大的底为一长方形开口状,较小的底的中央部位设置较小的长条形开口,该长条形开口的长度略大于牙膏袋的宽度,开口的宽度略大于牙膏皮的厚度。2.根据权利要求1所述的简易牙膏挤出器,其特征在于:所述梯形端面框架的长度为……

本专利无效程序中,孙守辉陈述意见称:证据1中公开的是中间有狭长空洞的长方体,与专利权利要求1所述的梯形端面框架体有很明显的区别,故专利相对于证据1具有新颖性;并且,这种梯形端面设计可以最大限度地节约材料,故专利的权利要求1相对于证据1具有创造性。专利复审委员会据此决定维持本专利有效。

孙守辉以被告肯德基公司从被告百胜公司统一采购自柏礼公司的“奇奇环保牙膏夹”侵害其专利权为由提起诉讼,请求判令停止侵权,赔偿损失1万元。

山东省青岛市中级人民法院判决:驳回孙守辉的诉讼请求。孙守辉不服,提起上诉。山东省高级人民法院判决:驳回上诉,维持原判。孙守辉仍不服,申请再审。最高人民法院裁定:驳回其再审申请。

【裁判理由】

最高人民法院认为:

对孙守辉专利权利要求1的保护范围应依据《专利法》第56条第1款的规定进行确定。同时,在专利侵权诉讼中,对专利保护范围的确定还应当考虑专利权人在专利授权和无效宣告程序中为保证获得专利权或者维持专利权有效而对专利保护范作出的限制。

首先,从权利要求1的字面内容来看,权利要求1中的“包括一梯形端面的框架体”,按通常理解,其中的“一”是用于修饰和限定“框架体”的,而并非修饰“梯形端面”,不是对“梯形端面”数量的限定。因此,“包括一梯形端面的框架体”的实际含义就是“一具有梯形横截面的框架体”,其端面本身为平面形状,即梯形,这也符合梯形通常是指平面图形的含义。与牙膏袋相适应的应当是框架体，即一具有梯形横截面的立体结构，而非端面。

其次，从专利说明书和附图对框架体的相关描述来看，说明书中称“其结构为一具有梯形断面的框架 2”，按通常理解，此处的“2”即附图 1 标记 2，因被置于“框架”一词之后，所以是指代“框架”，而不是指代“断面”或“端面”。结合说明书和附图，也应当认为孙守辉专利权利要求 1 保护的产品是一具有梯形横截面的框架体。

最后，从孙守辉专利两项权利要求对“梯形”这一术语的使用来看，权利要求 2 所述“梯形端面框架”中的“梯形”显然是用于限定框架体横截面为梯形，根据不同权利要求中采用的相同技术术语应当解释为具有相同的含义的基本原则，权利要求 1 中的“梯形”也应当被解释为是对框架体的限定。

另外，从专利权人孙守辉在其专利无效宣告程序中的意见陈述来看，孙守辉是将“这种梯形端面设计可以最大限度地节约材料”作为其专利相对于专利无效宣告程序中的证据 1 具有创造性的理由，专利复审委员会也正是基于上述理由认定孙守辉专利具有创造性，并决定维持孙守辉专利权有效。孙守辉在无效宣告程序中的上述意见陈述在本案中具有约束力，应当将孙守辉专利权利要求 1 中的“包括一梯形端面的框架体”认定为该专利保护的简易牙膏挤出器本身为一具有梯形横截面的框架体，否则孙守辉专利相对于无效宣告程序中的证据 1 就不具有创造性。

被诉侵权产品框架体内设置一没有顶面和底面的中空长方体内框架，内框架底部两个较长的边固定有两个向上斜对（呈“八”字形）彼此不相连的页片，所述页片与内框架其他部分不相连，该特征与专利权利要求 1 的框架体的端面（横截面）的形状为梯形，不构成相同或者等同特征。被诉侵权产品未落入本专利保护范围，不构成侵权。

【案件信息】

孙守辉诉青岛肯德基有限公司、上海柏礼贸易有限公司、百胜（中国）投资有限公司侵害实用新型专利权案，最高人民法院（2009）民申字第 1622 号民事裁定书（2010 年 6 月 23 日，郃中林、郎贵梅、秦元明），山东省高级人民法院（2009）鲁民三终字第 92 号民事判决书（2009 年 8 月 5 日，徐清霜、丛卫、刘晓梅），山东省青岛市中级人民法院（2008）青民三初字第 44 号民事判决书。

案件来源：最高人民法院知识产权案件年度报告（2010）。

114 解释权利要求时不应以说明书及附图中实施例的例示性描述限制专利权的保护范围

【裁判要旨】

运用说明书及附图解释权利要求时，由于实施例只是发明的例示，不应当以说明书及附图的例示性描述限制专利权的保护范围。

【关键词】

权利要求的解释｜实施例｜保护范围

【基本案情】

原告徐永伟系专利号为200510023199.0、名称为“太阳能手电筒”的发明专利权人。本案专利权利要求1为：一种太阳能手电筒，其包括有手电筒的筒体、灯头、灯座、开关，灯头与筒体进行连接，筒体里内置有充电电池作为电源，同时手电筒上安装有控制电源断通的开关，筒体的外表面固定有太阳能电池板，太阳能电池板的输出与筒体内的充电电池进行并联连接，其特征在于所述的太阳能电池板与在外面的、保护太阳能电池板的、透明的罩盖组成可脱卸的部件，同时，筒体的表面开有配合的安装孔，罩盖的前部有前缘部分，与安装孔的前沿呈插接连接，罩盖的后端面上开有小孔，紧固有紧固件，紧固件与筒体的后部里表面进行配合固定，使该部件能够通过可脱卸的连接结构安装固定在筒体的外表面安装孔上。

被告华拓公司生产、销售了被诉侵权的太阳能手电筒，并在其网站上和产品宣传册中进行许诺销售。徐永伟提起诉讼，请求华拓公司停止生产、销售、许诺销售被诉侵权产品并销毁侵权模具和库存侵权成品和半成品，赔偿损失及合理开支20万元。浙江省宁波市中级人民法院判决：华拓公司停止侵权、赔偿徐永伟损失及合理开支6万元。徐永伟、华拓公司均不服，分别提起上诉。

浙江省高级人民法院判决：撤销一审判决、驳回徐永伟的诉讼请求。徐永伟不服，申请再审。再审过程中，徐永伟以华拓公司的侵权行为仍在继续为由，将其一审诉请的赔偿数额20万元调整为50万元。最高人民法院提审后判决：撤销二审判决，维持一审判决，华拓公司向徐永伟另支付为制止侵权行为的合理开支3万元。

【裁判理由】

最高人民法院认为：

权利要求的作用在于界定专利权的权利边界，说明书及附图主要用于清楚、完整地描述专利技术方案，使本领域技术人员能够理解和实施该专利。而教导本领域技术人员实施专利的最好方式之一是提供实施例，但实施例只是发明的例示，因为专利法不要求，也不可能要求说明书列举实施发明的所有具体方式。因此，运用说明书及附图解释权利要求时，不应当以说明书及附图的例示性描述限制专利权的保护范围。否则，就会不合理地限制专利权的保护范围，有违鼓励发明创造的立法本意。

本专利权利要求书并未记载电筒“后端盖”，仅在说明书的实施例部分及附图部分有所提及，不能将“后端盖”作为界定本专利权保护范围的依据。同时，专利权利要求1中的“可脱卸”是指电池板与罩盖之间的可脱卸以及罩盖、电池板与筒体之间的可脱卸，而后端盖的开合是指后端盖与筒体之间的可脱卸，两者并非同一含义。此外，华拓公司在申请再审中提交的专利审查档案进一步印证，后端盖不属于本专利所述“可脱卸连接结构”的组成构件。因此，专利权利要求中“可脱卸”部件或者连接结构等技术特征与后端盖能否开合无关。被诉侵权产品的后端盖不能通过人力打开，并不意味着其不具有专利权利要求中的“可脱卸”特征。被诉侵权产品具备了专利权利要求1的全部技术特征，落入本专利权的保护范围。

【案件信息】

徐永伟诉宁波市华拓太阳能科技有限公司侵害发明专利权案，最高人民法院（2011）民提字第64号民事判决书（2011年5月10日，王永昌、李剑、宋淑华），浙江省高级人民法院（2010）浙知终字第11号民事判决书（2010年3月1日，王亦非、周卓华、顾宏斐），浙江省宁波市中级人民法院（2009）浙甬知初字第228号民事判决书。

案件来源：最高人民法院知识产权案件年度报告（2011）。

115 本领域技术人员对权利要求相关表述的含义可清楚确定的，不应以说明书否定其理解

【裁判要旨】

当本领域技术人员对权利要求相关表述的含义可以清楚确定且说

明书又未对此做特别界定时,应以本领域技术人员的理解为准,不应当以说明书的记载否定权利要求的记载,从而达到实质修改权利要求的结果,否则权利要求对专利保护范围的公示和划界作用就会受到损害,专利权人因此不当获得了权利要求本不应该涵盖的保护范围。

【关键词】

侵害专利权|权利要求用语|含义清楚确定|明显错误|权利要求的修改

【基本案情】

原告秦邦公司系名称为“平滑型金属屏蔽复合带的制作方法”的发明专利权人,其专利权利要求1的技术特征之一为“使塑料膜的表面形成0.04~0.09mm厚的凹凸不平粗糙面”。说明书中对该技术特征未做特别界定,但在实施例中记载的所用塑料膜的厚度分别为0.04mm、0.09mm和0.07mm。

被告上海锡盛公司/无锡隆盛厂向被告西古公司等销售了其生产的被诉侵权的光缆用铝塑复合带产品,该产品的表面粗糙度为Ral.8~5μm(实测为Ra 2.47~3.53μm),即塑料膜表面凹凸不平粗糙面的厚度为0.00247~0.00353mm,所使用塑料膜的厚度为0.055~0.070mm。

秦邦公司提起诉讼,请求判令:三被告立即停止侵权,无锡隆盛厂、上海锡盛公司销毁侵权设备、模具和侵权产品,无锡隆盛厂、上海锡盛公司连带赔偿损失3000万元,西古公司在使用侵权产品盈利范围内赔偿损失。

陕西省西安市中级人民法院判决:无锡隆盛厂、上海锡盛公司停止侵权,无锡隆盛厂销毁侵权产品和用于生产侵权产品的设备(含生产模具),无锡隆盛厂、上海锡盛公司连带赔偿损失3000万元,西古公司停止使用侵权产品。无锡隆盛厂和上海锡盛公司不服,提起上诉。陕西省高级人民法院判决维持一审判决。无锡隆盛厂和上海锡盛公司不服,向最高人民法院申请再审。最高人民法院指令陕西省高级人民法院再审。陕西省高级人民法院判决:维持原二审判决。无锡隆盛厂和上海锡盛公司仍不服,再次申请再审。最高人民法院提审后判决:撤销原一审、二审和再审判决,驳回秦邦公司的诉讼请求。

【裁判理由】

最高人民法院认为:

禁止以说明书的记载修改或者否定含义清楚且说明书未做特别界定的权利要求用语。但如果本领域技术人员阅读说明书后可以立即获知权利要求特定用语的表述存在明显错误,并能够根据说明书的相应记载明确、直接、毫无疑义地修正权利要求的该特定用语的含义的,可以根据说明书修正权利要求用语的明显错误。

就权利要求1记载的"使塑料膜的表面形成0.04~0.09mm厚的凹凸不平粗糙面"这一用语而言,本领域技术人员可以理解,其含义是指塑料膜表面凹凸不平粗糙面的厚度为0.04~0.09mm,即塑料膜表面形成0.04~0.09mm(40~90μm)的凹凸落差表面结构,这一含义是清楚、确定的,且与实施例中所使用的塑料薄膜厚度的说法存在区别,在说明书未给出进一步的解释和说明的情况下,应该认为两者具有不同含义。如果把"使塑料膜的表面形成0.04~0.09mm厚的凹凸不平粗糙面"的表述解释为塑料膜的厚度为0.04~0.09mm,则该表述中的"表面"以及"粗糙面"等用语实际上成为多余。专利权人在专利无效宣告过程中陈述时明确否定本专利说明书中有"塑料膜保持在0.04~0.09mm的厚度"的记载,表明在无效宣告程序中其自身也不认为"使塑料膜的表面形成0.04~0.09mm厚的凹凸不平粗糙面"是指"塑料膜厚度为0.04~0.09mm"。

本专利说明书对于技术方案的描述过于简单,既未对"使塑料膜的表面形成0.04~0.09mm厚的凹凸不平粗糙面"进行详细说明,又未对塑料薄膜的厚度进行限定和解释,而仅仅在实施例中提及了塑料薄膜的厚度分别为0.04mm、0.09mm和0.07mm。在此情况下,本领域技术人员在阅读权利要求书和说明书之后,难以形成权利要求1中"使塑料膜的表面形成0.04~0.09mm厚的凹凸不平粗糙面"这一表述实际上应为"塑料膜厚度为0.04~0.09mm"的认识。虽然"使塑料膜的表面形成0.04~0.09mm厚的凹凸不平粗糙面"这一表述中"0.04~0.09mm"的数值范围与实施例中塑料膜厚度数值之间较为接近并存在重叠,但是简单地以此为由认为该表述存在明显错误,并进而将塑料膜表面凹凸不平粗糙面的厚度修正为塑料膜的厚度,依据不足。

被诉侵权方法中塑料膜表面粗糙度与权利要求1记载的"使塑料膜的表面形成0.04~0.09mm厚的凹凸不平粗糙面"表面结构相差很大,与本专利方法既不相同,也难以认定等同。

本案被诉侵权方法技术方案有一项以上的技术特征与本专利权利要求1的相应技术特征既不相同又不构成等同,未落入专利权利要求1的保护范围,不构成侵犯本案专利权。

【案件信息】

西安秦邦电信材料有限责任公司诉无锡市隆盛电缆材料厂、上海锡盛电缆材料有限公司与古河电工(西安)光通信有限公司侵害发明专利权案,最高人民法院(2012)民提字第3号民事判决书(2012年8月24日,金克胜、朱理、郎贵梅),陕西省高级人民法院(2009)陕民再字第35号民事判决书,陕西省高级人民法院(2008)陕民三终字第18号民事判决书(2008年10月27日,赵小平、同慧会、李咏),陕西省西安市中级人民法院(2006)西民四初字第53号民事判决书。

案件来源:最高人民法院知识产权案件年度报告(2012),2012年中国法院知识产权司法保护十大创新性案件。

116 本领域技术人员对权利要求与说明书的矛盾能得出唯一确定解释的,可修正权利要求的错误

【裁判要旨】

专利公告文本对技术特征的描述,与专利说明书附图等所标示位置关系存在矛盾,本领域技术人员通过阅读专利权利要求书、说明书及附图,以及参考涉案专利PCT国际申请时提交的原始说明书(英文及译文),能够对实现要求保护的技术方案得出具体、确定、唯一的解释的,属于特定情况下的对权利要求的修正,应当通过解释来澄清或者修正权利要求中的错误表述,准确确定专利权保护范围即当权利要求中的技术特征之间存在矛盾的特定情况时,修正该技术特征的含义。

【关键词】

侵害专利权|保护范围|技术特征的矛盾|权利要求的澄清或者修正|具体、确定、唯一的解释

【基本案情】

原告埃斯科公司系专利号为02813657.8、名称为“耐磨组件及耐磨构件”的发明专利权人。

埃斯科公司从被告路坤公司处公证购买了型号为220-9093的斗齿、型号为220-9094齿座和型号为220-9090销子若干,于是提起诉讼,请求判令路坤公司停止制造、销售侵害涉案专利权的斗齿、齿座和销等产品的行为,销毁用于制造侵权产品的全部专用模具、设备、冶具以及侵权成品、半成品等,赔偿损失及合理开

支100万元。

浙江省宁波市中级人民法院判决：路坤公司停止制造、销售落入涉案专利权保护范围的产品，销毁侵权产品（包括成品、半成品），并赔偿损失及合理开支30万元。

【裁判理由】

法院认为：

被诉侵权产品由型号220－9093斗齿、型号220－9094齿座和型号220－9090销子组成，可用于挖掘机，经对比被诉侵权技术方案包含与权利要求1、3、4、6、7、8、9、13、14、15、16、17、19、21、22、23、24、25、26、30、31、32、33、34记载的全部技术特征相同的技术特征，以及与权利要求5、29记载的技术特征等同的技术特征。

原告埃斯科公司认为权利要求20的公告文本中记载的"所述插口(53)包括一个形成在所述突出部(18)上的用于接收一凸轨(35)的凹槽(65)"，其中突出部(18)与凹槽(65)部件位置关系存在明显错误，应当更正为"所述插口(53)包括一个用于接收一形成在所述突出部(18)上的凸轨的凹槽(65)"，请求法院在解释专利范围时予以修正。

专利权侵权纠纷案件中，如何确定专利权保护范围是给予专利权人恰如其分司法保护的首要问题。发明或者实用新型专利权保护范围应当以权利要求书记载的技术特征所确定的内容为准，也包括与所记载的技术特征相等同的技术特征所确定的内容。在确定专利权保护范围时，法院应当对专利权人作为权利依据所主张的相关权利要求进行解释。法院通过正确解释专利权利要求，合理界定专利权保护范围，以达到厘清专利权的保护边界，既保护创新，又安定争议的作用。

结合涉案专利说明书附图来看，此处专利公告文本对突出部(18)与凹槽(65)部件位置关系，与专利说明书附图等所标示位置关系存在矛盾。故此处对权利要求的解释，不属于权利要求技术内容不清楚时的澄清或者权利要求中的技术特征在理解上存在缺陷时的弥补，而是属于特定情况下的对权利要求的修正，即当权利要求中的技术特征之间存在矛盾的特定情况时，修正该技术特征的含义。本案中，本领域技术人员通过阅读专利权利要求书、说明书及附图，以及参考涉案专利PCT国际申请时提交的原始说明书（英文及译文），能够对实现要求保护的技术方案得出具体、确定、唯一的解释的，应当根据该解释来澄清或者修正权利要求中的错误表述，即"凸轨形成于突出部上，而插口包含凹槽用于接收凸轨"，权利要求20应当修正为"所述插口(53)包括一个用于接收一形成在所述突出部(18)上的凸轨的凹槽(65)”。经比对,被诉侵权技术方案的亦包含与权利要求20经解释修正的技术特征。

【案件信息】

ESCO Corporation(埃斯科公司)诉宁波市路坤国际贸易有限公司侵害发明专利权案,浙江省宁波市中级人民法院(2015)浙甬知初字第626号民事判决书(2016年5月25日,马洪、陈佳强)。

案件来源:2016年中国法院50件典型知识产权案例。

117 专利权人在侵权诉讼中对技术特征的解释未超出记载范围的可据此限定该技术特征

【裁判要旨】

专利权人在侵权诉讼程序中对其技术特征所做的解释如果未超出其权利要求书的记载范围,也与其专利说明书及附图相吻合时,可以按照其解释限定该技术特征。

【关键词】

权利要求的解释 | 记载范围 | 技术特征的限定 | 等同 | 保护范围

【基本案情】

原告薛胜国系专利号为200520031671.0、名称为“用于粉条加工的揉面机”的实用新型专利权人。本专利权利要求为:“用于粉条加工的揉面机,它包括:机架(1),设置在所述机架(1)上的驱动电机(2),其特征在于:在机架(1)上部设置有带有进、出料口(3.4)的料斗(5),和水平设置在该料斗(5)内的由所述驱动电机(2)驱动的输送搅龙(6);在位于所述出料口(4)上方的机架(1)上并排设置有两个相通的‘U’形揉面斗(7.8),其中一个‘U’形揉面斗(7)的底部与所述出料口(4)相连通;在位于每个‘U’形揉面斗(7.8)上方的机架(1)上分别设置有一揉面锤(9、10),所述两揉面锤(9、10)的支撑架(11)通过曲柄连杆机构(12)与驱动电机(2)的动力轴相连接。”

被告赵相民生产并销售了被诉侵权的推盆机,其技术特征为:1.机架;2.设置在机架上带有减速器的驱动电机;3.机架上部设置有带有进、出料口的料斗;4.水平设置在料斗内的输送搅龙，驱动电机通过减速器驱动输送搅龙；5. 所述出料口一侧下方的机架上并排设置有两个相通的“U”形揉面斗，其中一个“U”形揉面斗的上部与所述出料口相连通；6. 位于每个“U”形揉面斗上方的机架上分别设置有一揉面锤，所述两揉面锤的支撑架通过曲柄连杆机构与驱动电机上的动机轴相连接。

薛胜国提起诉讼，请求判令赵相民、赵章仁停止侵权赔偿损失 1 万元。河南省郑州市中级人民法院判决：驳回薛胜国的诉讼请求。薛胜国不服，提起上诉。河南省高级人民法院判决：驳回上诉，维持原判。薛胜国仍不服，申请再审。最高人民法院裁定：驳回其再审申请。

【裁判理由】

最高人民法院认为：

本专利与被诉侵权产品均可划分成 6 项技术特征，彼此比对可以确定，第 1 ~ 5 项特征构成相同或者等同的技术特征。

对本专利的特征 6，薛胜国在再审时明确确认，两个揉面锤共用的一个支撑架通过曲柄连杆机构与驱动电机的动力轴相连接，动力驱动装置通过曲柄连杆机构带动两个揉面锤同向上下往复运动。该解释并未超出其权利要求书对相应技术内容的记载范围，也与其专利说明书附图所示的两个揉面锤、支撑架、曲柄连杆机构、驱动电机之间的相互位置和连接关系相吻合。因此特征 6 可以限定为：在位于每个 U 形揉面斗上方的机架上分别设置有一揉面锤，所述两揉面锤的共用的一个支撑架通过曲柄连杆机构与驱动电机的动力轴相连接，动力驱动装置通过曲柄连杆机构带动两个揉面锤同向上下往复运动。

本专利与被诉侵权产品在特征 6 上有两点不同：一是本专利的曲柄连杆机构与驱动电机的动力轴相连接；被诉侵权产品的曲柄连杆机构与驱动电机上减速器的动力轴相连接。被诉侵权产品只是在专利技术特征的基础上增加了减速器这一具体技术特征，并不影响二者的该对应技术特征构成相同。二是本专利的两揉面锤共用一个支撑架，并通过曲柄连杆机构和动力驱动装置带动两个揉面锤同向上下往复运动；被诉侵权产品则是两揉面锤各有一支撑架，两个揉面锤的支撑架之间由杠杆连接，其中一个揉面锤的支撑架通过曲柄连杆机构和动力驱动装置使两个揉面锤反向上下往复运动。虽然两者均具有通过支撑架支撑揉面锤，动力驱动装置通过曲柄连杆机构带动揉面锤的支撑架上下运动的基本功能，但从二者揉面锤的工作原理和运动方式来看，显属采用了不同的技术手段，不应认为是采取了基本相同的手段;同时,由于被诉侵权产品的动力驱动装置驱动的是一个揉面锤的支撑架,而专利的驱动装置驱动的是两个揉面锤的支撑架,被诉侵权产品的这种设计更节省动能,可使用相对较小功率的驱动电机,而且,被诉侵权产品利用杠杆原理使两个揉面锤反向上下往复运动也避免了专利的两个揉面锤共用一个支撑架时同向向上运动时所作的无用功,由此可见,二者在技术效果上亦有明显不同;另外,被诉侵权产品的这种变换手段,对于本领域的普通技术人员而言,也并非无须经过创造性劳动就能够联想到的特征。综上所述,被诉侵权产品并未落入本专利的保护范围,不构成对侵权。

【案件信息】

薛胜国诉赵相民、赵章仁侵害实用新型专利权案,最高人民法院(2009)民申字第1562号民事裁定书(2009年11月26日,郃中林、秦元明、郎贵梅),河南省高级人民法院(2008)豫法民三终字第22号民事判决书,河南省郑州市中级人民法院(2007)郑民三初字第245号民事判决书。

案件来源:最高人民法院知识产权案件年度报告(2009)。

118 权利要求用语如无特别界定一般应解释为通常含义,不能将其限缩为说明书的某一实施方式

【裁判要旨】

在专利说明书对权利要求的用语无特别界定时,一般应根据本领域技术人员理解的通常含义进行解释,不能简单地将该用语的含义限缩为说明书给出的某一具体实施方式体现的内容。

【关键词】

权利要求的用语 | 说明书 | 本领域技术人员 | 通常含义 | 具体实施方式

【基本案情】

原告罗士中系专利号为02231446.6、名称为“汽车方向盘锁”的实用新型专利权人。被告蓝鹰厂制造、销售了被诉侵权的蓝鹰128#锁。罗士中提起诉讼,请求蓝鹰厂停止生产、销售侵权产品,销毁侵权产品和制造侵权产品的模具并赔偿合理开支2.5万元,在本行业杂志上赔礼道歉。

广东省深圳市中级人民法院判决：驳回罗士中的诉讼请求。罗士中不服，提起上诉。广东省高级人民法院判决：撤销一审判决，蓝鹰厂停止生产、销售侵权产品，销毁制造侵权产品的模具和库存侵权产品，并赔偿合理开支2.5万元。蓝鹰厂不服，申请再审。最高人民法院提审后判决：驳回蓝鹰厂的再审申请，维持二审判决。

【裁判理由】

最高人民法院认为：

本专利产品OK－310BA折叠式方向盘自动锁是本专利实施例1的具体体现，在确定本专利权的保护范围时，可以帮助理解权利要求的内容。但是，侵权判断时，应该防止将该具体的实施例与被诉侵权产品进行对比，以免不当地缩小专利权的保护范围。

本案中，对以下技术特征是否相同或者等同存在争议：

1. 锁体内部结构。本专利权利要求中相应技术特征为："垂直大孔的两侧设有贯穿其中心的纵向孔。""贯穿"不是一个专业技术术语，本专利说明书也没有对其含义作出特别界定，应根据其通常含义对其进行解释。《现代汉语词典》载明，"贯"的意思是"穿、贯通、连贯"，"贯穿"的意思是"穿过、连通"。因此，该技术特征的字面含义为两侧的纵向孔连通并且穿过垂直大孔中心。垂直大孔是立体的，其中心指的是其轴向中心线，而不是轴向中心线的中心。要实现这一点，垂直大孔两侧的纵向孔可以在一条直线上，与垂直大孔形成"十"形结构，也可以上下错位设置，与垂直大孔形成"Z"形结构。因为垂直大孔和纵向孔都是中空的，上述两种结构均可以实现垂直大孔两侧的纵向孔连通并且穿过垂直大孔中心。被诉侵权产品锁体内部结构的技术特征为：垂直大孔两侧的纵向孔上下错位设置，分别与垂直大孔的中心相贯通，与垂直大孔形成"Z"形结构。因此，被诉侵权产品关于锁体结构的技术特征与本专利相同。

2. 转轴结构及配合关系。本专利权利要求中相应技术特征为："转轴下端的中部设有径向凹坑，其位置与锁止元件和弹性定位掣相对应。""径向凹坑"的字面含义为沿转轴直径方向凹陷的坑状结构。在权利要求中没有对径向凹坑的形状、数量及组合方式的限制，也没有对与锁止元件和弹性定位掣相对应的径向凹坑是同一个还是不同的进行限制。本专利说明书中实施例1和2分别设置了一个和两个径向凹坑与锁止元件、弹性定位掣同时和分别对应。根据上述对锁体内部结构的分析，在垂直大孔两侧的纵向孔上下错位设置的情形下，也必定有不同的径向凹坑分别与锁止元件和弹性定位掣相对应。被诉侵权产品转轴结构的技术特征为:转轴下端分成上下两部分,错位开设两种不同滑槽分别与锁止元件和弹性定位掣相对应。位于上方的4个齿形滑槽(两个径向设置、两个非径向设置)与锁止元件相对应,位于下方的横截面为半圆弧形的滑槽(非径向设置)与方形弹性定位掣相对应。判断被诉侵权产品的滑槽与本专利的径向凹坑是否相同或等同,还应该进一步确定径向凹坑的作用,而不能仅停留在其字面含义。本专利中的径向凹坑与被诉侵权产品中的滑槽,其作用均是与弹性定位掣和锁止元件相配合,实现锁紧和开锁以及保持组合锁梁和止动杆的折叠状态。尽管被诉侵权产品中的滑槽有些非径向设置,但其实质上和本专利中的径向凹坑是相同的。本专利权利要求和说明书中,对转轴转动过程中弹性定位掣的位置没有记载,也就是说没有排除在转轴转动过程中弹性定位掣始终弹顶在径向凹坑内的技术方案。被诉侵权产品弹性定位掣在转轴转动过程中,始终弹顶在横截面为半圆弧形的滑槽内,其作用也在于开锁旋转180°后顶在滑槽和锁体之间,保持锁体与组合锁梁折叠状态的相对稳定。在本专利的权利要求范围内,会有不同的实施方式,不同的实施方式可能会带来技术效果上的差别,但是都落入专利权的保护范围之内。因此,在锁止元件、弹性定位掣与转轴的配合关系上,被诉侵权产品与本专利相同,落入本专利权保护范围。

【案件信息】

罗士中诉深圳市蓝鹰五金塑胶制品厂侵害实用新型专利权案,最高人民法院(2011)民提字第248号民事判决书(2011年12月20日,王永昌、李剑、秦元明),广东省高级人民法院(2010)粤高法民三终字第398号民事判决书(2010年12月31日,邓燕辉、肖海棠、凌健华),广东省深圳市中级人民法院(2009)深中法民三初字第278号民事判决书。

案件来源:最高人民法院知识产权案件年度报告(2011)。

119 权利要求中自创的技术术语应结合背景技术、发明目的、技术效果等查明其工作方式、功能、效果,从而确定其含义

【裁判要旨】

在解释权利要求时,对于权利人自行创设的技术术语,一般可依据权利要求书、说明书中的定义或解释来确定其含义。如果缺乏该种解释

或定义的，则应当结合权利要求书、说明书、附图中记载的有关背景技术、发明目的、技术效果等内容，查明该技术术语的工作方式、功能、效果，以确定其在整体技术方案中的含义。

【关键词】

权利要求的解释｜自创技术术语｜技术术语的工作方式、功能、效果｜整体技术方案

【基本案情】

孙建华、沈其衡系专利号为200820155495.5，名称为"一种空转锁的装置"的实用新型专利权人，原告固坚公司享有本专利的独占使用权。本专利共包括7项权利要求，其中独立权利要求1为："一种空转锁的装置：包含钥匙（1）、锁芯（4）、锁体（8），其特征是，所述锁芯（4）的一端供钥匙（1）插入，另一端设有旋转推进器（5），伸缩联动器（6）一端与旋转推进器（5）相邻，另一端设有伸缩杆，锁体（8）一端或锁体（8）外圆设有供伸缩联动器（6）向外伸出的通道（11）……"

固坚公司以被告摩的露可厂生产、销售的车锁侵害本专利权为由，提起诉讼，请求判令停止侵权，赔偿损失10万元及相应合理开支。

上海市第一中级人民法院认为：摩的露可厂的车锁落入本专利保护范围，但其先用权抗辩成立，可以在原有范围内继续制造车锁。故判决：驳回固坚公司的诉讼请求。固坚公司不服，提起上诉。上海市高级人民法院认为：摩的露可厂的先用权抗辩不成立，故判决：撤销一审判决，摩的露可厂停止侵权，赔偿损失及合理开支3.5万元。摩的露可厂不服，申请再审。最高人民法院提审后判决：撤销一、二判决，驳回固坚公司的诉讼请求。

【裁判理由】

最高人民法院认为：

判断被诉侵权产品是否落入本专利权的保护范围，在于正确理解权利要求1伸缩联动器在本专利整体技术方案中的含义。

对于一项申请日之前未曾出现过的新的技术方案而言，仅仅使用申请日之前已有的技术术语，专利申请人可能难以准确、客观地描述该技术方案相对于现有技术所作出的改进。因此，为了满足描述新的专利技术方案的客观需要，应当允许专利申请人在撰写专利申请文件时使用自行创设的技术术语。由于自行创设的技术术语的含义并不为本领域技术人员所知悉，故专利申请人在使用自行创设

的技术术语时，亦有义务在权利要求书或者专利说明书中对该技术术语进行清楚、准确地定义、解释或者说明，以使得本领域技术人员能够清楚地理解该技术术语在专利技术方案中的含义。

在确定自行创设的技术术语的含义时，应当综合考虑权利要求书、说明书、附图中记载的与该技术术语相关的技术内容。权利要求书、说明书中对该技术术语进行了清楚、明确的定义或者解释的，一般可依据该定义或者解释来确定其含义。权利要求书、说明书中未能对该技术术语进行清楚、明确的定义或者解释的，则应当结合说明书、附图中记载的与该技术术语有关的背景技术、技术问题、发明目的、技术方案、技术效果等内容，查明该技术术语相关的工作方式、功能、效果，以确定其在本专利整体技术方案中的含义。

伸缩联动器并非本专利申请日前本领域中已有的技术术语，是专利申请人自行创设的技术术语。专利申请人在权利要求书与说明书中均没有对伸缩联动器进行定义或者解释，因此，需要综合考虑说明书、附图中记载的与该技术术语相关的技术内容来确定其含义。根据本专利的背景技术、发明内容以及技术效果，本专利的发明目的是提供一种空转防盗锁装置，利用该装置，可以直接将各种类型的锁芯改造成空转锁，使普通锁具备空转防盗功能。根据本专利具体实施方式，本专利必须通过伸缩联动器与旋转推进器配合方式的变化，使伸缩联动器与锁舌或者锁栓的配合方式发生变化，从而实现开闭锁或者空转防盗的目的。伸缩联动器是设置在旋转推进器与锁舌或者锁栓之间，用以推动锁舌或者锁栓运动的中间部件。伸缩联动器与锁舌或者锁栓各自独立，并非同一部件。本专利中也没有记载以伸缩联动器直接替代锁舌或者锁栓，由伸缩联动器本身直接起闭锁作用的技术内容。因此，本专利中的伸缩联动器与锁舌或者锁栓各自独立，相互配合，方能实现本专利技术方案的发明目的和技术效果。

被诉侵权产品中的锁舌直接起闭锁作用，锁舌是由旋转推进器直接推动，二者之间没有设置伸缩联动器或其他中间部件。在空转防盗时，被诉侵权产品由于锁舌通道随锁体转动，使锁舌无法通过通道恢复到锁体中，从而实现空转防盗功能。而本专利则是由于旋转推进器无法推动伸缩联动器，继而无法推动锁舌或者锁栓，从而实现空转防盗的功能。因此，被诉侵权产品中的锁舌与伸缩联动器的工作方式、功能、效果均不相同，未落入本专利权的保护范围，不构成侵权。

【案件信息】

上海固坚锁业有限公司诉上海摩的露可锁具制造厂侵害实用新型专利权案，最高人民法院(2013)民提字第113号民事判决书(2014年1月26日,周翔、杜微科、周云川),上海市高级人民法院(2012)沪高民三(知)终字第33号民事判决书(2012年9月17日,张晓都、马剑峰、王静),上海市第一中级人民法院第(2011)沪一中民五(知)初字第150号民事判决书(2012年2月13日,胡震远、陆凤玉)。

案件来源:最高人民法院知识产权案件年度报告(2014)。

120 确定权利要求用语含义可参考有共同优先权的其他专利于确权时对相同用语的陈述

【裁判要旨】

在确定权利要求用语含义时,同一专利申请人或专利权人在与本案专利享有共同优先权的其他专利的授权确权程序中,对相同用语已经做出明确陈述的,可以参考上述陈述。

【关键词】

权利要求用语｜共同优先权｜意见陈述｜相同主题｜优先权文本范围

【基本案情】

原告戴森公司2006年7月18日在英国提出GB0614235.0号名称为“手持式真空吸尘器”的专利申请。2007年7月6日,戴森公司向国家知识产权局提出名称为“清洁设备”的PCT国际申请(本案专利),申请号为200780027417.5,并于2011年8月24日授权公告。

戴森公司认为被告索发公司生产、销售、许诺销售的型号为DV－888A等的吸尘器产品侵害其本案专利权,据此提起诉讼。

索发公司提交了专利号为200780027217.X的中国专利文献(即相关专利),其与本案专利均以英国GB0614235.0专利为基础享有优先权。戴森公司在该相关专利审查程序中的意见陈述认为“电源线并非电源”。

江苏省苏州市中级人民法院认为:被诉侵权产品中所述的电源线并非电源,不具备本案专利权利要求记载的“电源”这一技术特征。因此判决:驳回戴森公司的诉讼请求。戴森公司不服,提起上诉。江苏省高级人民法院判决:驳回上诉,维持原判。戴森公司仍不服,申请再审。最高人民法院裁定:驳回其再审申请。

【裁判理由】

最高人民法院认为：

从广义上讲，“电源”一词的含义是“将其他形式的能量转变为电能的装置”，其既包含直流电源，也包含交流电源，但本案专利说明书中并未对“电源”作具体说明，因此，本案专利权利要求中所述“电源”是否属于上述广义含义，仍应结合本领域技术人员阅读说明书及附图后对权利要求的理解加以确定。本案专利说明书中对可充电电源、标准电池和电源线作了严格区分，上述三者均属于广义上的电源。从本案专利说明书中记载的整体内容来看，至少电源线的技术方案并不能达到本案专利的发明目的，因此，尚不能将其作为具体技术方案读入权利要求的保护范围，也不能据此将权利要求中所述“电源”解释为包含“电源线”。

《侵犯专利权案件解释（二）》第 6 条规定：人民法院可以运用与本案专利存在分案申请关系的其他专利及其专利审查档案、生效的专利授权确权裁判文书解释本案专利的权利要求。该条所述分案申请是指，专利申请人将其在申请日提交的母案申请文件中已经披露，但因单一性等原因不能在母案中获得保护的发明创造另行提出的专利申请，同时保留原申请日。分案申请不得超出母案申请文件公开的范围，即不得在分案申请中补充母案申请文件未曾记载的新内容，以避免专利申请人将申请日后完成的发明创造通过分案申请抢占在先的申请日。因此，分案申请要受到母案申请文件的约束，母案申请构成分案申请特殊的专利审查档案。这也是上述司法解释允许运用与本案专利存在分案申请关系的其他专利及其专利审查档案解释本案专利权利要求的原因。

但是本案中的相关专利与本案专利并非分案关系，不能直接适用上述规定。相关专利和本案专利为享有同一外国优先权的两件中国专利，而所谓外国优先权是指申请人在一个成员国首次提出申请后，在一定期限内就同一主题在其他成员国提出的申请，其在后申请同样享有首次申请的申请日。目前如何判断先、后申请是否涉及相同的主题通常采用与修改超范围基本相同的判断方法，即在后申请不能超出优先权文本记载的范围。在此意义上，在后申请与优先权申请之间的关系与分案申请与母案申请之间的关系基本一致，即在后申请/分案申请均不能超出优先权申请/母案记载的范围。除此之外，由于享有优先权的在后申请应当与优先权申请具有同一主题，较之分案与母案之间的非单一性关系，显然具有更加密切的内在关系。因此，在相关专利发明实质审查阶段，戴森公司在答复意见中就“电源”一词的含义作出的具体陈述，可以用于解释本案专利的权利要求，即电源线并非“电源”。

被诉侵权产品是通过电源线接入电源插座的方式提供电能，而所述“电源线”虽然本身不能提供电能，但使用状态下其必然会与电源插座连接，提供交流电能，因此，“电源线”不属于本案专利权利要求所述“电源”的范畴，两者是不同的技术特征。在此基础上，两者系不同的技术手段，所能达到的技术效果并不相同。故被诉侵权产品的电源线与本专利权利要求中的电源既不相同也不等同，被诉侵权产品未落入本专利权利要求的保护范围，不构成侵权。

【案件信息】

戴森技术有限公司诉苏州索发电机有限公司侵害发明专利权案，最高人民法院(2017)最高法行申1461号民事裁定书(2017年11月13日，周翔、罗霞、佟姝)，江苏省高级人民法院(2015)苏知民终字第00270号民事判决书。

案件来源：最高人民法院知识产权案件年度报告(2017)。

第二节　保护范围的确定

121　未在权利要求书中记载而仅通过测量说明书附图得到的尺寸参数不能限定保护范围

【裁判要旨】

未在权利要求书中记载而仅通过测量说明书附图得到的尺寸参数一般不能用来限定权利要求保护范围。

【关键词】

权利要求书｜保护范围｜说明书附图｜测量｜尺寸参数

【基本案情】

原告安费诺东亚公司系专利号为200520062594.5、名称为“小型计算机系统接口双向连接器”的实用新型专利权人。其权利要求1为：一种小型计算机系统接口双向连接器，包括：由两端设有螺钉孔的梯形槽框架和通过绝缘体安装在梯形槽框架之梯形槽内的端子组成的插接本体、壳体和端盖，其特征在于：端盖设有可将插接本体之梯形槽框架端固定的定位槽，端盖与壳体间为卡扣连接。

安费诺东亚公司认为，被告盛凌公司生产、销售、许诺销售的 SCSI 连接器侵害其专利权，提起诉讼，请求判令停止侵权销毁库存产品和模具，赔偿损失及合理开支 100 万元。

广东省深圳市中级人民法院认为：本案涉及的被诉侵权产品分为两类，一类是法院在盛凌公司处保全的被诉侵权产品，该类产品缺乏定位槽的技术特征，故未落入本专利的保护范围；另一类是盛凌公司在其网站上做广告的被诉侵权产品，该类产品落入本专利保护范围。因安费诺东亚公司提交的证据仅证明盛凌公司从事了许诺销售行为，并无实际生产、销售行为，故对安费诺东亚公司关于停止生产、销售并赔偿的诉讼请求不予支持。遂判决盛凌公司停止许诺销售，驳回安费诺东亚公司其他诉讼请求。安费诺东亚公司会盛凌公司均不服，提起上诉。广东省高级人民法院认为：法院保全的被诉侵权产品全部覆盖了本专利权利要求 1 的必要技术特征，构成侵权，故判决：撤销一审判决，判令安费诺东亚公司停止制造、销售、许诺销售侵权产品并销毁库存产品，赔偿损失及合理开支 15 万元。盛凌公司不服，申请再审。最高人民法院裁定：驳回其再审申请。

【裁判理由】

最高人民法院认为：

判断法院保全的被诉侵权产品是否落入了本专利权的保护范围的关键在于被诉侵权产品是否具有“定位槽”这一技术特征。本专利权利要求 1 要求保护的技术方案中，端盖与壳体以及梯形槽框架三者的配合关系是，通过定位槽将插接本体中梯形槽框架的端部固定、端盖与壳体之间卡扣连接。权利要求 1 限定了通过该定位槽将端盖与梯形槽框架进行配合，并具有端盖能够与壳体卡扣连接的技术特征。至于定位槽的厚度以及梯形槽框架左端的厚度，没有予以限定。虽然本专利说明书附图中所示的定位槽的宽度略等于梯形槽框架左端部的厚度，但是，通过对说明书附图进行测量得到的尺寸参数不能限定权利要求的技术特征。其原因是发明或者实用新型专利权的保护范围以其权利要求书的内容为准，说明书是权利要求书的依据，而权利要求是在说明书的基础上，用构成发明或者实用新型技术方案的技术特征来表明要求专利保护的范围。只有记载在权利要求书中的技术特征才会对该权利要求的保护范围产生限定作用，在说明书中予以描述而没有在权利要求书中予以记载的技术特征，是不能用来限定权利要求保护范围的。因此，权利要求的基本属性决定了权利要求所记载的技术特征越少，表达每一个技术特征所采用的措辞越是具有广泛的含义，该权利要求的保护范围也就越大。由于本专利权利要求书中“定位槽”的含义是清楚、确定的，并且说明书也没有就“定位槽”的含义作特别界定，因此，应当以权利要求自身界定的内容为准，而不能以“说明书及附图可以用于解释权利要求的内容”为依据，以解释定位槽为借口，将权利要求中没有记载的内容纳入权利要求中，将说明书附图中测量得到的定位槽的厚度读入到权利要求书，达到实质上以说明书来修改权利要求的目的。

本专利技术方案是针对背景技术的这种插接器与设备输出线缆的组装方向是唯一的，提供了灵活性好，能够满足设备线缆出线两个方向选择的小型计算机系统接口双向连接器。本专利的贡献点并非一定要在达到铆接的上下限制固定的状态下，再构造出一个与梯形槽框架的左端厚度相当的定位槽。权利要求 1 没有限定“定位槽”的厚度，说明书也没有对“定位槽”予以特别的定义，不能推导出定位槽的宽度是略等于梯形槽框架左端的厚度。本案专利说明书具体实施方式部分描述“端盖 3 设有可卡入梯形槽框架端的定位槽 31”“端盖 3 插入到位时，端盖 3 的定位槽 31 将梯形槽框架 10 端固定”，指出了定位槽与其他结构之间的配合关系。使用“卡入”“定位”“固定”等词语是表明各个结构之间进行组配后形成的具体状态，并非必须是定位槽的厚度与梯形槽框架左端部的厚度大小相当才存在“卡入”和“固定”。

【案件信息】

安费诺东亚电子科技(深圳)有限公司诉深圳盛凌电子股份有限公司侵害实用新型专利权案，最高人民法院(2011)民申字第 1318 号民事裁定书(2012 年 2 月 15 日，金克胜、罗霞、朱理)，广东省高级人民法院(2011)粤高法民三终字第 59 号民事判决书(2011 年 3 月 29 日，邓燕辉、李泽珍、欧丽华)，广东省深圳市中级人民法院(2009)深中法民三初字第 288 号民事判决书。

案件来源：最高人民法院知识产权案件年度报告(2012)。

122 产品独立权利要求保护范围受引用的方法独立权利要求限定前提是其对主题有影响

【裁判要旨】

引用方法独立权利要求的产品独立权利要求，在确定其保护范围时，被引用的方法权利要求的特征均应予以考虑，而其实际的限定作用应当最终体现在对该产品独立权利要求的保护主题产生了何种影响。对于产品与专用于生产该产品的方法，两者之间在技术上相关联，但并不意味着该产品不能用其他方法制造。

【关键词】

侵害专利权｜产品权利要求｜方法权利要求｜引用｜限定

【基本案情】

原告东鹏公司系专利号为200710006801.9、名称为“一种立体孔洞装饰陶瓷砖的制备方法及其产品”的发明专利权人，该专利申请日为2007年1月26日，优先权日为2006年7月20日，公开日为2007年9月26日，授权公告日为2009年5月27日。该专利有权利要求共10项，其中1、6分别为方法和产品的独立权利要求，本案诉讼中，东鹏公司请求保护的是权利要求6、7。

2008年至2010年，被告嘉俊公司制造、销售，被告马杰华在天和家园公司市场内销售了被诉侵权的玻化石和“TS6008”瓷砖。当事人均确认该产品具备权利要求6、7所述的构造特征，其中坯体层是瓷质，仿天然装饰纹理是云彩状纹理，经核属实东鹏公司提起诉讼，请求判令嘉俊公司支付东鹏公司涉案专利临时保护期使用费20万元，在未与东鹏公司签订涉案专利的专利许可使用协议前，停止实施东鹏公司的涉案发明专利，停止生产、销售涉案的侵权产品，天和家园公司和马杰华停止销售侵犯东鹏公司涉案专利的产品，嘉俊公司、天和家园公司、马杰华共同支付东鹏公司侵权费用30万元。

广东省广州市中级人民法院判决：嘉俊公司停止制造、销售侵犯东鹏公司涉案发明专利权的产品，支付东鹏公司专利实施费用10万元，马杰华停止销售涉案侵权产品。嘉俊公司不服，提起上诉。广东省高级人民法院判决：驳回上诉，维持原判。

【裁判理由】

法院认为：

本案东鹏公司请求保护的为权利要求6和7，其中，权利要求6为产品独立权利要求，而非权利要求1的从属权利要求。将嘉俊公司的被诉侵权技术方案与涉案专利的权利要求6和7相比较，双方当事人确认两者除权利要求6所述的制备方法技术特征之外的其他技术特征均相同。而权利要求6为“一种如权利要求1

所述的制备方法制成的立体孔洞装饰陶瓷砖……”故对于这种引用另一权利要求的独立权利要求，在确定其保护范围时，被引用的权利要求的特征均应予以考虑，而其实际的限定作用应当最终体现在对该独立权利要求的保护主题产生了何种影响。对于产品与专用于生产该产品的方法，两者之间在技术上相关联，但并不意味着该产品不能用其他方法制造。从本案情况看，尽管权利要求 6 引用了权利要求 1，但并未对权利要求 1 的方法做进一步限定，权利要求 1 的方法也未对权利要求 6 的产品结构做进一步限定。故本案对比的重点仍是权利要求 6 中的产品结构与形状。鉴于双方均确认产品特征相同，故被诉侵权技术方案落入专利保护范围。

【案件信息】

广东东鹏陶瓷股份有限公司诉佛山市嘉俊陶瓷有限公司与、广州市天和家园建材有限公司、马杰华侵害发明专利权案，广东省高级人民法院(2011)粤高法民三终字第 373 号民事判决书(2011 年 9 月 21 日，欧修平、高静、李艳)，广东省广州市中级人民法院(2010)穗中法民三初字第 37 号民事判决书。

案件来源：2011 年中国法院知识产权司法保护 50 件典型案例。

123　权利要求主题名称对保护范围实际的限定作用取决于该名称对保护主题有何种影响①

124　在后独立权利要求保护范围受其引用且实质影响其技术方案的在前独立权利要求的限制

【裁判要旨】

通常情况下，在确定权利要求的保护范围时，权利要求中记载的主题名称应当予以考虑，而实际的限定作用应当取决于该主题名称对权利要求所要保护的主题本身产生了何种影响。

并列独立权利要求引用在前的独立权利要求时，该并列独立权利要

① 相同裁判观点的案例另见 2018 年中国法院 50 件典型知识产权案例之胡涛诉摩拜(北京)信息技术有限公司侵害发明专利权案，最高人民法院(2018)最高法民申 2954 号民事裁定书。

求仍然属于独立权利要求，在前被引用的独立权利要求对该并列独立权利要求保护范围的限定作用应当根据其对该并列独立权利要求的技术方案或保护主题是否有实质性影响来确定。

【关键词】

主题名称｜限定作用｜并列独立权利要求｜引用关系｜实质性影响

【基本案情】

原告星河公司系专利号为200510082911.4、名称为"一种钢带增强塑料排水管道及其制造方法和装置"的发明专利权人。与本案有关的权利要求如下：1.一种钢带增强塑料复合排水管道，包括一个塑料管体和与管体成一体的加强肋，加强肋内复合有增强钢带，其特征在于钢带上有若干矩形或圆形的通孔或钢带两侧轧制有纹路，两个加强肋之间塑料形状具有中间凸起，管体的端部具有一个连接用的承插接头，承插接头的连接部具有密封胶或橡胶圈。2.一种制造权利要求1所述的钢带增强塑料排水管道的方法，其特征在于包括如下步骤：A.将挤出机与复合机头成直角布置，钢带从机头一端引入复合机头，并在机头内与塑料复合，经冷却、定型、牵引后成型为钢带增强塑料复合异型带材钢带；B.将异型带材运送到安装现场；C.缠绕并熔焊异型带材形成钢带增强塑料排水管；D.在排水管的端口设置塑料承插接头并将其熔焊连接形成连续的排水管道。3.一种实施权利要求2所述方法的制造钢带增强塑料排水管的装置，包括：A.将钢带与塑料复合形成具有钢带加强肋的异型带材的复合装置；B.缠绕并熔焊异型带材形成钢带增强塑料排水管的缠绕装置；C.在钢带增强塑料排水管的端口设置承插接头的装置。

被告润德公司制造、销售了（HDPE）塑钢缠绕排水管（SRWPE）。星河公司于是提起诉讼，请求判令：润德公司停止使用、销售星河公司发明专利产品，停止使用星河公司发明专利的方法和装置，销毁侵权装置，赔偿损失50万元及合理开支。

江苏省南京市中级人民法院判决：润德公司停止侵犯星河公司专利权的方法及装置，赔偿损失50万元。润德公司不服，提起上诉。江苏省高级人民法院判决：撤销一审判决，驳回星河公司的诉讼请求。星河公司不服，申请再审。最高人民法院裁定：驳回其再审申请。

【裁判理由】

最高人民法院认为:

通常情况下,在确定权利要求的保护范围时,权利要求中记载的主题名称应当予以考虑,而实际的限定作用应当取决于该主题名称对权利要求所要保护的主题本身产生了何种影响。确定本案权利要求2和6的保护范围时,均应当考虑其主题名称对其所要求保护的主题本身实际上所起的限定作用。

当一件专利权利要求书中有两项或者两项以上独立权利要求时,写在最前面的权利要求为第一独立权利要求,其他独立权利要求为并列独立权利要求。独立权利要求应当反映整体的技术方案,并按照各自的内容确定专利权的保护范围。独立权利要求可以不存在引用关系,也可以存在引用关系。当并列独立权利要求引用在前的独立权利要求时,该并列独立权利要求仍然属于独立权利要求,而不属于从属权利要求。虽然在确定并列独立权利要求的保护范围时,被引用的独立权利要求的特征均应当予以考虑,但其对该并列独立权利要求并不必然具有限定作用,其实际的限定作用应当根据其对该并列独立权利要求的技术方案或保护主题是否有实质性影响来确定。

被诉侵权产品与本案专利权利要求1相比,缺少“钢带上有若干矩形或圆形的通孔或钢带两侧轧制有纹路”和“两个加强肋之间塑料形状具有中间凸起”两个技术特征。

从本案专利权利要求书以及说明书记载的一步复合方式来看,普通钢带在权利要求6记载的复合装置中,经过权利要求2记载的步骤a,形成了复合异型带材,即钢带上有矩形或圆形的通孔或纹路,塑料熔融后在两个加强肋之间生成了中间凸起。虽然权利要求书和说明书对形成通孔或纹路以及凸起的装置部件未做具体的结构描述,但根据本案专利权利要求1记载的产品技术特征,可以推定权利要求6记载的复合装置必然具备生成上述区别技术特征的部件。可见,权利要求1记载的技术特征对于权利要求2和6产生了实质性的影响,具有限定作用。被诉侵权产品没有通孔或纹路和凸起,星河公司亦未举证证明被诉侵权的装置具备生成上述特征的部件,因此可以推定被诉侵权的装置不同于权利要求6所记载的装置,也未使用被诉侵权的方法。

【案件信息】

哈尔滨工业大学星河实业有限公司诉江苏润德管业有限公司侵害发明专利权案,最高人民法院(2013)民申字第790号民事裁定书(2013年12月30日,王永昌、秦元明、吴蓉),江苏省高级人民法院(2012)苏知民终字第21号民事判决书(2012年5月8日,施国伟、刘莉、任小明),江苏省南京市中级人民法院(2010)宁知民初字第566号民事判决书。

案件来源:最高人民法院知识产权案件年度报告(2013),《最高人民法院公报》2014年第7期,2012年中国法院50件典型知识产权案例(二审判决)。

125 独立权利要求与其从属权利要求保护范围相同或实质性相同的,不能机械地彼此区别

【裁判要旨】

通常情况下,应当推定独立权利要求与其从属权利要求具有不同的保护范围。但是,如果二者的保护范围相同或者实质性相同,则不能机械地对二者的保护范围作出区别性解释。

【关键词】

独立权利要求｜从属权利要求｜保护范围相同｜实质相同｜区别性解释

【基本案情】

原告自由位移公司系专利号为00812017.x、名称为"锻炼装置"的发明专利权人,其授权公告的权利要求1和2为:"1.一种锻炼装置,包括:一个阻力部件;一个将第一延伸臂和第二延伸臂连接到阻力部件上的绳索,其中该绳索包括一个第一绳股和一个第二绳股……2.如权利要求1所述的锻炼装置,其特征在于,绳索实质上由单根绳索组成。"

自由位移公司以被告英才公司、健达公司生产、销售的"复合型大飞鸟"训练机落入本专利权权利要求1、3、4、5、6的保护范围为由,提起诉讼,请求判令二被告停止生产、销售、许诺销售被诉侵权产品,并共同赔偿损失及合理开支100万元。被诉侵权产品包含两个独立的阻力部件和两根独立绳索,与本专利权利要求1的技术特征不同。

上海市第二中级人民法院判决:驳回自由位移公司的诉讼请求。自由位移公司不服,提起上诉。上海市高级人民法院判决:驳回上诉,维持原判。自由位移公司仍不服,申请再审,并主张本专利权利要求1中的"一个绳索"并非将绳索数量限定为"单根",被诉侵权产品与之构成相同或者等同。最高人民法院裁定:驳回

其再审申请。

【裁判理由】

最高人民法院认为：

本专利权利要求1以“包括：……”进行限定，属于开放式权利要求，对于开放式权利要求，如果被诉侵权产品在具有权利要求限定的技术特征的基础上，还具有其他技术特征的，仍然落入专利权的保护范围，这一解释规则也与专利侵权判断中的技术特征全面覆盖原则相对应。然而，依据前述解释规则，并不意味着应当将权利要求1中的“包括……一个”解释为一个或者多个。权利要求1不仅限定了“一个阻力部件”“一个……绳索”，还限定了“该绳索包括一个第一绳股和一个第二绳股”“第一延伸臂，包括一个……第一端，以及一个自由的第二端”“该滑轮有一个……转动轴线”等技术特征。如果按照自由位移公司的主张，将权利要求1中的“包括……一个”均解释为一个或者多个，会出现该绳索上包括多个第一、二绳股，延伸臂上包括多个第一端和自由的第二端，该滑轮上有多个转动轴线的技术方案，而这些技术方案不仅没有在本专利说明书、附图中公开，甚至会出现技术特征之间发生矛盾的情形。

尽管我国现行的法律、法规以及司法解释中，尚未对权利要求的区别解释作出明确规定。但对不同权利要求进行区别解释，将不同的权利要求解释为具有不同的保护范围，在通常情形下是必要和合理的。考虑到权利人撰写不同权利要求的目的，尤其是在独立权利要求的基础上撰写从属权利要求，是为了限定出不同层次的保护范围，使得专利权的保护范围更为明确和立体。因此，通常情况下，应当推定不同的权利要求具有不同的保护范围。然而，语言文字本身存在一词多义，也可能存在多词同义的情形。加之申请人在撰写技巧、主观认识等方面的偏差，对于同一技术方案，有可能使用不同的技术术语，以不同的表述方式进行限定，从而出现不同的权利要求的保护范围相同或者实质相同的情形。在此种情形下，机械地进行区别解释，无疑是有悖于客观事实的。本案中，对于本领域技术人员而言，权利要求1中的“一个绳索”与权利要求2中的“单根绳索”并无实质性的区别，二者仅仅是表述方式不同而已。因此，对于自由位移公司有关根据权利要求的区别解释原则，应当将权利要求1中的“一个”解释为一个或者多个的申请再审理由，不予支持。

将权利要求1中与被诉侵权产品相比，二者并不仅仅是阻力部件与绳索的数量不同，其连接方式亦存在明显的实质性区别，实现的功能和达到的技术效果也有明显区别。被诉侵权产品的技术方案，并非本领域技术人员在权利要求1的基础上，简单改变阻力部件、绳索的数量即可显而易见地获得。因此，被诉侵权产品未落入权利要求1、3～6的保护范围。

【案件信息】

自由位移整装公司诉常州市英才金属制品有限公司、上海健达健身器材有限公司侵害发明专利权案，最高人民法院(2014)民申字第497号民事裁定书(2014年11月13日，周翔、杜微科、罗霞)，上海市高级人民法院(2013)沪高民三(知)终字第50号民事判决书(2013年11月19日，丁文联、马剑峰、杨捷)，上海市第二中级人民法院(2011)沪二中民五(知)初字第124号民事判决书(2013年3月22日，唐玉珉、寿仲良)。

案件来源：最高人民法院知识产权案件年度报告(2014)。

126 方法权利要求未明确步骤顺序但能直接明确认定按顺序实施的，该顺序有限定作用

【裁判要旨】

方法权利要求未明确记载技术步骤的先后顺序，但本领域技术人员阅读权利要求书、说明书及附图后直接、明确地认为该技术步骤应当按照特定顺序实施的，人民法院应当认定该步骤顺序对于专利权的保护范围具有限定作用。——《侵犯专利权案件解释(二)》第11条

【关键词】

方法权利要求｜技术步骤｜先后顺序｜限定作用

【基本案情】

原告OBE公司系名称为"弹簧铰链的制造方法"的发明专利权人。其授权公告的权利要求1为："一种制造弹簧铰链的方法。该铰链由至少一个外壳、一个铰接件和一个弹簧构成，其特征是该方法包括下述步骤：提供一用于形成铰接件的金属带；切割出大致与铰接件外形一致的区域；通过冲压形成一圆形部分以形成铰接件的凸肩；冲出铰接件的铰接孔。"其说明书记载："在本发明中，用金属带加工的铰接件在铰接件仍与金属带连接时进行弹簧件和最好锁紧件安装，这样在部件组装之前一方面取消了铰接件的中间加垫，另一方面又取消了铰接件的找

正。……组成的部件不从金属带上切断,因而搬运到弹簧铰链外壳中使用特别方便。”

OBE 公司认为被告康华公司未经其许可,擅自为生产经营目的制造、使用、许诺销售和销售落入本专利权保护范围的弹簧铰链产品构成侵权为由提起试试,请求判令康华公司停止侵权行为,公开道歉,销毁制造侵权产品的模具、工具,赔偿损失(包括临时保护期内的使用费)415 万元及相应合理开支。

法院对康华公司生产被诉侵权产品的过程进行了勘验,其加工过程为:1. 人工将从金属带材送入冲压机冲下铰接件;2. 人工用钳子夹住铰接件前部,用锻压机将铰接件后部砸圆;3. 人工用钳子夹住铰接件前部,将铰接件插入打孔机内打孔;4. 人工用铅丝从铰接件前部圆孔中穿过,将若干个铰接件穿在一起后用抛光轮抛光。

北京市第一中级人民法院判决:康华公司停止侵权行为,赔偿 OBE 公司五万元。康华公司不服,提起上诉。北京市高级人民法院判决:撤销一审判决,驳回 OBE 公司的诉讼请求。OBE 公司不服,申请再审。最高人民法院裁定:驳回其再审申请。

【裁判理由】

最高人民法院认为:

对于存在步骤顺序的方法发明,步骤本身以及步骤之间的顺序均应对专利权的保护范围起到限定作用。由于现行法律没有对是否应当在方法权利要求中限定各步骤的实施顺序进行规定,在权利要求没有对各步骤的实施顺序进行限定时,国务院专利行政部门在专利授权、确权程序中一般即根据各步骤在权利要求中记载的顺序对权利要求进行审查,而不会将权利要求的保护范围解释为能够以任意顺序实施各步骤。因此,在侵权诉讼中,不应以权利要求没有对步骤顺序进行限定为由,不考虑步骤顺序对权利要求的限定作用,而是应当结合说明书和附图、审查档案、权利要求记载的整体技术方案以及各个步骤之间的逻辑关系,从本领域技术人员的角度出发确定各步骤是否应当按照特定的顺序实施。

根据权利要求 1 记载的四个步骤,首先,供料步骤必须在其他步骤之前首先实施。其次,切割步骤应当在冲压步骤和冲孔步骤之前实施。虽然冲压步骤与冲孔步骤的顺序是可以调换的,但是,在实际加工过程中,一旦确定了二者的顺序,二者的顺序就只能依次进行。综上所述,权利要求 1 中的四个步骤应当按照供料步骤、切割步骤、冲压步骤或冲孔步骤的顺序依次实施,各个步骤之间具有特定的实施顺序。

根据本专利说明书及附图、权利要求书中记载的其他权利要求、OBE公司在实质审查程序中提交的意见陈述书以及其在侵权诉讼中提交的有关书面意见陈述,均表明本专利方法在制造铰接件的过程中,权利要求1中“大致与铰接件外形一致的区域”是金属带的一部分,未与金属带分离。

将被诉侵权方法与本专利权利要求1相比,被诉侵权方法虽同样使用金属带材作为制作铰接件的原料,但是被诉侵权方法系使用冲压机将铰接件毛坯从金属带材上完全冲落下来,后续的砸圆、打孔等工序均是针对单个的铰接件毛坯进行,每次仅能加工一个铰接件,并且在后续的工序中始终需要人工固定单个的铰接件毛坯,不仅工艺复杂效率低,亦不便于弹簧等其他零部件的装配以及零件的搬运。因此,被诉侵权方法相对于权利要求1仍然是一种落后的生产工艺,二者采取的技术手段具有实质性的差异,实现的功能亦有不同,被诉侵权方法也不能实现权利要求1所具有的有益效果,不具有与权利要求1中的“切割出大致与铰接件外形一致的区域”相同或等同的技术特征,没有落入本专利权的保护范围。

【案件信息】

OBE－工厂·翁玛赫特与鲍姆盖特纳有限公司诉浙江康华眼镜有限公司侵害发明专利权案,最高人民法院(2008)民申字第980号民事裁定书(2009年8月26日,王永昌、李剑、罗霞),北京市高级人民法院(2006)高民终字第1367号民事判决书(2006年12月20日),北京市第一中级人民法院(2002)一中民初字第5048号民事判决书(2005年12月20日)。

案件来源:最高人民法院知识产权案件年度报告(2009),《最高人民法院公报》2010年第1期,2009年中国法院知识产权司法保护50件典型案例。

127 除非明确必须,否则使用环境特征一般不要求被保护对象必须使用于该特定环境中

【裁判要旨】

已经写入权利要求的使用环境特征属于权利要求的必要技术特征,对于权利要求的保护范围具有限定作用。一般情况下,使用环境特征应该理解为要求被保护的主题对象可以使用于该种使用环境即可,不要求

被保护的主题对象必须用于该种使用环境。但是,如果本领域技术人员在阅读专利权利要求书、说明书以及专利审查档案后可以明确而合理地得知被保护对象必须用于该种使用环境,那么该使用环境特征应被理解为要求被保护对象必须使用于该特定环境。

【关键词】

使用环境特征|限定作用|限定程度|特定环境

【基本案情】

原告株式会社岛野系专利号为94102612.4、名称为“后换挡器支架”的发明专利权人。被告日骋公司制造、许诺销售、销售了被诉侵权产品自行车后拨链器。因该被诉侵权产品尚未被安装在自行车上,因此没有本案专利权利要求1中的“所述自行车车架具有形成在自行车车架的后叉端(51)的换挡器安装延伸部(14)上的连接结构(14a)”这一技术特征,也无法看出被诉侵权产品安装在自行车上的具体安装方法。

株式会社岛野提起诉讼,请求判令:日骋公司停止制造和销售被诉侵权产品,并销毁所有剩余侵权产品、侵权产品宣传资料以及制造侵权产品的专用模具,并删除互联网上有关侵权产品的广告,赔偿损失30万元。

浙江省宁波市中级人民法院判决:驳回株式会社岛野的诉讼请求。株式会社岛野不服,提起上诉。浙江省高级人民法院判决:驳回上诉,维持原判。株式会社岛野不服,申请再审。最高人民法院裁定,指令浙江省高级人民法院再审。浙江省高级人民法院做出再审判决:维持二审判决。株式会社岛野仍不服,申请再审。最高人民法院提审后判决:撤销一审、二审和再审判决,日骋公司立即停止制造和销售被诉侵权产品,销毁剩余侵权产品及印有侵权产品的宣传资料,赔偿损失及合理开支30万元。

【裁判理由】

最高人民法院认为:

使用环境特征是指权利要求中用来描述发明所使用的背景或者条件的技术特征。已经写入权利要求的使用环境特征属于权利要求的必要技术特征,对于权利要求的保护范围具有限定作用。本案专利权利要求1在描述该后换挡器支架的结构特征的同时,也限定了该后换挡器支架所用以连接的后换挡器以及自行车车架的具体结构。这些关于后换挡器支架所连接的后换挡器及自行车车架的特征实际上限定了后换挡器支架所使用的背景和条件,属于使用环境特征,对于权利要求 1 所保护的后换挡器支架具有限定作用,与权利要求 1 的其他特征一起,组成一个完整的技术方案,共同限定了权利要求 1 的保护范围。

另外,关于使用环境特征对于保护范围的限定程度。限定程度是指该种使用环境特征限定的被保护的主题对象必须用于该种使用环境还是可以用于该种使用环境即可。使用环境特征对于保护范围的限定程度需要根据个案情况具体确定。一般情况下,使用环境特征应该理解为要求被保护的主题对象可以使用于该种使用环境即可,不要求被保护的主题对象必须用于该种使用环境。但是,如果本领域技术人员在阅读专利权利要求书、说明书以及专利审查档案后可以明确而合理地得知被保护对象必须用于该种使用环境,那么该使用环境特征应被理解为要求被保护对象必须使用于该特定环境。

本案专利权利要求 1 对所保护的后换挡器支架限定了两个使用环境特征。第一,关于自行车车架的结构特征。根据株式会社岛野的陈述,本案专利所保护的后换挡器支架只能与带后拨链器安装延伸部的后叉端相连接,而不能成为自行车车架后叉端垂直下降组件的构成部分,也不能安装在具有水平方向开槽的下降组件的自行车车架后叉端上。因此,对于该特征,应该理解为本案专利所保护的自行车后换挡器支架必须使用在具有该结构特征的自行车车架后叉端上。第二,关于后换挡器的结构特征。株式会社岛野明确指出,本专利所保护的后换挡器支架必须与后换挡器的支架件相连接,而不能成为后换挡器自身的组成部分。可见,应该理解为本案专利所保护的自行车后换挡器支架必须用于具有该结构特征的后换挡器上。综上,本案专利的使用环境特征对于保护范围具有限定作用,本案专利所保护的自行车后换挡器支架必须用于该使用环境。

本案证据能够证明,被诉侵权产品在商业上必然用于权利要求 1 限定的自行车车架,在安装后必然呈现权利要求 1 所限定的位置关系特征,并具备利权利要求 1 所限定的其他全部特征,落入其保护范围。

【案件信息】

株式会社岛野诉宁波市日骋工贸有限公司侵害发明专利权案,最高人民法院(2012)民提字第1号民事判决书(2012 年 12 月 11 日,金克胜、罗霞、朱理),最高人民法院(2011)民监字第 151 号民事裁定书(2011 年 12 月 9 日),浙江省高级人民法院(2009)浙民再字第 135 号民事判决书(2010 年 8 月 26 日),最高人民法院(2008)民监字第 197 号民事裁定书(2009 年 10 月 20 日),浙江省高级人民法院(2005)浙民三终字第 145 号民事判决书(2005 年 10 月 28 日,周平、方双复、高毅龙),浙江省宁波市中级人民法院(2004)甬民二初字第 240 号民事判决书(2015 年 3 月 15 日)。

案件来源:最高人民法院知识产权案件年度报告(2012),《最高人民法院公报》2014 年第 1 期。

128 虽未写入权利要求却是实施专利方法最合理、常见和普遍的使用环境特征应在侵权判断中予以考量

【裁判要旨】

对于虽然未作为技术特征写入权利要求,却是实施专利方法最为合理、常见和普遍的运行环境和操作模式,应当在涉及方法专利的侵权判断中予以考量。

【关键词】

方法专利|使用环境特征|未写入权利要求|运行环境|操作模式

【基本案情】

原告华为公司系专利号为 02125007.3、名称为"一种动态地址分配中防止 IP 地址欺骗的方法"的发明专利权人。本专利的申请日为 2002 年 6 月 21 日、授权公告日为 2005 年 12 月 21 日,其权利要求 1 为:一种动态地址分配中防止 IP 地址欺骗的方法,其特征在于包括:(1)在合法用户地址表中增加用户终端 MAC 地址、源 IP 地址信息;(2)用户终端向交换机发出 ARP 报文;(3)交换机对 ARP 报文中的源 MAC 地址和源 IP 地址进行检查,即在合法用户地址表中查找和源 MAC 地址加入 ARP 表,从而使用户终端能够上网通信;否则,丢弃该报文。

被告中兴公司生产,并在被告阿里巴巴公司网站上销售了被诉侵权的"中兴交换机 ZTEZXR10RS - 3952 - A"。华为公司提起诉讼,请求判令中兴公司和阿里巴巴公司停止制造、许诺销售和销售被诉侵权产品,中兴公司赔偿损失及合理开支 500 万元。

浙江省杭州市中级人民法院认为:侵害发明专利权的表现形式为使用了该专利方法。鉴于华为公司不能证明中兴公司在生产被诉侵权产品时使用了华为组网方式进行相应的技术开发和检测,或者被诉侵权产品的使用者根据华为组网方式使用该产品,而被诉侵权产品在本专利文件中给出的组网方式下所呈现的技术

方案与本专利权利要求 1 并不一致,故不能证明中兴公司使用了本专利方法。因此判决:驳回华为公司的诉讼请求。华为公司不服,提起上诉。浙江省高级人民法院判决:驳回上诉,维持原判。

【裁判理由】

最高人民法院认为:

本专利虽未将专利方法的具体网络应用环境作为技术特征写入权利要求 1,但专利方法的实施不能与之相分离。因为本专利方法正是为了防止动态 IP 地址的申请和分配过程中所可能发生的 IP 地址欺骗行为,其间必然涉及 DHCP 服务器与用户终端之间的通信,具体运行时也就存在 DHCP 服务器与用户终端是否处于同一网段的两种情形。

首先,对本专利权利要求作体系化的解读,从属权利要求所涉的用户终端在动态 IP 地址的申请和分配过程中与 DHCP 服务器之间的通信均通过 DHCP 中继进行,并通过交换机的转发处理,将分配给用户的 IP 地址和 MAC 地址写入合法用户地址表,这意味着权利要求书是在开启 DHCP 中继的情形下给出了如何完成权利要求 1 所描述的防止 IP 地址欺骗的第一个步骤“在合法用户地址表中增加用户终端 MAC 地址、源 IP 地址信息”的相关启示。

其次,根据本专利说明书的记载,本专利是为了解决在跨网段的实际应用环境下可能出现的 IP 地址欺骗问题,亦主张基于网络安全的考量,将 DHCP 服务器设置于单独网段,与用户终端作跨网段设置。

最后,本专利的附图说明明确记载“图 1 为本发明的网络应用环境示意图”,亦即专利方法的实际网络应用情况,而图 1 正是将 DHCP 客户端与 DHCP 服务器分置于两个子网,通过“具备 DHCP 中继功能的三层交换机”相连接。故综合上述内容,依据本领域技术人员的通常理解,应确认开启 DHCP 中继使 DHCP 服务器实现为不在其网段的用户终端提供服务应是实施专利方法最为合理、最为常见和普遍的运行环境和操作模式,也是华为公司作为专利权人所预设的专利方法理想的网络应用环境。

华为公司和中兴公司均认可,在本专利上述所预设的理想的网络应用环境下,被诉侵权产品实现防止 IP 地址欺骗功能所采用的技术方案与本专利权利要求 1 记载的技术方案不同,不落入本专利权的保护范围。法院对此亦予以确认。

中兴公司未在用户手册中对华为组网方式予以揭示,而该组网方式本身亦具有一定特殊性的情况下,虽然被诉侵权产品在华为组网方式下可重现本专利方法，但并不能推定中兴公司在产品的研发和出厂检测过程中必然会搭建该网络应用环境，并实际使用到本专利方法。

被诉侵权产品的用户手册给出了DHCP客户端和服务器不在同一网络需开启DHCP中继的组网方式，以及在为处于同一网段中的用户终端分配IP地址时，交换机作为DHCP服务器使用，同时充当默认网关的组网方式，而华为公司也未能证明中兴公司以其他方式向用户提供以类似于华为组网方式进行产品配置或进行类似网络建设的启示，况且华为组网方式也不符合用户购买此类交换机的常规使用方式和路径。故凭现有证据尚不足以认定用户存在购买被诉侵权产品即会使用本专利方法的必然性。

【案件信息】

华为技术有限公司诉中兴通讯股份有限公司、杭州阿里巴巴广告有限公司侵害发明专利权案，最高人民法院（2015）民申字第2720号民事裁定书（2015年12月11日，夏君丽、骆电、曹刚），浙江省高级人民法院（2014）浙知终字第161号民事判决书（2015年2月13日，徐燕如、陈宇、李臻），浙江省杭州市中级人民法院（2012）浙杭知初字第419号民事判决书（2014年4月17日，王江桥、潘才敏）。

案件来源：最高人民法院知识产权案件年度报告（2015），2015年中国法院50件典型知识产权案例（二审判决）。

129 限定或隐含发明创造的结构组分步骤条件及其关系同时又限定功能效果的，非功能性特征

130 解释权利要求应结合说明书及附图从本领域技术人员角度理解，不能脱离说明书语境

131 权利要求的解释是法律问题，功能性特征的等同是指与说明书记载的技术特征等同

【裁判要旨】

专利权利要求及其特定用语的解释，应该根据专利权利要求的记

载，结合说明书及附图，从本领域技术人员的角度理解，不能脱离说明书及附图而断章取义或者割裂曲解。

功能性特征是指不直接限定发明技术方案的结构、组分、步骤、条件或其之间的关系等，而是通过其在发明创造中所起的功能或者效果对结构、组分、步骤、条件或其之间的关系等进行限定的技术特征。如果某个技术特征已经限定或者隐含了发明技术方案的特定结构、组分、步骤、条件或其之间的关系等即使该技术特征还同时限定了其所实现的功能或者效果，原则上亦不属于《侵犯专利权案件解释（二）》第 8 条所称的功能性特征。

【关键词】

功能性特征｜限定｜技术方案｜功能｜效果

【基本案情】

瓦莱奥公司系专利号为 200610160549.2、名称为“机动车辆的刮水器的连接器及相应的连接装置”的发明专利权人。

被告卢卡斯公司和富可公司制造、销售、展示了被诉侵权产品，被告陈少强系卢卡斯公司的法定代表人和被诉侵权产品上商标的原所有人。

瓦莱奥公司提起诉讼，请求法院先行认定被诉侵权产品落入其专利保护范围，并判令卢卡斯公司、富可公司和陈少强停止制造、销售和许诺销售被诉侵权产品。

上海知识产权法院作出先行判决：卢卡斯公司、富可公司停止侵害瓦莱奥公司涉案专利权。卢卡斯公司、富可公司不服，提起上诉。最高人民法院知识产权法庭判决：驳回上诉，维持原判。

【裁判理由】

最高人民法院知识产权法庭认为：

专利权利要求及其特定用语的解释，应该根据专利权利要求的记载，结合说明书及附图，从本领域技术人员的角度理解，不能脱离说明书及附图而断章取义或者割裂曲解。

功能性特征是指不直接限定发明技术方案的结构、组分、步骤、条件或其之间的关系等，而是通过其在发明创造中所起的功能或者效果对结构、组分、步骤、条件或其之间的关系等进行限定的技术特征。如果某个技术特征已经限定或者隐含了发明技术方案的特定结构、组分、步骤、条件或其之间的关系等，即使该技术特征还同时限定了其所实现的功能或者效果，原则上亦不属于上述司法解释所称的功能性特征，不应作为功能性特征进行侵权比对。

涉案专利权利要求 1 中“在所述关闭位置，所述安全搭扣面对所述锁定元件延伸，用于防止所述锁定元件的弹性变形，并锁定所述连接器”的技术特征实际上限定了安全搭扣与锁定元件之间的方位关系并隐含了特定结构——“安全搭扣面对所述锁定元件延伸”，该方位和结构所起到的作用是“防止所述锁定元件的弹性变形，并锁定所述连接器”。根据这一方位和结构关系，结合涉案专利说明书及其附图可见，该技术特征的特点是，既限定了特定的方位和结构，又限定了该方位和结构的功能，且只有将该方位和结构及其所起到的功能结合起来理解，才能清晰地确定该方位和结构的具体内容。这种“方位或者结构 + 功能性描述”的技术特征虽有对功能的描述，但是本质上仍是方位或者结构特征，不是《侵犯专利权案件解释（二）》所称的功能性特征。需要说明的是，虽然当事人未对一审法院关于上述特征属于功能性特征的认定提出异议，但是权利要求的解释是法律问题，且功能性特征与其他类型的技术特征在侵权比对方法上有明显差异，可能影响侵权判定结果，故本院特予指出并予纠正。

被诉侵权产品落入涉案专利权利要求 1 的保护范围，卢卡斯公司和富可公司的行为侵害了涉案专利权。

【案件信息】

瓦莱奥清洗系统公司诉厦门卢卡斯汽车配件有限公司、厦门富可汽车配件有限公司、陈少强侵害发明专利权案，最高人民法院知识产权法庭（2019）最高法知民终 2 号民事判决书（2019 年 3 月 27 日，罗东川、王闯、朱理、徐卓斌、任晓兰），上海知识产权法院（2016）沪 73 民初 859 号民事判决书（2019 年 1 月 23 日，徐飞、杨馥宇）。

案件来源：指导案例 115 号（最高人民法院审判委员会讨论通过，2019 年 12 月 24 日发布）《最高人民法院公报》2019 年第 8 期。

132 权利要求除功能效果外还限定相应结构能确定功能具体实现方式的，不属于功能性特征

133 功能性特征等同判定在适用对象、对比基础及认定标准上与其他专利等同特征有异

【裁判要旨】

如果技术特征中除了功能或者效果的限定之外，同时也限定了与该功能或者效果对应的结构特征，本领域技术人员仅通过阅读权利要求书，即可直接、明确地确定该结构特征的具体实现方式，并且该具体实现方式可以实现该功能或者效果的，则这种同时使用"结构"与"功能或者效果"限定的技术特征并不属于"功能性特征"。

《专利案件适用法律规定》第 17 条规定的"等同特征"与《侵犯专利权案件解释（二）》第 8 条第 2 款规定的"相应技术特征与功能性特征……等同"的认定在适用对象、对比基础以及认定标准方面存在重要区别，不可混淆。

【关键词】

侵害实用新型专利权｜功能性特征｜结构特征｜具体实现方式｜等同

【基本案情】

原告陆杰系专利号为 200920140482.5 号、名称为"一种蔬菜水果分选装置"实用新型专利权人。该专利的权利要求 1 为：一种蔬菜水果分选装置，其特征是，它包括机架（1）和传动电机（2），在机架（1）的一端装有传动轴（3）在传动轴（3）上装有两个转动链轮（5）和一个传动链轮（6）；在机架（1）的另一端装有另一传动轴（4），在传动轴（4）上装有两个转动链轮（5）；两条特制输送链条（7）分别套在转动链轮（5）上，特制输送链条（7）由中心开槽的链板相邻排列组成，在两条输送链条（7）上装有带长轴的圆管 a，圆管 a 的长轴装在中心开槽链板的 d 槽中，并伸出槽外，圆管 a 可在 d 槽的范围内上下移动，在机架（1）的两长边的上方装有能上下调动的托轨（8），托轨（8）托住圆管 a 伸出链板槽的长轴，在圆管 a 的下方设有选

出物的送出槽或输送带(9)。

被告临海市利农机械厂制造、销售了被诉侵权产品。陆杰提起诉讼。被海南省高级人民法院判决:侵权成立。临海市利农机械厂不服,申请再审。最高人民法院裁定:驳回其再审申请。

【裁判理由】

最高人民法院认为:

根据《侵犯专利权案件解释》第4条以及《侵犯专利权案件解释(二)》第8条第1款的规定,如果技术特征中除了功能或者效果的限定之外,同时也限定了与该功能或者效果对应的结构特征,并且本领域技术人员仅通过阅读权利要求书,即可直接、明确地确定该结构特征的具体实现方式,该具体实现方式可以实现该功能或者效果的,则这种同时使用"结构"与"功能或者效果"限定的技术特征并不属于前述司法解释规定的"功能性特征"。

"托轨"是涉案专利部件之一,虽无证据证明"托轨"属于本领域常用的技术术语,但本领域技术人员仅通过阅读权利要求书,即可直接、明确地确定"托轨"中的"轨"是结构特征,而"托"进一步限定了"轨"的功能。因此"托轨"属于同时以产品结构及其功能限定的技术特征,不属于"功能性特征"。被诉侵权产品的梯形托轨落入了权利要求1限定的保护范围。

本案专利权利要求1的传动链轮与被诉侵权产品使用的蜗杆传动的功能、效果基本相同,二者的替换也不需要经过创造性劳动即能联想到,属于等同特征。

《专利案件适用法律规定》第17条"等同特征"的认定,与《侵犯专利权案件解释(二)》第8条第2款规定的"相应技术特征与功能性特征……等同"的认定是不同的:其一,适用对象和对比基础不同。《专利案件适用法律规定》第17条规定的"等同特征"的适用对象更为宽泛,涉及的是除"功能性特征"之外的其他技术特征,对比的基础是权利要求记载的技术特征本身。而《侵犯专利权案件解释(二)》第8条第2款的适用对象,是《侵犯专利权案件解释》第4条、《侵犯专利权案件解释(二)》第8条第1款规定的"功能性特征",对比的基础是在说明书及附图中记载的实现功能性特征的功能或者效果"不可缺少的技术特征"。其二,认定标准不同。关于《专利案件适用法律规定》第17条规定的"等同特征",应当以"实现基本相同的功能""达到基本相同的效果"作为认定标准;而《侵犯专利权案件解释(二)》第8条第2款规定的"与功能性特征……等同",则必须"实现相同的功能""达到相同的效果",认定标准更为严格。二审法院实质上是混淆了《专利案件适用法律规定》第 17 条规定的“等同特征”和《侵犯专利权案件解释(二)》第 8 条规定的“与功能性特征……等同”。

【案件信息】

陆杰诉临海市利农机械厂、吴茂法、李成任、张天海侵害实用新型专利权案，最高人民法院(2017)最高法民申 1804 号民事裁定书(2018 年 12 月 31 日，王艳芳、杜微科、毛立华)，海南省高级人民法院(2017)琼民终 28 号民事判决书。

案件来源：最高人民法院知识产权年度报告(2018)。

134 含功能性技术特征的专利保护范围应受说明书记载的实现该功能的具体方式的限制

【裁判要旨】

含有功能性技术特征的专利保护范围，不应当按其字面含义解释为涵盖能够实施其功能的所有方式，而应当受说明书记载的实现该功能的具体方式的限制，以避免将他人实现该功能的创新方式不合理地纳入专利权保护范围。

【关键词】

功能性特征｜保护范围｜说明书｜具体实施方式｜字面含义

【基本案情】

原告塞伯公司系专利号为 200510051142.1、名称为“打开时具有安全系统的用于在压力下蒸煮食物的家用器具”发明专利权人。

原告从被告家乐福超市购买了被告爱仕达公司生产的“爱仕达阿拉贡 QL1820 不锈钢压力锅”，于是提起诉讼，请求判令爱仕达公司停止制造、销售侵害其涉案专利权的电压力锅，销毁制造该侵权产品的模具和半成品，并赔偿损失 90 万元和合理开支 10 万元，家乐福公司停止销售被诉侵权产品。

浙江省杭州市中级人民法院认定：被诉侵权产品技术特征与涉案专利权独立权利要求的技术特征 1、2、3、4、5、6、8、11、12、13、14 相同，与涉案专利技术特征 7、9、10、15 等同，被诉侵权产品技术方案包含与涉案专利权独立权利要求记载的全部相同或等同的必要技术特征，已落入涉案专利权的保护范围，构成侵权。因此判决:爱仕达公司停止制造、销售侵害涉案专利权的产品,并销毁模具和半成品,赔偿损失 30 万元。塞伯公司和爱仕达公司均不服,分别提起上诉。浙江省高级人民法院判决:撤销一审判决,驳回塞伯公司的诉讼请求。

【裁判理由】

法院认为:

涉案专利权利要求 1 对“安全销的闭锁装置”限定为:该装置“能够使安全销停止在第二停止位置,其一方面包括闭锁凸缘,安装成在安全销上并在静止位置和受压位置之间弹性移动,且另一方面包括闭锁抵对凸缘,设置在盖子手柄上,所述闭锁凸缘和所述闭锁抵对凸缘旨在在其中所述闭锁凸缘处于其静止位置的状态下相互配合,从而确保安全销保持在其第二停止位置。”但前述对闭锁装置的描述并未涉及详细的结构表达,只是以效果或功能加以表述。

结合涉案专利说明书及附图,可以发现,涉案专利所描述的“闭锁凸缘”和“闭锁抵对凸缘”是平行于径向滑动方向的两个平面相对于活动方向垂直伸出的凸起物,分别具有锁定面和锁定对面、复位面和复位对面,两者为抵对扣接式的配合工作结构,通过作为闭锁凸缘上工作面的锁定面与闭锁抵对凸缘的锁定对面的相对接合以防止安全销移动;而通过触发装置触碰高出手柄平面的抵对凸缘的下工作面,以实现两凸缘之间的分离,使安全销的控制底部受力推动,伸入锅手柄上设置的凹槽,以实现锅盖与锅体的锁闭。

因专利文件已对“闭锁抵对凸缘”作出明确界定,且并未揭示可以采用“闭锁抵对凸缘”以外的其他手段与“闭锁凸缘”相配合。由于实现涉案专利所设定的功能和效果有多种结构组合方式,并非只要与“闭锁凸缘”存在配合关系、对安全销起到锁定作用的部件均可为“闭锁抵对凸缘”所涵盖,否则就会不适当扩大涉案专利权的保护范围,损害社会公众的利益。

就被诉侵权产品而言,其手柄上设置的内凹贯通缺口虽系对专利限定的“闭锁抵对凸缘”在一定程度上的替换,但内凹贯通缺口显然并非平面凸起物,不能为“闭锁抵对凸缘”所涵盖,内凹贯通缺口与闭锁凸缘的配合,实为一种缺口插入式锁合装置,与涉案专利所限定的“闭锁凸缘”和“闭锁抵对凸缘”组合形成的“闭锁装置”相比,两者在产品结构、技术手段、技术目的与效果方面存在明显区别:一是被诉侵权产品手柄上的贯通缺口位置可容纳闭锁凸缘,该闭锁凸缘未高出手柄平面,不易发生闭锁凸缘的错位移出,且无论安全销位于第一或第二停止位置,均能实现盖与锅的完全锁合,而涉案专利中若因错误操作使闭锁凸缘和闭锁抵对凸缘脱离则致锅盖难以关合;二是锅盖与锅体锁合时,除了通过锅手柄上设置的凹槽来限位控制底部,进而控制锅盖与锅体的相对旋转之外,通过缺口一侧竖条的设置,与"L"形触发装置的一边相配合,实现双重限位。

在涉案专利说明书及附图未给出与被诉侵权产品"内凹贯通缺口与闭锁凸缘的配合"相类似技术方案的情形下,结合被诉侵权产品中的闭锁凸缘与内凹贯通缺口的配合与涉案专利的闭锁凸缘和闭锁抵对凸缘配合在技术手段、技术目的与效果方面等差异,此种替换显然并非本领域的普通技术人员无须经过创造性劳动所能够联想到的。故被诉侵权产品中的闭锁凸缘与内凹贯通缺口的配合相对于涉案专利的闭锁凸缘和闭锁抵对凸缘配合不属于技术特征的等同替换。故被诉侵权产品不具备涉案专利权利要求1所限定的全部必要技术特征,不落入涉案专利权的保护范围,鉴于此,爱仕达公司、家乐福公司的涉案被诉侵权行为不构成专利侵权。

【案件信息】

塞伯股份有限公司诉浙江爱仕达电器股份有限公司、杭州家乐福超市有限公司侵害发明专利权案,浙江省高级人民法院(2013)浙知终字第59号民事判决书(2013年4月17日,应向健、陈宇、李臻),浙江省杭州市中级人民法院(2012)浙杭知初字第409号民事判决书。

案件来源:2013年中国法院50件典型知识产权案例。

135 专利说明书及其附图记载的实现功能性特征各种实施方式均应分别并列地受到保护

【裁判要旨】

专利说明书及其附图记载了权利要求书中功能性特征的几种不同的实施方式的,各该实施方式的全部技术特征均应分别、并列的作为功能性特征的内容。

【关键词】

侵害发明专利权 | 功能性特征 | 说明书 | 实施方式 | 并列 | 分别

【基本案情】

原告SEB公司系专利号为95109146.8、名称为"压力烧煮容器锁紧夹具的开启和关闭的控制装置”发明专利权人。该专利权利要求 1 为：开启和关闭夹具(15a,15b)的控制装置，该夹具(15a,15b)通过两个传动臂(20a,20b)径向地活动安装在盖(1)上，上述夹具(15a,15b)用于保证锁紧容器(2)上的盖(1)，以构成烧煮容器，最好为压力容器，其特征在于，它包括控制件(56)，该控制件(56)沿盖(1)上基本呈径向的方向并根据预先确定的行程活动地安装，当所述控制件移动时，上述控制件(56)与传动臂(20a,20b)相配合，以便控制传动臂的径向移动。

SEB 公司在旗峰公司处购得涉案型号为“ke－d0002”扣式压力锅，据此以旗峰公司构成侵权为由，提起诉讼，请求判令旗峰公司：停止侵权，销毁侵权模具和库存产品，赔偿损失 50 万元及相应合理开支。

被诉侵权产品结构如下：被诉侵权压力锅有开启和关闭夹具的控制装置，该夹具通过两个传动臂径向地活动安装在盖上，夹具用来锁紧容器上的盖，该压力锅有控制件，该控制件沿盖上基本呈径向的方向活动地安装，控制件移动时，上述控制件与传动臂相配合，控制传动臂的径向移动。锅盖开启为控制按钮径向移动控制，锅盖关闭控按钮轴向移动控制。

广东省广州市中级人民法院判决：旗峰公司停止制造、销售、许诺销售侵害 SEB 公司涉案专利权的行为并销毁库存侵权产品和专用生产模具，赔偿 SEB 公司损失及合理开支 30 万元。旗峰公司不服，提起上诉。广东省高级人民法院判决：驳回上诉，维持原判。

【裁判理由】

法院认为：

涉案权利要求 1 并未对夹具的形状、结构以及控制件的结构特征及其与传动臂之间的空间位置关系进行描述，仅其在技术方案中的作用、功能和效果即“用于保证锁紧容器上的盖，以构成烧煮容器”“控制传动臂径向移动”对相应技术特征进行表述，因此属于功能性特征，应结合说明书和附图描述的该功能和效果的具体实施方式及其等同的实施方式，来确定其内容。

结合说明书和附图所记载的实施方式，可以确定存在两个由“U”形段件制成的长度确定的圆弧状夹具，所述夹具包括下凸缘和上凸缘，可以分别与容器的外凸缘和凹槽的上界边夹紧；传动臂有两种具体实施方式，一种是两个传动臂相对设置，部分重叠，另一种是两个传动臂相对设置，不重叠。这两种具体实施方式所必需的技术特征，应分别、并列地作为该功能技术特征的内容。综上，控制件这一功能技术特征具体应确定为：控制件具有操作人员能手控的一个加高控制区域，以及平面起动三角区域。两个传动臂径向相对设置,既可以部分重叠亦可以不重叠。所述传动臂一端与夹具连接,另一端轴向垂直设置凸销。凸销分别抵靠在平面起动三角区域的两条斜边上。所述平面三角区域径向来回移动可以使两个凸销沿着与控制件的移动方向呈 90°的方向径向移动。

被诉侵权产品的夹具延伸臂与联动件两部分连接构成传动臂,且两个传动臂径向、相对、不重叠的设置,故被诉侵权产品传动臂由延伸臂与联动件两部分构成、两部分之间的连接方式,以及两个传动臂相对不重叠的技术特征,与专利权利要求 1 的相应技术特征属于相同的技术特征。

被诉侵权产品具有一个沿盖上基本呈径向的方向并根据预先确定的行程活动安装的控制件,该控制件由一个操作人员能手控的加高控制区域和一个平面起动区域构成。平面起动区域有两个互成一定角度的限位槽,整体呈不规则的三角形状,与涉案专利的三角区域结构不相同。但是,从被诉侵权产品控制件和传动臂配合方式看,由于该传动臂上轴向设置的凸销抵靠在平面起动区域内限位槽的斜边上,当控制件沿径向来回移动时,凸销在斜边的作用下,沿着与控制件的移动方向呈 90°的方向径向移动。而涉案专利也是通过传动臂上的凸销抵靠在平面起动三角区域的斜边上,当控制件沿径向来回移动时,凸销在斜边的作用下,沿着与控制件的移动方向呈 90°的方向径向移动。可见,被诉侵权产品的控制件技术特征属于采用了与本案专利基本相同的手段,实现基本相同的功能,达到基本相同的效果,并且本领域的普通技术人员无须经过创造性劳动就能够联想到的特征,被诉侵权产品控制件特征与涉案专利相应的技术特征构成等同。

被诉侵权产品的技术特征全部覆盖涉案专利权利要求 1 的技术特征,落入其保护范围。被诉侵权产品也落入涉案专利权利要求 12 的保护范围,但没有落入本案专利权利要求 3 保护范围。

【案件信息】

SEB 公司诉广东旗峰不锈钢制品有限公司侵害发明专利权案,广东省高级人民法院(2013)粤高法民三终字第 279 号民事判决书(2014 年 12 月 3 日,张学军、肖少杨、欧阳昊),广东省广州市中级人民法院(2011)穗中法民三初字第 561 号民事判决书(2012 年 11 月 14 日,谢平)。

案件来源:2014 年中国法院 50 件典型知识产权案例。

136 仅阅读权利要求即可直接明确地确定实现其功能、效果的具体实施方式的特征，非功能性特征

【裁判要旨】

对于包含有特定功能、效果的技术特征，本领域技术人员仅通过阅读权利要求即可直接、明确地确定实现该功能或者效果的具体实施方式的，该技术特征不属于“功能性特征”。

【关键词】

侵害实用新型专利权｜功能性特征｜具体实施方式｜直接、明确地确定

【基本案情】

原告同明公司于2015年受让专利号为201320102793.9、名称为“一种太阳能灯及其包装盒”的实用新型专利权。该专利权利要求1中有第一散热区、第二散热区等界定。

2016年3月，被告华泽兴业公司制造并在网站销售、许诺销售被诉侵权的太阳能灯产品。同明公司提起诉讼，请求停止侵权并赔偿损失及合理开支30万元。

华泽兴业公司认为，被诉侵权产品上不存在第一散热区与第二散热区，并主张了现有技术抗辩。

广州知识产权法院认为：被诉侵权技术方案未落入涉案专利权的保护范围，判决：驳回同明公司的诉讼请求。同明公司不服，提起上诉。广东省高级人民法院判决：撤销一审判决，华泽兴业公司停止制造、销售、许诺销售被诉侵权产品并销毁库存，赔偿损失及合理开支10万元。华泽兴业公司不服，申请再审。最高人民法院裁定：驳回其再审申请。

【裁判理由】

最高人民法院认为：

《侵犯专利权案件解释》第4条中的“权利要求中以功能或者效果表述的技术特征”的“功能性特征”，以技术特征拟实现或者达到的功能、效果，而不是实现该功能、效果的具体技术手段来限定权利要求的保护范围，导致“功能性特征”的字面含义十分宽泛，涵盖了所有能够实现该功能、效果的具体实施方式。如果在专

利侵权诉讼中仍然按照权利要求解释的一般规则,将"功能性特征"的保护范围解释为包含实现该功能、效果的全部实施方式,将导致专利权的保护范围与专利的创新程度和公开内容不相匹配,不可避免地会给后续的改进和创新带来不应有的限制,给科学技术发展和经济社会进步带来负面影响。因此,《侵犯专利权案件解释》第4条要求对于"功能性特征"应作限缩性解释,以使得专利权的保护范围与其创新程度和说明书、附图公开的内容相适应,维护社会公众与权利人的利益平衡,为后续改进和创新留下必要的空间。

在解释权利要求,确定专利权的保护范围时,通常需要首先认定争议技术特征是否属于"功能性特征"。根据《侵犯专利权案件解释(二)》第8条的规定,在认定争议技术特征是否属于"功能性特征"时,不仅需要考虑技术特征文字本身的含义,还需将该技术特征纳入权利要求限定的整体技术方案中进行理解。对于包含有特定功能、效果的技术特征,本领域技术人员仅通过阅读权利要求即可直接、明确地确定实现该功能或者效果的具体实施方式的,该技术特征不属于《侵犯专利权案件解释》第4条规定的"功能性特征"。

虽然"功能性特征"的解释是一种限缩性的解释,但是这种限缩也是适度的,需要与专利的创新程度和公开的内容相适应。过于限制"功能性特征"的保护范围,亦不利于保护发明创造。根据《侵犯专利权案件解释(二)》第8条第2款的规定,对于"功能性特征"的解释,应当根据说明书、附图中记载的实现该功能所"不可缺少"的技术特征作为依据,而不宜简单地将说明书、附图中与实现"功能性特征"的功能、效果有关的全部技术特征,均用于限定"功能性特征"的保护范围。由此,有利于鼓励专利权人主动公开与"功能性特征"的功能、效果有关的技术内容,丰富现有技术,便于社会公众更好地理解专利技术方案,亦可以让权利人无须顾虑由于公开的具体实施方式过于具体、细节,而导致"功能性特征"的保护范围受到不必要的限缩。

本案专利权利要求1中有关"第一散热区""第二散热区"的限定本质上是对专利产品灯体、灯罩的特定部分的区域划分。本领域技术人员结合第一散热区以及第二散热区本身的含义以及权利要求1的整体技术方案,即可直接、明确地确定所述特征的具体实施方式,所述特征不属于用功能或者效果来限定保护范围、导致保护范围过于宽泛、应当根据《侵犯专利权案件解释》第4条的规定进行限缩解释的情形。即使将"第一散热区""第二散热区"解释为"功能性特征",亦应以实现"散热"功能的必要技术特征来确定保护范围,不能将说明书中记载的与"散热”有关的所有技术特征，均用来确定“第一散热区”“第二散热区”的保护范围。本领域技术人员根据涉案专利说明书，能够理解即使不设置散热孔，仅通过特定区域本身的热辐射方式也足以实现散热，即“设置散热孔”并不是实现“散热”必不可少的技术特征。被诉侵权产品具有权利要求1限定的“第一散热区”“第二散热区”，落入涉案专利权保护范围，构成侵权。

【案件信息】

广州同明太阳能科技有限公司诉深圳市华泽兴业科技有限公司侵害实用新型专利权案，最高人民法院(2018)最高法民申1018号民事裁定书(2018年12月31日，王艳芳、毛立华、杜微科)，东省高级人民法院(2017)粤民终1173号民事判决书(2017年8月7日，邓燕辉、肖少杨、叶丹)，广州知识产权法院(2016)粤73民初746号民事判决书。

案件来源：最高人民法院知识产权案件年度报告(2018)。

137 不能认为说明书和附图中的所有实施方式尤其是其中的图例都是功能性特征的内容

【裁判要旨】

是否属于功能性特征的保护范围，应重点审查相关实施方式能否实现该功能。不能将说明书和附图中涉及的所有实施方式都纳入功能性特征的保护范围，更不能仅凭某一图例就简单认定属于功能性特征保护范围。

在被诉侵权产品不能实现相关功能的情况下，不能因为被诉产品其他技术特征与涉案专利相同，就推定被诉侵权产品也具有同样的功能性特征，也不能仅因被诉产品的相关结构与某一图示相近似就认定采用了相同或等同的功能性技术特征。

【关键词】

侵害专利权｜功能性特征｜具体实施方式｜实施例

【基本案情】

原告飞利浦公司系专利号为200780029489.3、名称为“制备食品的设备和用于该设备的空气导向件”的发明专利权独占被许可人。被告巨天公司生产、销售了被诉侵权的型号为JT－916型号的空气炸锅。

飞利浦公司提起诉讼,请求判令巨天公司停止侵害其200780029489.3号发明专利权的行为,销毁尚未售出的侵权产品以及制造侵权产品的专用设备、模具,并且不得销售尚未售出的侵权产品或者以任何其他形式将其投放市场,赔偿损失以及合理开支100万元。

广州知识产权法院判决:驳回飞利浦公司的诉讼请求。飞利浦公司不服,提起上诉。广东省高级人民法院判决:驳回上诉,维持原判。

【裁判理由】

法院认为:

首先,对于权利要求1对"空气导向构件"这一功能性特征所实现的功能或者效果是"将空气流基本上向上导引",而说明书将"基本上向上"解释为"基本上试图表达气流的径向分量基本上垂直向上弯曲,以使气流基本上向上流过食品"。同时,针对背景技术"空气可以在该空间内回旋,并且不能向上导引""空气带有显著径向流动分量地到达食品制备室的底部壁"的缺陷,说明书载明本专利的创新之处在于"空气的这种向上导向的空气流改善了常规空气流形态,因此,能均匀地制备制品"。

其次,实施例并非孤立存在,在功能性特征的内容一般需要依赖具体实施例来确定的情况下,更应结合权利要求书、说明书等内容对实施例的内容进行审查,以清楚、合理界定其保护范围。实施例1的附图1确实并未显示空气导向肋,而仅仅显示了在外壁(4)底部中间呈向上收缩的截头锥形结构,但从该领域普通技术人员角度,难以从实施例1有效得出设置截头锥形向上收缩的空气导向部分属"空气导向构件"的实施方式。因为实施例1中所揭示的截头锥形向上收缩的空气导向部分仅起到引导空气的辅助作用,说明书的文字部分并未明确记载附图1属"空气导向部件"的一种实施方式,本专利对"空气导向部件"的基本实施方式都是设置空气导向肋,且清晰记载了该空气导向肋的功能在于"有利于空气向上流动,防止出现环形(回旋)空气流并向着中央位置压力增大"。故在说明书明确记载"截头锥形向上收缩的空气导向部分"作用仅仅是"协助引导"的情况下,普通技术人员无法确定不使用空气导向肋、只使用设置截头锥形向上收缩的结构构件也属于"空气导向构件"的实施方式之一。

最后,对专利的保护力度应与其创新高度相一致。在实施例1未能清楚说明相关结构并无法推导出相关结构能够起到克服空气回旋、实现"将空气流基本上向上导引"功能的情况下,不能根据实施例1来确定"空气导向构件"这一技术内容的具体内容。

因此要实现权利要求中“将空气流基本上向上引导”功能的“空气导向构件”不可缺少的技术特征应当包括：在底部壁（5）下方位于外壁（4）上，设置径向延伸或者弯曲延伸且在中央位置汇合的空气导向肋。

被诉侵权产品并无空气导向肋，仅有截头锥形向上收缩的结构，但仅凭该结构尚不足以实现将“将空气流基本上向上导引”的功能和效果。飞利浦公司也认可被诉侵权产品对应技术在食品制备室内部实现的是“气流螺旋式上升”，而非“基本上垂直向上弯曲”。在专利克服背景技术空气回旋缺陷、实现“使气流的径向分量基本上垂直向上弯曲”功能从而获得专利权的情况下，不能又将其摒弃的技术方案纳入其权利保护范围。故被诉侵权产品并不具备专利权利要求1中所述的“空气导向构件”，不落专利保护范围。在被诉侵权产品相应技术不能实现专利所述的“将空气流基本上向上导引”的功能的情况下，不能仅因其结构与某一图示相近似就认定采用了相同或等同的功能性技术特征。

【案件信息】

飞利浦优质生活有限公司诉佛山市顺德区巨天电器有限公司侵害发明专利权案，广东省高级人民法院（2017）粤民终1125号民事判决书（2017年8月23日，邱永清、喻洁、肖海棠），广州知识产权法院（2015）粤知法专民初字第2395号民事判决书（2017年2月17日，陈东生）。

案件来源：2017年中国法院50件典型知识产权案例。

138 分案申请受母案申请文件的约束，母案未公开的内容不能作为基于分案申请主张权利的依据

【裁判要旨】

对分案申请而言，母案申请构成其特殊的专利审查档案，母案中未公开的内容不能作为权利人基于分案申请主张权利的依据。

【关键词】

权利要求的解释｜分案申请｜母案申请｜申请文件公开的范围｜专利审查档案

【基本案情】

原告邱则有系专利号为200510128051.3、名称为“一种现浇砼空心模壳构件”的发明专利权人。邱则有在本案中主张权利的依据为本专利权利要求1和3,其中权利要求1为:一种现浇砼空心模壳构件,包括上底(4),周围侧壁(5),下底(6),上底(4)和周围侧壁(5)构成模壳(7),模壳(7)与下底(6)彼此围成有封闭空腔(8)的模壳构件(3),其特征在于所述的模壳(7)由至少两块分块模壳板(9)拼接组装而成,分块模壳板(9)有至少一根加强杆(12)支撑。本专利说明书第2页第2段记载:“本发明的解决方案是在现有技术的基础上,包括……这样,由于模壳由至少两块分块模壳板拼接组装而成,而分块模壳板为包括部分上板和与之相连的部分侧壁的成型件,因而模壳构件结构简单,构造关系明确,生产容易、成本低,相应楼盖的施工成本低,从而达到了本发明的目的。”说明书第2页第5~7段记载:“本发明的特征还在于所述的上底由四块分块模壳板构成。本发明的特征还在于所述的周围侧壁由四块分块模壳板构成。本发明的特征还在于所述的分块模壳板为包括部分上板和与之相连的部分侧壁的成型件。”

本专利为03118134.1号发明专利申请(简称母案)的分案申请,在母案申请文件中,没有记载本专利说明书第2页第5~7段的内容。母案专利申请公开说明书记载的权利要求4为“根据权利要求2所述的一种现浇钢筋砼空心楼盖,其特征在于模壳构件设置有十字型加强肋(10),模壳(7)由4块分块模壳板(9)在十字型加强肋(10)上搭接构成”。母案专利申请公开说明书第2页第5段记载为:“本发明的特征还在于模壳构件设置有十字型加强肋,模壳由4块分块模壳板在十字型加强肋上搭接构成。这样,楼盖中的模壳构件的制作更容易,成本更低,相应楼盖的施工成本更低。”母案专利申请公开说明书附图4、17中,组成模壳的4块分块模壳板均是包括部分上底和部分侧壁的结构。

邱则有认为被告鲁班公司的叠合箱产品落入本专利保护范围,提起诉讼。山东省济南市中级人民法院判决:驳回邱则有的诉讼请求。邱则有不服,提起上诉。山东省高级人民法院判决:驳回上诉,维持原判。邱则有仍不服,申请再审。最高人民法院裁定:驳回其再审申请。

【裁判理由】

最高人民法院认为:

邱则有主张分块模壳板可以为任意分块,可以是由部分上底与部分侧壁相互连接成的成型件,也可以是单纯的上底或者侧壁。这涉及对分块模壳板的解释问

题。基于以下理由,邱则有关于分块模壳板的解释不能成立:

1. 对于权利要求中的自定义词语,通常需要借助专利说明书、其他权利要求以及专利审查档案中对该特定词语的描述,确定该词语的含义。本专利权利要求1限定,上底(4)和周围侧壁(5)构成模壳(7),模壳(7)由至少两块分块模壳板(9)拼接组装而成。对于所述"分块模壳板",说明书中已经赋予其明确的定义,即"分块模壳板为包括部分上底和与之相连的部分侧壁的成型件"。

2. 根据对本专利权利要求1本身的通常理解,也可以得出分块模壳板为包括部分上底和与之相连的部分侧壁的成型件这一结论。权利要求1称"分块模壳板(9)有至少一根加强杆(12)支撑",若分块模壳板单纯由上底或者侧壁组成,则加强杆将无法对这样的分块模壳板起到支撑作用。

3. 本专利的母案专利申请公开说明书中未公开本专利说明书第2页第5~7段的内容,邱则有以该内容主张分块模壳板可以单纯由上底或者侧壁组成,不应予以支持。分案申请是一类特殊的申请,是为了保证专利申请人的正当利益不受到损害,允许专利申请人将其在申请日提交的母案申请文件中已经披露、但因单一性等原因不能在母案中获得保护的发明创造另行提出专利申请,同时保留原申请日的一种制度。该制度在保护专利申请人利益的同时,为了平衡社会公众的利益,要求分案申请不得超出母案申请文件公开的范围,即不得在分案申请中补充母案申请文件未曾记载的新内容,以避免专利申请人将申请日后完成的发明创造通过分案申请抢占在先的申请日。因此,分案申请要受到母案申请文件的约束。在此意义上,对于分案申请而言,母案申请构成其特殊的专利审查档案,母案中未公开的内容不能作为权利人基于分案申请主张权利的依据。本专利是分案申请,其母案专利申请公开说明书中并未记载本专利说明书第2页第5~7段的内容。根据母案专利申请公开说明书第2页第5段的内容也不能得出分块模壳板可以单纯由上底或者侧壁组成这一结论。此外,在母案专利申请公开说明书附图4、17中,组成模壳的4块分块模壳板均是包括部分上底和部分侧壁的结构。邱则有以母案专利申请公开说明书中未公开的内容主张分块模壳板可以单纯由上底或者侧壁组成,不能成立。

【案件信息】

邱则有诉山东鲁班建设集团总公司侵害发明专利权案,最高人民法院(2011)民申字第1309号民事裁定书(2011年12月16日,金克胜、郎贵梅、罗霞),山东省高级人民法院(2010)鲁民三终字第118号民事判决书。

案件来源:最高人民法院知识产权案件年度报告(2011)。

第三节 被诉侵权行为及其证明

139 专利法的帮助侵权指未经许可，为生产经营目的将侵权专用品提供给他人实施侵权的行为

140 具有公司控制权的法定代表人、股东等实际与公司共同实施侵权行为的，构成共同侵权

【裁判要旨】

共同侵权应该具备以下要件：加害主体为两人或者两人以上；各加害人主观上具有共同意思；各加害人彼此的行为之间客观上存在相互利用、配合或者支持；各加害人行为造成的损害后果在其共同意思的范围内。

法定代表人、控股股东等利用其对公司的控制权，实际与公司共同实施了制造、销售和许诺销售被诉侵权产品的行为，构成共同侵权并应承担连带责任。

专利法意义上的帮助侵权行为并非泛指任何形式的帮助行为，而是特指未经专利权人许可，为生产经营目的将侵权专用品提供给他人以实施侵害专利权的行为。

【关键词】

侵害发明专利权 | 共同侵权 | 共同意思 | 公司控制权 | 帮助侵权

【基本案情】

SMC 株式会社系专利号为 02130309.6、名称为“电磁阀用筒形线圈”发明专利权人。被告中气公司销售了型号为 SY3120 - 5LZD - M5 等的电磁阀产品 86 只，并用中气公司法定代表人被告倪天才的个人账户收取华货款。

SMC 株式会社提起诉讼，请求判令中气公司和倪天才停止制造、销售、许诺

销售侵害专利权的产品,连带赔偿损失及合理开支100万元。

浙江省温州市中级人民法院判决:中气公司停止侵权,赔偿损失及合理开支10万元。SMC株式会社不服,提起上诉。浙江省高级人民法院判决:驳回上诉,维持原判。SMC株式会社仍不服,申请再审。最高人民法院提审后判决:撤销一审、二审判决,中气公司、倪天才停止制造、销售、许诺销售侵权产品并连带赔偿损失20万元及相应合理开支。

【裁判理由】

最高人民法院认为:

根据《侵权责任法》第8条的规定,共同侵权应该具备以下要件:加害主体为两人或者两人以上;各加害人主观上具有共同意思;各加害人彼此的行为之间客观上存在相互利用、配合或者支持;各加害人行为造成的损害后果在其共同意思的范围内。

首先,倪天才与中气公司具有共同意志。倪天才系中气公司的法定代表人、控股股东、执行董事和经理,仅有的另一名股东与其存在姻亲关系,其对中气公司有着很强的控制权,其意志与中气公司的意志具有明显的共同性。其次,倪天才和中气公司理应知悉其被诉侵权产品可能侵犯SMC株式会社的本案专利权。在此情况下,倪天才和中气公司仍然实施了制造、销售和许诺销售被诉侵权产品的行为,可以认为其具有明显的共同侵权故意。最后,倪天才和中气公司客观上存在相互利用、配合或者支持的行为。倪天才以个人银行账户收取中气公司货款,中气公司对于倪天才的上述行为予以认可,两者共同完成了被诉侵权产品的销售和货款回收。可见,倪天才利用其对中气公司的控制权,实际与中气公司共同实施了制造、销售和许诺销售被诉侵权产品的行为,构成共同侵权并应承担连带责任。

根据《侵权责任法》第9条第1款和《侵犯专利权案件解释(二)》第21条第1款的规定,专利法意义上的帮助侵权行为并非泛指任何形式的帮助行为,而是特指未经专利权人许可,为生产经营目的将侵权专用品提供给他人以实施侵害专利权的行为。本案中,倪天才提供个人银行账户用以收取公司货款,该行为并非提供侵权专用品,不能构成专利法意义上的帮助侵权行为。

根据《公司法》第20条第1款、第3款的规定,行为人因构成滥用公司法人独立地位和股东有限责任并应承担连带赔偿责任,需要具备以下条件:行为人滥用公司法人独立地位和股东有限责任,包括对公司过度控制,造成公司财产与个人财产混同,致使公司形骸化;行为人的滥用行为严重损害了公司债权人的利益。本案中,虽然倪天才以个人银行账户收取公司货款,且无证据表明已经将相应货款归还中气公司,直接损害了公司利益,但 SMC 株式会社未提供证据证明中气公司、倪天才的滥用行为导致其没有履行任何债务的能力,从而导致 SMC 株式会社的债权无法实现。在这种情况下,倪天才的上述行为并不构成滥用公司法人独立地位和股东有限责任,严重损害公司债权人利益的情形,不违反《公司法》第 20 条的规定。

本案的损失,综合考虑涉案发明专利的创造高度、中气公司的经营规模、主观恶意、侵权时间等因素,确定中气公司、倪天才应赔偿 SMC 株式会社损失 200000 元。关于合理费用,已经查明的 SMC 株式会社支出的合理费用三案共 379994 元,分摊到本案为 126664.7 元。

【案件信息】

SMC 株式会社诉乐清市中气气动科技有限公司、倪天才侵害发明专利权案,最高人民法院(2018)最高法民再 199 号行政判决书(2018 年 6 月 29 日,朱理、毛立华、佟姝),浙江省高级人民法院(2017)浙民终 200 号民事判决书(2017 年 6 月 15 日,王亦非、陈为、滕灵勇),浙江省温州市中级人民法院(2016)浙 03 民初 494 号民事判决书(2017 年 2 月 10 日,郑晔、陈律)。

案件来源:最高人民法院知识产权案件年度报告(2018)。

141 教唆诱导不知情者制造侵权产品的属共同侵权,多人教唆可区分的,应分别承担责任

【裁判要旨】

教唆、诱导不知情者制造侵权产品的,教唆、诱导者与被教唆、诱导者为共同侵权人,应承担连带民事责任。如多个教唆侵权人均存在教唆、诱导该不知情者制造侵权产品的行为,但各自教唆、指示生产的侵权产品数量能够区分的,可判处各个教唆侵权人分别承担相应的赔偿责任。

【关键词】

侵害发明专利权｜教唆｜诱导｜共同侵权｜区分

【基本案情】

原告科兰金利公司系专利号01809196.2、名称为“环境相容式预制块”的发明专利独占被许可人。

科兰金利公司认为被告黄陂水利公司、被告九州兴公司在武汉市黄陂区滠水河水利综合整治过程中，使用了被告阮永红生产的植生块，构成侵权，于是提起诉讼请求判令三被告停止侵权行为，连带赔偿损失1651086元及相应合理开支。

湖北省武汉市中级人民法院判决：黄陂水利公司、九州兴公司、阮永红停止生产、销售侵权产品；黄陂水利公司赔偿科兰金利公司193500元，阮永红在174795元内负连带责任；九州兴公司赔偿科兰金利公司100620元，阮永红负连带责任；黄陂水利公司、九州兴公司、阮永红赔偿科兰金利公司合理开支3000元。

【裁判理由】

法院认为：

被诉侵权植生块包含了与专利权利要求1记载的全部技术特征相同的技术特征，其所采用的技术方案已落入本案专利权的保护范围。

科兰金利公司的主要经营项目为生产、铺装水泥植生块，而黄陂水利公司曾在2007年4月向科兰金利公司购买过护岸植生块，九州兴公司也曾在2012年1月之前向科兰金利公司购买过植生块产品，两被告对本案专利产品的构造特征事先已处于明知状态，其具备告知阮永红生产侵权植生块的主观条件。

植生块产品一般应用于堤防护坡等水利工程项目中，属于具有特定用途和需求的产品，在没有特定需求计划的情况下，行为人一般不会预先进行生产。阮永红与黄陂水利公司、九州兴公司签订的工程材料购销合同也均约定由阮永红根据黄陂水利公司、被告九州兴公司的需求计划来供应植生块。因此，本案侵权植生块由被告阮永红事先自行生产完毕之后再主动销售给被告黄陂水利公司、被告九州兴公司的可能性较小。

在黄陂水利公司、九州兴公司已知本案专利产品构造特征的情况下，其委托工程项目所在地生产水泥制品的厂家仿制，则可以大量节省工程用料的采购成本。本案查明的事实也表明，黄陂水利公司、九州兴公司与阮永红签订的工程材料购销合同中约定的植生块采购价格明显低于专利产品的市场售价。因此，黄陂水利公司和九州兴公司具有指示阮永红生产侵权植生块的主观意愿和动因。

据阮永红庭审陈述，在其生产侵权植生块之前，黄陂水利公司和九州兴公司曾带其到已铺设了植生块的堤防现场采样。虽然阮永红未就该项事实进一步举证说明，但其陈述与前述分析认定的结论一致，且没有其他证据表明阮永红事前已自行完成植生块产品生产。

从侵权行为的形态和性质上分析，被告阮永红系第一、二、三、五处勘验地点所铺设植生块产品的直接制造者，被告黄陂水利公司、被告九州兴公司系该制造行为的授意者，三被告的行为均系未经专利权人许可制造专利产品的侵权行为。被告阮永红在制造完侵权植生块之后，销售给被告黄陂水利公司、被告九州兴公司，其行为同时构成销售侵权。而被告黄陂水利公司、九州兴公司采购的植生块在铺设完之后即成为水利工程设施之构成部分，两被告均不再行收回或做其他使用，其行为应属于未经专利权人许可销售侵权产品的范畴。

黄陂水利公司和九州兴公司存在指示阮永红生产侵权植生块的行为，系侵权产品的共同制造者，且黄陂水利公司和九州兴公司在本案工程施工之前已知晓本案专利存在，故不具备主张合法来源抗辩的条件。

因三被告并非侵权植生块产品的业主单位和使用方，且该植生块系用于公共水利工程，对科兰金利公司有关拆除现场已铺设植生块的主张，不予支持。

根据滠水河堤防上已铺设的植生块面积约为 22800 平方米，科兰金利公司同类产品的售价 60 元/平方米以及产品利润率 21.5% 确定本案的侵权赔偿数额。

【案件信息】

武汉科兰金利建材有限公司诉武汉市黄陂区水利建筑安装工程公司、武汉九州兴建设集团有限公司、阮永红侵害发明专利权案，湖北省武汉市中级人民法院(2014)鄂武汉中知初字第 8 号民事判决书(2014 年 9 月 23 日，魏兰、赵千喜)。

案件来源:2015 年中国法院 50 件典型知识产权案例。

142 药品质量检测方法专利纳入强制性国家标准后，实施该标准仍应获得许可否则侵权

143 我国法律法规暂无强制性标准未明示所涉必要专利信息因而实施行为不侵权的规定

144 药品检测方法专利为生产过程必不可少，则应禁止销售使用该方法检测通过的药品

【裁判要旨】

药品质量检测方法的专利权并不会因申请了国家标准而有所改变，目前我国的法律法规并无强制性标准未明示所涉必要专利的信息、实施该强制性标准即可以不经过专利人许可、不构成侵权的相关规定。因此，当药品质量检测方法专利被纳入国家药品标准后，实施该国家标准亦应获得专利权人的许可。

【关键词】

侵害发明专利权 | 药品国家标准 | 强制性标准 | 必要专利 | 许可

【基本案情】

原告胡小泉、朱江蓉系专利号为201310111864.6、名称为"肝素钠封管注射液的质量检测方法"的发明专利权人。该专利于2013年4月2日申请，2014年8月6日获得授权。

被告惠诺公司原为原告的合作厂家，其向国家食品药品监督管理局申请将本案专利方法纳入国家标准。2013年5月9日，国家食品药品监督管理局下发XGB2013－040号国家药品标准制订件，明确标准编号为WS1－XG－011－2013的肝素钠封管注射液的药品标准自2013年11月9日起实施。双方当事人均认可该标准与涉案发明专利的权利要求1内容一致。

2013年9月3日，山东省食品药品监督管理局同意惠诺公司生产的药品名称

由“肝素钠注射液”变更为“肝素钠封管注射液”。

胡小泉、朱江蓉以此主张惠诺公司在涉案发明专利申请日之后一直使用涉案发明专利方法检测生产的涉案药品，惠诺公司对此认可。胡小泉、朱江蓉提起诉讼，请求判令惠诺公司立即停止使用上述检测方法、停止销售按照上述检测方法获得的“肝素钠封管注射液”药品并赔偿损失 200 万元。

山东省烟台市中级人民法院判决：确认惠诺公司使用国家食品药品监督管理局药品标准 WS1 – XG – 011 – 2013 进行药品检验的行为侵犯了胡小泉、朱江蓉的涉案专利权，赔偿胡小泉、朱江蓉损失 200 万元。胡小泉、朱江蓉和惠诺公司均不服，提起上诉。山东省高级人民法院判决：维持一审判决内容，并判令惠诺公司停止使用涉案专利对“肝素钠封管注射液”进行质量检测并停止销售使用专利方法检测所获得的“肝素钠封管注射液”药品。

【裁判理由】

法院认为：

胡小泉、朱江蓉主张保护的涉案专利权利要求 1 所记载的全部技术特征与惠诺公司使用的涉案国家药品标准检测方法的全部技术特征完全相同，惠诺公司的使用方法落入涉案专利保护范围。

惠诺公司之所以能够以其名义将涉案“肝素钠封管注射液”质量检测方法申请为国家标准，是基于其与该检测方法的研发方范克、艾诺吉公司当时存在的合作关系，但该检测方法的发明人及权利人并非惠诺公司，而是范克、胡小泉、朱江蓉等人，该“肝素钠封管注射液”的质量检测方法的相关权利并不会因以惠诺公司的名义申请了国家标准而有所改变，虽然发明人范克及专利权人胡小泉、朱江蓉在惠诺公司申请国家标准时，并未向国家药监部门提出该国家标准涉及其发明专利，但目前我国的法律法规并无强制性标准未明示所涉必要专利的信息，实施人实施该强制性标准即可以不经过专利人许可、不构成侵权的相关规定。因此，惠诺公司主张其以自己名义将涉案“肝素钠封管注射液”质量检测方法申请为国家药品标准后，其实施该国家药品标准不构成侵权缺乏事实和法律依据。

涉案专利虽涉及“肝素钠封管注射液”国家药品标准，但“肝素钠封管注射液”的作用为用于维持静脉注射装置（如留置针、导管）的管腔通畅，可于静脉内放置注射后，每次用药后以及每次采血后使用本品。在“肝素钠封管注射液”出现之前，医院的医护人员可以通过对肝素钠进行兑液配药后作封管使用，“肝素钠封管注射液”药品的出现只是解决了之前医护人员的配药麻烦，且并非专用于治疗某种疾病或治疗中必不可少的药物，不使用该药品并不会直接损害社会公众的身体健康，目前生产“肝素钠封管注射液”的药企并非只有惠诺公司一家，因此惠诺公司停止使用涉案专利方法检测“肝素钠封管注射液”不会损害社会公共利益。

药品检验是药品生产过程中必不可少的重要环节，不进行质量检测就无法获得能够出厂销售的合格药品。惠诺公司生产销售的“肝素钠封管注射液”即是使用涉案专利方法进行质量检验合格的药品，虽然《专利法》第 11 条关于“依照该专利方法直接获得的产品”规定中并未明确使用专利检测方法进行检测的产品是否受该条规制，但惠诺公司生产的涉案“肝素钠封管注射液”药品若不使用涉案国家药品标准进行质量检测就无法出厂，也无法进入市场销售，进而实现销售获利。鉴此，如不制止惠诺公司使用涉案专利方法进行检测的“肝素钠封管注射液”药品的销售，将导致惠诺公司使用涉案专利方法的侵权后果不受法律规制，惠诺公司仍可通过销售已经使用涉案专利方法检测的“肝素钠封管注射液”药品获得侵权利益，这不符合专利法保护专利权人的合法权益，打击侵权行为的立法本意。

【案件信息】

胡小泉、朱江蓉诉山东省惠诺公司有限公司侵害发明专利权案，山东省高级人民法院(2018)鲁民终 870 号民事判决书(2018 年 9 月 30 日，柳维敏、于志涛、张金柱)，山东省烟台市中级人民法院(2017)鲁 06 民初 195 号民事判决书。

案件来源：2018 年中国法院 50 件典型知识产权案例。

145　专利权人在专利纳入强制性药品标准时，无法定或约定作公平合理无歧视承诺的义务

【裁判要旨】

涉及药品管理和注册的现行法律、行政法规没有要求药品专利权人在配合制定国家强制性药品标准时对药品专利的许可使用作出“公平、合理、无歧视”承诺。本案也没有证据证明涉案药品专利权人在与涉案专利有关的国家药品标准的制定过程中，针对涉案专利的许可使用作出过“公平、合理、无歧视”承诺，因此，涉案药品专利的许可使用不适用“公平、合理、无歧视”原则。

【关键词】

侵害发明专利权｜强制性药品标准｜公平、合理、无歧视｜标准必要专利

【基本案情】

原告四环公司系专利号为201110006357.7号、名称为“一种安全性高的桂哌齐特药用组合物及其制备方法和其应用”发明专利(以下简称357号专利)和专利号为200910176994.1号、名称为“桂哌齐特氮氧化物、其制备方法和用途”发明专利(以下简称994号专利)权人。

被告齐鲁公司制造、销售、许诺销售了马来酸桂哌齐特注射液。四环公司提起诉讼,请求判令齐鲁公司,停止侵害第357号和第994号专利权的行为,赔偿损失及合理开支300万元。

齐鲁公司主张,四环公司在参与修订马来酸桂哌齐特的国家药品标准过程中,主动将357号和994号专利的相关技术方案纳入该标准,且上述两专利不属于“依法必须以标准的形式才能实施的”专利,故本案应当适用《侵犯专利权案件解释(二)》第24条之规定,在四环公司未尽到“披露义务”和“公平、合理、无歧视”的许可义务的情况下,其诉求不应得到支持。

内蒙古自治区呼和浩特市中级人民法院判决:齐鲁公司停止侵权并赔偿损失及合理开支50万元。四环公司和齐鲁公司均不服,分别提起上诉。内蒙古自治区高级人民法院判决:齐鲁公司停止侵权行为,并赔偿损失50万元及合理开支50万元。齐鲁公司不服,申请再审。最高人民法院裁定:驳回其再审申请。

【裁判理由】

最高人民法院认为:

齐鲁公司对于其制造的马来酸桂哌齐特原料药、注射液产品落入了357号专利的保护范围,对于使用桂哌齐特氮氧化物作为对照品落入了994号专利权利要求15的保护范围均予以认可。根据国家食品药品监督管理总局批准的齐鲁公司YBH01582015马来酸桂哌齐特原料药标准及YBH01592015马来酸桂哌齐特注射液标准,齐鲁公司制造的马来酸桂哌齐特原料药中桂哌齐特氮氧化物的含量不超过0.05%,制造的马来酸桂哌齐特注射液中桂哌齐特氮氧化物的含量不超过0.15%,且氮氧化物的结构式与994号专利权利要求1及357号专利权利要求1中所记载的化合物的结构式一致。此外,上述标准中均记载了将桂哌齐特氮氧化物制作成对照品溶液的过程。鉴于药品属于特殊产品,药品生产企业必须严格按

照国家药品监督管理部门批准的标准进行制造，符合该标准的药品才可以上市。综合考虑上述因素，应当认定，齐鲁公司制造的马来酸桂哌齐特原料药、注射液落入了357号专利的保护范围，制造的桂哌齐特氮氧化物落入了994号专利权利要求1的保护范围，利用其制造的桂哌齐特氮氧化物作为对照品落入了994号专利权利要求15的保护范围。

《侵犯专利权案件解释(二)》第24条第2款规定："推荐性国家、行业或者地方标准明示所涉必要专利的信息，专利权人、被诉侵权人协商该专利的实施许可条件时，专利权人故意违反其在标准制定中承诺的公平、合理、无歧视的许可义务，导致无法达成专利实施许可合同，且被诉侵权人在协商中无明显过错的，对于权利人请求停止标准实施行为的主张，人民法院一般不予支持。"根据该条款的规定，适用该条款应同时满足以下要件：1. 涉案专利所涉标准系推荐性标准；2. 专利权人在标准制定过程中做出"公平、合理、无歧视"的承诺；3. 被诉侵权人无明显过错。

齐鲁公司在申报并获得国家食品药品监督管理总局向其发布的涉案药品注册标准过程中，国家食品药品监督管理总局药品审评中心向齐鲁公司发出《补充资料通知》，要求齐鲁公司"参考马来酸桂哌齐特原料药和注射液的最新国家标准，对已知杂质桂哌齐特氮氧化物进行研究，并订入质量标准"。上述《补充材料通知》中所称的"马来酸桂哌齐特原料药和注射液的最新国家标准"是在四环公司使用的马来酸桂哌齐特药品标准基础上修订而来，由国家药典委员会审定，由国家食品药品监督管理总局发布。涉案药品涉及的最新国家标准以及齐鲁公司申报获得的涉案药品注册标准均为国家强制性标准。涉及药品管理和注册的现行法律、行政法规没有要求药品专利权人在配合制定国家药品标准时对药品专利的许可使用作出"公平、合理、无歧视"承诺，本案也没有证据证明四环公司在与涉案专利有关的国家药品标准的制订过程中针对涉案专利的许可使用作出过"公平、合理、无歧视"承诺。

【案件信息】

北京四环制药有限公司诉齐鲁制药有限公司侵害发明专利权案，最高人民法院(2017)最高法民申4107号民事裁定书(2018年10月31日，夏君丽、郎贵梅、马秀荣)，内蒙古自治区高级人民法院(2017)内民终125号民事判决书(2017年8月3日，吴学东、白海荣、徐蕾)，内蒙古自治区呼和浩特市中级人民法院(2015)呼民知初字第00130号民事判决书。

案件来源：最高人民法院知识产权案件年度报告(2018)，2018年中国法院50件典型知识产权案例。

146 他人未经许可实施已经披露且纳入推荐性标准的专利技术或拒付许可费的，构成侵权

【裁判要旨】

专利权人对纳入推荐性标准的专利技术履行了披露义务，他人在实施该标准时，应当取得专利权人的许可，并支付许可使用费。未经许可实施包含专利技术的推荐性标准，或拒绝支付许可使用费的，构成侵害标准所含专利权的行为。

推荐性国家、行业或者地方标准明示所涉必要专利的信息，被诉侵权人以实施该标准无须专利权人许可为由抗辩不侵犯该专利权的，人民法院一般不予支持。——《侵犯专利权案件解释(二)》第24条第1款

【关键词】

标准必要专利｜推荐性标准｜披露义务｜许可｜公平合理无歧视

【基本案情】

原告张晶廷系专利号为200619912332.7、名称为“预制复合承重墙结构的节点构造施工方法”发明专利权人和CL建筑体系的发明人，并于2008年10月将本专利授予石家庄晶达建筑体系有限公司(以下简称晶达公司)使用。《CL结构设计规程》(以下简称2006年规程)、《CL结构构造图集》(以下简称CL图集)均为河北省过程建设标准，前言或编制说明部分记载上述规程或图集涉及专利，使用时需要取得许可，且同时标明了应识别出的专利技术方案名称。

2008年7月25日，被告子牙河公司作为发包人与被告华泽公司就“和谐家园”部分住宅楼工程签订《建设工程设计合同》约定，设计人应按国家技术规范、标准、规程及发包人提出的设计要求，进行工程设计，相关标准图由发包人购买。华泽公司依据2006年规程完成了建筑施工图的设计。经公证程序证实，由子牙河公司承建的“和谐家园”小区的部分住宅楼使用了本专利的技术方案。张晶廷于是提起本案诉讼。

河北省石家庄市中级人民法院判决：子牙河公司停止侵权，赔偿损失80万元。子牙河公司不服，提起上诉。河北省高级人民法院认为：根据《最高人民法院

关于朝阳兴诺公司按照建设部颁发的行业标准〈复合载体夯扩桩设计规程〉设计、施工而实施标准中专利的行为是否构成侵害专利权问题的函》[(2008)民三他字第4号]答复意见的精神,专利权人参与了标准的制定或者经其同意,将专利纳入国家、行业或者地方标准的,视为专利权人许可他人在实施标准的同时实施该专利,他人的有关实施行为不属于《专利法》第11条所规定的侵害专利权的行为。本专利已经被纳入河北省地方标准,权利人参与了标准的制定,应视为张晶廷许可他人在实施标准的同时实施本专利,子牙河公司的行为不构成侵权,但应当向张晶廷支付一定数额的专利使用费,因此判决:撤销一审判决,子牙河公司向张晶廷支付专利使用费10万元。张晶廷不服,申请再审。最高人民法院提审后判决:撤销二审判决和一审判决要求子牙河公司停止侵权的判项,改判子牙河公司赔偿损失40万元。

【裁判理由】

最高人民法院认为:

2006年规程为推荐性标准,子牙河公司作为建筑施工领域的经营者,有不选择该规程的权利。子牙河公司在对CL建筑体系工地施工现场进行市场观摩调查后,向华泽公司提出设计要求,且根据其与华泽公司签订的《建设工程设计合同》,华泽公司设计采用的标准是由子牙河公司自费向有关出版部门购买的。而且,华泽公司的设计施工图依据的2006年规程在前言部分明确记载了需要识别的专利技术以及专利权人的联系方式。子牙河公司在和谐嘉园的售楼宣传材料中,载有CL复合剪力墙建筑结构户型的优点,并配合有与CL建筑体系网架板一致的图片。因子牙河公司知道或应当知道华泽公司设计的施工方法中包含有本专利技术,在张晶廷进行了专利披露、子牙河公司能够识别专利并能够与张晶廷进行联系的情况下,未经张晶廷许可,使用本专利技术,且在发生纠纷后拒绝向专利权人支付专利许可费,其行为构成侵权。

设计单位设计实现专利技术的图纸的行为并不属于《专利法》第11条规定的侵权行为,本案亦无证据证明华泽公司对子牙河公司存在诱导以及帮助等侵权行为,因此,华泽公司设计建筑施工图的行为并不构成侵权。

(2008)民三他字第4号复函是对个案的答复,不应作为裁判案件的直接依据予以援引。本案2006年规程为推荐性标准,张晶廷履行了专利披露义务。根据2006年规程前言部分,该规程的实施者不能从中推断出,该规程中不包含专利技术或者专利权人向公众开放了免费的专利使用许可的意图。因此实施该标准,应当取得专利权人的许可,根据公平合理无歧视的原则,支付许可费。在未经专利权人许可使用,拒绝支付许可费的情况下,原则上专利侵权救济不应当受到限制。

一审审理期间,被诉侵权的工程尚未完工,子牙河公司的被诉施工行为处于侵权状态,一审判决子牙河公司立即停止侵害本专利权的行为,并无不当。因被诉侵权的工程现已完工并交付使用,本院判决子牙河公司停止侵权的施工行为已无必要。

【案件信息】

张晶廷诉衡水子牙河建筑工程有限公司、衡水华泽工程勘测设计咨询有限公司侵害发明专利权案,最高人民法院(2012)民提字第125号民事判决书(2014年1月26日,周翔、杜微科、周云川),河北省高级人民法院(2011)冀民三终字第15号民事判决书(2011年3月21日,陈振杰、张守军、宋菁),河北省石家庄市中级人民法院(2009)石民五初字第163号民事判决书(2010年12月10日)。

案件来源:最高人民法院知识产权案件年度报告(2014)。

147 权利人向网络服务提供者所发出的通知包含权利被侵害的初步证据的即属有效通知

【裁判要旨】

网络用户利用网络服务实施侵权行为,被侵权人依据侵权责任法向网络服务提供者所发出的要求其采取必要措施的通知,包含被侵权人身份情况、权属凭证、侵权人网络地址、侵权事实初步证据等内容的,即属有效通知。网络服务提供者自行设定的投诉规则,不得影响权利人依法维护其自身合法权利。

《侵权责任法》第36条第2款所规定的网络服务提供者接到通知后所应采取的必要措施包括但并不限于删除、屏蔽、断开链接。“必要措施”应遵循审慎、合理的原则,根据所侵害权利的性质、侵权的具体情形和技术条件等来加以综合确定。

【关键词】

侵害发明专利权｜有效通知｜必要措施｜网络服务提供者｜连带责任

【基本案情】

2009年1月16日，原告嘉易烤公司及其法定代表人李琎熙共同申请了名称为“红外线加热烹调装置”的发明专利，并于2014年11月5日获得授权，专利号为ZL200980000002.8。2015年1月26日，该发明专利的专利权人变更为嘉易烤公司。

被告永康市金仕德工贸有限公司在天猫商城等网络平台上宣传并销售侵害涉案专利权的产品，被告天猫公司在嘉易烤公司投诉金仕德公司侵权行为的情况下，未采取有效措施，应与金仕德公司共同承担侵权责任。请求判令：1.金仕德公司立即停止销售、销毁库存被诉侵权产品；2.天猫公司撤销金仕德公司在天猫平台上所有的侵权产品链接；3.金仕德公司、天猫公司连带赔偿嘉易烤公司50万元。

浙江省金华市中级人民法院判决：金仕德公司停止销售侵权产品，赔偿嘉易烤公司损失及合理开支15万元，猫公司其中的5万元承担连带赔偿责任。天猫公司不服，提起上诉。浙江省高级人民法院判决：驳回上诉，维持原判。

【裁判理由】

法院认为：

各方当事人对于金仕德公司销售的被诉侵权产品落入嘉易烤公司涉案专利权利要求1的保护范围，均不持异议，故认定金仕德公司构成侵权。

天猫公司作为《侵权责任法》第36条第2款规定的接受“通知”后采取必要措施以防止侵权后果不当扩大的网络服务提供者，其所应承担的义务范围及责任构成应结合其主体性质、“通知”的有效性以及接到“通知”后是否应当采取措施及所采取的措施的必要性和及时性等加以综合考量。

首先，天猫公司系信息发布平台的服务提供商，符合《侵权责任法》第36条第2款所规定网络服务提供者的主体条件。

其次，《侵权责任法》第36条第2款所涉及的“通知”是认定网络服务提供者是否存在过错及应否就危害结果的不当扩大承担连带责任的条件。通常，“通知”内容应当包括权利人身份情况、权属凭证、证明侵权事实的初步证据以及指向明确的被诉侵权人网络地址等材料。符合上述条件的，即应视为有效通知。嘉易烤公司涉案投诉通知属有效通知。

再次,发明或实用新型专利侵权的判断往往并非仅依赖表面或书面材料就可以作出,因此专利权人的投诉材料通常只需包括权利人身份、专利名称及专利号、被投诉商品及被投诉主体内容,以便投诉接受方转达被投诉主体。嘉易烤公司的投诉材料已完全包含上述要素。考虑到互联网领域投诉数量巨大、投诉情况复杂的因素,天猫公司要求投诉方详细填写被投诉商品落入专利权利要求的技术点要求基于其自身利益考量虽也具有一定的合理性,而且也有利于天猫公司对于被投诉行为的性质作出初步判断并采取相应的措施。但就权利人而言,天猫公司的前述要求并非权利人投诉通知有效的必要条件。况且,嘉易烤公司在投诉材料中提供了多达 5 页的技术特征对比表,天猫公司仍以将技术特征对比作为审核不通过的原因之一,处置失当。投诉方是否提供购买订单编号或双方会员名并不影响投诉行为的合法有效。

最后,《侵权责任法》第 36 条第 2 款所规定的网络服务提供者接到通知后所应采取必要措施包括但并不限于删除、屏蔽、断开链接,应根据所侵害权利的性质、侵权的具体情形和技术条件等来加以综合确定。天猫公司作为电子商务网络服务平台的提供者,将有效的投诉通知材料转达被投诉人并通知被投诉人申辩当属天猫公司应当采取的必要措施之一,否则权利人投诉行为将失去任何意义,权利人的维权行为也将难以实现。天猫公司未履行上述基本义务的结果导致被投诉人未收到任何警示从而造成损害后果的扩大,应对损害的扩大部分与金仕德公司承担连带责任。

【案件信息】

威海嘉易烤生活家电有限公司诉永康市金仕德工贸有限公司、浙江天猫网络有限公司侵害发明专利权案,浙江省高级人民法院(2015)浙知终字第 186 号民事判决书(2015 年 11 月 17 日,周平、陈宇、刘静),浙江省金华市中级人民法院(2015)浙金知民初字第 148 号民事判决书(2015 年 8 月 12 日,陈荣飞、应帅)。

案件来源:指导案例 83 号(最高人民法院审判委员会讨论通过,2017 年 3 月 6 日发布),2015 年中国法院十大知识产权案件。

148 专利法所禁止的销售是指出卖人出售产品的行为，一般情况下买卖合同签订日即销售行为发生日

【裁判要旨】

专利法规定的“销售”行为并不完全等同于“买卖”行为，其只是买卖行为中的一环，应当是指出卖人单方的行为，即出售专利产品的行为，一般情况下，出卖人与买受人签订买卖合同之日，就是出卖人实际销售行为的发生日期。

【关键词】

侵害实用新型专利权｜销售｜买卖｜授权公告日｜合同签订日

【基本案情】

原告亚泰公司系专利号为201020617223.X、名称为“一种内圆抛光机构”的实用新型专利权人，该专利于2010年11月19日申请，于2011年10月5日授权。亚泰公司明确本案其要求保护的是权利要求1。

被告雷炳全开办的个体工商户厚达厂于2011年5月14日与芜湖美的公司签订一份购买合同，由厚达厂向芜湖美的公司销售一台壶身自动内抛光机，单价50万元。2011年5月28日，厚达厂将上述抛光机交付芜湖美的公司。2011年7月12日，芜湖美的公司对该机器出具验收单同意验收。2011年7月20日，厚达厂与芜湖美的公司又签订一份购买合同，约定厚达厂向芜湖美的公司销售四台壶身自动内抛光机，单价为49万元。2011年8月18日，厚达厂将上述四台抛光机交付芜湖美的公司。2011年10月14日，芜湖美的公司对该四台机器出具验收单同意验收。

亚泰公司认为雷炳全生产、销售上述五台壶身内抛光机的行为侵害本案专利权，提起诉讼，请求判令雷炳全停止侵害，销毁用于侵权的图纸、模具和设备，收回侵权产品，公开赔礼道歉、消除影响，赔偿损失100万元和相应合理开支。

广东省东莞市中级人民法院判决：驳回亚泰公司的诉讼请求。亚泰公司不服，提起上诉。广东省高级人民法院判决：驳回上诉，维持原判。

【裁判理由】

法院认为：

根据《专利法》第 11 条和第 40 条规定，亚泰公司本案专利授权公告后，即 2011 年 10 月 5 日以后，任何单位或者个人未经亚泰公司许可均不得实施其专利。

本案中雷炳权实施了制造行为和销售行为，而且制造行为发生在本案专利授权公告日之前，争议在于销售行为何时发生。

"销售"行为并不完全等同于"买卖"行为。另外，买卖合同成立与标的物所有权转移是两个不同的法律事实，合同成立与否并不以标的物所有权转移为前提，也就是说，何时转移标的物的所有权或者支付价款等，并不影响买卖合同的成立及其效力，不能以是否支付价款或者标的物所有权是否转移来判定买卖合同成立与否，也不能以所有权转移时间或者付款时间来确定销售时间。因此，一般情况下，出卖人与买受人签订买卖合同之日，就是出卖人实际销售行为的发生日期。

专利法规定的"销售"行为，只是买卖行为中的一环，应当是指出卖人单方的行为，即出售专利产品的行为，并不完全等同于买卖双方共同完成的买卖行为。本案中被诉销售行为的发生时间，应以雷炳权出售被诉侵权产品的时间为准。雷炳全两次将被诉侵权产品销售给案外人芜湖美的公司，合同签订时间分别为 2011 年 5 月 14 日和 2011 年 7 月 20 日，被诉侵权产品的交付时间分别为 2011 年 5 月 28 日和 2011 年 8 月 18 日。合同签订日期与被诉侵权产品交付日均在本案专利授权公告日 2011 年 10 月 5 日之前。故应当认定被诉侵权行为发生在本案专利授权公告日之前。

根据专利法规定，必须是在实用新型专利权被授予后的有效保护期间内，相关的生产销售等行为才有可能构成侵权。而在实用新型专利授权之前或者期满之后，均不受我国专利法保护。由于雷炳全的被诉销售行为发生在本案专利授权公告日之前，故无论被诉侵权产品的技术特征是否落入本案专利的保护范围，雷炳全均不需要承担侵权责任。在此情况下，雷炳全生产销售的被诉产品是否落入本案专利的保护范围问题，不是本案判决必须查明的事实，也不影响本案的裁判。因此，对于雷炳全销售的涉嫌侵权产品是否落入本案专利保护范围的问题不予审查。

【案件信息】

江门市亚泰机电科技有限公司诉雷炳全侵害实用新型专利权案，广东省高级人民法院(2013)粤高法民三终字第 15 号民事判决书(2013 年 5 月 23 日，欧修平、欧丽华、李泽珍)，广东省东莞市中级人民法院(2012)东中法民三初字第2号民事判决书(2012年9月6日,何庆宜、涂宗林、刘捷)。

案件来源:2013年中国法院50件典型知识产权案例。

149 在实用新型专利授权公告日前被诉侵权产品销售合同已成立的销售行为不构成侵权

【裁判要旨】

被诉侵权产品销售合同成立之日,专利法意义上销售行为即已实施,该销售行为在实用新型专利授权公告日前的,不构成侵权,相应的购买者在专利授权公告之后的使用被诉侵权产品的行为也不构成侵权。

产品买卖合同依法成立的,人民法院应当认定属于《专利法》第11条规定的销售。——《侵犯专利权案件解释(二)》第19条

【关键词】

被诉侵权的销售行为｜销售合同成立日｜实用新型专利授权公告日｜使用被诉侵权产品

【基本案情】

原告刘鸿彬系申请日为2008年12月31日、授权公告日为2009年10月21日、专利号为ZL200820223950.0、名称为"硅棒锥度或外圆数控磨床"的实用新型专利权人。

2012年1月16日,经刘鸿彬申请法院对安装于被告天威公司厂房中的被诉侵权产品硅芯磨锥机进行了现场勘验。该被诉侵权产品的标牌上印有包括"北京京联发数控科技有限公司硅芯磨锥机型号:MZ-08"等文字。将被诉侵权产品与本专利的权利要求1相比对,其组成、结构及技术特征与本专利的权利要求1的保护范围相同。

刘鸿彬认为天威公司未经许可购买并使用被诉侵权产品,京联发公司擅自制造、销售被诉侵权产品侵犯其专利权,因此提起诉讼,请求判令:天威公司停止使用,京联发公司停止生产、销售被诉侵权产品;并连带赔偿损失30万元及相应合理开支。

四川省成都市中级人民法院判决：天威公司停止使用，京联发公司停止生产、销售被诉侵权产品；京联发公司赔偿损失 10 万元。京联发公司不服，提起上诉。四川省高级人民法院判决：撤销一审判决，驳回刘鸿彬的诉讼请求。刘鸿彬不服，申请再审。最高人民法院裁定：驳回其再审申请。

【裁判理由】

最高人民法院认为：

专利法意义上销售行为的认定，需要考虑《专利法》第 11 条的立法目的，正确厘定销售行为与许诺销售行为之间的关系，充分保护专利权人利益。该条规定的立法目的在于清晰界定专利权的权利范围，划定专利权人与社会公众的权利界限，充分保护专利权人的利益。确保专利权权利范围的清晰性，增强可预见性并预防纠纷发生，销售权能或者说销售侵权行为的认定标准必须清晰明确、简单易行、可操作性强。同时，为充分保护专利权人的利益，销售行为的认定标准还应当尽可能实现许诺销售行为与销售行为之间的无缝衔接，以便覆盖对专利权人利益产生较大影响的有关交易环节和过程，从而更有效地制止销售侵权行为。

对于销售行为的认定标准，至少存在四种选择：合同成立标准、合同生效标准、合同价款支付完成标准、标的物交付或者所有权转移标准。如果采用合同成立作为认定销售行为的判断标准，在合同成立之前当事人以广告、商品展示等方式作出的销售商品的单方意思表示属于许诺销售行为，双方就销售商品的意思表示达成合意属于销售行为，则销售行为与许诺销售行为可以实现密切衔接，使得销售行为与许诺销售行为之间不存在专利权无法覆盖的空间，有利于充分保护专利权人的利益。同时，合同成立是双方当事人就销售商品的意思表示达成合意的事实状态，往往通过书面合同等材料体现出来，不需要进一步考察合同的具体条款和履行过程，专利权人获取证据和证明销售行为成立更为容易，取证成本和认定成本均较低。因此，销售行为的认定，一般应当以销售合同成立为标准。

根据《专利法》第 11 条的规定，专利权人对于他人在实用新型专利授权公告日前实施该专利的行为，并不享有请求他人停止实施的权利。他人在实用新型专利授权公告日前实施该发明，包括制造、使用、销售、许诺销售和进口实用新型专利产品，并不为专利法所禁止，相关实用新型专利产品不构成侵权产品。在此情况下，对于实用新型专利授权公告日前已经售出的产品的后续行为，包括使用、许诺销售和销售，也应得到允许。如果实用新型专利权人在授权公告日后可以禁止该专利授权公告日前已经售出的产品的后续行为，则相当于实用新型专利权的效力可以在授权公告日后延伸到授权公告日前的合法行为，不适当地扩大了专利法授予实用新型专利权人的权利范围，损害了社会公众应有的利益。

本案中，京联发公司销售被诉侵权产品的行为在本案专利授权公告日前已经完成，该行为不为专利法所禁止。在此情况下，天威公司使用所购买的被诉侵权产品的行为也应得到允许。因此，天威公司后续的使用行为不侵犯本案实用新型专利权。

【案件信息】

刘鸿彬诉北京京联发数控科技有限公司、天威四川硅业有限责任公司侵害实用新型专利权案，最高人民法院（2015）民申字第1070号民事裁定书（2015年8月28日，周翔、朱理、吴蓉），四川省高级人民法院（2014）川知民终字第29号民事判决（2014年12月5日，刘巧英、陈洪、韦丽婧），四川省成都市中级人民法院（2012）成民初字第707号民事判决书。

案件来源：最高人民法院知识产权案件年度报告（2015），《最高人民法院公报》2016年第8期，2015年中国法院50件典型知识产权案例。

150　被诉侵权许诺销售行为是在境外网站上针对境外市场作出的，不受中国专利法规制

【裁判要旨】

被诉侵权的许诺销售行为是在境外的网站上进行的，该许诺销售是针对中国大陆以外的市场作出的，其行为主体、作出方式、许诺销售的意思表示内容与中国大陆没有直接关联关系的，该行为系在中国专利法地域范围以外发生，不受中国专利法所规范。

【关键词】

侵害外观设计专利权 | 许诺销售 | 地域范围 | 中国大陆市场

【基本案情】

原告泛爵公司系专利号为200930238673.0、名称为“塑料盒盖（圆形）”的外观设计专利权人。被告强宏达公司在其网站上展示了s3812－s3815等4款真空保鲜盒产品的图文信息，强宏达公司系台港澳法人独资的有限责任公司，股东是强宏达塑胶日用品有限公司（strongerplastic company limited）。

泛爵公司提起诉讼,认为强宏达公司的行为构成侵害其外观设计专利桥梁许诺销售行为,请求判令:强宏达公司停止侵权,删除网站上的侵权产品信息,销毁库存产品及制造侵权产品的专用模具,赔偿损失及合理开支10万元。

广东省广州市中级人民法院判决:强宏达公司停止许诺销售的侵权行为,删除网站上的侵权产品信息,赔偿合理开支12887元。强宏达公司不服,提起上诉。广东省高级人民法院判决:撤销一审判决,驳回泛爵公司的诉讼请求。

【裁判理由】

法院认为:

根据工商登记显示,强宏达公司的唯一投资者为香港企业强宏达塑胶日用品有限公司,故强宏达公司系强宏达塑胶日用品有限公司的全资子公司,两企业法人具有高度的关联性。强宏达塑胶日用品有限公司所有的网站上,介绍了其子公司即强宏达公司的工商信息、经营情况及规模等,并宣称强宏达公司系其在中国的工厂。鉴于强宏达公司与强宏达塑胶日用品有限公司的股权结构关系,结合其自行宣传的内容,在没有相反证据的情况下,可以认定两企业在经营活动中存在意思联络,并进行分工合作。故强宏达塑胶日用品有限公司所有的网站上的宣传行为为两企业共同实施了被诉的许诺销售行为。

泛爵公司指控强宏达公司制造、销售、许诺销售被诉侵权产品,因缺乏关于制造、销售的证据,对此不予认定,泛爵公司也未提出上诉。泛爵公司据以指控侵权事实的证据仅为公证保全的网站信息,而该网站系香港企业强宏达塑胶日用品有限公司所有,网页内容为全英文,强宏达公司上诉主张应认定许诺销售行为在境外,因此不受中国专利法所规制。

我国的专利权系经国务院专利行政部门审查符合授权条件,予以公告授权才产生的权利,其权利的范围具有地域性,即在中国大陆境内受到我国专利权法的保护。未经许可实施专利的行为,发生在中国大陆境外的,不构成对专利权的侵犯。

互联网具有其特殊性,理论上讲,在基础网络通畅的情况下,任何一个互联网站都是开放的,全球范围内可以任意进行访问。若简单地以互联网的开放性为由,将网站上的宣传、展示行为视为全球范围的许诺销售行为,则对许诺销售行为作了过于宽泛的认定,导致专利权保护地域性限制的落空。许诺销售行为本身是一种商业活动,其行为应当具有商业理性,符合商业常识和惯例。涉案网站的所有者为境外企业,网站使用语言为英文,没有任何中文内容,域名不包含“.cn”等特别标识中国区域的字符，故综合以上因素，不能确定网站宣传、展示行为是针对中国大陆市场作出的。至于中国大陆地区事实上是否有人关注该网站，并不直接影响本案许诺销售地域范围的认定。综上所述，泛爵公司所诉许诺销售行为侵权证据不足，对此不予支持。

【案件信息】

泛爵投资有限公司诉惠州强宏达塑胶用品有限公司侵害外观设计专利权案，广东省高级人民法院(2014)粤高法民三终字第513号民事判决书(2014年12月18日，欧丽华、郑颖、陈胜蓝)，广东省广州市中级人民法院(2013)穗中法知民初字第307号民事判决书(2013年11月15日，龚麒天)。

案件来源：2014年中国法院50件知识产权典型案例。

第四节　相同侵权的判定

151　被诉侵权产品有实现专利技术的装置且无须技术知识简单改装即可实现的构成侵权

【裁判要旨】

被诉侵权产品具有实现请求保护的专利技术特征的装置，且无须专业技术人员的知识储备，在消费者购买其产品时指示消费者简单改装即可实现专利技术方案及其所具有的功能的，应认定被诉侵权产品具备请求保护专利的相应技术特征。

【关键词】

侵害专利权｜区别技术特征｜必要装置｜指示消费者实施｜无须技术知识

【基本案情】

原告立盈公司系专利号为201210191120.5、名称为“具有安全可靠性的微耕机”的发明专利权人，该专利于2014年6月25日公告授权后立盈公司提出分案申请，分案专利号为201410140501.X，于2015年12月2日获得授权。

被告德福公司制造并销售了被诉侵权的产品型号为1WG-4Q的微型耕耘

机。立盈公司提起诉讼,请求判令德福公司停止制造、许诺销售、销售侵害立盈公司涉案两专利权的产品并赔偿损失及合理开支160万元。

一审法院经比对,被诉侵权产品的技术特征与"201210191120.5"专利的特征具有以下区别:

1. 专利特征:熄火电接触点的接线端通过导线与汽油机的熄火线连接。产品特征:熄火电接触点与汽油机的熄火线没有相连,且汽油机的熄火线上没有预留相应的接口;

2. 专利特征:后保护活动横杆通过螺栓活动安装在车把横杆上,螺栓上设有压簧。产品特征:后保护活动横杆一端铰接在车把横杆上,一端通过一个导向套(矩形框)固定在车把横杆上,导向套内设有压簧。

被诉侵权产品的技术特征与"201410140501.X"专利的特征具有以下区别:

专利特征:后保护活动横杆通过螺栓活动安装在车把横杆上,螺栓上设有压簧。产品特征:后保护活动横杆一端铰接在车把横杆上,一端通过一个导向套(矩形框)固定在车把横杆上,导向套内设有压簧。

山东省济南市中级人民法院判决:德福公司立即停止侵害立盈公司201410140501.X专利权的行为并赔偿损失和合理开支30万元。立盈公司和德福公司均不服,分别提起上诉。山东省高级人民法院判决:德福公司停止生产、销售侵害立盈公司2012101911205、201410140501X专利权的产品并赔偿损失和合理开支60万元。

【裁判理由】

法院认为:

关于被诉侵权产品是否具有前触地熄火功能。首先,德福公司提出现有技术抗辩的专利号为201520997708.9、名称为"微耕机自动分离保护装置"的实用新型专利权利要求书明确记载:"当安全杆与安全手柄接触时,折叠支撑架与地面接触时,发动机自动断电停止工作。"由此可见,被诉侵权产品应具有前触地熄火功能。其次,被诉侵权产品前支撑架上方设置有可供接入导线的触地熄火电接触点及接线端,通过接入导线即可实现前触地熄火功能,即被诉侵权产品预留了实现前触地熄火功能的必要设置。最后,因被诉侵权产品的熄火线端头为可断开模式,故通过接入导线的方式以实现熄火线同时与汽油机前、后触地熄火电接触点相连接的技术方案简单易行,不需要专业技术人员的知识储备,故德福公司存在指示消费者添加导线以实现被诉侵权产品前触地熄火功能的可能。综上所述,被诉侵权产品具有前触地熄火功能,德福公司在销售该产品时实施了接入导线的简单改装方案以实现该功能，因此，被诉侵权产品实际具有“熄火电接触点的接线端通过导线与汽油机的熄火线连接”这一技术特征。

关于“后保护活动横杆一端铰接在车把横杆上，一端通过一个导向套(矩形框)固定在车把横杆上，导向套内设有压簧”区别技术特征。专利对应技术特征为“后保护活动横杆通过螺栓活动安装在车把横杆上，螺栓上设有压簧”，其中关于“活动安装”的用语表述为功能性限定，专利权保护范围应限于实现该功能的具体实施方式，而根据专利说明书及附图，“活动安装”是通过螺栓实现的，被诉侵权产品后保护横杆是通过“一端铰接、一端通过导向套固定”活动安装在车把横杆上的，该安装方式虽有别于涉案专利给出的具体实施方式，但均是对后保护横杆相对于车把横杆起到固定和导向作用，故其与涉案专利给出的具体实施方式相比，技术手段基本相同，实现的功能和达到的效果相同，且本领域技术人员在被诉侵权行为发生时无须经过创造性劳动就能够联想到，构成等同技术特征。

【案件信息】

日照市立盈机械制造有限公司诉日照市德福机械制造有限公司侵害发明专利权案，山东省高级人民法院(2017)鲁民终890号民事判决书(2017年12月8日，刘晓梅、张亮、张金柱)，山东省济南市中级人民法院(2016)鲁01民初993号民事判决书(2017年3月21日，刘军生、李玉、李现光)。

案件来源：2017年中国法院50件典型知识产权案例。

152 恰当划分技术特征是侵权比对的基础，一部件无法实现相对独立功能的，不宜作为一个独立技术特征

【裁判要旨】

恰当划分技术特征是进行侵权比对的基础，一个部件本身无法实现相对独立的技术功能和技术效果的，不宜作为一个独立的技术特征对待。

【关键词】

技术特征｜技术功能｜技术效果｜技术单元｜划分错误

【基本案情】

原告刘宗贵系专利号为200510060680.7、名称为“可调节的婴幼儿座椅”的发

明专利权人。一种可调节的婴幼儿座椅,包括两根前腿和两根后腿,前腿与其所对应的后腿相铰接,且铰接处位于前腿和后腿的顶端;在每根前腿上均套有一个椅体座,椅体座可沿前腿上下滑动;在两个椅体座之间固连有横杆,椅体设置在横杆上;其特征在于,所述横杆的两端分别固连有调节座,所述调节座上设有若干卡槽;在椅体的靠背处设有一个能移动的调节拉杆;调节拉杆上分别设有与上述调节座上的卡槽相卡配的销体,所述的调节拉杆呈 U 形;其两端分别套设有弹簧,在弹簧的外围套有孔径小于弹簧直径的套体。

被告丰利莱公司生产、销售了被诉侵权的儿童餐椅,刘宗贵提起诉讼,请求判令丰利莱公司停止生产、销售、许诺销售被诉侵权产品,并销毁用于生产侵权产品的模具,赔偿损失 50 万元。

在一审法院的主持下,当事人就被诉侵权产品的技术特征与本案专利的技术特征进行了技术比对。被诉侵权产品争议的技术特征为,两端分别挂设有弹簧,弹簧挂设在销体上;本案专利相应技术特征为,其两端分别套设有弹簧,在弹簧的外围套有孔径小于弹簧直径的套体。

浙江省台州市中级人民法院判决:驳回刘宗贵的诉讼请求。刘宗贵不服,提起上诉。浙江省高级人民法院判决:驳回上诉,维持原判。刘宗贵仍不服,申请再审。最高人民法院裁定:指令浙江省高级人民法院再审本案。

【裁判理由】

最高人民法院认为:

本案的关键在于恰当划分技术特征以便正确地进行技术特征比对。技术特征的划分应该结合发明的整体技术方案,考虑能够相对独立地实现一定技术功能并产生相对独立的技术效果的较小技术单元。如果划分技术特征时未恰当考虑该技术特征是否能够相对独立地实现一定技术功能并产生相对独立的技术效果,导致技术特征划分过细,则在侵权比对时容易因被诉侵权技术方案缺乏该技术特征而错误认定侵权不成立,不适当地限缩专利保护范围;如果未恰当考虑该技术特征是否系相对独立地实现一定技术功能和技术效果的较小技术单元,导致技术特征划分过宽,则在侵权比对时容易忽略某个必要技术特征而错误认定侵权成立,不适当地扩大专利保护范围。因此,恰当划分技术特征是进行侵权比对的基础。

本案专利权利要求 1 关于"其(调节拉杆)两端分别套设有弹簧,在弹簧的外围套有孔径小于弹簧直径的套体"的记载所实现的功能是:当需要调节椅体高度时，对调节拉杆产生回复力，使销体和卡槽扣紧。可见，“套体”虽然是一个部件，但其功能和效果必须依赖于弹簧的配合才能实现，两者相互配合才能在整体技术方案中发挥作用。因此，在本案专利权利要求 1 中，套体本身无法实现相对独立的功能，不宜作为一个独立的技术特征对待。

在将本案专利权利要求的技术特征与被诉侵权产品的相应技术特征进行比对时，应当将“其两端分别套设有弹簧，在弹簧的外围套设有孔径小于弹簧直径的套体”作为一个独立的技术特征进行比对，而不是将“套体”作为一个独立的技术特征进行比对。被诉侵权产品是通过在调节拉杆两端设置销轴并挂设弹簧的方式实现相应的功能，而本案专利则是通过在调节拉杆两端设置套体并套装弹簧的方式实现相应功能。两者虽然不属于相同的技术特征，但是无论是利用弹簧的拉伸原理调节座椅，还是采用弹簧的压缩原理调节座椅，均是利用了弹簧具有回复力的基本性质，手段基本相同，实现利用其回复力使得销体和卡槽扣紧的功能，并且两者所能达到的效果基本相同。而且，采用弹簧拉伸还是压缩的方式对于本领域技术人员来说是容易联想到的。因此，两者属于等同技术特征。

【案件信息】

刘宗贵诉台州市丰利莱塑胶有限公司侵害实用新型专利权案，最高人民法院(2017)最高法民申 3802 号民事裁定书(2017 年 12 月 20 日，朱理、毛立华、佟姝)，浙江省高级人民法院(2017)浙民终 32 号民事判决书(2017 年 3 月 24 日，周平、侯洁、刘静)，浙江省台州市中级人民法院(2015)浙台知民初字第 474 号民事判决书(2016 年 9 月 30 日，葛攵喜、管英芝)。

案件来源：最高人民法院知识产权案件年度报告(2017)。

153　被诉侵权产品具备专利权利要求全部技术特征即使具备更好的附加技术效果仍侵权

154　优先权主张成立与否需要就权利要求进行逐项审查而非对专利技术方案的整体评判

【裁判要旨】

被诉侵权产品具备涉案专利权利要求所记载的全部技术特征，即可判定落入专利权的保护范围，所具备的附加技术效果不影响全面覆盖原则的适用。

优先权的成立与否需要就权利要求进行逐项审查，并非对专利技术方案的整体评判，涉案专利权利要求所描述的技术方案、所要解决的技术问题等均在主张优先权的在先专利申请文本中得以体现，得到该在先专利申请文本的支持，并无增加新的发明创造内容的，可享有优先权。

【关键词】

侵害专利权｜全面覆盖原则｜附加技术效果｜优先权｜权利要求的比对

【基本案情】

原告骑客公司系专利号为201520407602.9、名称为“一种改良电动平衡车”的实用新型专利权人，该专利本国优先权数据记载，其在先申请为2014年6月13日骑客公司申请的申请号为201410262353.9、名称为“纵向双轮车体”的发明专利。

2016年8月8日，宁波海关应骑客公司申请，扣留了被告波速尔公司申报出口的电动滑板车3530辆，后因波速尔公司提交了主张未侵权的相关证据及保证金，该批货物得以放行。骑客公司于是提起诉讼，请求判令波速尔公司停止制造、销售被诉侵权产品，赔偿其损失及合理开支150万元。

浙江省宁波市中级人民法院认为，被诉侵权产品的电池系以嵌入式方式固定安装在底盖上，上表面裸露在外，该部分的设计在保证电池供电功能的基础上，还实现了不拆卸底盖即可替换、维修电池的效果，需要本领域技术人员的创造性劳动，故被诉侵权技术方案电池部分的技术特征与涉案专利权利要求1所限定的“电源，固定于第一底盖和第一内盖之间”这一技术特征不相同，也不等同，未落入涉案专利权的保护范围，故判决：驳回骑客公司的诉讼请求。骑客公司不服，提起上诉。浙江省高级人民法院判决：撤销一审判决，波速尔公司停止制造、销售落入涉案专利的侵权产品，赔偿损失及合理开支15万元。

【裁判理由】

法院认为：

关于电源位置的问题。涉案专利限定为“固定于第一底盖和第一内盖之间”，这既可理解为在第一底盖和第一内盖所形成的空腔内设置相应的连接件，将电池与之相固定；亦可理解为电池固定在底盖或内盖后，其固定后的位置处于第一底盖和第一内盖所形成的空腔内。虽然被诉侵权产品采用了较为精巧的设计，将电池通过卡接于底盖的方式进行初步固定，且能方便电池的取用和更换，增加维修的便利，但此类附加的技术效果并不影响在涉案专利侵权比对中对全面覆盖原则的适用。

关于转动机构的问题。双方的争议主要在于“转动机构”是否属于功能性特征及被诉侵权产品中的转动机构与涉案专利实施例所展示的具体实施方式是否构成等同。本案中，“转动机构”体现了“装置 + 功能”的典型功能性特征描述方式，在权利要求中并未给出具体的实施方式，实践中关于转动功能的实现亦有多种方式可供选择，凭现有证据尚不足以认定本领域技术人员仅通过阅读技术要求，即可直接、明确知晓该转动机构的具体实施方式，故宜将“转动机构”认定为功能性特征。被诉侵权产品中，轴套的一端与内盖通过过盈配合及销钉铆接的方式实现相对固定，另一端则通过与轴承、卡簧的配合实现与另一侧内盖的连接。该种转动机构的具体实施方式与涉案专利所示的实施方式之间在整体功能、效果上并无不同，手段上亦基本相同，两者并无实质性区别，是本领域技术人员无须创造性劳动即可联想到的简单替换选项，故可认定被诉侵权产品中上述相应技术特征与涉案专利所描述的“转动机构”这一功能性特征构成等同。

综上所述，被诉侵权技术方案具备了与涉案专利权利要求 1 记载的全部技术特征相同或等同的技术特征，落入了涉案专利权的保护范围。

优先权的成立与否需要就权利要求进行逐项审查，并非对专利技术方案的整体评判。骑客公司在本案中系主张以涉案专利的权利要求 1 确定专利权的保护范围。将该项权利要求与其主张优先权的 201410262353.9 号“纵向双轮车体”发明专利在先申请文本进行比对，涉案专利权利要求 1 所描述的技术方案、所要解决的技术问题等均在主张优先权的在先专利申请文本中得以体现，得到该在先专利申请文本的支持，并无增加新的发明创造内容，符合享有优先权的条件。波速尔公司提交的苏宁易购网站的相关证据尚不足以证明涉案专利的相关技术特征在专利申请日前已为国内外公众所知，该项现有技术抗辩理由不能成立；另外，其据以主张现有技术抗辩的实用新型专利的申请日，与涉案专利的优先权日均为 2014 年 6 月 13 日，不具有现有技术资格，故波速尔公司的现有技术抗辩不能成立。

【案件信息】

杭州骑客智能科技有限公司诉浙江波速尔运动器械有限公司侵害实用新型专利权案，浙江省高级人民法院(2017)浙民终 213 号民事判决书(2017 年 12 月 14 日，周平、郭剑霞、陈宇)，浙江省宁波市中级人民法院(2016)浙 02 民初 1110 号民事判决书(2017 年 2 月 27 日，毛明强、邓梦甜)。

案件来源:2017 年中国法院 50 件典型知识产权案例。

155 主张本国优先权的应提交与其主题相关的在先申请并证明与在先申请属于相同主题

【裁判要旨】

专利权人主张本国优先权时,应当承担相应的举证责任和说明义务。未能提交与本国优先权主题相关的在先申请文件,亦未能证明本案专利与在先申请属于相同主题的发明创造,不能依据在先申请日享有本国优先权。

【关键词】

新颖性|单独对比|本国优先权|背景技术

【基本案情】

原告陈剑系申请日为 2011 年 6 月 24 日、专利号为 201120233442.2、名称为"清洁工具"实用新型专利权人。本专利记载的本国优先权日分别为 2011 年 3 月 1 日、2011 年 5 月 9 日,涉及的两项在先申请分别为 201120058332.7(以下简称 332 专利)、201120149125.2(以下简称 125 专利)。但 332 专利、206 专利中没有记载本案专利权利要求 1 的技术方案。

陈剑起诉被告博生公司制造、销售、许诺销售的被诉侵权产品侵害其本案专利权。浙江省杭州市中级人民法院判决:驳回陈剑的诉讼请求。陈剑不服,提起上诉。二审庭审中,博生公司提出被诉侵权产品使用的是申请日为 2011 年 5 月 11 日、申请号为 201120157568.6、名称为"用于手压式旋转拖的拖把底盘和脱水桶"实用新型专利(以下简称 568 专利)。该专利说明书背景技术中引用了 CN201755206U 专利(以下简称 206 专利),并记载"拖把杆 13 具有 206 专利公开的结构。"浙江省高级人民法院认为:被诉侵权产品落入本案专利保护范围,博生公司的抵触申请抗辩不能成立,因此判决:撤销一审判决,判令博生公司停止侵权行为,赔偿陈剑损失 10 万元。博生公司不服,申请再审。最高人民法院裁定:驳回其再审申请。

【裁判理由】

最高人民法院认为：

被诉侵权产品落入涉案专利权的保护范围。568 专利的申请日在本案专利申请日之前，授权公告日在本案专利申请日之后，依法可以构成本案专利的抵触申请。虽然陈剑未在诉讼中主张本国优先权，但能否享有本国优先权对于 568 专利能否构成其抵触申请具有实质性影响，因此经向当事人释明后对优先权问题进行审查。

对于本案实用新型专利能否享有优先权，国务院专利行政部门在授权前并未做实质审查，而是仅仅在初步审查中审查本案专利是否与在先申请的主题“明显不相关”。因此，本案应当由陈剑就本案专利享有本国优先权承担举证责任和说明义务。陈剑提交的在先申请 332 专利、125 专利中没有记载与本案专利属于相同主题的技术方案，因此本案专利不能享有本国优先权，568 专利可以构成本案专利的抵触申请。

【案件信息】

陈剑诉慈溪市博生塑料制品有限公司侵害实用新型专利权案，最高人民法院（2015）民申字第 188 号民事裁定书（2015 年 12 月 2 日，王艳芳、杜微科、佟姝），浙江省高级人民法院（2014）浙知终字第 26 号民事判决书。

案件来源：最高人民法院知识产权案件年度报告（2015）。

156　被诉侵权技术方案包括封闭式专利权利要求记载的技术特征之外的其他特征的，不构成侵权

【裁判要旨】

对于封闭式权利要求，如果被诉侵权产品或者方法除具备权利要求明确记载的技术特征之外，还具备其他特征的，应当认定其未落入权利要求保护范围。

【关键词】

封闭式权利要求｜全面覆盖｜其他特征｜保护范围

【基本案情】

金秋生系专利号为200710186413.3、名称为“高强度结构钢用气体保护焊丝”的发明专利权人，原告鑫宇公司系本专利的独占被许可人。本专利权利要求1为：高强度结构钢用气体保护焊丝，其特征在于：由下列重量百分比的元素：C：0.04～0.12、Mn：1.2～2.20、Si：0.40～0.90、Ti：0.03～0.20、V：0.03～0.06、B：0.002～0.006、S≤0.025、P≤0.025，余量为铁及其不可避免的杂质构成。

被告猴王公司向他人销售了被诉侵权的焊丝，经检验除铬、镍、铜元素外的其他组分均落入到本专利权权利要求1的保护范围。鑫宇公司据此提起诉讼，请求判令猴王公司停止侵权，赔偿损失30万元及相应合理开支。

湖北省宜昌市中级人民法院认为：对于以封闭式权利要求表征的组合物专利，如果被诉侵权技术方案含有权利要求记载的组分之外的组分，则应认定其未落入专利权的保护范围。猴王公司生产和销售的被诉侵权产品中镍的含量高达0.049%，应认定为猴王公司有意添加的组分，而鑫宇公司在专利背景技术中指出加镍的种种弊端，不添加镍正是鑫宇公司专利的特征。因此，被诉侵权产品的技术方案没有落入本专利的保护范围。因此判决：驳回鑫宇公司的诉讼请求。鑫宇公司不服，提起上诉。湖北省高级人民法院判决：驳回上诉，维持原判。鑫宇公司仍不服，申请再审。最高人民法院裁定：驳回其再审申请。

【裁判理由】

最高人民法院认为：

封闭式权利要求与开放式权利要求是一组相对应的权利要求类型，关于二者的规定主要体现于2006年《专利审查指南》第二部分第十章、2010年《专利审查指南》第二部分第二章、第十章等相关规定之中。之所以区分封闭式权利要求与开放式权利要求，在于允许专利申请人通过特定形式的措辞或者表达，表明除权利要求明确列举的组分、结构或者步骤等技术特征之外，专利技术方案是否还进一步涵盖未明确列举的其他技术特征。其中，封闭式权利要求通过“由……组成”“余量为……”等表达方式的限定，表明其排除权利要求明确记载的技术特征之外的其他组分、结构或者步骤。本专利权利要求1采用了“由……构成”“余量为铁及其不可避免的杂质构成”等措辞，表明权利人以明确的意思表示，对权利要求1请求保护的“高强度结构钢用气体保护焊丝”组分进行了穷尽式列举，权利要求1属于封闭式权利要求。

《侵犯专利权案件解释》第7条系有关专利侵权判断中技术特征全面覆盖原

则的规定。根据全面覆盖原则，专利侵权行为的成立，以被诉侵权技术方案包含与权利要求记载的全部技术特征相同或者等同的技术特征为充分条件。即使被诉侵权技术方案还附加有其他技术特征的，亦不影响侵权判断，仍应认定侵权行为成立。在适用全面覆盖原则时，应当首先确定权利要求的保护范围。封闭式权利要求是一种特殊类型的权利要求，封闭式权利要求以特定措辞或者表达，限定了权利要求的保护范围仅包括权利要求中明确记载的技术特征及其等同物，排除了其他组分、结构或者步骤。因此，对于封闭式权利要求，如果被诉侵权产品除了具备权利要求明确记载的技术特征之外，还具备其他特征，应当认定其未落入权利要求的保护范围。否则，会出现在授权确权程序中权利要求从严解释，权利人更容易避开现有技术获得授权；侵权诉讼中从宽解释，覆盖更宽保护范围，权利人两头得利，法律适用前后脱节的情形。

2006 年《专利审查指南》和 2010 年《专利审查指南》中有关封闭式权利要求的规定，不存在与上位法相抵触的情形，并且已在专利审查实践中适用多年，形成了稳定的秩序和预期，已为业界所广泛认可和接受。因此，在侵权诉讼中可以参照适用。本案被诉侵权产品除具有权利要求 1 记载的全部组分之外，还含有铬、铜、镍三种组分，其中镍还是本专利说明书中明确指出需要排除的组分。因此，二审判决参照适用《专利审查指南》中有关封闭式权利要求的规定，认定被诉侵权产品未落入本专利权的保护范围正确。

【案件信息】

河北鑫宇焊业有限公司诉宜昌猴王焊丝有限公司侵害发明专利权案，最高人民法院(2013)民申字第 120 号民事裁定书(2013 年 9 月 15 日，周翔、杜微科、郎贵梅)，湖北省高级人民法院(2012)鄂民三终字第 116 号民事判决书(2012 年 6 月 20 日，徐翠、陈辉、秦小双)，湖北省宜昌市中级人民法院(2011)宜中知民初字第 14 号民事判决书。

案件来源：最高人民法院知识产权案件年度报告(2013)。

157 侵权判断应审查权利人主张的独立权利要求中所记载的全部技术特征,而不宜适用多余指定原则①

【裁判要旨】

凡是专利权人写入独立权利要求的技术特征,都是必要技术特征,都不应当被忽略,而均应纳入技术特征对比之列,不赞成轻率地借鉴适用所谓的"多余指定原则"。②

【关键词】

侵害专利权|多余指定原则|必要技术特征|全部技术特征|等同

【基本案情】

原告仁达厂系专利号为98231113.3、名称为"混凝土薄壁筒体构件"的实用新型专利权独占实施被许可人,该专利于1999年10月13日被授权公告,专利权人为王本淼。权利要求书的内容为:一种混凝土薄壁筒体构件,它由筒管和封闭筒管两端管口的筒底组成,其特征在于所述筒底以至少二层以上的玻璃纤维布叠合而成,各层玻璃纤维布之间由一层硫铝酸盐水泥无机胶凝材料或铁铝酸盐水泥无机胶凝材料相粘接,筒底两侧板面亦分别覆盖有一层硫铝酸盐水泥无机胶凝材料或铁铝酸盐水泥无机胶凝材料。同样,所述筒管以至少二层以上的玻璃纤维布筒叠套而成,各层玻璃纤维布筒之间由一层硫铝酸盐水泥无机胶凝材料或铁铝酸盐水泥无机胶凝材料相粘接,筒管内腔表面与外柱面亦分别覆盖有一层硫铝酸盐水泥无机胶凝材料或铁铝酸盐水泥无机胶凝材料。

2002年年初,被告新益公司生产的类似产品投入市场,该产品的主要技术特

---

① 相同裁判观点的案例另见2011年中国法院知识产权司法保护50件典型案例之山东省高级人民法院(2011)鲁民三终字第117号青岛华盾纸制品有限公司、瑞安市应氏机械有限公司与青岛众和恒业蜂窝纸板制品有限公司侵害发明专利权案二审民事判决书。

② 《解释》第7条第1款规定:人民法院判定被诉侵权技术方案是否落入专利权的保护范围,应当审查权利人主张的权利要求所记载的全部技术特征。《规定》第17条第1款规定:《专利法》第59条第1款所称的"发明或者实用新型专利权的保护范围以其权利要求的内容为准,说明书及附图可以用于解释权利要求的内容",是指专利权的保护范围应当以权利要求记载的全部技术特征所确定的范围为准,也包括与该技术特征相等同的特征所确定的范围。

征为:筒管由一层玻璃纤维布夹在两层水泥无机胶凝材料中,封闭筒管两端的筒底亦由水泥无机胶凝材料构成,其中没有玻璃纤维布。与涉案专利相比,新益公司的被诉侵权产品的筒管部分少一层玻璃纤维布,筒底部分没有玻璃纤维布。

仁达厂提起诉讼。辽宁省大连市中级人民法院判决:新益公司停止生产和销售被诉侵权产品,向仁达厂书面赔礼道歉,赔偿损失 10 万元。新益公司不服,提起上诉。辽宁省高级人民法院判决:驳回上诉、维持原判。新益公司仍不服,申请再审。最高人民法院判决:撤销二审判决,驳回仁达厂的诉讼请求。

【裁判理由】

法院认为:

通过向公众表明构成发明或者实用新型的技术方案所包括的全部技术特征,使公众能够清楚地知道实施何种行为会侵害专利权,从而一方面为专利权人提供有效合理的保护,另一方面确保公众享有使用技术的自由。只有对权利要求书所记载的全部技术特征给予全面、充分的尊重,社会公众才不会因权利要求内容不可预见的变动而无所适从,从而保障法律权利的确定性,从根本上保证专利制度的正常运作和价值实现。

独立权利要求应当从整体上反映发明或者实用新型的技术方案,记载解决技术问题的必要技术特征。应当认为,凡是专利权人写入独立权利要求的技术特征,都是必要技术特征,都不应当被忽略,而均应纳入技术特征对比之列。本院不赞成轻率地借鉴适用所谓的"多余指定原则"。

由于本案专利权利要求书在叙述玻璃纤维布层数时,明确使用了"至少二层以上"这种界限非常清楚的限定词,说明书亦明确记载玻璃纤维布筒的套叠层"可以少到仅两层",故在解释权利要求时,不应突破这一明确的限定条件。应当认为,本领域的普通技术人员通过阅读权利要求书和说明书,无法联想到仅含有一层玻璃纤维布或者不含玻璃纤维布仍然可以实现发明目的,故仅含有一层玻璃纤维布或者不含有玻璃纤维布的结构应被排除在专利权保护范围之外。否则,就等于从独立权利要求中删去了"至少二层以上",导致专利权保护范围不合理的扩大,有损社会公众的利益。

本案专利中玻璃纤维布层数的不同,不能简单地认为只是数量的差别,而是对于筒体构件的抗压能力、内腔容积以及楼层重量具有不同的物理力学意义上的作用。筒管部分含有"至少二层以上"玻璃纤维布,在增强抗压能力、减轻楼层重量、增加内腔容积方面达到的技术效果应优于筒管部分仅含"一层"玻璃纤维布的效果。应当认为,仅含“一层”玻璃纤维布不能达到含有“至少二层以上”玻璃纤维布基本相同的效果。

被诉侵权产品筒管部分在水泥无机胶凝材料中夹有一层玻璃纤维布不属于与专利相应技术特征的等同特征,更不是相同特征。而且被诉侵权产品筒底的水泥无机胶凝材料中没有玻璃纤维布,两者不属于基本相同的手段,故亦不等同。因此,被诉侵权产品亦没有落入专利权的保护范围。

赔礼道歉,主要是针对人身利益和商业信誉受到损害的一种责任承担方式。而专利权主要是一种财产利益,故专利侵权纠纷案件一般不适用赔礼道歉。而原审法院在未有证据证明新益公司的行为造成仁达厂重大商誉损失的情况下,判令新益公司赔礼道歉,有所不妥。

【案件信息】

大连仁达新型墙体建材厂诉大连新益建材有限公司侵害专利权案,最高人民法院(2005)民三提字第1号民事判决书(2005年8月22日,王永昌、郃中林、李剑),辽宁省高级人民法院(2004)辽民四知终字第67号民事判决书。

案件来源:我国改革开放30年来100件知识产权司法保护典型案例,《最高人民法院公报》2005年第10期。

第五节　等同侵权的判定

158　技术特征的等同要求本领域技术人员无须创造性劳动就能想到并满足“三基本”的条件

【裁判要旨】

在判断被诉侵权产品的技术特征与专利技术特征是否等同时,不仅要考虑被诉侵权产品的技术特征是否属于本领域的普通技术人员无须经过创造性劳动就能够联想到的技术特征,还要考虑被诉侵权产品的技术特征与专利技术特征相比,是否属于基本相同的技术手段,实现基本相同的功能,达到基本相同的效果,只有以上两个方面的条件同时具备,才能够认定二者属于等同的技术特征。

【关键词】

等同技术特征｜无须创造性劳动｜基本相同的技术手段｜基本相同的功能｜基本相同的效果

【基本案情】

原告竞业公司系专利号为00243741.4、名称为“玻璃钢夹砂顶管”的实用新型专利权人。其权利要求1为:“一种玻璃钢夹砂顶管,它由管头、管身以及管尾组成,管头和管尾管径一致,管尾连接部设有密封用套环,管头、管尾通过套环连接,其特征在于:所述的管头、管身以及管尾采用树脂基体,管身设有两维以上方向绕制的纤维层以及石英夹砂层,管头和管尾设有为两维以上方向绕制的纤维层,所述的套环紧密设置在管头或管尾外壁的凹台内。”

永昌公司生产、销售的被诉侵权的玻璃钢夹砂顶管的技术特征是“插口的管外径小于承口的管外径,有锥度”,竞业公司主张被诉侵权产品与其专利权利要求1构成等同,于是提起诉讼,请求判令永昌公司停止侵权、赔礼道歉并赔偿损失100万元。

广东省广州市中级人民法院认定上述区别特征构成等同,因此判决永昌公司停止侵权,赔偿损失40万元。永昌公司不服,提起上诉。广东省高级人民法院认为上述区别特征的功能、效果不同,也并非本领域技术人员无效付出创造性劳动就能想到,故不构成等同,因此判决:撤销一审判决,驳回竞业公司的诉讼请求。竞业公司不服,申请再审。最高人民法院裁定:驳回其再审申请。

【裁判理由】

最高人民法院认为:

在判断被诉侵权产品的技术特征与专利技术特征是否等同时,不仅要考虑被诉侵权产品的技术特征是否属于本领域的普通技术人员无须经过创造性劳动就能够联想到的技术特征,还要考虑被诉侵权产品的技术特征与专利技术特征相比,是否属于基本相同的技术手段,实现基本相同的功能,达到基本相同的效果,只有以上两个方面的条件同时具备,才能够认定二者属于等同的技术特征。

据本专利的说明书和附图,权利要求1中的技术特征“管头和管尾管径一致”,是指本专利所涉的玻璃钢夹砂顶管的管头、管尾管内径一致,并且管外径也一致。该技术特征具有使本专利的管头、管尾与钢套环之间紧密配合,连接结构合理、密封性被诉侵权产品中插口、承口的管内径虽然一致，但是二者的管外径并不一致，具体表现为承口管外径上设有用于安装钢套环的水平凹台，并且承口管外径与钢套环紧密配合；而插口管外径呈不规则台阶状。虽然《顶管施工技术》中已经公开了注浆减阻的工作原理以及注浆孔、台阶状管外径等技术特征，本领域的普通技术人员在顶管施工中为了实现注浆减阻的目的，能够在《顶管施工技术》所给出的技术启示下，显而易见地想到被诉侵权产品中的注浆孔以及插口管外径呈不规则台阶状等技术特征，无须付出创造性劳动。但是，由于被诉侵权产品中的插口管外径呈不规则台阶状，一方面导致插口管外径与钢套环之间并不能紧密配合，无法实现增强管道连接密封性的功能和效果；另一方面能够在管外径与钢套环之间形成供减阻砂浆通过的环形空间，使得从注浆孔中注入的减阻砂浆可以经由该环形空间均匀分布在管道周围，形成润滑套，实现间少管道外壁与土壤间的摩擦阻力，提高管道顶进效率的有益功能和效果。因此，被诉侵权产品中技术特征“插口管外径呈不规则台阶状”所实现的功能和效果，与权利要求 1 中“管头和管尾管径一致”所实现的功能和效果具有实质性的差异，二者不属于等同的技术特征，被诉侵权产品没有落入本专利权的保护范围。

【案件信息】

陕西竞业玻璃有限公司诉新疆永昌积水复合材料有限公司侵害实用新型专利权案，最高人民法院(2010)民申字第 181 号民事裁定书(2010 年 7 月 23 日，王永昌、李剑、罗霞)，广东省高级人民法院(2009)粤高法民三终字第 289 号民事判决(2009 年 12 月 16 日，邱永清、李嵘、凌健华)，广东省广州市中级人民法院(2007)穗中法民三初字第 180 号民事判决书。

案件来源：最高人民法院知识产权案件年度报告(2010)。

159 能实现一种相对独立的技术功能并产生相应技术效果的技术单元构成一个技术特征①

【裁判要旨】

划分权利要求的技术特征时，一般应把能够实现一种相对独立的技

① 《专利侵权判定指南(2017 年)》第 8 条规定：技术特征，是指在权利要求所限定的技术方案中，能够相对独立地执行一定的技术功能，并能产生相对独立的技术效果的最小技术单元。

术功能的技术单元作为一个技术特征，不宜把实现不同技术功能的多个技术单元划定为一个技术特征。

【关键词】

技术特征｜技术功能｜技术单元｜等同

【基本案情】

原告张强系专利号为200420073525.X、名称为“多功能程控拳击训练器”实用新型专利权人。本专利的权利要求1前序部分为：“一种用于拳击运动训练的多功能程控拳击训练器，该训练器包含五个靶标、测力传感器、指示灯、显示器、语音处理芯片和音乐芯片及放音部件、一个折叠键盘、一个遥控器和遥控接收器，一个或几个步进电机和相应驱动器，上述电路由一个单片机控制。”本专利说明书记载：“在面板(2)上有按头、胸、腹部位排列的五个靶位。”

被告大易工贸公司的被诉侵权产品的对应技术特征为九个靶标，分别为左头部击打部位、右头部击打部位、左臂击打部位、右臂击打部位、左肋击打部位、右肋击打部位、腹部击打部位、左胯击打部位和右胯击打部位。

张强以大易工贸公司构成侵权为由提起诉讼。山东省烟台市中级人民法院认为：靶标数量不构成等同技术特征，因此判决：驳回张强的诉讼请求。张强不服，提起上诉。山东省高级人民法院判决：驳回上诉，维持原判。张强仍不服，申请再审。最高人民法院裁定：驳回其再审申请。

【裁判理由】

最高人民法院认为：

本专利和被诉侵权产品的靶标数量虽然不同，但是由于本专利的每一个靶标在击打时单独发挥作用，因此不能将五个靶标作为一个技术特征来考虑，应当将其分解为头部靶标、腹部靶标和腰部靶标来考虑。被诉侵权产品包含了头部靶标和腹部靶标，其胯部靶标与本专利的腰部靶标在功能效果上是等同的，因此应当认定被诉侵权技术方案包含本专利五个靶标的相同或等同技术特征。一审法院认为本专利“五个靶标”的技术特征与被诉侵权产品“九个靶标”的技术特征不等同属于适用法律错误，二审法院未予纠正亦属不当。

从本专利权利要求1和说明书的记载可以看出，本专利的语音功能是通过语音处理芯片和放音部件实现的，音乐芯片的功能是用于播放伴奏音乐。被诉侵权产品有语音处理芯片，能实现语音提示功能，但不能实现播放伴奏音乐的功能。

因此,被诉侵权产品缺少本专利音乐芯片的技术特征。

张强主张被诉侵权前期产品有外接 PC 机,后期产品有外接键盘,但未提供证据予以证明,一审法院现场勘验亦未发现上述部件。因此,张强不能证明被诉侵权产品有外接键盘,其关于被诉侵权产品的外接键盘相当于本专利遥控器和遥控接收器的主张不成立。被诉侵权产品缺少一个以上技术特征即不构成侵权,因此张强关于被诉侵权产品属于省略遥控器和遥控接收器以及步进电机等附加技术特征的变劣侵权主张不成立。

但因被诉侵权产品缺少本专利的其他区别特征,未落入本专利保护范围,一审、二审虽然存在法律适用不当之处,但是鉴于二审判决结果正确,张强的有关申请再审理由不足以改变二审判决结果,故对其相关诉讼请求不予支持。

【案件信息】

张强诉烟台市栖霞大易工贸有限公司、魏二有侵害实用新型专利权案,最高人民法院(2012)民申字第 137 号民事裁定书(2012 年 8 月 6 日,王永昌、秦元明、李剑),山东省高级人民法院(2011)鲁民三终字第 160 号民事判决书。

案件来源:最高人民法院知识产权案件年度报告(2012)。

160 对部分权利要求无效但专利权人并未放弃继续有效的附加技术特征可适用等同判断

【裁判要旨】

禁止反悔原则通常适用于专利权人通过修改或意见陈述而自我放弃技术方案的情形;若独立权利要求被宣告无效而在其从属权利要求的基础上维持专利权有效,且专利权人未曾对继续有效的权利要求中附加技术特征作出过自我放弃,则不宜仅因其原属于从属权利要求而适用禁止反悔原则并限制等同侵权原则的适用。

【关键词】

禁止反悔原则 | 等同原则 | 自我放弃 | 附加技术特征 | 部分权利要求无效

【基本案情】

原告中誉公司系专利号为 200720069025.2、名称为“一种舵机”的实用新型专利权的独占实施被许可人。中誉公司认为，被告九鹰公司制造、销售的电子遥控飞机中的航模舵机侵害了本专利权，提起诉讼，请求判令停止制造、销售侵权产品，回收全部侵权产品并予以销毁，销毁全部侵权产品的模具、书面宣传材料并删除网站中侵权产品的信息并赔偿包括合理开支在内的损失500万元。

九鹰公司就本专利提出无效宣告请求。专利复审委员会决定：宣告本专利权利要求1～2、权利要求4～6无效，在权利要求3的基础上维持本专利权有效。专利权人不服，提起诉讼。北京市第一中级人民法院做出（2009）一中知行初字第2726号判决，维持专利复审委员会的决定。专利权人不服，提起上诉。北京市高级人民法院做出（2010）高行终字第705号判决：驳回上诉，维持原判。

九鹰公司申请、一审法院委托鉴定机构就九鹰公司生产、销售的航模舵机的技术特征与本专利权利要求3的技术特征是否相同或等同，以及九鹰公司生产、销售的航模舵机的技术特征是否属于现有技术进行鉴定。鉴定结论为：现有技术方案隐含被诉侵权产品技术特征。

上海市第二中级人民法院判决：驳回中誉公司的诉讼请求。中誉公司不服，提起上诉。上海市高级人民法院判决：驳回上诉，维持原判。中誉公司仍不服，申请再审。最高人民法院提审后判决：撤销一审、二审判决，九鹰公司赔偿中誉公司损失20万元。

【裁判理由】

最高人民法院认为：

在专利授权实践中，专利申请人往往通过对权利要求或说明书的限缩以便快速获得授权，但在侵权诉讼中又试图通过等同侵权将已放弃的技术方案重新纳入专利权的保护范围。为确保专利权保护范围的安定性，维护社会公众的信赖利益，专利制度通过禁止反悔原则防止专利权人上述"两头得利"情形的发生。故此，专利权人在专利授权确权程序中，通过对权利要求、说明书的修改或者意见陈述而放弃的技术方案，在侵害专利权纠纷案件中又将其纳入专利权保护范围的，不应支持。

一般情况下，只有权利要求、说明书修改或者意见陈述两种形式，才有可能产生技术方案的放弃，进而导致禁止反悔原则的适用。独立权利要求被宣告无效，在其从属权利要求的基础上维持专利权有效，该从属权利要求即实际取代了原独立权利要求的地位。但是，该从属权利要求的内容或者所确定的保护范围并没有因为原独立权利要求的无效而改变。即使从属权利要求所从属的权利要求被宣告无效，该从属权利要求并不能因此被认为无效。所以，不应当以从属权利要求所从属的权利要求被无效而简单地认为该从属权利要求所确定的保护范围即受到限制。

在专利授权或无效宣告程序中，专利权人主动或应审查员的要求，可以通过增加技术特征对某权利要求所确定的保护范围进行限制，也可以通过意见陈述对某权利要求进行限缩性解释。禁止反悔原则适用于导致专利权保护范围缩小的修改或者陈述，亦即由此所放弃的技术方案，该放弃通常是专利权人通过修改或意见陈述进行的自我放弃。但是，若专利复审委员会认定独立权利要求无效、在其从属权利要求的基础上维持专利权有效，且专利权人未曾作上述自我放弃，则在判断是否构成禁止反悔原则中的“放弃”时，如果该从属权利要求中的附加技术特征未被该独立权利要求所概括，则因该附加技术特征没有原始的参照，故不能推定该附加技术特征之外的技术方案已被全部放弃。权利要求 3 中的“银膜”并没有被权利要求 1 ~2 所提及，专利权人在专利授权和无效宣告程序中没有修改权利要求和说明书，在意见陈述中也没有放弃除“银膜”外其他导电材料作为导流条的技术方案。因此，不应当基于权利要求 1 ~2 被宣告无效，而认为权利要求 3 的附加技术特征“银膜”不能再适用等同原则。

由于双方当事人均认可对被诉侵权技术方案与本专利的区别技术特征属于等同的技术特征，且本案不适用禁止反悔原则，故被诉侵权技术方案已落入专利权的保护范围。又因九鹰公司的现有技术抗辩不能成立，故九鹰公司构成对本专利的侵犯，依法应当承担停止侵权的民事责任。

【案件信息】

中誉电子(上海)有限公司诉上海九鹰电子科技有限公司侵害实用新型专利权案，最高人民法院(2011)民提字第 306 号民事判决书(2012 年 4 月 12 日，王永昌、李剑、宋淑华)，上海市高级人民法院(2010)沪高民三(知)终字第 53 号民事判决书(2010 年 12 月 15 日，张晓都、王静、马剑峰)，上海市第二中级人民法院(2009)沪二中民五(知)初字第 167 号民事判决书(2010 年 5 月 20 日，李国泉、董文涛、胡宓)。

案件来源：最高人民法院知识产权案件年度报告(2012)，《最高人民法院公报》2012 年第 10 期。

161　对体现专利创造性的技术特征适用等同时应谨慎以避免不适当地扩大专利保护范围

【裁判要旨】

对体现专利创造性的技术特征在进行侵权比对时更应当谨慎适用等同原则，因为，对体现专利创造性高度的技术特征适用等同原则，会不适当地扩大专利的保护范围，破坏专利授权时就已经形成的专利权人与社会公众之间的利益平衡。

【关键词】

侵害发明专利权｜等同原则｜技术特征｜创造性高度｜谨慎适用

【基本案情】

原告诺奥公司系专利号为200810014135.8、名称为“铜锌催化剂下丙醛加氢制备正丙醇的生产工艺”，和专利号为200810014134.3、名称为“丙醛加氢制备正丙醇工艺中副产物丙酸丙酯的去除方法”的发明专利权人。

诺奥公司曾多次向被告乌江公司销售过正丙醇。2007年1月18日，乌江公司受让了四川大学的生物乙烯制正丙醇清洁技术；2008年10月10日乌江公司投资设立荣欣公司生产正丙醇。2010年10月25日被告金博公司从乌江公司处购买醋酸正丙酯0.9吨用于销售。

诺奥公司提起诉讼，请求判令乌江公司、荣欣公司、金博公司停止侵害其涉案两项专利权，并赔偿损失100万元及合理开支10万元。

山东省淄博市中级人民法院判决：驳回诺奥公司的诉讼请求。

【裁判理由】

法院认为：

正丙醇并非新产品，因此，应当由诺奥公司提供荣欣公司、乌江公司侵犯其涉案专利的基本证据，也即诺奥公司应当提供荣欣公司制备正丙醇的生产工艺和正丙醇工艺中副产物丙酸丙酯的去除方法的直接证据。诺奥公司没有提供相应证据，应当承担举证不能的责任。

“铜锌催化剂下丙醛加氢制备正丙醇的生产工艺”发明专利所涉及的催化剂

中氧化铝的含量为0.05%～0.15%，该催化剂的具体成分和比例是该专利的必要技术特征。荣欣公司在制备正丙醇过程中，采用的是四川大学开发的多相催化加氢技术，使用的羰基化水溶性铑膦络合物催化剂。且根据南京大学现代分析中心的检测，与诺奥公司的专利中的催化剂相比，荣欣公司的催化剂中没有氧化钠；有专利中不存在的二氧化硅；荣欣公司的三氧化二铁0.02%，专利中的三氧化二铁比例为0.05%～0.15%。故，荣欣公司制备正丙醇的生产工艺与诺奥公司的"在铜锌催化剂下丙醛加氢制备正丙醇的生产工艺"发明专利的技术特征明显不同。

"丙醛加氢制备正丙醇工艺中副产物丙酸丙酯的去除方法"独立权利要求技术特征包括：1. 丙醛加氢生成粗丙醇进入精馏系统时强调要通过适量的"补水"使正丙醇、丙酸丙酯与水共沸在脱烃塔内脱除丙酸丙酯。2. 该粗丙醇中丙酸丙酯含量为0.3%～4%，补水使粗丙醇中含水量为10%～35%。荣欣公司使用的是四川大学的新型羰基化水溶性铑膦络合物催化剂体系，故其在丙酸丙酯的去除过程中没有单独的有针对性的补水系统，诺奥公司也没有证据证明荣欣公司在丙醛加氢生成粗丙醇进入精馏系统时强调要进行补水。诺奥公司的专利中要通过补水系统使粗丙醇中含水量达到10%～35%。南京大学现代分析中心对荣欣公司提供的正丙醇（V306精制正丙醇），正丙醇（V302粗制正丙醇），丙醛（V216精制正丙醛）和丙醛（V204粗制正丙醛）分析检测的检测结果是：水分含量分别为0.76%、2.29%、2.44%、7.90%。荣欣公司的产品的水含量均不在专利技术特征中含水量的范围之内。因此，荣欣公司制备正丙醇的生产工艺与诺奥公司的"丙醛加氢制备正丙醇工艺中副产物丙酸丙酯的去除方法"发明专利的技术特征明显不同。

对专利权利要求的解释，要充分尊重专利权利要求的公示性和划界作用，不得随意将已经进入权利要求的技术特征解释为非必要技术特征，破坏专利权的确定性，打破专利授权时已形成的专利权人与社会公众之间的利益平衡。对体现专利创造性的技术特征在进行侵权比对时更应当谨慎适用等同原则，因为，对体现专利创造性高度的技术特征适用等同原则，会不适当地扩大专利的保护范围，破坏专利授权时就已经形成的专利权人与社会公众之间的利益平衡。根据前述，荣欣公司制备正丙醇的生产工艺和正丙醇工艺中副产物丙酸丙酯的去除方法与诺奥公司的涉案两个专利中多个具体的技术特征均存在明显差别，无法认定为运用基本相同的技术手段，诺奥公司也没有足够证据证明二者是以基本相同的功能，达到基本相同的效果。因此，诺奥公司以等同原则主张被诉侵权的技术方案落入其专利保护范围，事实和法律依据不足，不予支持。

【案件信息】

淄博诺奥化工有限公司诉南京荣欣化工有限公司、南京乌江化工有限公司、淄博金博科贸有限公司侵害发明专利权案，山东省淄博市中级人民法院（2011）淄民三初字第15号民事判决书（2012年1月4日，房鹏、李居滨、陈燕萍）。

案件来源：2012年中国法院50件典型知识产权案例。

162　侵权产品与专利构成相同或等同是侵权理由而非诉讼请求，不受权利人主张的限制

163　最接近的现有技术不同，发明点也可能不同，在侵权比对中不宜区分发明点与非发明点

【裁判要旨】

被诉侵权产品与涉案专利的技术特征无论是构成相同还是构成等同，都只是侵权成立的具体理由，而非权利人的诉讼请求。技术特征之间的相同或等同，系法院在查明相关技术事实的基础上所作出的法律判断，故不受权利人自身理解及主张的限制。即使权利人主张相同侵权，法院也可以根据具体案情以等同侵权为由认定侵权成立。

所谓发明点与非发明点，是相对于最接近的现有技术而言的，最接近的现有技术不同，可能导致发明点的不同。发明点的相对性决定了在专利侵权比对中不宜区分发明点与非发明点。

【关键词】

等同侵权｜相同侵权｜诉讼请求｜理由

【基本案情】

原告宁泰公司系专利号为201210508388.7、名称为“一种裁剪机”的发明专利权人。

被告钱锋公司生产了被诉侵权的“全自动彩印编织袋高速缝纫机”，宁泰公司认为其上的裁剪机构的技术方案落入涉案专利权的保护范围，因此提起诉讼，请求判令钱锋公司停止制造、使用、销售、许诺销售被诉侵权产品，并销毁库存及专

用模具,赔偿损失 20 万元。

浙江省温州市中级人民法院认为,根据钱锋公司提出的被诉侵权产品与涉案专利权利要求 1 的三个差异,被诉侵权产品与涉案专利权利要求 1 构成等同,因此判决:钱锋公司停止制造、销售、许诺销售侵害涉案专利权的行为,赔偿损失 20 万元。钱锋公司不服,以宁泰公司提出的是相同侵权,而一审法院认定的是等同侵权,超出宁泰公司诉讼请求范围等为由提起上诉。浙江省高级人民法院判决:驳回上诉,维持原判。钱锋公司仍不服,申请再审。最高人民法院裁定:驳回其再审申请。

【裁判理由】

法院认为:

被诉侵权产品与涉案专利的技术特征无论是构成相同还是构成等同,都只是侵权成立的具体理由,而非权利人的诉讼请求。技术特征之间的相同或等同,系法院在查明相关技术事实的基础上所作出的法律判断,故不受权利人自身理解及主张的限制。即使权利人主张相同侵权,法院也可以根据具体案情以等同侵权为由认定侵权成立。

在判定是否侵犯发明、实用新型专利时,适用全面覆盖原则,并没有区分发明点与非发明点。另外,一般而言,发明点是指,在涉案专利权利要求的全部技术特征中,体现该发明创造对现有技术作出贡献的技术特征。可见,所谓发明点与非发明点,是相对于最接近的现有技术而言的,最接近的现有技术不同,可能导致发明点的不同。发明点的相对性决定了在专利侵权比对中不宜区分发明点与非发明点。

根据专利法的相关规定,赔偿数额应当包括权利人为制止侵权行为所支付的合理开支,即使权利人在诉讼请求中没有单独主张合理开支,其关于总体损害赔偿的诉请中也可以包含该笔费用,除非权利人作出了明确放弃的意思表示。

一、关于"可上下升降的"上切刀安装板

从涉案专利与被诉侵权技术方案实现相关功能的技术特征来看,两者均能实现上切刀安装板的上下升降,就其功能和效果而言并无不同。就手段而言,前者系以气缸的竖直往复直线运动带动上切刀及上切刀安装板上下升降;后者系由偏心轮在伺服电机的驱动下做圆周运动,再通过传动机构将圆周运动转化为上切刀安装板的上下运动。虽然两者在手段上存在一定差异,但都是所属技术领域惯常的技术手段,对该领域的普通技术人员而言,被诉侵权技术方案中以偏心轮带动拉杆的手段与权利要求对应技术特征相互替换是显而易见的。故两者构成等同。

二、关于“上切刀上设有向上延伸的上支撑部”

被诉侵权技术方案实现支撑连接功能的相应技术特征除系通过销轴连接之外,其余均与涉案专利一致。就功能性技术特征整体而言,通过螺纹连接的上支撑部和通过销轴连接的上支撑均能够起到支撑及连接作用,功能及效果相同。且螺纹连接与销轴连接均属惯常连接方式,系本领域技术人员极易联想到的替换方案,亦构成等同。

三、关于“上切刀可沿与上切削面相垂直方向移动地设置在上切刀安装板上”

涉案专利的发明目的在于防止裁剪过程中因切刀受热膨胀造成碰刀,以及自动补偿上、下切刀之间的间隙,实现上述发明目的主要途径是使上切刀可沿与上切削面相垂直方向移动,从而达到上、下切刀之间的紧密配合。被诉侵权技术方案中存在与涉案专利完全相同的基准块、弹性预紧装置部件,并可以通过上述部件实现“上切刀可沿与上切削面相垂直方向移动地设置在上切刀安装板上”,故两者在此项功能性技术特征上相同。

【案件信息】

温州宁泰机械有限公司诉温州钱峰科技有限公司侵害发明专利权案,最高人民法院(2017)最高法民申2073号民事裁定书(2017年12月27日,夏君丽、郎贵梅、傅蕾),浙江省高级人民法院(2016)浙民终506号民事判决书(2016年12月30日,周平、何琼、王磊),浙江省温州市中级人民法院(2015)浙温知民初字第191号民事判决书(2016年6月8日,郑晔、陈律)。

案件来源:2016年中国法院50件典型知识产权案例(二审判决)。

164 说明书依发明目的限定专利保护范围的,不能实现发明目的的产品不构成等同侵权

【裁判要旨】

专利说明书基于其发明创造的目的针对现有技术存在的问题对其进行了改进,由此对专利权利要求技术方案的限定不应当包含不能实现其发明目的的技术方案,而被诉侵权产品的技术方案无法实现专利的发明目的因此未落入专利保护范围,也不构成权利要求相应技术特征的等

同特征。

【关键词】

侵害实用新型专利权｜权利要求的解释｜发明目的｜等同

【基本案情】

原告大央公司系专利号为201520712890.9、名称为“灭蚊灯泡”的实用新型专利权人。该专利权利要求1为：灭蚊灯泡，包括用于连接灯口的灯座和发光件；其特征在于所述灯座上设有连接座，所述连接座内设有电连接所述灯座的线路板，所述线路板包括照明控制线路板和灭蚊控制线路板；所述发光件连接所述连接座并电连接所述照明控制线路板，灭蚊器连接所述连接座并电连接所述灭蚊控制线路板。

大央公司认为被告硕而博公司、盛博公司以营利为目的制造、销售、许诺销售被诉侵权产品侵害了其涉案专利权，提起诉讼请求判令硕而博公司、盛博公司停止侵权，共同赔偿大央公司损失及合理开支200万元（合理开支5万元）。

宁波市中级人民法院判决：硕而博公司、盛博公司停止制造、销售、许诺销售侵权产品删除侵权产品的照片和销售链接、销毁库存侵权产品，分别赔偿大央公司损失及合理开支150万元和50万元，硕而博公司对上述盛博公司的应支付赔偿款承担连带责任。硕而博公司、盛博公司不服，提起上诉。浙江省高级人民法院判决：撤销一审判决，驳回大央公司的诉讼请求。大央公司不服，申请再审。最高人民法院裁定：驳回其再审申请。

【裁判理由】

法院认为：

硕而博公司、盛博公司主张被诉侵权产品采用USB接口，既可以由USB接口连接外部电源供电，也可以通过USB接口充电产品内置锂电池由锂电池供电，并无“灯座”这一技术特征。大央公司则认为，被诉侵权产品的USB接口可以直接连接外来电源供电被诉侵权产品的照明，其USB接口等于涉案专利“用于连接灯口的灯座”，两者均为产品接受外来电源供电的接口，手段、功能、效果基本相同，无须本领域技术人员创造性劳动就能联想到的特征，属于等同技术特征。故须判断被诉侵权产品的“USB接口”与涉案专利“用于连接灯口的灯座”技术特征是否构成等同。

判断上述区别技术特征是否构成等同，应当准确界定涉案专利“用于连接灯口的灯座”这一技术特征。对于权利要求中所使用的词语，不能脱离具体的技术背景作出孤立理解，应当结合该专利的发明目的、发明所要解决的技术问题来准确界定其含义，以确定专利权利要求的合理保护范围，从而实现权利人、相对方及社会公众的利益平衡，给予涉案专利以与其创新程度相适应的保护水平和力度。

首先，根据涉案专利说明书所记载的内容，“本发明所要解决的技术问题是针对现有技术的现状提供一种能直接连接在现有灯座（口）上使用的具有灭虫功能的灭蚊灯泡”“与现有技术相比，本实用新型所提供的灭蚊灯泡可以直接替换现有的灯泡在原线路上使用，不需要对原线路和开关控制进行任何改动”。据此，要实现涉案专利所描述的发明目的，涉案专利权利要求 1“用于连接灯口的灯座”的技术特征必然理解为能够直接连接在现有灯口上，实现灭蚊灯泡对现有灯泡的替换使用，不需要对原线路和开关控制进行任何改动的发明目的。故涉案专利的保护范围不应当包含不能实现直接替换现有灯泡，连接在现有灯口上的技术方案。而被诉侵权产品通过 USB 接口连接外部电源，在现有灯泡灯口为螺口、卡口等不包含 USB 接口形式的情形下，被诉侵权产品并无法实现直接连接在现有灯口上、替换现有灯泡在原线路上使用的发明目的。故被诉侵权产品不具备涉案专利为实现其发明目的所采用的“用于连接灯口的灯座”这一技术方案。

其次，结合涉案专利权利要求和说明书可知，涉案专利“用于连接灯口的灯座”的功能在于连接电源和固定灭蚊灯泡的位置。被诉侵权产品的常用状态是通过 USB 接口充电内置锂电池由锂电池向灭蚊灯提供电源，在此情况下，被诉侵权产品在充完电之后可脱离电源任意悬挂和使用，USB 接口的技术效果与涉案专利灯座需连接在灯口电源上的技术效果完全不同。即使通过 USB 接口连接外部电源，被诉侵权产品位置的固定是通过顶部的挂钩来实现，USB 接口仅能实现连接电源的功能，没有固定位置的功能。两者不具有相同的技术功能。

综上所述，被诉侵权产品不具备涉案专利为实现其发明目的而采用的技术方案，被诉侵权产品“USB 接口”的技术特征与涉案专利的“用于连接灯口的灯座”的技术特征相比，两者手段、功能和效果均不相同，不构成等同特征，未落入涉案专利权的保护范围。

【案件信息】

宁波大央工贸有限公司诉温州硕而博科技有限公司、温州市盛博科技有限公司侵害实用新型专利权案，最高人民法院（2018）最高法民申 4880 号民事裁定书（2018 年 12 月 3 日，秦元明、李嵘、马秀荣），浙江省高级人民法院（2018）浙民终 139 号民事判决书（2018 年 5 月

11日,王亦非、郭剑霞、陈为),浙江省宁波市中级人民法院(2017)浙02民初700号民事判决书(2017年12月29日,马洪、祝芳)。

案件来源:2018年中国法院50件典型知识产权案例。

165 采用与专利所限定技术手段、技术效果和发明目的相反的技术方案不构成等同侵权

【裁判要旨】

被诉侵权技术方案的技术手段与权利要求明确限定的技术手段相反,技术效果亦相反,且不能实现发明目的的,不构成等同侵权。

【关键词】

等同侵权｜技术手段｜技术效果｜发明目的

【基本案情】

原告捷瑞特中心系专利号为01274761.0、名称为“快进慢出型弹性阻尼体缓冲器”的实用新型专利权人。其权利要求1为:一种快进慢出型弹性阻尼体缓冲器,主要由套筒座(1)、承接头(2)、活塞(3)、弹性阻尼体(4)和密封装置(5)组成,其特征在于:在承接头(2)的内腔(22)中装入弹性阻尼体(4)将活塞(3)与活塞杆(31)相连接,装入承接头(2)的内腔(22)之中,将缸盖(21)与承接头(2)连接成一整体,沿活塞(3)圆周部位设置有单向限流装置(32),压缩行程时单项限流装置(32)打开,回复行程时单项限流装置(32)关闭,活塞(3)外径与内腔(22)之间留有间隙。说明书记载:“本实用新型的目的在于提供一种当缓冲器受到冲击载荷后,可迅速缓冲能吸收大部分撞击能量,有效地保护了设备,然后缓慢稳定地回复,免予弹跳保护了设备,有效降低了噪声的一种快进慢出型弹性阻尼体缓冲器。为了实现上述目的,本实用新型是通过以下技术方案来实现的:……沿活塞(3)圆周部位设置有单向限流装置(32),压缩行程时单向限流装置(32)打开,回复行程时单向限流装置(32)关闭……由于采用了上述技术方案本实用新型具有以下优点和效果……2.本实用新型能承受较大的冲击载荷,承撞头快进慢出,外载荷撤销后自动回复,无须增设回弹装置,有效地保护了设备和降低了噪声。”

捷瑞特中心认为,金自天和公司制造、销售被诉侵权的HM－1型缓冲器弹性

胶泥芯体,被告王菡夏非法窃取捷瑞特中心的专利技术信息和金自天和公司合作生产了被诉侵权产品,均构成侵权,因此提起诉讼,请求判令金自天和公司停止制造、被诉侵权产品,回收销毁侵权产品及制造侵权产品的设备,消除影响,与王菡夏共同损失 1000 万元及相应合理开支。

北京市第一中级人民法院认为:被诉侵权产品没有本专利的套筒座,且单向限流装置安装方式与本专利相反,未落入本专利保护范围。捷瑞特中心关于王菡夏共同侵权的主张,无事实和法律佑护。故判决:驳回捷瑞特中心的诉讼请求。捷瑞特中心不服,提起上诉。北京市高级人民法院判决:驳回上诉,维持原判。捷瑞特中心不服,申请再审。最高人民法院裁定:驳回其再审申请。

【裁判理由】

最高人民法院认为:

捷瑞特中心主张被诉侵权产品系金自天和公司制造、销售,但其证据表明其在取证过程中并未对其取得的被诉侵权产品实物进行封存,且自行进行了拆解,在金自天和公司不认可该产品实物系其制造的情况下,按照“谁主张,谁举证”的原则,捷瑞特中心有责任通过申请被诉侵权产品实物提供方出庭作证等方式进一步举证证明该产品实物的来源及原始状态。由于捷瑞特中心并未履行相应的举证责任,导致本案现有证据尚不足以证明被诉侵权产品实物系由金自天和公司制造,此不利后果依法应由捷瑞特中心承担。

捷瑞特中心与金自天和公司共同确认被诉侵权产品没有本专利权利要求 1 中的套筒座和弹性阻尼体,被诉侵权产品的单向限流装置安装方式与本专利权利要求 1 的安装方式相反。再审中,双方当事人的争议焦点在于被诉侵权产品与本专利权利要求 1 中的单向限流装置的安装方式是否构成等同。

从本专利说明书的记载来看,本专利的发明目的是提供一种快进慢出型的弹性阻尼体缓冲器。为实现这一发明目的,本专利在单向限流装置上采取了压缩行程时打开,回复行程时关闭的安装方式,以达到承撞头快进慢出的效果。对此,本专利权利要求 1 对单向限流装置的安装方式也作出了明确的限定。而被诉侵权产品在单向限流装置上采取的是压缩行程时关闭,回复行程时打开的安装方式,实现的是承撞头慢进快出的效果。因此,被诉侵权产品在单向限流装置的安装方式上与本专利权利要求 1 限定的安装方式既不相同,也不等同,没有落入本专利权的保护范围。

【案件信息】

北京市捷瑞特弹性阻尼技术研究中心诉北京金自天和缓冲技术有限公司、王菡夏侵害实用新型专利权案，最高人民法院(2013)民申字第1146号民事裁定书(2013年11月18日，王永昌、秦元明、宋淑华)，北京市高级人民法院(2010)高民终字第1867号民事判决书(2011年9月28日，刘辉、石必胜、陶钧)，北京市第一中级人民法院(2009)一中民初字第13772号民事判决书(2010年6月11日，侯占恒、王晫)。

案件来源：最高人民法院知识产权案件年度报告(2013)，2013年中国法院50件典型知识产权案例。

166 侵权产品采用专利为克服主要技术缺陷所采取的技术特征，即便具有其他缺陷亦属等同

167 对产品中可更换部件主张现有技术抗辩的，不能将产品整体的公开时间视为部件的公开时间，而应单独证明该部件的公开时间

【裁判要旨】

在被诉侵权产品具备了涉案专利为克服主要技术缺陷所采用的技术特征的情形下，为保护专利真正的创新点所在，被诉侵权产品具备说明书所记载的其他部分技术缺陷，并不妨碍依据等同原则作出侵权认定。

各方当事人所提交的证据证明力均未达到高度盖然性的证明标准，依据举证责任分配规则，当现有技术涉及整个产品中的某个部件，特别是该部件是可更换的情况下，应当由主张现有技术抗辩一方证明该部件的公开时间，而不能简单地将整体产品的公开时间视为该部件的公开时间。

【关键词】

举证责任分配｜高度盖然性标准｜可更换部件｜公开时间｜主要技术缺陷｜等同

【基本案情】

原告永创公司系专利号为201120545035.5、名称为“打包机的打包框架装置”的实用新型专利权人，该专利的申请日为2011年12月22日，授权公告日为2012

年 10 月 3 日。

三被告的股东结构和法定代表人均具有关联关系，被诉侵权产品 XT 系列打包机实物分别由被告台州旭田公司生产、销售以及被告上海朝田公司销售，在相关的展会销售凭证上有上海朝田公司工作人员签字和被告东莞旭田公司盖章，在产品目录以及网站宣传中，三被告均以被诉侵权系列产品的生产者和销售者身份进行宣传。

永创公司提起诉讼，请求判令三被告停止制造、许诺销售、销售侵害其本案新型专利权的产品，连带赔偿损失 100 万元和相应合理开支。三被告提出现有技术抗辩，并提供了六份产品实物和专利文件作为证据。

浙江省台州市中级人民法院认为，被诉侵权产品未落入原告本案专利权保护范围，且三被告主张的现有技术抗辩成立，故判决：驳回永创公司的诉讼请求。永创公司不服，提起上诉。浙江省高级人民法院判决：撤销一审判决，三被告停止制造、销售、许诺销售落入永创公司本案专利权保护范围的产品，并连带赔偿损失 20 万元及相应合理开支。

【裁判理由】

法院认为：

审查现有技术抗辩是否成立，不以判断被诉侵权技术方案是否落入专利权保护范围为前提。如果被诉落入专利权保护范围的技术特征与一项现有技术的相应技术特征进行比对后，两者相同或无实质性差异的，则可以直接认定被诉侵权人所实施的技术属于现有技术，无须承担侵权责任。

现有技术是指申请日之前在国内外为公众所知的技术，包括申请日以前在国内外出版物上公开发表、在国内外公开使用或者以其他方式为公众所知的技术，现有技术最突出的特点是公开，即现有技术的证据足以证明该技术方案已经处于任何人想得知即可得知的状态。通常情况下出版物公开时间较为容易确定，对于以使用公开方式主张现有技术的，对相应证据证明力以及证据完整性的要求相对较高。

在充分理解技术基础上，从各方当事人的举证看，所提交的证据证明力均未达到高度盖然性的证明标准，各方争议的两份实物证据中的页片是否更换过的事实难以确定。在此情况下，应当依据举证责任分配规则，当现有技术涉及整个产品中的某个部件，特别是该部件是可更换的情况下，应当由主张现有技术抗辩一方证明该部件的公开时间，而不能简单地将整体产品的公开时间视为该部件的公开时间。三被告提供的证据均无法证明前述实物证据内部的页片是否更换过，即该内部页片的公开时间与该实物机器整体的销售时间不具有唯一对应性，故不能证明该实物证据内部页片的公开时间在本专利申请日之前，其提出的现有技术抗辩不能成立。

专利权保护范围和强度应与其创新和贡献程度相协调，还应当考虑技术特征与专利发明点之间的关系。涉案专利说明书提到了所要克服的多个技术缺陷，但根据权利要求书以及评价报告的记载，涉案专利明确了其创新点和所要克服的主要缺陷，即通过设置有复位弹簧的单页片上游端与相邻单页片的下游端相互依次叠加这一技术方案，以克服打包带互相干涉扭曲打偏的技术缺陷。在被诉侵权产品亦具备了涉案专利为克服主要技术缺陷所采用的技术特征的情形下，为保护涉案专利真正的创新点所在，被诉侵权产品具备说明书所记载的其他部分技术缺陷，并不妨碍依据等同原则作出认定。

综上所述，与涉案专利记载的技术特征相比，被诉侵权产品相应的技术特征以基本相同的手段，实现基本相同的功能，达到基本相同的效果，且本领域技术人员在被诉侵权行为发生时无须经过创造性劳动就能够联想到的，两者构成等同特征，被诉侵权产品落入了涉案专利权的保护范围。

【案件信息】

杭州永创智能设备股份有限公司诉台州旭田包装机械有限公司、上海朝田包装机械有限公司、东莞市旭田包装机械有限公司侵害实用新型专利权案，浙江省高级人民法院(2017)浙民终160号民事判决书(2017年9月6日，王亦非、王磊、陈为)，浙江省台州市中级人民法院(2016)浙10民初24号民事判决书(2017年1月18日，葛欠喜、方莹)。

案件来源：2017年中国法院50件典型知识产权案例。

168 被诉侵权产品因缺少技术特征未落入专利保护范围的无须考虑其是否因此导致变劣

【裁判要旨】

被诉侵权技术方案缺少专利某技术特征的，则未落入专利权的保护范围，不应考虑被诉侵权技术方案是否因此导致技术功能或效果的变劣。

【关键词】

全部技术特征｜缺少技术特征｜变劣｜等同｜落入保护范围

【基本案情】

原告直连公司系专利号为97230200. X、名称为“高层建筑无水箱直连供暖的排气断流装置”的实用新型专利权，专利号为99222425. X、名称为“高层建筑无水箱直连供暖系统的阻旋器”的实用新型专利的独占许可使用人。

被告张建华于2000年9月到直连公司工作，担任电工，并领取工资及保密费，也参与断流器、阻旋器的安装、维修。张建华经申请并于2002年3月13日获得专利号为01241334. 8、名称为“高层供暖回水缓冲排气装置”的实用新型专利权，被授予专利权，其于2002年1月离开直连公司，随即成立了被告高联公司，并担任该公司的法定代表人。

直连公司提起诉讼，请求判令高联公司和张建华停止侵权、赔偿直连公司损失30万元、并公开赔礼道歉、消除影响。

辽宁省沈阳市中级人民法院判决：高联公司、张建华停止制造、销售、许诺销售侵权产品缓冲器、分气器，并在杂志上向直连公司公开道歉，消除影响，赔偿直连公司损失10万元。高联公司不服，提起上诉。辽宁省高级人民法院判决：驳回上诉，维持原判。张建华不服，申请再审。最高人民法院提审后判决：撤销一审、二审判决，驳回直连公司的诉讼请求。

【裁判理由】

最高人民法院认为：

人民法院在判断被诉侵权技术方案是否落入专利权保护范围时，应当将被诉侵权技术方案的技术特征与专利权利要求记载的全部技术特征进行对比。如果被诉侵权技术方案缺少权利要求记载的一个或者一个以上的技术特征，或者被诉侵权技术方案有一个或者一个以上的技术特征与权利要求记载的相应技术特征不相同也不等同，人民法院应当认定被诉侵权技术方案没有落入专利权的保护范围。被诉侵权技术方案是否因缺少某专利技术特征而导致技术功能或效果的变劣，不应考虑。

本案中，被诉侵权技术方案缺少“高层建筑无水箱直连供暖的排气断流装置”专利中的“内设有环绕螺纹导向板的杯状水封罐”技术特征，也缺少“高层建筑无水箱直连供暖系统的阻旋器”专利中的“内设有成‘十’字直排列的止旋板”技术特征。此外,被诉侵权技术与本案中的“上壳体上部设有逆止排气阀”与“高层建筑无水箱直连供暖的排气断流装置”专利中的“—亡壳体上边有方便可拆的呼吸室兼盖板”相比,在手段、功能、效果上不属于《专利案件适用法律规定》第17条规定的“基本相同”,不构成等同特征。因此,被诉侵权技术方案没有落入专利权的保护范围。

【案件信息】

沈阳直连高层供暖技术有限公司诉张建华、沈阳高联高层建筑供暖联网技术有限公司侵害实用新型专利权案,最高人民法院(2009)民提字第83号民事判决书(2009年10月30日,王永昌、李剑、罗霞)辽宁省高级人民法院(2003)辽民四终字第10号民事判决书,辽宁省沈阳市中级人民法院(2002)沈民(4)初字第85号民事判决书。

案件来源:最高人民法院知识产权案件年度报告(2009)。

169 鉴定系对事实的证明而等同是法律评价,构成等同的鉴定意见超越鉴定机构的范围

【裁判要旨】

等同特征的判断是对案件事实(不相同技术特征)的法律评价。而鉴定结论作为证据的一种,仅能起到证明案件事实的作用,不具有对案件事实(不相同技术特征)进行法律评价的效能。本案中,鉴定机构作出被诉侵权产品的技术特征与本案专利所述的特征相同或等同的鉴定意见显然超越了鉴定机构仅应对技术特征等专门性问题进行司法鉴定的范围,对技术特征进行了非事实性的法律评价,其鉴定结论不应作为法院认定案件事实的依据。但是,《鉴定意见书》中关于被诉侵权产品的构造、工作原理等鉴定分析内容与查明案件事实直接相关,在无相反证据的情况下,予以采信。

【关键词】

侵害实用新型专利权|等同原则|鉴定结论|事实认定

【基本案情】

原告首安公司系专利号为200520113373.6、名称为“一种具有可熔或可融绝

缘层的模拟量线型感温探测器”的实用新型专利权人。该专利的独立权利要求是：一种具有可熔或可融绝缘层的模拟量线型感温探测器，其特征在于，由两根探测导体、NTC 特性塑料层、绝缘层、电阻信号测量装置组成，两根所述的探测导体绞合在一起，在所述的两根探测导体之间叠加设置有所述 NTC 特性塑料层及所述绝缘层，所述绝缘层的熔化或软化温度区域为 40℃ ~120℃。

首安公司认为，被告倍安公司向重庆钢铁集团有限责任公司（以下简称重钢集团）销售的西安智畅电子有限公司（以下简称智畅公司）生产的 JTW－LCD－ZC500A 型线型感温火灾探测器侵犯其涉案专利权，提起诉讼，请求判令倍安公司停止销售被诉侵权产品，拆除安装在重钢集团的侵权产品，赔偿损失 100 万元及合理开支 113105.3 元。

重庆市第一中级人民法院对被诉侵权产品的技术特征委托鉴定机构进行鉴定，鉴定结论为：与涉案专利相比，被诉侵权产品的不同点在于其探测导体与 NTC 塑料层之间有半导体材料层和绝缘编织层，而涉案专利所述的探测器的探测导体与 NTC 塑料层之间只有绝缘层。以上两种方式或手段，在常温下均使探测导体与 NTC 塑料层之间起绝缘作用，在高温下均使探测导体与 NTC 塑料层之间起导电作用。二者在手段、功能和效果上均相同。本领域的普通技术人员在阅读涉案专利说明书后无须创造性劳动就能够联想到二者的不同之处。

重庆市第一中级人民法院判决：倍安公司停止销售被诉侵权产品，赔偿首安公司损失及合理开支 13 万元。倍安公司不服，提起上诉。重庆市高级人民法院判决：撤销一审判决，驳回首安公司的诉讼请求。首安公司不服，申请再审，后撤回再审申请。

【裁判理由】

法院认为：

等同特征的判断是对案件事实（不相同技术特征）的法律评价。而鉴定结论作为证据的一种，仅能起到证明案件事实的作用，不具有对案件事实（不相同技术特征）进行法律评价的效能。本案中，鉴定机构作出被诉侵权产品的技术特征与本案专利所述的特征相同或等同的鉴定意见显然超越了鉴定机构仅应对技术特征等专门性问题进行司法鉴定的范围，对技术特征进行了非事实性的法律评价，其鉴定结论不应作为法院认定案件事实的依据。但是，《鉴定意见书》中关于被诉侵权产品的构造、工作原理等鉴定分析内容与查明案件事实直接相关，在无相反证据的情况下，予以采信。

被诉侵权产品的半导体材料层和绝缘编织层虽与专利所述的绝缘层在常温下和高温下实现的功能基本相同,但在手段上二者有所不同:在高温下,被诉侵权产品是通过半导体材料层熔化,NTC 特性塑料层软化后透过绝缘编织层的网格空隙来接触导体(1),从而实现其功能的,而专利是通过绝缘层熔化使 NTC 特性塑料层接触导体(1)来实现其功能。同时,在温度下降到常温后,由于专利绝缘层在高温下已熔化,绝缘层不能继续在探测导体(1)与 NTC 特性塑料层间起绝缘作用,而被诉侵权产品绝缘编织层并未发生变化,在 NTC 特性塑料层恢复未软化的状态时,NTC 特性塑料层不能通过绝缘编织层的网状结构接触探测导体(1),绝缘编织层仍然可起到绝缘作用,此时,从功能上来看,二者并不相同;从效果上来看,被诉侵权产品采用绝缘编织层显然优于专利的绝缘层。因此,被诉侵权产品的半导体材料层和绝缘编织层与专利所述的绝缘层在采用手段、实现功能、达到效果上均有所不同,两者不是相等同的技术特征,被诉侵权产品既未全面覆盖专利独立权利要求中记载的全部必要技术特征,又不构成等同特征,没有落入专利的保护范围,被诉侵权产品不是侵犯首安公司专利权的产品,倍安公司的销售行为不构成侵权。

【案件信息】

首安工业消防有限公司诉上海倍安实业有限公司侵害实用新型专利权案,最高人民法院(2012)民申字第1251号民事裁定书(2012年12月3日,王永昌、秦元明、李剑),重庆市高级人民法院(2012)渝高法民终字第71号民事判决书(2016年6月14日,周敏、肖艳、李剑),重庆市第一中级人民法院(2010)渝一中法民初字第00236号民事判决书。

案件来源:2012年中国法院50件典型知识产权案例(二审判决)。

170 专利权利要求中体现创造性、端点明确的数值范围特征,其等同范围应当相对狭窄

【裁判要旨】

请求保护的专利包含有明确端点的数值范围特征,该特征是发明人经过创造性劳动得出并据此获得了专利授权,如果被诉侵权技术方案的相应数值范围特征是本领域技术人员无须创造性劳动即可从现有技术中轻易得到的,则不应当将专利限定的有明确端点数值范围之外、能够

从现有技术中轻易得到且与范围差异明显的数值纳入等同技术特征的范围内。

【关键词】

等同特征｜有端点的数值范围｜创造性劳动｜现有技术

【基本案情】

原告科力远公司系专利号为95102640.2、名称为“一种海绵状泡沫镍的制备方法”的发明专利权人。科力远公司认为其专利权利要求1有14个技术特征，其中技术特征(9)为：溅射前抽真空至真空度$(0.8\sim3.5)\times10^{-5}$毫米汞柱，充入氩气后真空度为$(2\sim3.5)\times10^{-4}$毫米汞柱。

2007年5月，在深圳举办的CVRDInco公司第二届（中国）能源材料研讨会上，被告爱蓝天大连公司对其生产泡沫镍的情况进行了介绍，其中的工作真空度为$(2.0\sim2.5)\times10-^{1}$Pa。2007年至2008年，被告凯丰公司从爱蓝天大连公司购进“英可泡沫镍”，并使用其生产电池。

被诉侵权方法与本权利要求1进行比对，二者的工艺流程相同，被诉侵权方法的相应特征与本专利权利要求1的全部技术特征分别构成相同或等同，落入了本专利权利要求1的权利保护范围。

科力远公司提起诉讼，请求判令两被告停止侵权，爱蓝天大连公司赔偿损失4990万元。湖南省长沙市中级人民法院判决：两被告停止侵权，爱蓝天大连公司赔偿损失2900余万元。爱蓝天大连公司不服，提起上诉。湖南省高级人民法院判决：驳回上诉，维持原判。爱蓝天大连公司仍不服，申请再审。最高人民法院裁定：指令江苏省高级人民法院再审本案。江苏省高级人民法院判决：驳回科力远公司的诉讼请求。

【裁判理由】

法院认为：

在本案所属技术领域中，真空蒸发、溅射镀膜和离子镀等常被称为物理气相沉积技术，是本领域中基本的薄膜制作技术。它们均要求沉积薄膜的空间要有一定的真空度。因此，真空技术是薄膜制作技术的基础，真空度大小在此类工艺过程中属于重要的工艺参数。对本底真空度，抽真空的目的是减少真空室中残余气体，减少沉积到基片上杂质含量，提高沉积薄膜的纯度。本底真空度越高，溅射薄膜的纯度越高，但对抽真空的动力源，设备的承压能力和密封性能等要求都有相应的提高,也需要耗费更长的时间,生产效率可能也会有所降低。工作真空度是在本底真空度的基础上通过充入氩气而获得的工作状态下的真空度数值。氩气除了充当惰性气体保护镍材料不被氧化以外,还充当重要的溅射原子参与磁控溅射过程。在一定范围内,工作真空度越低其中充入的氩气越多,相同条件下电子与氩气碰撞形成电离的概率越大,溅射的效率越高。

被诉侵权技术方案中的"本底真空度及工作真空度"与本专利权利技术特征9的"本底真空度和工作真空度"必要技术特征两者相差一个数量级(10倍),应属于明显差异。本专利的该特征是能体现其创造性的发明内容,被诉侵权技术的相应特征则是本领域技术人员无须创造性劳动即可从现有技术中轻易得到的技术方案。在没有证据显示两者的差异不会引起真空室内杂质含量的变化、影响溅射膜纯度、溅射效率的情况下,不应当认定两者达到了基本相同的效果,或者被诉侵权技术方案属于变劣的技术方案。

本专利权利要求中本底真空度和工作真空度是有明确端点的数值范围,是经过专利申请人进行了概括选择之后所确定的范围,该数值范围以外的内容应当视为专利权人认为不能或不应得到专利保护的内容,不应当将有明确端点的数值范围之外并且与该范围差异明显的数值纳入等同技术特征的范围内。在申请阶段可能导致专利无法获得授权的过于宽泛的数值范围,既然没有记载在授权后的权利要求范围内,如果通过等同特征的方式再将其纳入专利的保护范围内,显然对公众不公平。本案被诉侵权方案中的本底真空度和工作真空度均系本领域技术人员无须创造性劳动即可从现有技术中轻易得到的技术方案、本专利的本底真空度和工作真空度的技术特征系专利申请人从现有技术方案中优选出来的技术方案,故不应再将专利申请人未写入权利要求的现有技术方案纳入等同特征的范围内,以防止权利人不当侵占公众利益的空间。

【案件信息】

湖南科力远新能源股份有限公司诉爱蓝天高新技术材料有限公司、湖南凯丰新能源有限公司侵害发明专利权案,江苏省高级人民法院(2011)苏知民再终字第0001号判决书(2013年6月27日,宋健、施国伟、袁滔),最高人民法院(2011)民申字第1373号民事裁定书(2011年4月14日),湖南省高级人民法院(2010)湘高法民三终字第1号民事判决书,湖南省长沙市中级人民法院(2008)长中民三初字第0501号民事判决书(2009年9月28日,余晖、尹承丽、肖娟闻)。

案件来源:2013年中国法院知识产权司法保护十大案件。

171 专利申请时已经明确排除的技术方案在侵权案件中不能再以等同方式纳入保护范围①

【裁判要旨】

专利申请人、专利权人在专利授权或者无效宣告程序中，通过对权利要求、说明书的修改或者意见陈述而放弃的技术方案，权利人在侵害专利权纠纷案件中又将其纳入专利权保护范围的，人民法院不予支持。——《侵犯专利权案件解释》第6条

【关键词】

等同原则｜禁止反悔原则｜明确排除的技术方案｜侵权案件｜纳入保护范围

【基本案情】

原告孙俊义系专利号为200320112523.2、名称为“防粘连自动排气阀”的实用新型专利权人。本专利的权利要求为：1.防粘连自动排气阀，包括壳体、浮球、阀座，壳体底部有进水口，进水口上有进水套，其特征在于进水口上的进水套高于壳体底部，进水套的上表面呈锥面，浮球下部落在进水套上，不与壳体接触。本专利说明书记载：本实用新型的目的在于提供一种具有防粘连功能的自动排气阀；由于浮球不与壳底接触，且进水套用铜制成，进水套的锥面与浮球为线接触，所以不会产生腐蚀，这样就防止了由于腐蚀造成的锈块粘连，避免了跑水事故的发生。

孙俊义以博成公司、张泽辉、乔泰达生产的“必安阁”排气阀侵害其专利权为由提起诉讼，请求判令被告连带赔偿损失50万元。被诉侵权产品的进水套上表面呈平面，与本专利上表面为锥面的特征存在区别，各方对此均无异议。

黑龙江省哈尔滨市中级人民法院判决：博成公司和张泽辉赔偿49万元，乔泰达赔偿1万元，博成公司和张泽辉对此承担连带责任。博成公司和张泽辉不服，提起上诉。黑龙江省高级人民法院判决：撤销一审判决，驳回孙俊义的诉讼请求。孙俊义不服，申请再审。最高人民法院裁定：驳回其再审申请。

---

① 相同裁判观点的案例另见2008年中国法院知识产权司法保护50件典型案例之福建省高级人民法院（2008）闽民终字第391号东莞富增泡棉塑胶有限公司诉福建省富增鞋材发展有限公司侵害发明专利案二审民事判决书。

【裁判理由】

最高人民法院认为：

判断被诉侵权产品“一体式盖母上表面呈平面”与本专利“进水套上表面呈锥面”的技术特征是否为等同技术特征需考虑以下因素：

首先，应考虑等同原则与专利权保护范围之间的关系，以及专利法律制度规定等同原则的必要性。一方面，在专利侵权判定中，等同原则是对专利权利要求字面保护范围的扩张，是对专利权字面侵权的适当补充，等同原则的适用为专利权人提供了切实有效的法律保护，鼓励了技术创新；另一方面，专利制度本身又要确保专利权的保护范围具有足够的法律确定性和可预见性，不因滥用等同原则致使专利权保护范围缺乏确定性而损害社会公众的利益。因此，等同原则既是专利权保护中一项不可或缺的重要原则和制度，但同时又必须对等同原则的适用施加必要限制，兼顾专利权人和社会公众的利益，既要保护专利权人在现有技术基础上作出的技术贡献，又促进科学技术的进步。其次，等同原则的适用须考虑专利申请与专利侵权时技术的发展水平，防止对专利技术方案中某些技术特征以专利申请日后新出现的技术进行简单替换而规避侵权的情况，合理界定专利权的保护范围。孙俊义在申请本专利时将其要求保护的技术方案限定为进水套的上表面呈锥面，不是平面，而锥面或平面均是本专利申请时本领域技术人员普遍知晓的技术方案，因此专利权人将权利要求中该技术特征限定为锥面是将平面排除在本专利权的保护范围之外。鉴此，在侵权判定时，不能将技术特征“锥面”扩张到“平面”予以保护，否则将有损社会公众对专利权保护范围确定性和可预见性的信赖，从而损害社会公众的利益，动摇专利制度的基石。故本案中，被诉侵权产品的技术特征与本专利权利要求记载的技术特征相比，并未构成等同的技术特征，被诉侵权产品未落入本专利权保护范围。

《专利案件适用法律规定》确立了专利侵权判定中的等同原则。等同原则的适用克服了专利权利要求在表达上的局限性，弥补了字面侵权的不足，实现了对专利权人的保护，但在实践中出现了等同原则适用过宽的倾向，不适当地扩张了专利权保护范围。《侵犯专利权案件解释》通过对捐献原则、禁止反悔原则以及全面覆盖原则的明确，结合等同原则的适用对专利权人的权利进行了一定程度的限制，使之与社会公众的利益之间形成了更好的平衡关系。同时，一方面，随着专利制度的进一步普及和发展，专利权人的专利文件撰写水平不断提高，专利行政部门对专利申请文件的撰写要求更为严格，等同原则对于撰写水平较低专利的保护作用在逐级减弱；另一方面，人民法院对等同原则的认识更为深刻，对等同原则的适用也更为严格和谨慎。故最高人民法院(2009)民申字第157号民事裁定对等同侵权的认定并不影响本案侵权是否成立的判定。

【案件信息】

孙俊义诉任丘市博成水暖器材有限公司、张泽辉、乔泰达侵害实用新型专利权案，最高人民法院(2015)民申字第740号民事裁定书(2015年11月12日，周翔、钱小红、郎贵梅)；黑龙江省高级人民法院(2014)黑知终字第15号民事判决书(2014年12月23日，贾岩红、李锐、徐明珠)；黑龙江省哈尔滨市中级人民法院(2013)哈知初字第195号民事判决书(2013年11月25日，吴征、常榆德、杨欣)。

案件来源：最高人民法院知识产权案件年度报告(2015)。

172　在授权确权程序中放弃的技术方案，在侵害专利权案件中不能以等同方式纳入保护

【裁判要旨】

专利申请人、专利权人在专利授权或者无效宣告程序中，通过对权利要求、说明书的修改或者意见陈述而放弃的技术方案，权利人在侵害专利权纠纷案件中又将其纳入专利权保护范围的，人民法院不予支持。——《侵犯专利权案件解释》第6条

【关键词】

禁止反悔原则｜修改｜意见陈述｜放弃的技术方案｜授权确权程序

【基本案情】

原告澳诺公司系专利号为95117811.3、名称为“一种防治钙质缺损的药物及其制备方法”的发明专利独占实施被许可人。该专利权利要求1为：“一种防治钙质缺损的药物，其特征在于：它是由下述重量配比的原料制成的药剂：活性钙4－8份，葡萄糖酸锌0.1－0.4份，谷氨酰胺或谷氨酸0.8－1.2份。”该案专利申请公开文本中，其独立权利要求为可溶性钙剂，可溶性钙剂包括葡萄糖酸钙、氯化钙、乳酸钙、碳酸钙或活性钙。国家知识产权局第一次审查意见通知书中，审查员认为，该权利要求书中使用的上位概念“可溶性钙剂”包括各种可溶性的含钙物质，

它概括了一个较宽的保护范围，而申请人仅对其中的“葡萄糖酸钙”和“活性钙”提供了配制药物的实施例，对于其他的可溶性钙剂没有提供配方和效果实施例，所属技术领域的技术人员难于预见其他的可溶性钙剂按本发明进行配方是否也能在人体中发挥相同的作用，权利要求在实质上得不到说明书的支持，应当对其进行修改。申请人根据审查员的要求，对权利要求书进行了修改，将“可溶性钙剂”修改为“活性钙”。

澳诺公司认为，午时药业公司生产、销售其产品，并在王军社经营的保定市北市区鑫康大药房销售的新钙特牌“葡萄糖酸钙锌口服溶液”侵犯其发明专利权，请求判令：午时药业公司和王军社停止生产、销售被诉侵权产品，赔偿损失190余万元。

河北省石家庄市中级人民法院判决：午时药业公司停止生产、销被诉侵权产品并赔偿澳诺公司30万元及相应合理开支，午时药业公司、王军社停止销售被诉侵权产品。午时药业公司不服，提起上诉。河北省高级人民法院判决：驳回上诉，维持原判。午时药业公司仍不服，申请再审。最高人民法院提审后判决：撤销一审、二审判决，驳回澳诺公司的诉讼请求。

【裁判理由】

最高人民法院认为：

本专利申请公开文本权利要求2以及说明书第2页明确记载，可溶性钙剂是“葡萄糖酸钙、氯化钙、乳酸钙、碳酸钙或活性钙”。可见，在专利申请公开文本中，葡萄糖酸钙与活性钙是并列的两种可溶性钙剂，葡萄糖酸钙并非活性钙的一种。专利申请人在本专利的审批过程中，将“可溶性钙剂”修改为“活性钙”，在修改时的意见陈述中并未说明活性钙包括了葡萄糖酸钙，即专利权人在专利授权程序中对权利要求1所进行的修改，放弃了包含“葡萄糖酸钙”技术特征的技术方案。根据禁止反悔原则，专利申请人或者专利权人在专利授权或者无效宣告程序中，通过对权利要求、说明书的修改或者意见陈述而放弃的技术方案，在专利侵权纠纷中不能将其纳入专利权的保护范围。因此，本专利权的保护范围不应包括“葡萄糖酸钙”技术特征的技术方案。被诉侵权产品的相应技术特征为葡萄糖酸钙，属于专利权人在专利授权程序中放弃的技术方案，不应当认为其与权利要求1中记载的“活性钙”技术特征等同而将其纳入专利权的保护范围。

被诉侵权产品的相应技术特征为盐酸赖氨酸，与本专利权利要求1记载的“谷氨酸或谷氨酰胺”技术特征相比，二者不应当属于等同的技术特征。

鉴于被诉侵权产品的“葡萄糖酸钙”和“盐酸赖氨酸”两项技术特征，与本专利权利要求1记载的相应技术特征“活性钙”和“谷氨酸或谷氨酰胺”既不相同也不等同，被诉侵权产品没有落入专利权的保护范围，因此，午时药业公司、王军社生产、销售被诉侵权产品的行为不构成侵害专利权。

【案件信息】

澳诺(中国)制药有限公司诉湖北午时药业股份有限公司、王军社侵害发明专利权案，最高人民法院(2009)民提字第20号民事判决书(2010年3月23日，王永昌、李剑、罗霞)，河北省高级人民法院(2007)冀民三终字第23号民事判决书(2007年12月17日，牛世红、刘占魁、张晓梅)，河北省石家庄市中级人民法院(2006)石民五初字第00169号民事判决书。

案件来源：最高人民法院知识产权案件年度报告(2010)，《最高人民法院公报》2010年第7期，2010年中国法院知识产权司法保护50件典型案例。

173 专利权人选择封闭式权利要求的不宜再通过等同原则将未限定的部分纳入保护范围

174 组合物封闭式权利要求除限定组分及可能具有的通常杂质外不含其他组分，包括辅料

【裁判要旨】

专利权人选择封闭式权利要求表明其明确将其他未被限定的结构组成部分或者方法步骤排除在专利权保护范围之外，不宜再通过适用等同原则将其重新纳入保护范围。

对于封闭式权利要求，一般应当解释为不含有该权利要求所述以外的结构组成部分或者方法步骤；对于组合物封闭式权利要求，一般应当解释为组合物中仅包括所指出的组分而排除所有其他的组分，但是可以包含通常含量的杂质，辅料并不属于杂质。

【关键词】

封闭式权利要求｜杂质｜辅料｜等同｜未限定部分

【基本案情】

原告胡小泉系专利号为200410024515.1、名称为“注射用三磷酸腺苷二钠氯

化镁冻干粉针剂及其生产方法”的发明专利权人，其权利要求 2 为：“一种注射用三磷酸腺苷二钠氯化镁冻干粉针剂，其特征是：由三磷酸腺苷二钠与氯化镁组成，二者的重量比为 100 毫克比 32 毫克。”

被告泰盛公司生产、销售、许诺销售了“注射用三磷酸腺苷二钠氯化镁”药品，被告特利尔分公司销售了该药品。在被诉侵权产品盒内的药品说明书记载的成分中出现了“全部辅料名称为：碳酸氢钠和精氨酸”的记载。

胡小泉提起诉讼，请求判令特利尔分公司停止销售被诉侵权产品；泰盛公司停止生产、许诺销售和销售被诉侵权产品；泰盛公司、特利尔分公司赔偿胡小泉直接损失 20 万元、间接损失 5 万元。

山东省济南市中级人民法院判决：特利尔分公司停止销售被诉侵权产品，泰盛公司停止生产、销售被诉侵权产品并赔偿损失及合理开支 20 万元。泰盛公司、特利尔分公司均不服，提起上诉。二审期间专利复审委员会宣告本专利权全部无效，故判决：撤销一审判决，驳回胡小泉的诉讼请求。胡小泉不服，申请再审。最高人民法院指令山东省高级人民法院再审。再审期间，专利复审委员会的前述决定被北京市高级人民法院撤销。山东省高级人民法院判决：撤销二审判决，维持一审判决。泰盛公司、特利尔分公司不服，申请再审。最高人民法院提审后判决：撤销原审判决，驳回胡小泉的诉讼请求。

【裁判理由】

最高人民法院认为：

对于开放式、封闭式权利要求的典型限定方式及其解释规则，历版《专利审查指南》的规定一以贯之。2006 年《专利审查指南》规定：“通常，开放式的权利要求宜采用‘包含’‘包括’‘主要由……组成’的表达方式，其解释为还可以含有该权利要求中没有述及的结构组成部分或方法步骤。封闭式的权利要求宜采用‘由……组成’的表达方式，其一般解释为不含有该权利要求所述以外的结构组成部分或方法步骤。”《专利审查指南》的相关规定既不存在与专利法、《专利法实施细则》相抵触的情形，也符合国际通行做法。此外，通过长期的专利法实践，开放式权利要求与封闭式权利要求的撰写方式和解释规则业已为业界认识和接受。

当专利权利要求被授权以后，在《专利审查指南》相关规定的指引下，社会公众将根据该规定和专利权利要求的用语来判断专利权的保护范围，进而决定采取何种经营策略。为维护社会公众的信赖，在专利侵权诉讼程序中确定专利权的保护范围时，一般应当尊重专利授权程序中适用的《专利审查指南》相关规定和专利权利要求的用语，即与专利授权程序采取一致的解释立场，除非上述相关规定违背了专利法和其他法律、行政法规的规定和精神。

如果专利权人在专利授权程序中出于各种原因未能恰当地选择权利要求的撰写方式，选择了保护范围相对较小的封闭式权利要求，从而导致其获得授权的权利要求没有其预想的保护范围大，那么，专利权人只能接受这种后果。也就是说，在授权以后的专利侵权诉讼程序中，如果专利权人主张其封闭式权利要求并未排除其他未限定的组成部分，该主张违背社会公众根据《专利审查指南》和权利要求的用语对封闭式权利要求作出的解释，应当不予支持。更深层次的理由在于，在有充分的机会主张更宽保护范围的权利要求而没有这么做的专利权人与更为普遍的社会公众之间，应当由专利权人承担未能为其发明或者实用新型确定更有利的权利要求表达方式的代价。

综上所述，为了维护社会公众对专利权利要求保护范围的信赖，在专利侵权诉讼程序中确定专利权的保护范围时，对于封闭式权利要求，一般应当解释为不含有该权利要求所述以外的结构组成部分或者方法步骤。

本专利权利要求 2 明确采用了《专利审查指南》规定的“由……组成”的封闭式表达方式，属于封闭式权利要求，其保护范围应当按照对封闭式权利要求的一般解释予以确定，即本案专利权利要求 2 要求保护的注射用三磷酸腺苷二钠氯化镁冻干粉针剂仅由三磷酸腺苷二钠与氯化镁组成，除可能具有通常含量的杂质外，别无其他组分。辅料并不属于杂质，辅料也在本案专利权利要求 2 的排除范围之内。原再审判决认为本专利权利要求 2 不应理解为不包括辅料成分错误，予以纠正。被诉侵权产品除了含有本案专利权利要求 2 中的三磷酸腺苷二钠和氯化镁之外，还含有精氨酸。因此，被诉侵权产品未落入本案专利权利要求 2 的保护范围。

在权利要求中采用“由……组成”的封闭式表达方式，本身意味着专利权人通过其撰写，限定了专利权的保护范围，明确将其他未被限定的结构组成部分或者方法步骤排除在专利权保护范围之外。本专利权利要求 2 属于封闭式权利要求，其本身使用的措辞已经将三磷酸腺苷二钠和氯化镁之外的组分排除在专利权保护范围之外。如果通过等同原则，将专利权人明确排除的结构组成部分或者方法步骤重新纳入封闭式权利要求的保护范围，认定被诉侵权产品与权利要求 2 构成整体等同，既不符合适用等同原则的基本目的，也不符合司法解释中有关技术特征等同的规定。

【案件信息】

胡小泉诉山西振东泰盛制药有限公司、山东特利尔营销策划有限公司医药分公司侵害发明专利权案，最高人民法院(2012)民提字第10号民事判决书(2012年12月20日，金克胜、郎贵梅、杜微科)，山东省高级人民法院(2010)鲁民再字第33号民事判决书，山东省高级人民法院(2008)鲁民三终字第132号民事判决书，山东省济南市中级人民法院(2008)济民三初字第4号民事判决书。

案件来源：最高人民法院知识产权案件年度报告(2012)。

175 权利人的限缩陈述是否被明确否定应着重考察是否因该陈述导致专利被授权或维持

【裁判要旨】

判断权利人作出的陈述是否被“明确否定”从而属于适用禁止反悔原则的例外情形，应当对专利授权和确权阶段技术特征的审查进行客观全面的考察，着重考察权利人对技术方案作出的限缩性陈述是否最终被裁判者认可，是否由此导致专利申请得以授权或者专利权得以维持。

【关键词】

禁止反悔原则｜限缩性陈述｜专利授权确权程序｜明确否定｜技术方案的放弃

【基本案情】

蒋小平系200710019425.7号“鲨鱼鳍式天线”发明专利权人。基于第一次审查意见通知书，蒋小平称，本案专利与现有技术(CN1841843A)相比，在无线电接收天线以及天线信号输出连接方式等方面存在不同，同时将权利要求2、4并入权利要求1并提交了经过修改的申请文件。基于第二次审查意见通知书，蒋小平申请将“所述无线电接收天线为AM/FM共用天线”补充入权利要求1，主张该内容在原说明书和附图中均有记载并能毫无疑义地导出。2012年5月23日，本案专利被授权公告。本案专利授权公告的权利要求1如下：

一种鲨鱼鳍式天线，其特征在于具有天线外壳，天线外壳内侧上部设置有无线电接收天线，无线电接收天线一端设有天线信号输出端，天线信号输出端通过天线连接元件与天线放大器信号输入端相连接,或直接与同轴电缆匹配相连,天线外壳底部装有安装底板;所述无线电接收天线通过注塑嵌装或固定卡装在天线外壳内侧上部;在天线外壳内侧上部设置有无线电接收天线,所述无线电接收天线采用螺旋状弹簧天线,或金属天线,增加了天线接收无线电信号的有效长度,实现 360 度全向性信号接收;所述无线电接收天线为 AM/FM 共用天线。

在关于本案专利的无效程序中,专利复审委员会认为本案专利具有创造性,理由为,现有技术将 AM 天线和 FM 天线作分离式设计的技术手段与本案专利特征 c 所述的无线电接收天线采用 AM/FM 共用天线的技术手段是相背离的。本领域技术人员面对现有技术存在的相反技术教导,在对比文件所公开的技术方案的基础上,无法获得将其与现有技术中使用 AM/FM 共用天线的技术手段相结合的技术启示,从而无法获得本专利权利要求 1 的技术方案。

蒋小平以力帆销售公司等六被告未经许可擅自实施其专利为由提起诉讼。江苏省南京市中级人民法院判决:六被告停止侵权并赔偿损失。力帆销售公司等不服,提起上诉。二审诉讼中因病死亡,由其法定继承人曹桂兰、胡美玲、蒋莉、蒋浩天参加诉讼。江苏省高级人民法院判决:驳回上诉,维持原判。力帆销售公司等仍不服,申请再审。最高人民法院裁定:指令江苏省高级人民法院再审。

【裁判理由】

最高人民法院认为:

《侵犯专利权案件解释(二)》第 13 条规定:"权利人证明专利申请人、专利权人在专利授权确权程序中对权利要求书、说明书及附图的限缩性修改或者陈述被明确否定的,人民法院应当认定该修改或者陈述未导致技术方案的放弃。"该条以是否存在"明确否定"作为"禁止反悔"原则适用的例外情形,当裁判者对权利人作出的意见陈述予以明确否定不予认可时,则不导致技术方案的放弃,不适用禁止反悔。由于专利授权确权程序对于技术特征的认定存在连续性,权利人作出的陈述是否被"明确否定",应当对专利授权和确权阶段技术特征的审查进行客观全面的判断,着重考察权利人对技术方案作出的限缩性陈述是否最终被裁判者认可,是否由此导致专利申请得以授权或者专利权得以维持。

在授权程序中,国家知识产权局专利审查部门对蒋小平关于技术特征 a、b 的陈述意见不予认可,持明确否定意见,而且,本案专利获得授权并非基于对特征 a、b 作出的限缩性陈述。在后续的无效审查程序,专利复审委员会并未推翻实质审查阶段所持的否定意见,不能得出专利复审委员会认为通过连接元件来进行阻抗匹配不是本领域的惯用技术手段，不属于本领域的公知常识的结论，也不能得出“注塑嵌装”及“固定卡装”不是本领域常用的锁固方式，不属于本领域的公知常识的结论。由于专利权人作出的限缩性陈述在实质审查中已被明确否定，而无效审查程序并未推翻该认定得出相反的结论，在这种情况下，应当认定存在专利权人的限缩性陈述已被明确否定的事实。这与所作的限缩性陈述并未带来专利权的获得和专利权的维持的事实相符，与“禁止反悔”原则防止权利人“两头得利”的目的不相悖。因此，蒋小平关于特征 a、b 的意见陈述，不发生技术方案被放弃的法律效果，本案侵权判定不应适用“禁止反悔”原则。

【案件信息】

曹桂兰、胡美玲、蒋莉、蒋浩天诉重庆力帆汽车销售有限公司、重庆力帆乘用车有限公司、江苏骅盛车用电子股份有限公司、南京九华山汽车销售服务有限责任公司、力帆实业（集团）股份有限公司、杭州亚凡汽车有限公司侵害发明专利权案，最高人民法院（2017）最高法民申 1826 号民事裁定书（2017 年 12 月 22 日，周翔、罗霞、佟姝），江苏省高级人民法院作出的（2016）苏民终 161 号民事判决书。

案件来源：最高人民法院知识产权案件年度报告（2017）。

176 被诉侵权人虽未主张适用禁止反悔原则，法院也可查明事实并适用以限制等同范围

【裁判要旨】

在认定是否构成等同侵权时，即使被诉侵权人没有主张适用禁止反悔原则，人民法院也可以根据业已查明的事实，通过适用禁止反悔原则对等同范围予以必要的限制，合理确定专利权的保护范围。

【关键词】

等同侵权 | 禁止反悔原则 | 必要的限制 | 主动适用 | 保护范围

【基本案情】

原告沈其衡系专利号为 00263355.8、名称为“汽车地桩锁”的实用新型专利权人。本专利权利要求 1 记载：一种汽车地桩锁，其特征在于：它由底座（1）、芯轴（2）、活动桩（3）和锁具（4）构成，所述底座（1）固定在地面上，所述活动桩（3）通

过芯轴(2)与座(1)相连,活动桩设有供锁具(4)插入的孔。

本专利权利要求1被专利复审委员会宣告无效后,沈其衡提起诉讼,其在起诉状中对本专利权利要求1的锁具有如下描述:权利要求1记载,活动桩设有供锁具插入的孔。该描述的含义是,锁具不是永久固定在孔中,而是根据使用状态呈现两种连接关系,即锁定时位于活动桩的孔中,打开时,从孔中取出,与活动桩的孔分离。法院据此判令专利复审委员会重新作出无效审查决定。专利复审委员会重审后认为:在锁闭地桩锁时,本专利权利要求1的活动桩上所设置的孔可供锁具整体的插入以达到锁闭地桩锁的目的,开启地桩锁时,可将锁具全部取出,活动桩上也无须设置附加的固定装置来固定锁具,因而本专利相对于现有技术具有实质性特点和进步,本领域技术人员在现有技术基础上不能达到本专利权利要求1所述结构的汽车地桩锁,因此权利要求1具备创造性,而维持本专利权有效。

被告盛懋公司生产、销售了购买了被诉侵权的"A型车位锁"。沈其衡提起诉讼,请求判令停止侵权,赔偿损失20万元。

上海市第一中级人民法院认为:权利要求1记载的"活动桩设有供锁具插入的孔",是指"锁具不是永久固定在孔中,而是根据使用状态呈现两种连接关系,即锁定时位于活动桩的孔中,打开时,从孔中取出,与活动桩分离。"而被诉侵权产品的锁具是固定在底座上的,在锁具锁定时锁舌插入"∧"形杆上的孔内,使右杆与底座相连。故被诉侵权产品的该技术特征与权利要求1记载的"活动桩设有供锁具插入的孔"的技术特征是不相同的。由于沈其衡在无效诉讼中的上述陈述及因此而被维持有效,根据禁止反悔原则,沈其衡不能以等同为由主张专利侵权成立。故判决:驳回沈其衡的诉讼请求。沈其衡不服,提起上诉。上海市高级人民法院判决:驳回上诉,维持原判。沈其衡仍不服,申请再审。最高人民法院裁定:驳回其再审申请。

【裁判理由】

最高人民法院认为:

禁止反悔原则是对认定等同侵权的限制。现行法律以及司法解释对人民法院是否可以主动适用等同原则未作规定,为了维持专利权人与被诉侵权人以及社会公众之间的利益平衡,亦不应对人民法院主动适用禁止反悔原则予以限制。因此,在认定是否构成等同侵权时,即使被诉侵权人没有主张适用禁止反悔原则,人民法院也可以根据业已查明的事实,通过适用禁止反悔原则对等同范围予以必要的限制,以合理地确定专利权的保护范围。

结合本专利相对于现有技术的区别以及沈其衡在专利无效诉讼程序中对权

利要1求所做的解释,权利要求1中的"活动桩设有供锁具插入的孔"应当解释为:地桩锁的锁具不是永久固定在活动桩的孔中,锁具锁定时,锁具整体位于活动桩上的孔中,锁具开启时,可将锁具从活动桩的孔中整体取出。本专利由于将锁具整体插入或者取出,使锁具独立于活动桩以及底座,具有不需要其他紧固件将锁具与活动桩或者底座连接,易于更换锁具的技术效果。将被诉侵权产品与权利要求1相比较,被诉侵权产品的右活动杆上虽同样设有孔,但在锁具锁定时,仅锁具的锁舌伸入右活动杆上的孔中,锁具开启时,也只有锁舌从孔中退出,无论在开启还是锁定时,被诉侵权产品的锁具始终固定在底座上。虽然被诉侵权产品与本专利均实现了将活动桩(杆)固定在底座上的功能,但是,被诉侵权产品中活动杆上的孔不能供锁具整体插入或取出,并且被诉侵权产品中锁具被固定在底座上,也无法实现易于更换锁具的有益效果,因此,被诉侵权产品与本专利采取的技术手段具有实质性的区别,被诉侵权产品不具有与权利要求1中的"活动桩设有供锁具插入的孔"相同或等同的技术特征,没有落入本专利权的保护范围。

【案件信息】

沈其衡诉上海盛懋交通设施工程有限公司侵害实用新型专利权案,最高人民法院(2009)民申字第239号民事裁定书(2009年8月25日,王永昌、李剑、罗霞),上海市高级人民法院(2007)沪高民三(知)终字第51号民事判决书(2007年6月4日,张晓都、于金龙、王静),上海市第一中级人民法院(2006)沪一中民五(知)初字第281号民事判决书(2006年12月25日,郑军欢、沈强、章立萍)。

案件来源:最高人民法院知识产权案件年度报告(2009)。

177 修改后增加的技术特征适用禁止反悔原则时应证明系限缩性修改并因此导致对侵权方案的放弃

178 主张其修改未导致技术方案的放弃不适用禁止反悔的应证明限缩性修改被明确否定

【裁判要旨】

修改后的权利要求增加了技术特征,被诉侵权人主张适用禁止反悔原则的，应举证证明权利人"限缩性修改"的具体情形，以及是否因此导致放弃了被诉侵权技术方案。而权利人主张其修改或者陈述"未导致技术方案的放弃"，不适用禁止反悔原则的，则应由权利人就"限缩性修改被明确否定"承担举证责任。

【关键词】

侵害发明专利权｜禁止反悔原则｜等同｜限缩性修改｜技术方案的放弃

【基本案情】

原告联力公司系专利号为201010179572.2号、名称为"放料装置"的发明专利权人。

联力公司认为，被告福瑞德公司生产三乙基铝装置项目下粉罐（总装配图）所呈现的技术方案（被诉侵权技术方案A）构成对其专利权的侵害，于是提起诉讼，请求判令福瑞德公司停止使用、销售被诉侵权产品，并销毁被诉侵权产品，赔偿损失880万元。

北京知识产权法院判决：福瑞德公司销毁依据技术方案A制造的下粉罐并赔偿联力公司损失880万元。福瑞德公司不服，提起上诉。北京市高级人民法院判决：驳回上诉，维持原判。福瑞德公司不服，申请再审。最高人民法院提审后判决：撤销一审、二审判决，驳回联力公司的诉讼请求。

【裁判理由】

最高人民法院认为：

技术方案A没有落入权利要求1的保护范围，也没有落入从属权利要求2、3的保护范围。

禁止反悔原则是对等同原则的必要限制，目的在于敦促当事人在诉讼活动中诚实守信，避免当事人在行政授权确权程序和侵权民事诉讼中对权利要求作出不一致的解释。通过适用禁止反悔原则对等同范围予以必要的限制，可以合理地确定专利权的保护范围，维持专利权人与被诉侵权人以及社会公众之间的利益平衡。

联力公司在涉案专利授权前，对权利要求1进行了修改，在其中增加了技术特征"料位开关"。福瑞德公司主张该修改方式导致涉案专利被维持有效，应适用禁止反悔原则，不能在侵权诉讼中再就"料位开关"适用等同原则，即不应将技术方案A中用压力检测来判断铝粉是否已经排空的技术特征，认定为与"料位开关”等同的技术特征。

首先,在发明专利授权确权程序中,专利申请人有权依法提交意见陈述或修改权利要求。专利申请人在修改权利要求时增加新的技术特征,并主张修改后的技术方案是非显而易见的,是专利审查实践中的常见情形。虽然在权利要求中增加技术特征会进一步限定专利权的保护范围,导致权利要求的保护范围发生变化,但在没有其他证据证明权利人通过修改或者意见陈述“放弃”特定技术方案的情况下,不能仅仅由于在权利要求中增加技术特征,导致权利要求的保护范围进一步限缩,就认定权利人完全“放弃”了与该技术特征等同的其他所有技术特征,不能再就增加的技术特征主张适用等同原则。如此,会导致以增加技术特征的方式修改的权利要求的保护范围受到过度限制,被诉侵权人极易通过技术特征的修改、替换来规避侵权,导致权利人与社会公众的利益失衡。这样既与禁止反悔原则的目的不符,也与专利法保护专利权人的合法权益,鼓励发明创造的立法目的不相适应。

其次,关于禁止反悔原则的举证责任问题。在权利人作出了限缩性修改或者陈述的情况下,在认定是否适用禁止反悔原则时,应当查明权利人是否通过“限缩性修改或者陈述”导致“放弃”了特定的技术方案,而不仅仅是考虑“限缩性修改或者陈述”是否对专利权的效力产生实质性影响。因此,被诉侵权人主张适用禁止反悔原则的,应举证证明权利人“限缩性修改或者陈述”的具体情形,以及是否权利人因此放弃了“被诉侵权技术方案”。而权利人主张“未导致技术方案的放弃”,不适用禁止反悔原则的,则应由权利人就“限缩性修改或者陈述被明确否定”承担举证责任。本案中,二审法院以“福瑞德公司不能证明联力公司在无效宣告行政程序中的相关陈述对涉案专利权的有效性已经产生了实质性的影响”为由,认为“在本案中不适用禁止反悔原则”,适用法律有所不当,予以纠正。

本案中,虽然权利人在实质审查过程中修改权利要求 1 时增加了“料位开关”,涉案专利权最终被维持有效。但在无效程序中,并无证据证明权利人通过上述修改以及意见陈述,放弃了对通过压力检测来确定是否排空铝粉的技术方案主张等同侵权。因此,对于福瑞德公司有关本案应适用禁止反悔原则,不能再认定“料位开关”与技术方案 A 中的压力检测构成等同的主张,不予支持。

【案件信息】

天津联力化工有限公司诉浙江福瑞德化工有限公司侵害发明专利权案,最高人民法院(2018)最高法民再 387 号民事判决书(2018 年 12 月 29 日,王艳芳、杜微科、毛立华),北京市高级人民法院(2017)京民终734号民事判决书,北京知识产权法院(2015)京知民初字第1848号民事判决书。

案件来源:最高人民法院知识产权年度报告(2018)。

第六节　侵害方法专利权

179 方法专利侵权举证责任倒置的前提是依专利方法制造的是新产品且侵权产品与之相同①

【裁判要旨】

被诉侵权人对新产品的制造方法承担倒置举证责任是有条件的:专利权人首先应当证明被诉侵权方法所生产的产品与涉案专利方法所生产的产品属于相同的产品;其次还应当证明依据专利方法直接获得的产品是新产品。

【关键词】

新产品制造方法｜举证责任倒置｜相同产品｜依据专利方法直接获得的产品｜新产品

【基本案情】

原告伊莱利利公司系以下三件专利的专利权人:

专利一:专利号为93109045.8、名称为"立体选择性糖基化方法"的方法发明专利,该专利已被宣告无效;

① 相同裁判观点的案例另见最高人民法院知识产权年度报告(2018)之(2018)最高法民申4149号上海艾尔贝包装科技发展有限公司诉义乌市贝格塑料制品有限公司、张海龙、杭州阿里巴巴广告有限公司侵害发明专利权案再审民事裁定书;最高人民法院知识产权案件年度报告(2010)、《最高人民法院公报》2011年第1期之(2009)民提字第84号张喜田诉石家庄制药集团欧意药业有限公司、石家庄制药集团华盛制药有限公司、石药集团中奇制药技术(石家庄)有限公司、吉林省玉顺堂药业有限公司侵害发明专利权案再审民事判决书;2013年中国法院50件典型知识产权案例之辽宁省大连市中级人民法院(2011)大民四初字第23号大连大金马基础建设有限公司诉大连北兴构件吊装运输有限公司侵害发明专利权案,一审民事判决书。

专利二：专利号为95196272.8名称为“提纯和分离2′-脱氧-2,2′二氟核苷的方法”的方法发明专利；

专利三：专利号为95196792.4、“1-(2′-脱氧-2′,2′-二氟-D-呋喃核糖基)-4-氨基嘧啶-2-酮盐酸盐的制备方法”的方法发明专利。

上述三项专利构成生产制备吉西他滨盐酸盐和吉西他滨的完整技术方案。专利一是取得中间体β异头物富集的核苷的方法。专利二是提纯和分离富含β异头物核苷的混合物的方法，该专利说明书记载，“在含水酸中加入稀释的反应混合物而产生的酸性混合物，最好在适度搅拌下保持一段时间。在此保持期所发生的物理变化是过量的R（被保护的或未被保护的胞嘧啶）溶于含水酸层中，而所需的β-核苷沉淀出来。这种沉淀是有选择性的，而不需要的α核苷则大部分留在有机层中”。专利三是制备吉西他滨盐酸盐的方法。

伊莱利利公司以2001年3月前被告豪森公司生产和制备吉西他滨的方法侵害上述专利权为由提起诉讼，请求判令豪森公司停权，赔偿损失550万元，并公开赔礼道歉，消除影响。

豪森公司于2000年3月28日向国家药品监督管理局申报注射用盐酸吉西他滨新药临床研究；2000年6月21日，国家药品监督管理局同意在北京肿瘤医院等四家单位进行临床研究。2000年11月，豪森公司申请新药生产证书。2001年5月18日，国家药品监督管理局核发了新药证书及生产批件，新药保护期至2007年5月17日，所申报的生产工艺名称为中试工艺。

双方当事人确认，吉西他滨盐酸盐的制备方法不是只有本案专利方法一种，可以用β异头物富集的核苷以外的其他物质制备吉西他滨盐酸盐。

江苏省高级人民法院判决：驳回伊莱利利公司的诉讼请求。伊莱利利公司不服，提起上诉。最高人民法院判决：驳回上诉，维持原判。

【裁判理由】

最高人民法院认为：

被诉侵权方法与专利二均是涉及用含水的无机酸处理反应混合物，专利二是一种提纯和分离富含β异头物的核苷的方法，独立权利要求1限定了其反应物是β异头物富集的核苷，而伊莱利利公司没有证据证明被诉侵权制备方法要求处理的反应物是β异头物富集的核苷。而且根据专利二说明书的记载，若处理后的产物是富含α核苷时，处理前的反应混合物不仅富含α核苷，而且α核苷的含量应当更高。被诉侵权制备方法中试工艺中11α/11β的比例记载为1.15:1，故处理前的反应物应当属于α核苷富集的混合物。被诉侵权制备方法进行提纯和分离的反应物并非专利二限定的β异头物富集的核苷,没有落入专利二的保护范围。

专利三是制备吉西他滨盐酸盐的方法,它使用的是具有1~3个C1-C4烷基的有机胺,以催化量烷基胺脱保护,即有机胺脱保护。被诉侵权制备方法采用专利三优先权日之前的现有技术美国专利5223608公开的使用无水氨的甲醇液进行脱保护,使用氨气作为脱保护物质的技术,该技术不应通过等同原则纳入专利三的保护范围。

伊莱利利公司与豪森公司制备盐酸吉西他滨产品的前八步反应路线是相同的,但豪森公司在第八步获得10α/10β的混合物后,对于其中的10α核糖没有进行分离纯化而是接着就进行第九步反应,以制备β核苷(11β),并未采用专利二及专利三的技术特征制备吉西他滨盐酸盐,伊莱利利公司以技术变劣为由主张专利侵权的理由不成立。

被诉侵权人对新产品的制造方法承担倒置举证责任是有条件的:专利权人首先应当证明被诉侵权方法所生产的产品与涉案专利方法所生产的产品属于相同的产品;其次还应当证明依据专利方法直接获得的产品是新产品。β异头物富集的核苷是专利一直接获得的产品,专利二是对专利一得到的反应物进行纯化反应,专利三是对专利二所得到的纯化物进行脱保护的方法。伊莱利利公司并没有证明豪森公司实际生产了β异头物富集的核苷,而且双方均认可,并非只有β异头物富集的核苷可以制备得到盐酸吉西他滨,盐酸吉西他滨可以用β异头物富集的核苷以外的其他物质制备。因此,对合成步骤的举证责任也应当由伊莱利利公司负担,而不应当倒置由豪森公司承担。

【案件信息】

(美国)伊莱利利公司诉江苏豪森药业股份有限公司侵害发明专利权案,最高人民法院(2009)民三终字第6号民事判决书(2010年12月3日,王永昌、李剑、罗霞),江苏省高级人民法院(2003)苏民三初字第001号民事判决书(2008年12月12日,汤小夫、徐美芬、施国伟)。

案件来源:最高人民法院知识产权案件年度报告(2010),2010年中国法院知识产权司法保护十大案件。

180 法院认定行为人可能使用专利方法后可要求其说明其方法并据此判断侵权的盖然性

【裁判要旨】

权利人有初步证据证明侵权人使用了涉案专利方法，但穷尽举证能力无法还原或查明被诉侵权技术特征存有实施其专利方法的可能性。法院可以启动对被诉侵权技术方法的查明程序，要求实施该技术方法的当事人负担说明技术内容义务。被诉侵权技术方法与权利人的专利技术方法相同具有高度的盖然性，可以断定侵权人实施了落入专利保护范围的技术方法，应当承担赔偿损失的责任。

【关键词】

侵害发明专利权｜举证责任｜尽力举证｜高度盖然性｜法院主动查证

【基本案情】

原告中顺公司系专利号为200710017963.5、名称为“罐体成膜注胶堵漏方法”的发明专利权人。

中顺公司和关联企业立盾公司于2012年和2013年分别与被告驰宏公司签订3份《生产设备维修合同》，为驰宏公司提供设备堵漏施工服务。

被告广力公司的法定代表人徐建业曾经是中顺公司的员工，在中顺公司及立盾公司同驰宏公司签约和履约过程中曾任中顺公司方面的代表，在合同谈判签到表、设备维修费谈判记录表、合同结算表上留有其签名，且广力公司也承认徐建业了解中顺公司的专利方法。

2014年，广力公司与驰宏公司签订了《生产设备维修合同》，为驰宏公司提供设备堵漏施工服务，在设备大修竣工验收单中载明的计划修理内容为对各设备整体空腔及泄漏部位注胶堵漏，这与中顺公司专利注胶堵漏方法相符。

中顺公司提起诉讼，请求判令广力公司停止使用中顺公司的专利，驰宏公司停止使用利用侵权方法直接获得的产品，广力公司和驰宏公司共同赔偿损失及合理开支45万元，被告广力公司在兰州市、曲靖市、遵义市范围内对其侵权行为登报道歉。

云南省昆明市中级人民法院判决：广力公司停止印制并散发含有许诺使用中顺公司专利信息的经营宣传册，并赔偿损失及合理开支15万元。

【裁判理由】

法院认为：

现有证据能够证明广力公司存有实施原告专利方法的可能性，而中顺公司已经穷尽其举证能力，但是依据现有证据已经无法还原或查明被诉侵权设备堵漏施工方法的技术特征。中顺公司举证到此虽然未达到高度盖然性地证明广力公司使用其专利方法的程度，但已经达到让法院启动对被诉侵权技术方法的查明程序，要求实施该技术方法的当事人负担说明技术内容义务的程度。

广力公司没有提供《生产设备维修合同》附件一中提及的技术协议来澄清被诉侵权技术方法，而是说明其为驰宏公司设备进行堵漏施工所使用的技术方法必须让设备停车，排干腐蚀性液体，施工人员进入设备内部检查瓷砖，并且以人工方式修复破损瓷砖。

中顺公司专利不需要让设备停车、不需要排干腐蚀性液体，不需要进入设备内部检查，不需要考虑设备内部瓷砖的破损情况，也不需对瓷砖进行修补，只是在设备外壳上分界区打孔，然后用高压设备注入胶液，完毕后密封孔洞即完成作业。

据此，中顺公司提供设备堵漏施工服务是以实际消耗使用的密封胶数量来结算，广力公司所述的技术方法却不太可能采用这样的交易方案，在通常情况下，广力公司的设备堵漏施工服务必然得约定专门针对修复瓷砖的费用结算方法或价格，同时由于施工方法和投入成本不同，还得约定倒胶填充所耗费胶液的费用结算方法或价格，然而在广力公司与驰宏公司的合同中却没有如此符合技术实施特点和成本投入的交易结算约定。相反，设备维修费谈判记录表在维修报价费一栏中反而是完全采用了与中顺公司专利实施特点和成本投入相符的按照密封胶使用量为准的特别结算方法，有违交易结算常理。

在技术实施和技术验收特征上没有涉及广力公司所述技术方法中一项最为基本的工作——即内部瓷砖的修复效果，相反，载明的设备维修重点在于对设备整体空腔及泄漏部位注胶堵漏，且施工完成后，经验收检查设备空腔已经填充满胶液，这与中顺公司专利方法最终形成整体胶膜的技术特征相符。

现场证据保全照片反映，设备外壳上分布着距离不等的已经被密封的孔洞，孔洞周围有胶液溢出的痕迹，这与原告专利分界区打孔的技术特征相符，与被告所述的排水孔、观察孔和排气孔的功能和结构距离不符。

广力公司宣传册中载明其“液压注胶修补堵漏技术”的表述反复强调其采用的技术是液压注胶和高压注胶，并没有提到人工倒胶方法，而且提到将设备分成若干界区并打上注胶孔与中顺公司专利方法相符。

综上所述，被诉侵权技术方法与中顺公司专利技术方法相同具有高度的盖然性，可以断定广力公司实施了落入中顺公司专利保护范围的技术方法，构成侵权，应当承担相应的法律责任。

【案件信息】

甘肃中顺石化工程装备有限公司诉遵义广力环保工程有限公司、云南驰宏锌锗股份有限公司侵害发明专利权案，云南省昆明市中级人民法院(2014)昆知民初字第384号民事判决书(2015年9月7日，蔡涛、沈男)。

案件来源:2015年中国法院50件典型知识产权案例。

181 方法专利权的保护范围只能延及依该方法直接获得的原始产品，不延及其后续产品

182 被诉侵权人以其自有技巧和诀窍现场实验制得被诉侵权产品的其自有方法抗辩成立

【裁判要旨】

方法专利权的保护范围只能延及依照该专利方法直接获得的产品，也即使用专利方法获得的原始产品，而不能延及对原始产品做进一步处理后获得的后续产品。

在新产品制造方法专利侵权纠纷中，由被诉侵权人承担证明其产品制造方法不同于专利方法的举证责任，需要权利人能够证明依照专利方法制造的产品属于新产品，并且被诉侵权人制造的产品与依照专利方法制造的产品属于同样的产品。在认定一项方法专利是否属于新产品制造方法专利时，应当以依照该专利方法直接获得的产品为依据；所谓“依照专利方法直接获得的产品”，是指使用专利方法获得的原始产品，不包括对该原始产品做进一步处理后获得的后续产品。

在鉴定机构依照被诉侵权人主张的自有方法无法制得被诉侵权产品，被诉侵权人主张其实施自有方法存在一定的技巧和诀窍并能够进行现场试验验证，试验结果与其他证据相互印证证明被诉侵权人依照自有方法能够制得被诉侵权产品的，被诉侵权人实施自有方法的抗辩主张成立。

【关键词】

方法专利｜直接获得的产品｜后续产品｜新产品｜自有方法

【基本案情】

原告张喜田系专利号为00102701.8、名称为“氨氯地平对映体的拆分”的发明专利权人，该专利公开了制造左旋氨氯地平的方法，由左旋氨氯地平可进一步制得马来酸左旋氨氯地平、苯磺酸左旋氨氯地平等下游产品。2001年6月，案外人辉瑞公司被授予专利号为95192238.6、名称为“由阿罗地平的非对映体的酒石酸分离其对映体”发明专利权(以下简称238专利)。上述两项专利均为制造左旋氨氯地平的方法专利，在此之前，我国国内没有制造左旋氨氯地平的工业技术。

马来酸左旋氨氯地平和马来酸左旋氨氯地平片新药由被告中奇公司研发，马来酸左旋氨氯地平(原料药)由被告华盛公司生产，马来酸左旋氨氯地平片(终端产品，商品名“玄宁”)由被告欧意公司生产并销售。

张喜田提起诉讼，请求判令中奇公司、华盛公司、欧意公司停止侵权行为并在全国性医药媒体上刊载马来酸左旋氨氯地平、马来酸左旋氨氯地平片侵权的声明并支付合理开支，玉顺堂公司停止销售侵权产品。

中奇公司、华盛公司、欧意公司向一审法院提交了公开号为CN1609102A、专利号为200310119335.7、名称为“一种光学活性氨氯地平的拆分方法”发明专利申请公开说明书(以下简称335专利)，用以证明其制造被诉侵权产品的方法与本案专利方法不同。张喜田请求对该说明书中记载的氨氯地平拆分方法进行试验检验。鉴定机构出具报告称，使用发明专利CN1609102A提供的化学方法不能达到拆分氨氯地平的目的。

吉林省长春市中级人民法院判决：中奇公司、华盛公司、欧意公司停止对本案专利权的侵害行为。中奇公司、华盛公司、欧意公司不服，提起上诉。吉林省高级人民法院判决：驳回上诉，维持原判。欧意公司不服，申请再审。再审期间，法院对欧意公司制造左旋氨氯地平的方法进行了现场勘验。试验结果表明，欧意公司依照335专利中记载的方法，以2－丁酮以及L－（＋）－酒石酸为原料实现了氨氯地平的拆分，制得了含量为99.7%，对映体含量值为99.4的左旋氨氯地平。张喜田对该试验结果当庭表示认可。最高人民法院提审后判决：撤销一审、二审判决，驳回张喜田的诉讼请求。

【裁判理由】

最高人民法院认为：

依照本案专利方法直接获得的产品是"结合一个DMSO－d6的（S）－（－）－氨氯地平的D－酒石酸盐"，或"结合一个DMSO－d6的（R）－（＋）－氨氯地平的L－酒石酸盐"，即制造左/右旋氨氯地平的中间产物，而非左/右旋氨氯地平本身，在本案专利的申请日之前上述中间产物并未为国内外公众所知悉，系新产品，本案专利属于新产品制造方法专利。实施本案专利权利要求1限定的方法后，直接获得的是左/右旋氨氯地平的中间产物，因此本案专利权的保护范围不能延及左旋氨氯地平、马来酸左旋氨氯地平及其片剂。

张喜田提供的证据虽然能够证明华盛公司、欧意公司制造了马来酸左旋氨氯地平及其片剂，并且马来酸左旋氨氯地平的制造须以左旋氨氯地平为原料，但并没有提供证据证明华盛公司、欧意公司在制造马来酸左旋氨氯地平及其片剂时，也制造了左旋氨氯地平的中间产物，因此并不足以证明华盛公司、欧意公司制造的产品与依照本案专利方法直接获得的产品属于同样的产品，不应由华盛公司、欧意公司承担证明其产品制造方法不同于专利方法的举证责任。

欧意公司的现场试验结果与欧意公司提交其他证据相互印证，可以证明欧意公司使用2－丁酮和L－（＋）－酒石酸为原料，能够实现对氨氯地平的拆分，制得左旋氨氯地平。与本案专利权利要求1使用的原料既不相同也不等同，欧意公司制造左旋氨氯地平的方法没有落入本案专利权的保护范围。

【案件信息】

张喜田诉石家庄制药集团欧意药业有限公司、石家庄制药集团华盛制药有限公司、石药集团中奇制药技术（石家庄）有限公司、吉林省玉顺堂药业有限公司侵害发明专利权案，最高人民法院（2009）民提字第84号民事判决书（2010年9月9日，王永昌、李剑、罗霞），吉林省高级人民法院（2006）吉民三终字第146号民事判决书（2006年11月21日，王丹秋、姜涛、付丽），吉林省长春市中级人民法院（2005）长民三初字第36号民事判决书。

案件来源：最高人民法院知识产权案件年度报告（2010），《最高人民法院公报》2011年第1期。

183 方法专利侵权诉讼中，如无相反证据应推定被诉侵权药品备案工艺为实际制备工艺

【裁判要旨】

药品制备方法专利侵权纠纷中，在无其他相反证据情形下，应当推定被诉侵权药品在药监部门的备案工艺为其实际制备工艺；有证据证明被诉侵权药品备案工艺不真实的，应当充分审查被诉侵权药品的技术来源、生产规程、批生产记录、备案文件等证据，依法确定被诉侵权药品的实际制备工艺。

【关键词】

药品制备方法发明专利 | 被诉侵权药品制备工艺查明 | 备案工艺 | 实际制备工艺

【基本案情】

原告礼来公司系1991年4月24日申请的、1995年2月19日授权公告、名称为“制备一种噻吩并苯二氮杂化合物的方法”、专利号为第91103346.7号中国发明专利权人，2011年4月24日该专利权期满。该专利权利要求1为：1.一种制备2－甲基－10－(4－甲基－1－哌嗪基)－4H－噻吩并[2,3,－b][1,5]苯并二氮杂，或其酸加成盐的方法，所述方法包括：(a)使N－甲基哌嗪与下式化合物反应，式中Q是一个可以脱落的基团，或(b)使下式的化合物进行闭环反应……

1999年10月28日，医科院药物所将其研制开发的抗精神分裂药奥氮平及其制剂转让给被告华生公司。医科院药物所1999年10月填报的《新药临床研究申请表》“制备工艺”栏绘制了反应路线，该申请通过北京市卫生局的考核后，其与华生公司共同向国家药监局提交《新药证书生产申请表》，通过新药研制现场考核后，获得《新药证书》和《药品注册批件》。华生公司2008年申请、2010年国家药监局颁发的《药品补充申请批件》所附《奥氮平药品补充申请注册资料》中绘制的反应路线与医科院药物所1999年申请的反应路线相同。

2013年7月25日，礼来公司提起侵权诉讼，要求保护本专利权利要求1中的方法(a)，请求判令：华生公司赔偿礼来公司15106万元及合理开支，并消除影响。

江苏省高级人民法院判决：华生公司赔偿礼来公司损失及合理开支350万元。礼来公司、常州华生制药有限公司均不服，提起上诉。二审庭审中，礼来公司的专家辅助人、鉴定人认可华生公司2008年向国家药监局备案的奥氮平制备工艺是可行的。最高人民法院判决：撤销一审判决，驳回礼来公司的诉讼请求。

【裁判理由】

最高人民法院认为：

本专利权利要求1中的方法(a)采取开放式的撰写方式，其保护范围涵盖了所有采用所述三环还原物与N－甲基哌嗪在Q基团处发生取代反应而生成奥氮平的制备方法，据此，判定华生公司奥氮平制备工艺是否落入本专利权保护范围，关键在于反应路线的比对。

奥氮平为专利法中所称的新产品，华生公司应就其奥氮平制备工艺不同于本专利方法承担举证责任。

适用于大规模工业化生产的药品制备工艺步骤烦琐，不可能一蹴而就，从研发到生产通常是在保持基本反应路线稳定的情况下，不断优化调整反应条件和操作细节。华生公司的奥氮平制备工艺受让于医科院药物所，医科院药物所1999年绘制的反应路线与华生公司2008年补充备案工艺的反应路线相同；而2008补充备案工艺被药监部门、专家辅助人和鉴定人所认可；华生公司的生产规程、批生产记录均表明其实际制备反应路线与2008年补充备案工艺相同，只是进行不断优化。如无相反证据，应推定华生公司2003年至本专利权到期日期间使用其2008年补充备案工艺的反应路线。

华生公司奥氮平制备工艺使用的三环还原物的胺基是被苄基保护的，由此在取代反应之前必然存在苄基化反应步骤，相应的在取代反应后也必然存在脱苄基反应步骤以获得奥氮平。而本专利的反应路线中并未对三环还原物中的胺基进行苄基保护，从而不存在相应步骤。

苄基保护的三环还原物中间体与未加苄基保护的三环还原物中间体为不同的化合物，前者的胺基被苄基保护无法与N－甲基哌嗪发生不期望的取代反应，取代反应只能发生在Q基团处，后者的取代反应无此限制，而因此在反应中间物和反应步骤上的差异较大。

由于增加了加苄基和脱苄基步骤，华生公司的奥氮平制备工艺在终产物收率方面会有所减损，而本专利由于不存在相应步骤收率不会因此下降，故技术效果方面存在较大差异。

尽管对所述三环还原物中的胺基进行苄基保护以减少副反应是化学合成领域的公知常识，但是这种改变是实质性的，加苄基保护的三环还原物中间体的反应特性发生了改变，增加反应步骤也使收率下降。而且加苄基保护为公知常识仅说明华生公司的奥氮平制备工艺相对于本专利方法改进有限，但并不意味着两者所采用的技术手段是基本相同的。故华生公司的奥氮平制备工艺与本专利方法不相同也不等同，未落入本专利权保护范围。

【案件信息】

礼来公司诉常州华生制药有限公司侵害发明专利权案，最高人民法院(2015)民三终字第1号民事判决书(2016年5月31日，周翔、吴蓉、宋淑华)，江苏省高级人民法院(2013)苏民初字第0002号民事判决书(2014年10月14日)。

案件来源：指导案例84号(最高人民法院审判委员会讨论通过，2017年3月6日发布)，最高人民法院知识产权案件年度报告(2016)，《知识产权审判指导》2016年第1辑(总第27辑)。

184 被诉侵权人制造同样产品但拒不配合调查保全的可结合经验法则推定使用专利方法

【裁判要旨】

在专利权人能够证明被诉侵权人制造了同样产品，经合理努力仍无法证明被诉侵权人确实使用了该专利方法的情况下，根据案件具体情况，结合已知事实及日常生活经验，能够认定该同样产品经由专利方法制造的可能性很大，被诉侵权人拒不配合法院调查收集证据或者保全证据的，可以推定被诉侵权人使用了该专利方法。

【关键词】

制造者 | 举证责任 | 合理努力 | 拒不配合 | 推定

【基本案情】

原告宜宾长毅公司系专利号为200610021387.4、名称为“木浆粕变性生产工艺”方法发明专利权人。利用本专利可以生产粘胶木浆粕产品，但该产品并非新产品。

宜宾长毅公司从被告成都鑫瑞鑫公司处购买了被告潍坊恒联公司生产的粘胶木浆粕产品,其浆粕纤维种类为100%针叶木浆,于是提起侵权诉讼。

四川省成都市中级人民法院判决:本案非新产品,被诉侵权产品的生产方法由潍坊恒联公司实际控制,宜宾长毅公司无法获得,因此应由潍坊恒联公司承担被诉侵权产品生产方法的举证责任,但潍坊恒联公司拒不举证,构成举证妨碍,推定宜宾长毅公司的主张成立,因此判决:潍坊恒联公司和成都鑫瑞鑫公司停止侵权,潍坊恒毅公司赔偿宜宾长毅公司损失50万元。潍坊恒联公司不服,提起上诉。四川省高级人民法院判决:驳回上诉,维持原判。潍坊恒联公司仍不服,申请再审。最高人民法院裁定:驳回其再审申请。

【裁判理由】

最高人民法院认为:

对于非新产品制造方法发明专利侵权纠纷的举证责任分配,相关法律和司法解释均无具体规定。一般而言,对制造方法专利的使用表现在产品的制造过程中,产品制造过程涉及生产步骤和工艺参数,具体的流程和数据只能在生产现场或者查看生产记录才能得知。通常情况下,专利权人难以接近被诉侵权人的生产现场和生产记录以取得完整的制造方法证据,在产品制造方法证据完全掌握在被诉侵权人手中的情况下,如果不结合具体案情对侵权指控成立的可能性大小以及双方当事人的举证能力进行分析,只是简单地适用"谁主张,谁举证"的一般原则,由专利权人来举证证明被诉侵权人生产同样产品的制造方法,显然不利于客观事实的查明,亦有违公平原则。

当使用专利方法获得的产品不属于新产品时,意味着在方法专利申请日前,通过其他方法已经制造出同样的产品。因此,同样产品经由专利方法制造的可能性就没有新产品的大,如果也适用举证责任倒置规则,一律由被诉侵权人对其制造方法进行举证,就有可能被专利权人滥用来套取被诉侵权人的商业秘密,不利于对被诉侵权人商业秘密的保护,所以法律和司法解释没有规定适用举证责任倒置规则。但是,这类产品的制造方法往往只有被诉侵权人知道,专利权人很难举证,所以简单地适用"谁主张,谁举证"的原则,一律由专利权人对被诉侵权人的制造方法进行举证,确有困难和不公,不利于案件事实的查明。为了既能查明案件事实,又能确保被诉侵权人的商业秘密不被泄露,平衡好专利权人和被诉侵权人的利益,根据审判实践,专利权人能够证明被诉侵权人制造了同样产品,经合理努力仍无法证明被诉侵权人确实使用了该专利方法,根据案件具体情况,结合已知事实及日常生活经验,能够认定该同样产品经由专利方法制造的可能性很大的,人民法院可以根据《民事诉讼证据规定》第7条规定,将举证责任分配给被诉侵权人,要求被诉侵权人提供其制造方法不同于专利方法的证据。

宜宾长毅公司提供了"潍坊恒联公司棉浆粕出门证""潍坊恒联公司浆粕质量检验单"等一系列证据证明潍坊恒联公司生产销售了被诉侵权产品,并且通过产品检验等方式证明了该产品是与本专利方法生产的产品相同的粘胶木浆粕。对于blqq产品的制造方法,宜宾长毅公司提供了其所拍摄到的潍坊恒联公司的生产车间、相关机器设备以及原材料木浆板投放过程的视频资料,虽然这些证据不能形成完整的生产步骤和工艺参数,尚不足以证明潍坊恒联公司生产本产品的制造方法,但是潍坊恒联公司认可该视频资料所显示的是其公司的生产现场。同时,法院依证据保全申请,两次赴潍坊恒联公司进行调查取证,但潍坊恒联公司不予配合,导致未能调取被诉侵权产品的生产证据。根据上述事实和日常生活经验,可以推断潍坊恒联公司侵权的可能性较大,因此,原一审、二审法院认定潍坊恒联公司生产本粘胶木浆粕产品的制造方法落入本专利权保护范围,并无不当。

【案件信息】

宜宾长毅浆粕有限责任公司诉潍坊恒联浆纸有限公司、成都鑫瑞鑫塑料有限公司侵害发明专利权案,最高人民法院(2013)民申字第309号民事裁定书(2013年7月17日,王永昌、李剑、吴蓉),四川省高级人民法院(2012)川民终字第533号民事判决书。

案件来源:最高人民法院知识产权案件年度报告(2013),2013年中国法院50件典型知识产权案例。

185　如无相反证据,应推定被诉侵权人的生产工艺系按照其通过环评并备案公示的方法进行

【裁判要旨】

如无相反证据推定被诉侵权人的生产工艺系按照其通过环评并备案公示的方法进行,该方法落入专利权保护范围的,构成侵权。

【关键词】

侵害发明专利权｜被诉侵权生产方法｜推定｜备案公示方法

【基本案情】

原告全棉时代公司系专利号为200510033147.1号、名称为“全棉无纺布医用敷料的生产方法”的发明专利权。全棉时代公司提起诉讼，请求判令被告宜昌欣龙公司、欣龙股份公司停止使用涉案发明专利方法以及使用、销售、许诺销售依照该方法直接获得的产品，赔偿损失100万元及合理费用60万元。

一审诉讼中，湖北省宜昌市中级人民法院与各方委托诉讼代理人共同到宜昌欣龙公司水刺无纺布生产车间，核实该公司纯棉水刺无纺布的生产工艺流程。据此判决：驳回全棉时代公司全部诉讼请求。全棉时代公司不服，提起上诉。

湖北省高级人民法院查明：一审法院组织的现场勘验不是一个完整的纯棉水刺无纺布生产工艺过程，勘验结果不能真实地反映宜昌欣龙公司纯棉水刺无纺布的实际生产工艺，应不予采信。宜昌欣龙公司的实际生产工艺，从全棉时代公司二审提交的《建设项目阶段性竣工环境保护验收监测报告》（以下简称《监测报告》）及其附件来看，宜昌欣龙公司的“纯棉水刺非织造布生产项目”于2014年5月通过环评后开工建设，2016年4月13～14日宜都市环境监测站组织进行了监测，监测期间生产负荷达到81%，主要设备的生产工艺控制在要求范围之内，能保证连续、稳定、正常生产，实际产能达到3000吨/年，废水处理量542.4t/d。专家组对《监测报告》进行了审核，并同意该项目通过环保验收，该《监测报告》也在环保部门进行备案、公示。在无其他相反证据的情况下，可以认定宜昌欣龙公司的纯棉水刺无纺布项目已经实施，并运行良好，宜昌欣龙公司是按照《监测报告》记载的生产工艺进行纯棉水刺无纺布生产。据此判决：撤销一审判决，宜昌欣龙公司停止使用全棉时代公司的涉案发明专利方法以及销售、许诺销售依照该方法直接获得的产品，赔偿全棉时代公司损失40万元及合理开支92626元。

【裁判理由】

法院认为：

将《监测报告》表三中记载的生产工艺与涉案专利权利要求1记载的技术方案进行比对，宜昌欣龙公司的生产工艺第一步“喂棉开松除杂”、第二步“梳棉”与涉案专利技术方案第一步“清花”、第二步“梳理”的技术特征实质相同；宜昌欣龙公司生产工艺第三步“铺网”与涉案专利技术方案第三步“铺网”技术特征相同；宜昌欣龙公司生产工艺第四步“牵伸”，与涉案专利技术方案相比，系增加的技术特征；宜昌欣龙公司生产工艺第五步“水刺缠结加固”与涉案专利技术方案第四步“水刺的技术特征相同；宜昌欣龙公司生产工艺第六步“浸轧卷取”与涉案专利技术方案第五步“脱脂”的技术特征相同；宜昌欣龙公司生产工艺第七步“漂练”与涉案专利技术方案第六步“漂白”的技术特征相同；宜昌欣龙公司生产工艺第八步“退卷提花”与涉案专利技术方案相比，系增加的技术特征；宜昌欣龙公司生产工艺第九步“烘干、卷取、分切”与涉案专利技术方案第七步“成品卷取”，技术特征相同。因此，宜昌欣龙公司使用的生产工艺包含了涉案专利权利要求1记载的全部技术特征，并且，涉案专利的发明点在于将现有技术中脱脂和水刺工序的先后顺序进行了调换，即先水刺再脱脂，宜昌欣龙公司的生产工艺顺序与涉案专利技术步骤顺序也完全相同，应当认定落入了涉案专利权的保护范围。宜昌欣龙公司的行为侵害了全棉时代公司的涉案专利权。

在宜昌欣龙公司“纯棉水刺非织造布生产项目”验收通过之后，可以推定该样品系宜昌欣龙公司依照《监测报告》中记载的生产工艺生产的产品，属于依照涉案专利方法直接获得的产品。宜昌欣龙公司销售该产品未经上诉人全棉时代公司的许可，构成侵权。因本案上诉人没有提供证据证明宜昌欣龙公司存在将依照专利方法直接获得的产品进一步加工、处理而获得后续产品的行为，故不能认定宜昌欣龙公司有使用依照该方法直接获得的产品的行为。宜昌欣龙公司有通过微信公众号对外宣传、推广纯棉水刺无纺布的行为，公众可以通过关注宜昌欣龙公司的微信公众号，了解宜昌欣龙公司的产品，并与之联系洽谈，属于许诺销售行为。

虽然欣龙股份公司与宜昌欣龙公司是投资控股的母子公司关系，但系两个独立的企业法人，应独立承担民事法律责任。《监测报告》只能证明宜昌欣龙公司的生产工艺落入涉案专利权的保护范围，不能证明欣龙股份公司的生产工艺也落入涉案专利权的保护范围。

【案件信息】

深圳全棉时代科技有限公司诉宜昌市欣龙卫生材料有限公司、欣龙控股(集团)股份有限公司侵害发明专利权案，湖北省高级人民法院(2017)鄂民终2796号民事判决书(2018年3月7日，徐翠、陈辉、冯雅婧)，湖北省宜昌市中级人民法院(2016)鄂05民初139号民事判决书。

案件来源:2018年中国法院50件典型知识产权案例。

186 专利权人为获得授权而限定的与现有技术相区别的技术特征与现有技术不构成等同

187 能通过证据资料查明被诉侵权产品实际生产工艺的不应简单推定该工艺与专利等同

【裁判要旨】

根据专利权人在本专利授权和无效宣告程序中作出的意见陈述，以及本专利说明书中记载的有关不同工艺条件所具有的技术效果的比较分析，认定被诉侵权产品中的相关技术特征与本专利中的对应技术特征不构成等同，被诉侵权产品没有落入本专利权利要求1的保护范围。

根据现有证据，能够查明被诉侵权产品的完整生产工艺，无须以生产工艺不完整为由推定被诉侵权产品的生产工艺与专利等同；即使认为被诉侵权人没有按照现有证据载明的生产工艺生产被诉侵权产品，也应当依法进行证据保全，例如现场勘验、查封扣押生产记录等，而不是简单地进行推定。

【关键词】

禁止反悔原则 | 授权确权程序 | 说明书 | 生产工艺 | 推定

【基本案情】

原告优他公司系专利号为200410031071.4、名称为“藏药独一味软胶囊制剂及其制备方法”的发明专利权人，其中权利要求1关于独一味提取物的提取方法为：B1.取独一味药材，粉碎成最粗粉；B2.加水煎煮二次，第一次加10～30倍量的水，煎煮1～2小时，第二次加10～20倍量水，煎煮0.5～1.5小时；B3.合并药液，滤过，滤液浓缩成稠膏；B4.减压干燥，粉碎成细粉，过200目筛，备用。

本专利说明书记载：“取独一味提取物三份，每份1000g，加20倍水，分别煎煮1次、2次、3次，分别滤过，滤液浓缩，干燥……结果表明，煎煮2次和煎煮3次，得粉率和木犀草素含量接近，为降低生产成本，选择煎煮2次……试验结果表明过200目筛的细粉沉降比值最大，因此，将独一味提取物干粉碎成过200目筛的细粉,制成的软胶囊内容物混悬体系最稳定。”

本专利授权程序中,优他公司在“意见陈述书”中称:“根据审查意见,申请人对原权利要求1进行了修改,增加了对独一味提取物的限定,具体是以说明书所述独一味提取物的四种制备方法加以限定……本发明所述独一味提取物的四种制备方法为发明人进行了大量的工艺筛选和验证试验后最终确定的工艺步骤,现有技术中并没有公开,由此得到的本发明中所述的独一味提取物与现有技术如《中华人民共和国药典》(2000年版,一部)中的独一味提取物并不等同。”

优他公司本专利无效审查口头审理答辩词中称:“本专利对独一味提取物的粉碎度研究表明过200目筛的细粉沉降比值最大,制成的软胶囊内容物混悬体系最稳定……独一味软胶囊与独一味胶囊相比较有如下优点:……而在独一味软胶囊制备过程中,独一味提取物是最终粉碎成细粉,通过200目筛。”专利复审委员会据此决定维持本专利权有效。

优他公司以被告万高公司制造、销售,被告科伦公司销售的被诉侵权产品落入本专利保护范围为由提起诉讼。万高公司主张其系根据国家食品药品监督管理局药品批准文号“国药准字Z20050221”药品注册批件的YBZ08242005标准(试行)及晨牌药业公司报送的“独一味软胶囊”生产工艺的研究资料生产的被诉侵权产品,据此主张适用禁止反悔原则认定其不构成侵权。经对比,被诉侵权产品与本专利在独一味提取物的提取方法上主要区别为:1. 被诉侵权产品为三次煎煮,本专利为两次煎煮;2. 被诉侵权产品为制成细粉,本专利为制成细粉过200目筛。

四川省成都市中级人民法院判决:万高公司和科伦公司停止制造、销售、许诺销售侵权产品和使用本专利方法,万高赔偿损失40万元及相应合理开支。万高公司不服,提起上诉。四川省高级人民法院认为:被诉侵权产品技术方案不在优他公司放弃的技术方案范围内,故禁止反悔原则不适用,因此判决:驳回上诉,维持原判。万高公司仍不服,申请再审。最高人民法院提审后判决:撤销一审、二审判决,驳回优他公司的诉讼请求。

【裁判理由】

最高人民法院认为:

优他公司在本专利授权和无效宣告程序中作出的意见陈述强调“本发明与现有技术如《中华人民共和国药典》(2000年版,一部)中的独一味提取物并不等同。”优他公司还在说明书强调,煎煮2次与煎煮3次相比,可以降低生产成本,所以选择煎煮2次;将独一味提取物粉碎成过200目筛的细粉,制成的软胶囊内容物混悬体系最稳定。因此,根据《专利案件适用法律规定》第17条的规定,并参照《侵犯专利权案件解释》第6条的规定,"煎煮2次"与"煎煮3次""粉碎成细粉,过200目筛"与"研成细粉"均不构成等同特征,后者均没有落入本专利权利要求1的保护范围。

万高公司生产被诉侵权产品所使用的技术方案即为国家药监局药品批准文号"国药准字Z20050221"药品注册批件的YBZ08242005标准(试行)及晨牌药业公司报送的"独一味软胶囊"生产工艺的研究资料所载明的技术方案。该技术方案只有"研成细粉备用"的技术特征,没有"过200目筛"的技术特征,而根据《中华人民共和国药典》(2000年版,一部)的规定,"研成细粉"是指过80目筛的细粉,万高公司提交的批生产记录也进一步佐证该生产工艺在过80目筛后并无过200目筛的步骤。在已经有一审法院调取的被诉侵权产品的生产工艺方法、万高公司提交的《中华人民共和国药典》(2000年版,一部)以及优他公司提交的涉案专利权利要求书和说明书等现有证据,完全可以认定调取的生产工艺中记载的"研成细粉备用",是指过80目筛的细粉,而不是过200目筛细粉的情况下,不需要再根据《民事诉讼证据规定》第75条的规定进行推定。

如果生产企业的药品批准文号对应的产品系侵犯他人专利权的产品,为了禁止继续制造、销售侵犯他人专利权的药品,作为停止侵权的一项具体手段,人民法院可以判决侵权企业停止制造、销售带有该药品批准文号的侵权产品。该判项的表述,是指停止该药品批准文号对应的侵害专利权药品的制造、销售行为,而不是指单纯停止该药品批准文号的使用行为。

【案件信息】

江苏万高药业有限公司诉成都优他制药有限责任公司、四川科伦医药贸易有限公司侵害发明专利权案,最高人民法院(2010)民提字第158号民事判决书(2010年11月24日,王永昌、李剑、罗霞),四川省高级人民法院(2010)川民终字第63号民事判决书(2010年4月21日,刘巧英、陈洪、周静),四川省成都市中级人民法院(2010)成民初字第249号民事判决书。

案件来源:最高人民法院知识产权案件年度报告(2010),2010年中国法院知识产权司法保护50件典型案例。

188 被诉侵权行为改变方法专利步骤顺序使其功能效果有实质性差异的不构成等同侵权

189 被诉侵权人委托案外人按照其提供的样品进行加工制造的视为被诉侵权人自己实施

【裁判要旨】

方法专利的步骤顺序是否对专利权的保护范围起到限定作用，从而导致在步骤互换中限制等同原则的适用，关键要看这些步骤是否必须以特定的顺序实施以及这种互换是否会带来技术功能或者技术效果上的实质性差异。被诉侵权行为人委托案外人按照其提供的样品进行加工制造的，视为被诉侵权人的实施行为。

【关键词】

方法专利的步骤顺序｜等同特征｜功能或者效果上的实质性差异｜捐献原则｜委托加工行为

【基本案情】

原告陈顺弟系专利号为200610049700.5、名称为“布塑热水袋的加工方法”发明专利权人。该专利授权后，陈顺弟在沈阳小商品大世界4楼被告何建华摊位购买了“乐雪儿”牌时尚热水袋，其外包装袋标明了“乐雪儿”商标和被告乐雪儿公司的前身台州市乐雪儿塑胶电器有限公司的名称等。

陈顺弟提起诉讼，请求判令：何建华立即停止销售侵权产品并赔偿损失及合理开支50万元，乐雪儿公司立即停止制造、销售侵权产品，销毁侵权产品及模具并赔偿损失及合理开支100万元。

诉讼中，乐雪儿公司自述被诉侵权方法来源于200520015446.8号实用新型专利说明书中公布的具体实施方式，提出现有技术抗辩；并自述被诉侵权方法第1～4步、第11步与本专利权利要求1的第1～4步、第12步相同，被诉侵权方法第6、7、8、10步分别与本专利权利要求1的第7、6、11、10步相同，被诉侵权方法不包括本专利权利要求1的第5、8、9步。

辽宁省沈阳市中级人民法院判决：何建华停止销售被诉侵权产品，赔偿损失及合理开支1万元；乐雪儿公司停止侵权行为，赔偿损失及合理开支30万元。乐雪儿公司、何建华均不服，提起上诉。辽宁省高级人民法院判决：撤销一审关于何建华停止销售并赔偿的判项，其余维持。乐雪儿公司不服。申请再审。最高人民法院提审后判决：撤销一审、二审判决，驳回陈顺弟的诉讼请求。

【裁判理由】

最高人民法院认为：

乐雪儿公司用于主张现有技术抗辩的L200520015446.8号实用新型专利的申请日虽早于本案专利申请日，但授权公告日晚于涉案专利申请日，故不构成现有技术，但依法构成抵触申请。由于抵触申请能够破坏对比专利技术方案的新颖性，故在被诉侵权人以实施抵触申请中的技术方案主张其不构成专利侵权时，应该被允许，并可以参照现有技术抗辩的审查判断标准予以评判。但该抵触申请并未公开这种热水袋产品的具体生产步骤，乐雪儿公司虽主张未公开的技术特征是本领域的公知常识和惯用手段，但并未举证证明，故现有技术抗辩不能成立。

乐雪儿公司的陈述被诉侵权产品的相应部件不是其自行加工，系其提供样品在案外人处定做的，也即这些部件是案外人按照乐雪儿公司的要求进行加工制作的，故乐雪儿公司对由此产生的法律后果应当承担相应的法律责任。

方法发明专利的权利要求是包括有时间过程的活动，如制造方法、使用方法、通讯方法、处理方法等权利要求。涉及产品制造方法的发明专利通常是通过方法步骤的组合以及一定的步骤顺序来实现的。方法专利的步骤顺序是否对专利权的保护范围起到限定作用，从而导致在步骤互换中限制等同原则的适用，关键要看这些步骤是否必须以特定的顺序实施以及这种互换是否会带来技术功能或者技术效果上的实质性差异。

关于本案专利权利要求1的第6、7步与被诉侵权方法的步骤6、7是否等同的问题。从被诉侵权方法此前的加工步骤来看，其已在第4步中对高频热粘合后的热水袋进行了裁剪，此时修边的主要目的是使热水袋好看，接近成品，其减少空间的作用非常有限，而且多余边角料的存在不会干扰塞座的粘合，对塞座粘合不会产生实质性影响，因而这两个步骤的实施不具有先后顺序的唯一对应性，对整个技术方案的实现没有实质性影响，且互换在技术功能和技术效果上也没有产生实质性的差异，故构成等同特征。

关于本案专利权利要求1的第10、11步是否与被诉侵权方法的步骤8、10构成等同的问题。本案专利权利要求1的第10步是将密封垫片和螺纹塞盖互相装配后旋入螺纹塞座中;第11步是充气试压检验。被诉侵权方法是先充气试压检验,后将密封垫片和螺纹塞盖互相装配后旋入螺纹塞座。与被诉侵权方法相比,本案专利权利要求1的第10、11步实质上是增加了充气试压检验的操作环节,导致操作时间延长,效率降低。故将第10、11步的步骤调换后,确实产生了减少操作环节、节约时间、提高效率的技术效果,因此调换后的步骤与本专利权利要求1的第10、11步不构成等同技术特征。

权利要求解释中的捐献原则要求,对于在专利说明书中记载而未反映在权利要求中的技术方案,不能包括在权利要求的保护范围之内。对于在说明书中披露而未写人权利要求的技术方案,如果不适用捐献原则,虽然对专利权人的保护是较为充分的,但这一方面会给专利申请人规避对较宽范围的权利要求的审查提供便利,另一方面会降低权利要求的划界作用,使专利权保护范围的确定成为一件过于灵活和不确定的事情,增加了公众预测专利权保护范围的难度,不利于专利公示作用的发挥以及公众利益的维护。

《侵犯专利权案件解释》第5条规定:"对于仅在说明书或者附图中描述而在权利要求中未记载的技术方案,权利人在侵犯专利权纠纷案件中将其纳入专利权保护范围的,人民法院不予支持。"该司法解释从2010年1月1日起施行,本案被诉侵权行为发生在2010年9月,故该解释的上述规定能够适用于本案。按照上述条文的规定,如果本领域技术人员通过阅读说明书可以理解披露但未要求保护的技术方案是被专利权人作为权利要求中技术特征的另一种选择而被特定化,则这种技术方案就视为捐献给社会。本案专利说明书在第3页中明确记载了第10、11步的步骤可以调换,而这一调换后的步骤并未体现在权利要求中,因此调换后的步骤不能纳入本案专利权的保护范围。

【案件信息】

陈顺弟诉浙江乐雪儿家居用品有限公司、何建华、第三人温士丹侵害发明专利权案,最高人民法院(2013)民提字第225号民事判决书(2013年12月25日,王永昌、李剑、宋淑华),辽宁省高级人民法院(2011)辽民三终字第27号民事判决书,辽宁省沈阳市中级人民法院(2010)沈中民四初字第389号民事判决书。

案件来源:最高人民法院知识产权案件年度报告(2013),《最高人民法院公报》2015年第10期,2013年中国法院50件典型知识产权案例。

190 基于技术方案整体认识并结合权利要求具体语境对权利要求作符合发明目的的解释

191 将网络通信专利方法实质固化于产品中，使终端用户正常使用即能再现该方法的构成侵权

192 侵权赔偿已有初步证据但侵权人拒不举证的，不支持其提出的计算赔偿时应考虑专利贡献度等抗辩

【裁判要旨】

说明书及其附图对于权利要求的解释不能替代权利要求在界定专利权保护范围过程中的地位和作用。对于权利要求中相关技术术语或者技术特征的解释，应当遵循内部证据优先原则，如果在专利说明书中已经作了特别的说明，应当根据该特别说明作出解释；如果说明书并没有特别说明，应当按照本领域技术人员的通常理解作出解释。权利要求的解释应当以本领域技术人员在对专利要求保护的技术方案形成整体认识的基础上，结合权利要求的具体语境，对权利要求的保护范围作出合乎逻辑的界定，以符合发明目的和能够实现发明技术方案为指引。

网络通信领域中的绝大多数发明创造的类型为方法专利，且往往只能撰写成为需要多个主体的参与才能实施的方法专利，或者采用此种撰写方式能更好地表达出发明的实质技术内容。然而这些方法专利在实际应用中，往往都是以软件的形式安装在某一硬件设备中，由终端用户在使用终端设备时触发软件在后台自动运行。如果被诉侵权行为人以生产经营为目的，将专利方法的实质内容固化在被诉侵权产品中，该行为或者行为结果对专利权利要求的技术特征被全面覆盖起到了不可替代的实质性作用，也即终端用户在正常使用该被诉侵权产品时就能自然再现该专利方法过程的，则应认定被诉侵权行为人实施了该专利方法，侵害了专利权人的权利。

专利权人主张以侵权获利确定赔偿额的，侵权规模即为损害赔偿计算的基础事实。专利权人对此项基础事实承担初步举证责任。如果专利权人已经完成初步举证，被诉侵权人无正当理由拒不提供有关侵权规模基础事实的相应证据材料，导致用于计算侵权获利的基础事实无法精准确定，对其提出的应考虑涉案专利对其侵权获利的贡献度等抗辩理由可不予考虑。

【关键词】

多主体参与实施的方法专利｜网络通信领域｜不可替代的实质性作用｜终端用户

【基本案情】

原告敦骏公司系专利号为 102123502.3 号、名称为“一种简易访问网络运营商门户网站的方法”发明专利的现专利权人，该专利由华为公司于 2002 年 6 月 28 日申请，并于 2008 年 8 月 20 日获得授权，2015 年 7 月 2 日公告变更专利权人为敦骏公司。涉案专利共被提起 5 次无效宣告请求，至今仍维持专利权全部有效。

敦骏公司在本案主张保护的专利权利要求 1、权利要求 2。被告腾达公司制造、销售并由被告弘康经营部、昊威经营部销售“Tenda 路由器 W15E”“Tenda 路由器 W20E 增强型”无线路由器，除此之外腾达公司制造、销售了其他多款无线路由器。

敦骏公司提起诉讼，请求判令腾达公司、弘康经营部、昊威经营部停止制造、销售以及许诺销售被诉侵权产品，销毁库存及生产模具，赔偿损失及合理开支 500 万元。

山东省济南市中级人民法院受理案件后，要求腾达公司提交 2015 年 7 月 2 日以来生产销售被诉侵权产品的财务账册等资料。腾达公司未提交亦未说明正当理由。被诉侵权产品在网店和实体店均有销售，敦骏公司提交的被诉侵权产品在京东腾达官方旗舰店上的销售额为 1958 万元，在天猫腾达官方旗舰店上的销售额为 777218 元；路由器行业一般利润率为 30%，腾达公司网站显示其年销售额 30 亿元，行业占比 70%。

山东省济南市中级人民法院判决：腾达公司停止制造、销售、许诺销售被诉侵权产品并赔偿损失及合理开支 500 万元，弘康经营部、昊威经营部停止销售被诉侵权产品。腾达公司不服，提起上诉。最高人民法院知识产权法庭判决：驳回上诉,维持原判。

【裁判理由】

最高人民法院知识产权法庭认为:

权利要求是界定专利权保护范围的依据,说明书及附图可以用于解释权利要求的相关内容。说明书及其附图对于权利要求的解释作用体现在帮助本领域技术人员准确理解权利要求的内容,但不能替代权利要求在界定专利权保护范围过程中的地位和作用。对于权利要求中相关技术术语或者技术特征的解释,应当遵循内部证据优先原则。如果权利要求相关技术术语或者技术特征在专利说明书中已经作了特别的说明,应当根据该特别说明作出解释;如果说明书并没有特别说明,应当按照本领域技术人员的通常理解作出解释。权利要求的解释应当以本领域技术人员在对专利要求保护的技术方案形成整体认识的基础上,结合权利要求的具体语境,对权利要求的保护范围作出合乎逻辑的界定,以符合发明目的和能够实现发明技术方案为指引。

据此,涉案权利要求 1 中的“第一个上行 HTTP 报文”应当解释为未通过认证的用户设备向接入服务器发送的第一个上行 HTTP 报文,而不应解释为用户设备与其要访问的实际网站建立 TCP“三次握手”连接过程中的第一个报文,否则将导致整个专利技术方案无法实现。

腾达 W15E 路由器强制 Portal 过程与涉案专利权利要求 1 和权利要求 2 所限定步骤方法相同,因此腾达 W15E 路由器的使用过程落入了涉案权利要求 1 和权利要求 2 的保护范围。腾达 W20E 路由器、腾达 G1 路由器的强制 Portal 过程也与腾达 W15E 路由器相同,故其使用过程均落入涉案专利权利要求 1 和权利要求 2 的保护范围。

涉案专利技术属于网络通信领域,该领域具有互联互通、信息共享、多方协作、持续创新等特点,这就决定了该领域中的绝大多数发明创造的类型为方法专利,且往往只能撰写成为需要多个主体的参与才能实施的方法专利,或者采用此种撰写方式能更好地表达出发明的实质技术内容。然而这些方法专利在实际应用中,往往都是以软件的形式安装在某一硬件设备中,由终端用户在使用终端设备时触发软件在后台自动运行。因此,被诉侵权人完全可以采用上述方式,在未获得专利权人许可的情况下,将专利方法以软件的形式安装在其制造的被诉侵权产品中,甚至还可以集成其他功能模块,成为非专用设备,并通过对外销售获得不当利益。从表面上看,终端用户是专利方法的实施者,但实质上,专利方法早已在被诉侵权产品的制造过程中得以固化,终端用户在使用终端设备时再现的专利方法过程,仅仅是此前固化在被诉侵权产品内的专利方法的机械重演。因此,应当认定被诉侵权人制造并销售被诉侵权产品的行为直接导致了专利方法被终端用户所实施。如果按照专利侵权判断的一般规则,即应当以被诉侵权人所实施的被诉侵权技术方案是否全面覆盖了专利权利要求记载的所有技术特征,作为专利侵权的必要条件,那么,仅仅是制造、销售具备可直接实施专利方法的被诉侵权产品的行为将难以被认定为侵害专利权的行为。同时,仅认定被诉侵权人在测试被诉侵权产品过程中实施专利方法构成侵权,不足以充分保护专利权人的利益,因为该测试行为既非被诉侵权人获得不当利益的根本和直接原因,也无法从责令停止测试行为来制止专利方法遭受更大规模的侵害,而专利权人更无权主张虽直接实施了专利方法、但并无生产经营目的的终端用户构成专利侵权。

在上述情形下,针对网络通信领域方法的专利侵权判定,应当充分考虑该领域的特点,充分尊重该领域的创新与发展规律,以确保专利权人的合法权利得到实质性保护,实现该行业的可持续创新和公平竞争。如果被诉侵权行为人以生产经营为目的,将专利方法的实质内容固化在被诉侵权产品中,该行为或者行为结果对专利权利要求的技术特征被全面覆盖起到了不可替代的实质性作用,也即终端用户在正常使用该被诉侵权产品时就能自然再现该专利方法过程的,则应认定被诉侵权行为人实施了该专利方法,侵害了专利权人的权利。对于本案,具体分析如下:

第一,腾达公司虽未实施涉案专利方法,但其以生产经营为目的制造、许诺销售、销售的被诉侵权产品。被诉侵权产品是具备可直接实施专利方法功能的路由器,网络用户只需要在正常网络环境下,利用具备上网功能的普通电脑,除了必须需要借助被诉侵权产品之外,无须再借助其他专用装置或依赖其他特殊网络条件,就能完整地实施涉案专利方法,故被诉侵权产品对于实施涉案专利要求保护的方法具有实质性作用。实现强制 Portal 并非只能通过涉案专利方法来实现,涉案专利方法区别于其他方法的显著特征是在接入服务器内设置了具有重定向功能的虚拟 Web 服务器,通过该虚拟 Web 服务器实现强制 Portal 功能。而被诉侵权产品之所以能够用于实现与涉案专利方法相同的强制 Portal 过程,正是因为其内部也设置了与涉案专利完全相同的虚拟 Web 服务器,因此,除了专利权人授权的产品之外,被诉侵权产品在再现涉案专利方法的过程中不可替代。

第二,腾达公司从制造、许诺销售、销售被诉侵权产品的行为中获得不当利益与涉案专利存在密切关联。涉案专利方法并非实现强制 Portal 功能的唯一方法，但腾达公司大量制造并销售的涉案 3 款被诉侵权产品却采用了涉案专利方法来实现强制 Portal 功能，并且在其官网和大型电商网站的旗舰店上，针对被诉侵权产品的特点功能介绍中，对被诉侵权产品具有的 Web 认证功能（Web 认证过程涉及强制 Portal 技术）在多处予以公开宣传，据此认定腾达公司因涉案专利获得了原本应当属于专利权人的利益。

第三，因终端网络用户利用被诉侵权产品实施涉案专利方法的行为并不构成法律意义上的侵权行为，专利权人的创新投入无法从直接实施专利方法的终端网络用户处获得应有回报，如专利权人的利益无法得到补偿，必将导致研发创新活动难以为继。而腾达公司却因涉案专利获得了原本属于专利权人的利益，利益分配严重失衡，有失公平。

综上所述，应当认定腾达公司制造、许诺销售、销售被诉侵权产品的行为构成专利侵权并应承担停止侵害、赔偿损失的民事责任。

专利权人主张以侵权获利确定赔偿额的，侵权规模即为损害赔偿计算的基础事实。专利权人对此项基础事实承担初步举证责任。如果专利权人已经完成初步举证，被诉侵权人无正当理由拒不提供有关侵权规模基础事实的相应证据材料，导致用于计算侵权获利的基础事实无法精准确定，对其提出的应考虑涉案专利对其侵权获利的贡献度等抗辩理由可不予考虑。

【案件信息】

深圳敦骏科技有限公司诉深圳市吉祥腾达科技有限公司、济南历下弘康电子产品经营部、济南历下昊威电子产品经营部侵害发明专利权案，最高人民法院知识产权法庭（2019）最高法知民终 147 号民事判决书（2019 年 12 月 6 日，朱理、傅蕾、张晓阳），山东省济南市中级人民法院（2018）鲁 01 民初 1481 号民事判决书（2019 年 5 月 6 日）。

案件来源：中国裁判文书网。

193 移动通信方法的技术方案不能仅通过手机操作来演示，而应当由专业技术部门鉴定

【裁判要旨】

移动通信方法的技术方案不能仅通过手机操作来演示，而应当由专业

技术部门鉴定。鉴定机构经合法鉴定程序得出被诉侵权技术方案未落入主张保护的专利权利要求保护范围的,法院应认定不构成侵害专利权。

【关键词】

移动通信方法|技术鉴定|鉴定结论|专业技术部门

【基本案情】

原告华立公司系专利号为02101734.4号、名称为"一种GSM/CDMA双模式移动通信的方法"的发明专利独占许可的被许可人。华立公司认为被告三星公司制造、戴钢销售的SCH－W579手机的技术方案与其专利权所记载的技术方案相同,提起诉讼,请求判令:三星公司停止侵权、赔偿损失5000万元,戴钢停止销售侵权手机。

浙江省杭州市中级人民法院判决:三星公司停止侵权、赔偿损失5000万元,戴钢停止销售侵权手机。三星公司不服,提起上诉。浙江省高级人民法院判决:撤销一审判决,驳回华立公司的诉讼请求。

【裁判理由】

法院认为:

本专利技术特征并非简单的操作步骤,通过手机界面演示能够确定的仅是手机的操作步骤,但同样的操作步骤可以由不同的技术方法来完成。因此,就比对方法而言,仅从手机界面的演示上推导出SCH－W579的技术方案和工作原理显然是不完善和不科学的。揭示SCH－W579手机的技术方案,并进一步判定其是否实施了专利方法需要借助于专业技术部门的技术鉴定。

在接受本院委托鉴定事项后,根据法院提供的检材和SCH－W579手机实物,同时结合经双方当事人确认的SCH－W579手机电路原理图等材料,通过召开技术听证会、查阅技术资料以及对SCH－W579手机进行勘查操作等方式进行鉴定,分别出具了《鉴定报告书》《答复意见》以及《补充鉴定报告书》,完成了相关的委托鉴定事项。此次鉴定事项和目的是确定SCH－W579手机的技术方法,从而判断其是否落入了本专利方法的保护范围,而非SCH－W579手机是否符合通信行业标准的比对。SCH－W579手机的工作原理和技术方法应当根据其手机自身的工作模式和工作原理图等予以确定,而不能以行业标准作为确定该手机具体通信方法的依据。因此,鉴定机构出具鉴定报告的程序合法,鉴定依据充足,可以作为本案认定事实的证据。

经鉴定,SCH－W579 手机具有的技术特征与专利权利要求 1 所记载部分必要技术特征不相同,所采用的支持 GSM/CDMA 双模双待机模式的移动通信方法不包含专利的全部必要技术特征,两者采用的技术手段和实现的功能不相同,达到的 GSM/CDMA 双模式移动通信的效果不相同,两者是不相同的技术方案,未落入本专利权的保护范围,不构成专利侵权。

【案件信息】

浙江华立通信集团与深圳三星科健移动通信技术有限公司、戴钢侵害发明专利权案,浙江省高级人民法院(2009)浙知终字第 64 号民事判决书(2012 年 3 月 5 日,应向健、王亦非、周卓华),浙江省杭州市中级人民法院(2007)杭民三初字第 108 号民事判决书。

案件来源:2012 年中国法院知识产权司法保护十大案件。

第七节　侵 权 责 任

194　因侵权的获利以侵权产品销售总金额和利润率及专利对产品价值贡献度的乘积基础

195　侵权行为可分则对可精确计算的适用损失或获益赔偿,对难以计算的适用法定赔偿

【裁判要旨】

选择以侵权人因侵权获得的利益计算专利侵权损害赔偿数额时,对于多部件或者多专利的被诉侵权产品,需要考虑涉案专利对于侵权产品利润的贡献度,以"侵权产品销售总金额 × 利润率 × 专利技术对产品价值的贡献度"的方法进行计算。专利技术对产品价值的贡献度,可以结合涉案专利对产品的重要性等因素酌定。

在侵权行为可分的情况下,计算侵权损害赔偿时,如果既存在可以较为精确计算权利人损失或者侵权人获益的部分,又存在难以计算权利人损失或者侵权人获益的部分,可以对前者适用以权利人损失或者侵权

人获益计算赔偿，对后者适用法定赔偿，以两者之和确定损害赔偿数额。

【关键词】

侵害实用新型专利权｜损害赔偿｜因侵权所得利润｜侵权产品销售利润｜贡献度

【基本案情】

原告蒋国屏系专利号为200920230829.5号、名称为“一种PTC发热器的导热铝管及PTC发热器”的实用新型专利权人，原告国威公司系该专利的独占实施被许可人。经无效宣告，该专利被部分无效，国威公司、蒋国屏主张保护的是经无效审查后维持有效的权利要求2。

国威公司、蒋国屏认为，被告苏宁公司销售的空调整机中的PTC发热器侵害上述专利权，于是提起诉讼，请求判令林芝公司停止侵权行为，销毁侵权产品，赔偿损失及合理支出1500万元；苏宁公司停止销售包含被诉侵权产品的空调整机。

江苏省南京市中级人民法院认定，被诉侵权产品落入权利要求2的保护范围，因此判决：林芝公司停止生产、销售侵权产品并销毁库存，赔偿损失100万元，苏宁公司停止销售侵权产品。国威公司、蒋国屏、林芝公司均不服，分别提起上诉。江苏省高级人民法院认为：被诉侵权产品未落入专利权利要求2的保护范围，因此判决：撤销一审判决，驳回国威公司、蒋国屏的诉讼请求。国威公司、蒋国屏不服，申请再审。最高人民法院提审后判决：撤销二审判决，维持一审关于停止侵权的判决，改判林芝公司赔偿损失9377867元，合理开支6万元。

【裁判理由】

最高人民法院认为：

被诉侵权产品具备与本案专利权利要求2相同或者等同的技术特征，落入本案专利权利要求2的保护范围。

国威公司、蒋国屏主张按照林芝公司因侵权所得的利益计算本案损害赔偿，其计算方法为：林芝公司侵权产品销售总金额169556341元乘以侵权产品利润率15%，得到侵权利润约为2543万元。但林芝公司侵权产品销售总金额为169556341元，并未显示所涉供货金额全部是本案被诉侵权产品的供货金额。同时，该产品销售总金额既包含了含税金额，又包含了未含税金额。因此，国威公司、蒋国屏主张的林芝公司侵权产品销售总金额并不准确。

林芝公司向广东美的制冷设备有限公司、海信（浙江）空调有限公司采购部及

TCL空调事业部采购部供货的证据，将按照法定赔偿方式确定损害赔偿数额。考虑到本案专利为实用新型专利，林芝公司从事被诉侵权产品的生产和销售，且规模较大，酌定林芝公司就其向三者的销售行为应赔偿国威公司和蒋国屏损失80万元。

侵权产品销售总金额乘以侵权产品利润率得到的是侵权产品销售利润，该销售利润并不必然就是侵权行为人因侵权所得的利润。原因在于，被诉侵权产品的利润来源除了使用专利技术方案外，可能来自其使用的其他专利或者其他部件。因此，需要考虑本案专利对于侵权产品利润的贡献度。

林芝公司向海信（山东）空调有限公司供货的产品数量和销售金额均属本案侵权产品的数量和销售金额，折算扣除相应增值税后，林芝公司向海信（山东）空调有限公司销售本案侵权产品的总销售金额（不含税）约为114371557元。国威公司12种产品中，最低销售利润率为16.54%，最高销售利润率为32.04%。综合考虑林芝公司主张的最高利润率和国威公司主张的最低利润率，酌定被诉侵权产品的利润率为15%。根据本案专利说明书对发明有益效果的记载，与本案专利要求2的技术方案相关的有益效果包括产品结构更加紧凑，各配件之间在经过压制后结合更牢固，提高热传导性能，减少配件松动造成的安全隐患，提高产品的可靠性和制作成本等。可见，本案专利对于林芝公司PTC发热器的市场吸引力起到了重要作用。同时，考虑到本案专利权利要求2技术方案实现上述有益效果的特征主要体现在导热铝管压制后在左右侧面形成的半圆形凹槽结构，而PTC发热器还包括其他部件，不宜将侵权产品的利润全部归因于本案专利。在林芝公司无正当理由拒不参加本案庭审的情况下，酌定本案专利对于林芝公司侵权产品利润的贡献度为50%。综合上述分析，本院对于林芝公司在向海信（山东）空调有限公司销售被诉侵权产品过程中因侵犯本案专利权获得的利润计算如下：114371557元×15%×50%＝8577867元。

【案件信息】

无锡国威陶瓷电器有限公司、蒋国屏诉常熟市林芝电热器件有限公司、苏宁易购集团股份有限公司（原苏宁云商集团股份有限公司）侵害实用新型专利权案，最高人民法院（2018）最高法民再111号民事判决书（2018年6月26日，朱理、毛立华、佟姝），江苏省高级人民法院（2016）苏民终105号民事判决书（2016年12月22日，宋健、张长琦、张晓阳），江苏省南京市中级人民法院（2013）宁知民初字第510号民事判决书。

案件来源：最高人民法院知识产权案件年度报告（2018），2018年中国法院十大知识产权案件。

196 在产品利润率难以准确计算而由法院酌定合理利润率时，可以考虑当事人的主观过错程度

【裁判要旨】

在侵权产品销售数量可以确定的情况下，根据专利产品或者侵权产品的利润率，即可以计算出被侵权人的损失或者侵权人获得的利益，并以此来确定赔偿额；在有关产品的利润率难以准确计算时，人民法院可以酌定一个合理的利润率来计算；在确定知识产权侵权损害赔偿额时，可以考虑当事人的主观过错程度确定相应的赔偿责任，尤其是在需要酌定具体计算标准的情况下，应当考虑当事人的主观过错程度。

【关键词】

侵权损害赔偿计算｜原告损失｜侵权产品数量｜合理利润率｜过错程度

【基本案情】

原告华纪平系专利号为99205057. X、名称为“哑铃套组手提箱”的实用新型专利权人，安迪华公司为该专利的被许可使用人。

被告斯博汀公司、丰利公司在南通海关出口了由被告被诉侵权的2160件哑铃套组手提箱，被华纪平申请扣留，并随后提起侵权诉讼，请求判令三被告停止侵权，赔礼道歉并赔偿损失200万元和合理开支74万元。

江苏省高级人民法院认定侵权成立。经查，被告2005年出口侵权产品数量为38376件。根据专利手提箱本身的价值及其在实现所包装的哑铃产品利润中所起的作用，结合双方当事人主张的利润率等因素，确定专利手提箱的合理利润率为哑铃产品销售价的15%。因此，按照原告的销售价格14.66美元/件计算，专利手提箱的合理利润应为2.20美元/件。据此，两原告因侵权所受损失应计算为：38376件×2.20美元/件＝84427.20美元，按两原告起诉之日中国银行公布的外汇基准牌价汇率100美元：807.95元人民币计算，折合人民币682129.56元。华纪平、安迪华公司和斯博汀公司均不服，分别提起上诉。最高人民法院判决：驳回上诉，维持原判。

【裁判理由】

最高人民法院认为：

侵害专利权的赔偿数额，首先应当按照权利人因被侵权所受到的损失或者侵权人因侵权所获得的利益确定；只有在被侵权人的损失或者侵权人获得的利益难以确定时，才可以参照该专利许可使用费的倍数合理确定。但本案侵权时间和销售侵权产品的数量是确定的。在侵权产品销售数量可以确定的情况下，根据专利产品或者侵权产品的利润率，即可以计算出被侵权人的损失或者侵权人获得的利益，并以此来确定赔偿额；在有关产品的利润率难以准确计算时，人民法院可以酌定一个合理的利润率来计算。当然，如果当事人能够证明存在一个真实合理的按照产品件数计算的专利许可使用费时，也可以根据按件计费标准乘以侵权产品数量所得之积计算赔偿额，但是本案中所谓的专利许可使用费系按年度计费，并非按照产品数量计费，无法参照计算。另外，即使采用参照专利许可使用费的方法计算损害赔偿额，原告也必须负责证明专利许可使用费的真实性和合理性。本案中，本专利实施许可合同签订时专利权人系被许可人的股东和法定代表人，二者之间显然具有利害关系，虽然事后专利权人将其所有股份让与他人并且不再担任法定代表人，但仅据此并不能排除对该专利许可使用费的真实性和合理性的合理怀疑，况且原告也未能提供证据证明该专利许可使用费已经实际支付并依法缴纳了相应税款，故该专利许可使用费的真实性和合理性在本案中也不应当予以认定。

在确定知识产权侵权损害赔偿额时，可以考虑当事人的主观过错程度确定相应的赔偿责任，尤其是在需要酌定具体计算标准的情况下，应当考虑当事人的主观过错程度。本案中斯博汀公司在与安迪华公司终止了使用本专利手提箱的哑铃产品的采购关系后，又向丰利公司采购同样产品，存在明显的主观过错，应当在赔偿额上有所体现。综合考虑，原审法院在当事人均不能准确举证证明相关专利产品或者侵权产品利润率的情况下，根据侵权人自认的使用本专利手提箱的哑铃产品的利润率，结合权利人当时主张的自己产品的利润率，同时考虑专利产品和侵权产品本身的价值和作为市场销售的哑铃产品的包装对整体产品销售利润的贡献作用，确定本专利包装箱的合理利润率为本哑铃产品销售价的15%，虽然相对较高，但考虑到侵权人的主观过错明显，该酌定的利润率并无明显不妥。

【案件信息】

华纪平、合肥安迪华进出口有限公司诉上海斯博汀贸易有限公司、如东县丰利机械厂有限公司侵害实用新型专利权案，最高人民法院(2007)民三终字第3号民事判决书(2009年6月11日，郃中林、秦元明、郎贵梅)，江苏省高级人民法院(2005)苏民三初字第0006号民事判决书。

案件来源：最高人民法院知识产权案件年度报告(2009)。

197 对同一侵权产品提起侵害实用新型和外观设计诉讼分别确定赔偿的不属于重复计算

【裁判要旨】

专利权人以实用新型专利和外观设计专利对同一被诉侵权产品提起侵权诉讼，属于两种不同性质的侵权行为，人民法院分别确定损害赔偿数额，并不属于重复计算。

【关键词】

侵害实用新型专利权｜损害赔偿｜重复诉讼｜重复计算赔偿｜同一被诉侵权产品

【基本案情】

原告鼎锋公司系专利号为201520386212.8、名称为"一种自动感应门框架"的实用新型专利权人。被告新福昌公司生产、销售了被诉侵权的"自动门型材"，经对比落入本案专利权利要求1、权利要求2的保护范围。

鼎锋公司提起诉讼，请求判令新福昌公司停止制造、销售被诉侵权产品，销毁制造侵权产品的模具，赔偿损失和合理开支50万元。山东省济南市中级人民法院判决：新福昌公司停止生产、销售被诉侵权产品，赔偿损失和合理开支30万元。新福昌公司不服，提起上诉。山东省高级人民法院判决：驳回上诉，维持原判。新福昌公司仍不服，申请再审。最高人民法院裁定：驳回其再审申请。

另查，鼎锋公司就同一被诉侵权产品曾于2016年8月5日向济南市中级人民法院提起外观设计专利侵权诉讼[案号为(2016)鲁01民初1649号，以下简称1649号案]和实用新型专利侵权诉讼[案号为(2016)鲁01民初1650号，以下简称 1650 号案]。在 1650 号案中,经法庭释明,鼎锋公司明确请求保护范围为涉案专利的权利要求 1、权利要求 2、权利要求 3、权利要求 4,后鼎锋公司撤诉。本案与 1650 号案的区别仅仅是鼎锋公司在本案中将请求保护范围改变为权利要求 1、权利要求 2。在 1649 号案中,新福昌公司已向鼎锋公司赔偿 8 万元。

【裁判理由】

最高人民法院认为:

鼎锋公司曾就本案被诉侵权产品提起过侵害外观设计专利权诉讼(1649 号案)与侵害实用新型专利权诉讼(1650 号案)。由于 1649 号案所依据的专利权是外观设计专利权,与本案所涉专利权基础不同,故不构成重复诉讼;而 1650 号案因鼎锋公司撤诉,故被诉侵权产品是否侵害涉案实用新型专利权并未经过人民法院审理,因此,鼎锋公司提起本案诉讼亦不构成 1650 号案的重复诉讼。

1649 号案与本案虽然涉及相同的被诉侵权产品,但 1649 号案所确定的赔偿数额(8 万元,后在二审诉讼中调解为 65000 元)对应的是新福昌公司因被诉侵权产品所具有的外观而不正当占有鼎锋公司市场份额的非法获利,而本案二审判决确定的赔偿数额对应的是新福昌公司因被诉侵权产品所具有的形状、结构而不正当占有鼎锋公司市场份额的非法获利。新福昌公司存在两种性质不同的侵权行为,该两种行为对于被诉侵权产品最终非法获利具有不同的作用与不同的贡献率。因此,本案原判决根据《专利法》第 65 条第 2 款的规定所确定的赔偿数额与 1649 号案不构成重复计算。

【案件信息】

山东鼎锋门业有限公司诉山东金锣新福昌铝业有限公司侵害实用新型专利权案,最高人民法院(2018)最高法民申 4148 号民事裁定书(2018 年 9 月 21 日,朱理、毛立华、佟姝),山东省高级人民法院(2017)鲁民终 1898 号民事判决书,山东省济南市中级人民法院(2017)鲁 01 民初 751 号民事判决书(2017 年 9 月 12 日,刘军生、李玉、李观光)。

案件来源:最高人民法院知识产权案件年度报告(2018)。

198 如不违反诚信和禁止性规定，侵权人在其他程序提交的侵权销售证据可作为赔偿依据

【裁判要旨】

被诉侵权人虽然在另案中对其提交的关于被诉侵权商品销售量的证据真实性不予认可，但在侵权诉讼中因予以认可，在既无法律禁止性规定，也不违背诉讼诚信原则的前提下，可以作为认定侵权商品销售量的证据使用。

【关键词】

侵害商标权｜损害赔偿｜侵害商品销售量的证据｜诉讼诚信｜法律禁止性规定

【基本案情】

原告老板电器公司系“ROBAM”“老板”系列商标的权利人。2015 年 4 月，商标评审委员会裁定宣告香港老板电器的第 7308844 号“ROBAND”商标无效，北京知识产权法院判决驳回香港老板电器的诉讼请求。

2016 年 4 月，老板电器公司从庄河乐保德销售中心购买了吸油烟机和燃气灶两件被诉侵权产品：其上均有“ROBAND”标识及“老板电器香港国际（中国）股份有限公司（授权）”字样，注明商标持有人香港老板电器，品牌运营商/中国运营商厦门乐保德公司，合作制造商/中国制造商嵊州三都公司/嵊州乐保德公司。

老板电器公司、老板实业公司以商标侵权及不正当竞争为由对香港老板电器、厦门乐保德公司、嵊州乐保德公司、嵊州三都公司、庄河乐保德销售中心提起诉讼，请求判令五被告停止侵害，刊登致歉声明以消除影响，并连带赔偿损失 1000 万元及合理费用 48523 元。

浙江省绍兴市中级人民法院判决：香港老板电器、厦门乐保德公司、嵊州乐保德公司、庄河乐保德销售中心停止侵害、消除影响；香港老板电器、厦门乐保德公司、嵊州乐保德公司共同赔偿老板电器公司损失（含合理开支）100 万元，赔偿老板实业公司损失 50 万元；庄河乐保德销售中心赔偿老板电器公司损失（含合理开支）10 万元，赔偿老板实业公司损失 5 万元。老板电器公司、老板实业公司，香港

老板电器、厦门乐保德公司、嵊州乐保德公司、庄河乐保德销售中心均不服，提起上诉。浙江省高级人民法院判决：变更一审赔偿数额为，香港老板电器、厦门乐保德公司、嵊州乐保德公司共同赔偿老板电器公司、老板实业公司损失985万元、维权合理开支48523元。

【裁判理由】

法院认为：

五被告的行为构成侵权。

对于赔偿数额，一审法院在计算因侵权获利时对权利人提交的ROBAND产品2014年、2015年的销售出库单未予评述和考量，存有不当。前述出库单系香港老板电器在其“ROBAND”商标无效宣告请求行政案件中提交，虽然老板电器公司在行政案件中对出库单的真实性不予认可，但其在不同案件中对出库单的真实性持不同态度，系基于自身诉讼利益的考量，在既无法律禁止性规定，也不违背诉讼诚信原则的前提下，法院对权利人提交的作为本案证据的出库单应当依法予以审查判断。鉴于该份证据系香港老板电器在另案中提交，且被诉侵权人在本案中认可其真实性，故该份证据应当作为认定赔偿数额的事实依据。

经核实可以认定，自2014年7月至2015年12月，ROBAND吸油烟机、燃气灶、热水器等各类侵权产品的出库量共计15110台。

对于侵权产品销售价格、利润率及侵权期间的认定问题。首先，权利人为公证购买两款侵权产品共支付销售款5000元，而该两款产品在侵权网站上的标价分别为4480元和1980元，可见，侵权产品实际售价虽低于网站标价，但相差不大，且商业实践中吸油烟机和燃气灶成套打折出售的情况也较为常见，故侵权网站上的标价可以作为认定销售价格的依据。其次，关于利润率，老板电器公司系上市公司，该公司的主营业务即生产销售“老板”品牌的厨房电器产品，故对其年度报告中披露的利润率的真实性及与本案的关联性均应予认定。香港老板电器、厦门乐保德公司和嵊州乐保德公司作为专门以生产销售ROBAND系列侵权产品为业的企业，其利润率理应高于规范经营的上市公司，故权利人关于按照老板电器公司的营业利润率计算侵权获利的主张应予支持。最后，权利人主张损害赔偿的时间范围是2016年10月27日即起诉日期前推两年加起诉后的6个月，被诉侵权人虽然辩称其早已停止生产销售行为，但并未提供相应证据，故对权利人主张损害赔偿的时间范围予以确认。

根据出库单显示的销售数量、侵权网站上标注的每类产品的平均售价及权利人的营业利润率，计算可得2014年7月至2015年12月的侵权获利在1200万元左右，再结合权利人主张的损害赔偿时间范围，因侵权所获得的利益已经超过权利人上诉主张的赔偿数额985万元，权利人另行主张的维权费用48523元亦在合理范围内，故权利人的上诉请求成立，应予支持。此外，鉴于老板电器公司和老板实业公司在一审庭审中明确表示无须对两者的获赔额进行分割，故二审一并予以裁判。

【案件信息】

杭州老板电器股份有限公司、杭州老板实业集团有限公司诉老板电器香港国际（中国）股份有限公司、厦门市乐保德电器科技有限公司、嵊州市乐保德电器有限公司、庄河市乐保德厨电销售中心（个体工商户，已注销，其经营者为张维勤）、庄河市乐保德厨电销售中心、嵊州市三都电器有限公司侵害商标权及不正当竞争案，浙江省高级人民法院（2018）浙民终20号民事判决书（2018年10月29日，蒋中东、何琼、陈宇），浙江省绍兴市中级人民法院（2016）浙06民初758号民事判决书（2017年11月27日，秦善奎、王红琴、楼松森）。

案件来源：2018年中国法院50件典型知识产权案例。

199 专利权人和侵权人事先关于侵权赔偿的约定可作为确定专利侵权损害赔偿额的依据

【裁判要旨】

权利人、侵权人依法约定专利侵权的赔偿数额或者赔偿计算方法，并在专利侵权诉讼中主张依据该约定确定赔偿数额的，人民法院应予支持。——《侵犯专利权案件解释（二）》第28条

【关键词】

侵害专利权｜损害赔偿｜约定赔偿｜侵权责任与违约责任竞合

【基本案情】

原告隆成公司系名称为“前轮定位装置”的实用新型专利权人。2008年，隆成公司曾以被告童霸公司侵害其专利权为由提起诉讼。湖北省武汉市中级人民法院判决童霸公司停止侵权并赔偿损失。二审期间，经法院主持调解，双方达成调解协议，主要内容是：童霸公司保证不再侵害隆成公司的专利权，如发现一起侵

权行为，自愿赔偿隆成公司100万元。后隆成公司又发现童霸公司仍从事侵害本案专利权的行为，遂再次提起诉讼，请求按约定赔偿100万元。

湖北省武汉市中级人民法院判决：童霸公司赔偿隆成公司14万元。隆成公司不服，提起上诉。湖北省高级人民法院判决：驳回上诉，维持原判。隆成公司仍不服，申请再审。最高人民法院提审后判决：撤销一审、二审判决，童霸公司赔偿隆成公司100万元。

【裁判理由】

最高人民法院认为：

由于调解协议系双方自愿达成，其内容仅涉及私权处分，不涉及社会公共利益、第三人利益，也不存在法律规定的其他无效情形，且湖北省高级人民法院对调解协议进行审查确认后制作了民事调解书，故双方在前案中达成的调解协议合法有效。童霸公司在调解协议签订后实施了许诺销售被诉侵权产品的行为。本案中童霸公司应承担的民事责任，不属于侵权责任与违约责任竞合之情形。就调解协议的内容来看，该协议并非隆成公司与童霸公司之间的基础交易合同，而是对侵权行为发生后如何承担侵权赔偿责任（包括计算方法和数额）的约定，当事人双方将童霸公司将来侵权行为发生后的具体赔偿方法和数额写进调解协议，只是为了便于进一步约定当童霸公司再次侵权时其侵权责任应如何承担。

《侵权责任法》《专利法》等法律，并未禁止被侵权人与侵权人就侵权责任的方式、侵权赔偿数额等预先作出约定；这种约定的法律属性，可认定为双方就未来发生侵权时权利人因被侵权所受到的损失或者侵权人因侵权所获得的利益，预先达成的一种简便的计算和确定方法。基于举证困难、诉讼耗时费力不经济等因素的考虑，双方当事人在私法自治的范畴内完全可以对侵权赔偿数额作出约定，这种约定既包括侵权行为发生后的事后约定，也包括侵权行为发生前的事先约定。因此，本案适用调解协议中双方约定的赔偿数额确定方法，与专利法有关规定并不冲突。值得注意的是，《著作权案件解释》第25条第3款规定，双方当事人基于权利人的实际损失或者侵权人的违法所得，就赔偿数额达成协议的，法院应当准许。该规定即为法院对当事人就本侵权责任赔偿数额作出的“事后约定”的认可。综上，本案可以适用隆成公司与童霸公司在调解协议中约定的赔偿数额确定方法。

本案具体如何适用调解协议中约定的赔偿数额确定方法，取决于对调解协议中“如发现一起侵犯隆成公司实用新型专利权的行为，童霸公司自愿赔偿人民币

100万元”这一约定内容的解释。(2009)鄂民三终字第41号民事调解书与(2009)鄂民三终字第42号民事调解书所涉案件均为侵害实用新型专利权案,但在调解协议中却同时包含童霸公司不得再侵害隆成公司外观设计与实用新型专利权的内容,结合隆成公司与童霸公司之间曾发生多起侵害专利权纠纷案件,以及本院庭审中双方当事人就这一问题发表的意见等相关情况,可以认定调解协议中关于童霸公司不得再实施侵权行为以及相应赔偿数额的约定为一揽子约定,即:第一,上述约定中的“一起侵权行为”,不限于前案中所涉特定型号的侵权婴儿车;第二,上述约定中的“一起侵权行为”,不限于前案中所涉的专利权;第三,上述约定中的“一起侵权行为”,是指侵害隆成公司一项专利权的行为。因此,童霸公司在本案中应当赔偿隆成公司100万元。

【案件信息】

中山市隆成日用制品有限公司诉湖北童霸儿童用品有限公司侵害实用新型专利权案,最高人民法院(2013)民提字第116号民事判决书(2013年12月7日,王闯、朱理、何鹏),湖北省高级人民法院(2012)鄂民三终字第86号民事判决书,湖北省武汉市中级人民法院(2011)武知初字第467号民事判决书。

案件来源:最高人民法院知识产权案件年度报告(2013),《最高人民法院公报》2015年第1期,2013年中国法院十大创新性知识产权案件。

200 侵权行为在一审判决后持续增加的损害赔偿额及相应调查费用支出应另行起诉处理

【裁判要旨】

当事人以侵权行为在原审诉讼期间仍在持续为由提出增加损害赔偿数额,属于对一审诉讼请求的增加,原告可就该行为另行起诉;原告为调查此期间的侵权行为而支出的费用,不在本案处理之列。

【关键词】

诉讼期间持续侵权｜增加损害赔偿请求｜调查费用

【基本案情】

原告徐永伟系专利号为200510023199.0、名称为“太阳能手电筒”的发明专利权人。

被告华拓公司生产、销售了被诉侵权的太阳能手电筒，并在其网站上和产品宣传册中进行许诺销售。徐永伟提起诉讼，请求华拓公司停止生产、销售、许诺销售被诉侵权产品并销毁侵权模具和库存侵权成品和半成品，赔偿损失及合理开支20万元。

浙江省宁波市中级人民法院判决：华拓公司停止侵权、赔偿徐永伟损失及合理开支6万元。徐永伟、华拓公司均不服，分别提起上诉。浙江省高级人民法院判决：撤销一审判决、驳回徐永伟的诉讼请求。徐永伟不服，申请再审。再审过程中，徐永伟以华拓公司的侵权行为仍在继续为由，将其一审诉请的赔偿数额20万元调整为50万元。最高人民法院提审后判决：撤销二审判决，维持一审判决，华拓公司向徐永伟另支付为制止侵权行为的合理开支3万元。

【裁判理由】

最高人民法院认为：

徐永伟在再审中申请调整损失赔偿数额，其主要理由是被诉侵权行为在本案原审诉讼期间仍在继续，故属于对一审诉讼请求的增加。根据《最高人民法院关于适用〈中华人民共和国民事诉讼法〉若干问题的意见》第184条的规定，徐永伟可就原审诉讼期间华拓公司的实施行为另行起诉。徐永伟为调查此期间华拓公司实施行为而支出的公证费，不在本案处理之列。徐永伟为本案的申请再审、再审所支付的差旅、住宿、律师代理等费用并不针对华拓公司在原审诉讼期间的实施行为，属于因制止本案被诉侵权行为所支付的费用，结合具体案情，酌情确定该期间的合理费用为3万元。

【案件信息】

徐永伟诉宁波市华拓太阳能科技有限公司侵害发明专利权案，最高人民法院(2011)民提字第64号民事判决书(2011年5月10日，王永昌、李剑、宋淑华)，浙江省高级人民法院(2010)浙知终字第11号民事判决书(2010年3月1日，王亦非、周卓华、顾宏斐)，浙江省宁波市中级人民法院(2009)浙甬知初字第228号民事判决书。

案件来源：最高人民法院知识产权案件年度报告(2011)。

201 专利权人在其专利权的无效宣告审查程序中主动删除的，权利要求应视为自始不存在

202 权利要求被部分删除但被诉侵权产品仍落入剩余权利要求范围的，侵权赔偿数额不受影响

【裁判要旨】

专利权人在其专利无效宣告审查程序中主动删除的权利要求应视为自始不存在。确定专利侵权赔偿数额不受被侵权的权利要求数量的影响。

【关键词】

侵害实用新型专利权｜无效宣告审查程序｜权利要求的删除｜自始不存在｜侵权赔偿数额｜权利要求的数量

【基本案情】

原告泉株式会社系专利号为200420042456.6、名称为“可搬式屏幕装置”的实用新型专利权人，其专利共有32项权利要求，泉株式会社在一审诉讼中明确其主张的权利要求为权利要求5和权利要求12。

北京市第一中级人民法院认定：被告美视晶莹公司生产、销售，被告仁和世纪公司销售的被诉侵权产品侵犯了涉案专利权利要求5、权利要求12所保护的技术方案，因此判决：美视晶莹公司停止制造、销售侵权产品，仁和世纪公司停止销售侵权产品；美视晶莹公司赔偿泉株式会社损失及合理开支12万元。

美视晶莹公司不服，提起上诉。二审审理过程中，专利复审委员会作出无效宣告请求审查决定书，在泉株式会社提交的删除了原权利要求1～原权利要求6的修改的权利要求书的基础上，维持涉案专利权有效。北京市高级人民法院判决：驳回上诉，维持原判。

【裁判理由】

法院认为:

根据已经生效的无效宣告请求审查决定书,涉案专利在修改后的删除了原权利要求1~原权利要求6的基础上维持有效,故原权利要求1~原权利要求6应视为其自始即不存在。

泉株式会社明确其主张的是原权利要求12,被诉侵权产品的锁定机构包含了涉案专利原权利要求12所限定的锁定机构的所有技术特征,落入涉案专利原权利要求12的技术方案的保护范围。虽然泉株式会社在涉案专利无效宣告审查过程中主动放弃了原权利要求1~原权利要求6,但是被诉侵权产品仍为侵犯了涉案专利权的产品,而侵权赔偿数额并不应因被诉侵权产品所侵犯的专利权利要求的数量不同而有所不同。

【案件信息】

(日本)泉株式会社诉广州美视晶莹银幕有限公司、北京仁和世纪科技有限公司侵害实用新型专利权案,北京市高级人民法院(2008)高民终字第941号民事判决书(2009年3月18日,张雪松、李燕蓉、张冬梅),北京市第一中级人民法院(2006)一中民初字第12795号民事判决书。

案件来源:2009年中国法院50件典型知识产权案例。

203 实施例可以用来解释权利要求,但一般不能用来扩展或者限制权利要求的保护范围

204 计算发明专利临时保护期使用费时无许可使用费可参照的,可按法定侵权赔偿处理

205 上诉人在二审庭审中突然提出新上诉理由及相应证据造成诉讼突袭的,可不予审理

【裁判要旨】

实施例只是权利要求技术方案的一种具体展示,通常来说权利要求

记载的技术方案比实施例展示的技术方案更为抽象，虽然实施例可以用来解释权利要求，但一般不能用实施例来限定权利要求，特别是不能用实施例来扩展或者限制权利要求的保护范围。

在发明申请临时保护期内实施该发明的技术方案虽然不构成侵害专利权的行为，但该发明申请被授权后，专利权人有权主张临时保护期的利益或损失。临时保护期内实施发明所需支付的费用，可以参照有关专利许可使用费合理确定；没有专利许可使用费可以参照的，可以综合考虑专利权的类型、实施发明的行为性质和情节以及查明的事实等，参照《专利法》第65条有关侵权赔偿的规定处理。

上诉人在二审庭审时突然提出新的上诉理由及新的证据材料的做法，不仅对诉讼中的其他方当事人造成了诉讼突袭，同时也有违民事诉讼应当遵循的诚实信用原则。这种不诚信的诉讼行为不应当得到鼓励或纵容，因其未在法定上诉期限内主张且亦无正当理由，不构成二审的审理范围。

【关键词】

实施例｜发明专利临时保护期使用费｜专利许可使用费｜新的上诉理由｜诉讼突袭

【基本案情】

原告LG公司系专利号为200820135640.3号、名称为“主轴电机”的发明专利权人，其优先权日为2010年11月18日，申请日为2011年11月18日，公开日为2012年5月23日，授权公告日为2014年7月2日。

LG公司主张被告日本电产公司未经其许可，制造、销售J130、K160、K070、G210四种型号光驱主轴电机，构成侵权，同时日本电产公司在涉案专利临时保护期内制造、销售J130型号主轴电机的行为属于实施涉案专利的行为，被告中南双绿公司销售带有J130型号主轴电机的DVD刻录机也构成专利侵权。

LG公司请求判令：日本电产公司赔偿其损失1439123元，并支付在涉案专利临时保护期内制造、销售J130型号主轴电机的费用2426834元，共计3865957元，并承担合理开支30万元。

北京知识产权法院判决：日本电产公司停止制造、销售涉案K160、K070、J130和G210型号主轴电机，支付发明专利临时保护期使用费2426834元，赔偿损失1202048元，合理开支207240元；中南双绿公司停止销售含有J130型号主轴电机的产品。日本电产公司不服,提起上诉。北京市高级人民法院判决:驳回上诉,维持原判。

【裁判理由】

法院认为:

实施例只是权利要求技术方案的一种具体展示,通常来说权利要求记载的技术方案比实施例展示的技术方案更为抽象,虽然实施例可以用来解释权利要求,但一般不能用实施例来限定权利要求,特别是不能用实施例来扩展或者限制权利要求的保护范围。本领域技术人员在阅读本专利全部文件可以根据应用环境和实际需要,设定与PCB的露出单元、部分的开口形成对应配合关系的外来物质流入防止护栏的具体形状,以实现所需要的防止外来物质经由露出单元进入的目的。因此,防止护栏的两端无论是否与PCB接触,均属于为涉案专利的保护范围。在此基础上,被诉侵权产品落入涉案专利的保护范围。

日本电产公司在二审庭审时临时提出现有技术抗辩的上诉理由,并提供了新的证据材料。LG公司当庭对此表示强烈质疑,不予质证并不应当被列为其上诉理由,也不应当构成二审的审理范围。对此必须指出,日本电产公司在二审庭审时突然提出新的上诉理由及新的证据材料的做法,不仅对诉讼中的其他方当事人造成了诉讼突袭,同时也有违民事诉讼应当遵循的诚实信用原则。这种不诚信的诉讼行为不应当得到鼓励或纵容。因此认定日本电产公司二审庭审时临时增加有关现有技术抗辩的上诉理由因未在法定上诉期限内主张且亦无正当理由,故不构成本案二审的审理范围,新证据因无正当合理理由未在举证期限内提交,也未依法提交延期举证的申请,故也不予审查。

在发明申请临时保护期内实施该发明的技术方案虽然不构成侵害专利权的行为,但该发明申请被授权后,专利权人有权主张临时保护期的利益或损失。临时保护期内实施发明所需支付的费用,可以参照有关专利许可使用费合理确定;没有专利许可使用费可以参照的,可以综合考虑专利权的类型、实施发明的行为性质和情节以及查明的事实等,参照《专利法》第65条有关侵权赔偿的规定处理。日本电产公司无正当理由未按法院要求提供J130型号主轴电机的制造、销售材料,亦未提交被诉侵权产品的营业利润证据的情况下,法院采纳LG公司根据日立乐金光公司提供的J130型号主轴电机的产量、单价和汇率换算以及日本电产公司所认可的6%利润率作为确定临时保护期使用费依据的主张并无不当。

尽管在原审法院对日本电产公司进行证据保全时,该公司提供了K160、

K070、G210 三种型号主轴电机的生产销售数据资料，但该数据与日本电产公司董事兼总经理在东莞市知识产权局现场勘验谈话时的陈述严重不符，在日本电产公司未作出合理解释，且在原审法院允许其进一步补充提交证据而仍未提交的情况下，原审法院以“东莞市知识产权局对日本电产公司的勘验笔录记载内容”为赔偿数额计算依据并无不当。

【案件信息】

LG伊诺特有限公司诉日本电产（东莞）有限公司、北京中南双绿科技有限公司发明专利临时保护期使用费、侵害发明专利权案，北京市高级人民法院（2017）京民终55号民事判决书（2017年9月7日，刘晓军、樊雪、陈曦），北京知识产权法院（2015）京知民初字第338号民事判决书（2016年9月20日，宋鱼水、陈勇、张晓丽）。

案件来源：2017年中国法院50件典型知识产权案例。

206 合理开支并非必须要有票据逐一证实，法院可考虑确实可能发生的支出因素后在请求额内确定

207 案件受理费分担须考虑原告主张是否成立、赔偿支持比例、其他请求支持程度和过错等因素确定

【裁判要旨】

权利人为调查、制止侵权行为所支付的各种开支，只要是合理的，都可以纳入赔偿范围；这种合理开支并非必须要有票据一一予以证实，人民法院可以根据案件具体情况，在有票据证明的合理开支数额的基础上，考虑其他确实可能发生的支出因素，在权利人主张的合理开支赔偿数额内，综合确定合理开支赔偿额。

在侵权案件中，案件受理费的分担不仅要考虑原告的诉讼请求额得到支持的比例，更要考虑原告主张的侵权行为本身是否成立，同时还可以考虑原告的其他诉讼请求得到支持的程度以及当事人各自行使诉权的具体情况如有无明显过错等因素，不能仅按照原告请求额与判决支持额之间的比例确定。

【关键词】

合理开支｜票据｜案件受理费｜侵权行为成立｜诉讼请求额获得支持的比例

【基本案情】

原告华纪平系专利号为 99205057. X、名称为“哑铃套组手提箱”的实用新型专利权人,安迪华公司为该专利的被许可使用人。

被告斯博汀公司、丰利公司在南通海关出口了由被告被诉侵权的 2160 件哑铃套组手提箱,被华纪平申请扣留,并随后提起侵权诉讼,请求判令三被告停止侵权,赔礼道歉并赔偿损失 200 万元和合理开支 74 万元。江苏省高级人民法院认定侵权成立。

确定两原告在本案中支出的合理差旅费数额与两原告已经实际支出的 800 元公证费相加,两项合计确定为 2 万元。关于律师代理费,本案可以收取的律师代理费最高为 21 万元,考虑到本案中两原告诉讼请求的赔偿额未得到全部支持,依法确定合理律师代理费为 11 万元。

据此江苏省高级人民法院判决:斯博汀公司、丰利公司停止侵权,赔偿损失 682129. 56 元,为制止侵权而支出的公证费、差旅费等合理费用 2 万元、律师代理费 11 万元和扣押哑铃套组手提箱所发生的实际仓储费用。案件受理费 110010 元、其他诉讼费 300 元,诉前停止侵害专利权行为申请费 1000 元,财产保全费 51720 元,共计 163030 元,由华纪平、安迪华公司负担 10000 元,斯博公司和丰利机械厂负担 153030 元。华纪平、安迪华公司和斯博汀公司均不服,分别提起上诉。最高人民法院判决:驳回上诉,维持原判。

【裁判理由】

最高人民法院认为:

权利人为调查、制止侵权行为所支付的各种开支,只要是合理的,都可以纳入赔偿范围。本案虽然原告在起诉时请求被告赔偿原告的前期费用和律师代理费,而且原审法院在判决主文中对此亦作为公证费、差旅费等合理费用、律师代理费和实际仓储费用等四项分别予以确定,但这些费用在本质上均属于因调查、制止侵权所支付的费用。

需要特别说明的是,为制止侵权行为所支付的合理开支并非必须要有票据一一予以证实,人民法院可以根据案件具体情况,在有票据证明的合理开支数额的基础上,考虑其他可能发生的支出因素,在原告主张的合理开支赔偿数额内,综合确定合理开支赔偿额。

就本案而言，对于原告主张的差旅费、公证费等合理开支数额，从其有关赔偿所谓的前期费用34万元的诉讼请求看，扣除担保金部分24万元，也并非仅限于原告有票据支持的20725.08元。因此，原审法院综合考虑各种因素，在律师代理费之外确定2万元的其他合理开支赔偿额，并无明显不妥。原审法院综合考虑安徽省律师服务收费标准和原告请求赔偿额的支持程度，确定11万元的赔偿额，相对比较合理，并非显失公平。

诉讼费用负担的原则是由败诉的当事人负担，部分胜诉、部分败诉的，由人民法院根据案件的具体情况决定当事人各自负担的数额。尤其是在侵权案件中，不仅要考虑原告的诉讼请求额得到支持的比例，更要考虑原告主张的侵权行为本身是否成立，同时还可以考虑原告的其他诉讼请求得到支持的程度以及各自行使诉权的具体情况等因素。本案原告的诉讼请求并未得到全部支持，属于部分胜诉、部分败诉的情形，原审判决确定由斯博汀公司和丰利公司负担主要的诉讼费用，正是对上述因素的综合考虑，实际上也是重点考虑了原告主张的侵权行为成立和被告有明显过错等因素，最终确定的诉讼费用的分担数额并无明显不妥。

【案件信息】

华纪平、合肥安迪华进出口有限公司诉上海斯博汀贸易有限公司、如东县丰利机械厂有限公司侵害实用新型专利权案，最高人民法院(2007)民三终字第3号民事判决书(2009年6月11日，郃中林、秦元明、郎贵梅)，江苏省高级人民法院(2005)苏民三初字第0006号民事判决书。

案件来源：最高人民法院知识产权案件年度报告(2009)。

208　合法来源抗辩受地域性限制，因此对侵害专利权诉讼中被诉侵权产品进口商不适用

【裁判要旨】

合法来源抗辩受知识产权地域性的限制。因为进口侵权产品的行为直接导致该产品在涉案专利受保护的法域内从无到有，所以我国专利法规定在专利侵权诉讼中能够提出合法来源抗辩的仅是不知是侵权产

品而销售或使用的被诉侵权方，不包括侵权产品的进口方。①

【关键词】

合法来源 | 进口 | 地域性

【基本案情】

原告好孩子公司系专利号为97106399.0、名称为“摇马三轮车”的发明专利权人，该专利于1999年12月29日获得授权。2002年3月2日，好孩子集团有限公司以普通实施许可的方式许可小小恐龙公司实施涉案专利，使用费为每年50万元。双方签订的普通实施许可合同于2002年6月18日在国家知识产权局备案，该两年的许可费用100万元已实际支付完毕。好孩子公司在本案中主张以涉案专利权利要求7确定该专利权保护范围。

被告中央商场销售了的“Fisher_Price”费雪牌73528型三合一脚踏车。中央商场销售的涉案产品系逸天公司于2007年向中央商场供货，逸天公司向中央商场提供了被告中威公司的授权证明等产品来源合法等证明材料。

好孩子公司提起诉讼，请求判令中央商场即停止销售被诉侵权产品的行为，上威公司、中威公司停止进口、销售被诉侵权产品并销毁库存侵权产品，共同赔偿损失150万元。

江苏省南京市中级人民法院判决：中央商停止销售被诉侵权产品，上威公司、中威公司停止进口、销售被诉侵权产品，共同赔偿损失150万元。上威公司、中威公司不服，提起上诉。江苏省高级人民法院判决：驳回上诉，维持原判。上威公司、中威公司仍不服，申请再审。最高人民法院裁定：驳回其再审申请。

【裁判理由】

法院认为：

被诉侵权产品落入权利要求7的保护范围。被诉侵权产品的原产地为墨西哥、制造商为美国美泰有限公司（MATTEL，INC），属进口产品。在无证据证明该产品系他人进口并由上威公司、中威公司经销的情况下，应认定被诉侵权产品系上威公司、中威公司所进口。上威公司、中威公司在二审中均提出其仅是被诉侵

---

① 《解释（二）》第25条第1款规定：为生产经营目的使用、许诺销售或者销售不知道是未经专利权人许可而制造并售出的专利侵权产品，且举证证明该产品合法来源的，对于权利人请求停止上述使用、许诺销售、销售行为的主张，人民法院应予支持，但被诉侵权产品的使用者举证证明其已支付该产品的合理对价的除外。

权产品的进口销售商,进而主张合法来源抗辩的事实亦能证明被诉侵权产品的进口商即为上威公司、中威公司。综上,被诉侵权产品系上威公司、中威公司进口、销售。

现有证据表明被诉侵权产品系上威公司、中威公司进口、销售,且被诉侵权产品落入了涉案发明专利权的保护范围。因为进口侵权产品的行为直接导致该产品在涉案专利受保护的法域内从无到有,所以我国专利法规定在专利侵权诉讼中能够提出合法来源抗辩的仅是不知是侵权产品而销售或使用的被诉侵权方,不包括侵权产品的进口方。合法来源抗辩受知识产权地域性的限制。上威公司、中威公司关于其有合法来源的抗辩,不予支持。

根据我国《专利法》的相关规定,专利侵权诉讼中,如权利人因侵权所遭受的损失或侵权人因侵权的获利难以确定的,人民法院可以参照该涉案专利的许可使用费的1~3倍合理确定赔偿数额。一审法院参考涉案发明专利的性质,好孩子公司与小小恐龙公司间专利许可的性质、时间,上威公司、中威公司的经营方式、规模、现状、侵权性质、情节、范围、时间以及涉案产品单价等因素,综合确定本案的赔偿数额为好孩子公司与小小恐龙公司间就涉案发明专利约定的年度许可使用费(50万元)的3倍,即150万元,并无不当。

【案件信息】

好孩子儿童用品有限公司诉广州中威日用品企业有限公司、广州市上威贸易有限公司、南京中央商场股份有限公司侵害发明专利权案,最高人民法院(2010)民申字第978号民事裁定书(2010年12月30日,郃中林、朱理、郎贵梅),江苏省高级人民法院(2010)苏知民终字第0032号民事判决书,江苏省南京市中级人民法院(2008)宁民三初字第241号民事判决书。

案件来源:2010年中国法院知识产权司法保护50件典型案例。

209　专利法不禁止他人在专利临时保护期内的实施行为,故其后续行为也不视为侵权但应付费

【裁判要旨】

在发明专利申请公布后至专利权授予前的临时保护期内制造、销售、进口的被诉专利侵权产品不为专利法禁止的情况下,其后续的使用、许诺销售、销售,即使未经专利权人许可,也不视为侵害专利权,但专利

权人可以依法要求临时保护期内实施其发明的单位或者个人支付适当的费用。

【关键词】

侵害发明专利权｜临时保护期｜后续行为

【基本案情】

原告斯瑞曼公司系2006年1月19日申请、2006年7月19日公开、2009年1月21日授权公告的、名称为"制备高纯度二氧化氯的设备"的专利权人。

2008年10月20日,被告坑梓自来水公司向被告康泰蓝公司买康泰蓝二氧化氯发生器一套,价款26万元,康泰蓝公司提供安装、调试、维修、保养等技术支持及售后服务。

2009年3月16日,斯瑞曼公司提起诉讼称,康泰蓝公司生产、销售和坑梓自来水公司使用的二氧化氯生产设备落入其发明专利保护范围。请求判令二被告停止侵权并赔偿损失30万元及合理开支。斯瑞曼公司没有提出支付发明专利临时保护期使用费的诉讼请求,在一审法院已作释明的情况下,斯瑞曼公司仍坚持原诉讼请求。

广东省深圳市中级人民法院判决:康泰蓝公司停止侵权,并与坑梓自来水公司连带赔偿斯瑞曼公司损失8万元。康泰蓝公司、坑梓自来水公司均不服,提起上诉。广东省高级人民法院判决:驳回上诉,维持原判。坑梓自来水公司不服,申请再审。最高人民法院判决:撤销一审、二审判决,驳回斯瑞曼公司的诉讼请求。

【裁判理由】

最高人民法院认为:

斯瑞曼公司在本案没有提出支付发明专利临时保护期使用费的诉讼请求,因此本案的争议焦点在于:坑梓自来水公司在涉案发明专利授权后使用其在临时保护期内购买的被诉专利侵权产品是否构成侵权,康泰蓝公司在专利授权后为坑梓自来水公司使用被诉专利侵权产品提供售后服务是否构成侵权。

本案应当适用2000年《专利法》。专利法虽然规定了申请人可以要求在专利临时保护期内实施其发明的单位或者个人支付适当的费用,但对于专利临时保护期内实施其发明的行为并不享有请求停止实施的权利。因此,在发明专利临时保护期内实施相关发明的,不属于专利法禁止的行为。在专利临时保护期内制造、销售、进口被诉专利侵权产品不为专利法禁止的情况下，其后续的使用、许诺销售、销售该产品的行为，即使未经专利权人许可，也应当得到允许。也就是说，专利权人无权禁止他人对专利临时保护期内制造、销售、进口的被诉专利侵权产品的后续使用、许诺销售、销售。当然，这并不否定专利权人根据专利法规定行使要求实施其发明者支付适当费用的权利。对于在专利临时保护期内制造、销售、进口的被诉专利侵权产品，在销售者、使用者提供了合法来源的情况下，销售者、使用者不应承担支付适当费用的责任。

在发明专利授权后针对发明专利临时保护期内实施发明得到的产品的后续使用、许诺销售、销售等实施行为不构成侵权，符合专利法的立法宗旨。一方面，专利制度的设计初衷是“以公开换保护”，且是在授权之后才能请求予以保护，在公开日之前实施相关发明，不构成侵权，在公开日后也应当允许此前实施发明得到的产品的后续实施行为；在公开日到授权日之间，为发明专利申请提供的是临时保护，在此期间实施相关发明，不为专利法所禁止，同样也应当允许实施发明得到的产品在此期间之后的后续实施行为，但申请人在获得专利权后有权要求在临时保护期内实施其发明者支付适当费用。由于专利法没有禁止发明专利授权前的实施行为，则专利授权前制造出来的产品的后续实施也不构成侵权。否则就违背了专利法的立法初衷，为尚未公开或者授权的技术方案提供了保护。另一方面，专利法规定了先用权，虽然仅规定了先用权人在原有范围内继续制造相同产品、使用相同方法不视为侵权，没有规定制造的相同产品或者使用相同方法制造的产品的后续实施行为是否构成侵权，但是不能因为专利法没有明确规定就认定上述后续实施行为构成侵权，否则，专利法规定的先用权没有任何意义。

康泰蓝公司销售被诉专利侵权产品是在专利临时保护期内，不为专利法所禁止，后续的坑梓自来水公司使用所购买的被诉专利侵权产品的行为也应当得到允许。因此，坑梓自来水公司后续的使用行为不构成侵权。同理，康泰蓝公司在发明专利授权后为坑梓自来水公司使用被诉专利侵权产品提供售后服务也不构成侵权。

【案件信息】

深圳市斯瑞曼精细化工有限公司诉深圳市坑梓自来水有限公司、深圳市康泰蓝水处理设备有限公司侵害发明专利权纠纷案，最高人民法院（2011）民提字第259号民事判决书（2011年12月20日，金克胜、郎贵梅、杜微科），广东省高级人民法院（2010）粤高法民三终字第444号民事判决书（2010年11月15日，潘奇志、李艳、高静），广东省深圳市中级人民法院(2009)深中法民三初字第94号民事判决书(2010年1月6日)。

案件来源:指导案例20号(最高人民法院审判委员会讨论通过,2013年11月8日发布),最高人民法院知识产权案件年度报告(2011),2011年中国法院知识产权司法保护50件典型案例。

210 知识产权人应赔偿因错误申请海关扣留他人出口货物致他人迟延交货产生的违约金

【裁判要旨】

知识产权权利人错误申请海关扣留他人出口货物,他人实际交货时间因此违反合同约定,他人根据合同应支付的迟延交货违约金属于其损失。

【关键词】

海关扣留 | 迟延交货 | 违约金 | 损失

【基本案情】

原告兆鹰公司系专利号为02226804.9、名称为"一种水烟筒"的实用新型专利权人。被告艾格尔公司生产并准备出口的水烟筒,被兆鹰公司认为落入其专利权保护范围,申请海关扣押,兆鹰公司随后提起侵权诉讼。艾格尔公司以其被诉侵权产品使用的是现有技术,扣押导致其迟延交货的违约损失203178元为由,提起反诉。

湖北省武汉市中级人民法院认为:艾格尔公司的现有技术抗辩成立,兆鹰公司应对艾格尔公司的违约金予以赔偿,故判决:兆鹰公司赔偿艾格尔公司损失203178元,驳回兆鹰公司的诉讼请求。兆鹰公司不服,提起上诉。湖北省高级人民法院判决:驳回上诉,维持原判。兆鹰公司仍不服,申请再审。最高人民法院裁定:驳回其再审申请。

【裁判理由】

最高人民法院认为:

被诉侵权产品使用的技术方案与现有技术公开的技术方案无实质不同,且未落入本专利权的保护范围。

根据《知识产权海关保护条例》第 29 条第 2 款的规定，知识产权权利人请求海关扣留侵权嫌疑货物后，海关不能认定被扣留的侵权嫌疑货物侵犯知识产权权利人的知识产权，或者人民法院判定不侵犯知识产权权利人的知识产权的，知识产权权利人应当依法承担赔偿责任。该赔偿责任应当是因错误扣留而使对方受到的损失。兆鹰公司错误申请海关扣留艾格尔公司的出口货物，导致艾格尔公司实际交货时间违反合同约定。艾格尔公司与案外人的销售合同中已经协议约定了违约金，该迟延交货的损失属于艾格尔公司的损失，应由兆鹰公司赔偿。

【案件信息】

广州市兆鹰五金有限公司诉黄冈艾格尔五金制造有限公司侵害实用新型专利权案，最高人民法院(2010)民申字第 1180 号民事裁定书(2010 年 10 月 29 日，王永昌、李剑、罗霞)，湖北省高级人民法院(2010)鄂民三终字第 15 号民事判决书(2010 年 4 月 21 日，刘建新、徐翠、陈辉)，湖北省武汉市中级人民法院(2009)武知初字第 305 号民事判决书(2009 年 12 月 4 日，孙文清、万晓霞、魏兰)。

案件来源：最高人民法院知识产权案件年度报告(2010)，2010 年中国法院知识产权司法保护 50 件典型案例(二审判决)。

211 标准必要专利市场价值及可比性专利池许可信息许可协议等可作为许可费参考因素

【裁判要旨】

标准必要专利权人与实施者在标准必要专利许可谈判中就许可使用费的确定发生的争议，属于标准必要专利许可使用费纠纷。标准必要专利权人与实施者已经充分协商，但仍无法就许可使用费达成一致的，可以依法提起诉讼。

确定标准必要专利许可使用费可参照以下方法：(1)参照具有可比性的许可协议；(2)分析本标准必要专利的市场价值；(3)参照具有可比性专利池中的许可信息；(4)其他方法。

许可协议是否具有可比性，可综合考虑许可交易的主体、许可标的之间的关联性、许可费包含的交易对象及许可谈判双方真实意思表示等因素。

——广东省高级人民法院 2018 年 4 月 26 日发布《关于审理标准必要专利纠纷案件的工作指引(试行)》第 15 条、第 18 条和第 20 条

【关键词】

标准必要专利 | 许可使用费率 | 公平、合理、无歧视 | 可比性许可协议 | 市场价值

【基本案情】

四被告统称 IDC 公司。IDC 公司在 WCDMA、CDMA2000、TD - SCDMA 标准等中国现行的无线通信技术标准中拥有必要专利。华为公司生产相关通信产品必须符合包括中国联通、中国电信、中国移动分别使用的 WCDMA、CDMA2000、TD - SCDMA 标准在内的无线通信技术标准。

IDC 公司同意按照欧洲电信标准化协会(ETSI)、美国电信工业协会(TIA)的知识产权政策,针对其标准必要专利以无任何不公平歧视的合理条款与条件提供许可。

华为公司与 IDC 公司就标准必要专利许可费或者费率问题进行了多次谈判,谈判期间,IDC 公司向美国法院提起诉讼,同时请求美国国际贸易委员会对华为公司等相关产品启动 337 调查并发布全面禁止进口令、暂停及停止销售令。华为公司遂提起诉讼,请求判令:IDC 公司按照公平、合理、无歧视(FRAND)的原则就其中国标准必要专利许可华为公司的许可费率或费率范围。

广东省深圳市中级人民法院判决:标准必要专利许可使用费率应确定为 0.019%。IDC 公司不服,提起上诉。广东省高级人民法院判决:驳回上诉,维持原判。

【裁判理由】

法院认为:

本案所涉的 FRAND 义务实际上是欧洲电信标准化协会和美国电信工业协会中的知识产权政策和相关承诺。华为公司与 IDC 公司作为会员,应当受到前述协议约束。FRAND 义务的含义在前述协议中是明确的,是公平、合理、无歧视许可义务,对于愿意支付合理使用费的善意的标准使用者,标准必要专利权人不得径直拒绝许可,既要保证专利权人能够从技术创新中获得足够的回报,同时也避免标准必要专利权利人借助标准所形成的强势地位索取高额许可费率或附加不合理条件。FRAND 义务的核心在于合理、无歧视的许可费或者许可费率的确定。

IDC公司负有许可华为公司实施其标准必要专利的义务。关于使用费或者使用费率的问题，双方应当按照公平、合理和无歧视条款，即FRAND条款进行协商，协商不能时，可以请求人民法院裁决。

确定合理的使用费时，至少应考量以下因素：(1)实施该专利或类似专利所获利润，以及该利润在被许可人相关产品销售利润或销售收入中所占比例。(2)专利权人所做出的贡献是其创新的技术，仅能够就其专利权而不能因标准而获得额外利益。(3)专利权人在技术标准中有效专利的多少。(4)专利许可使用费不应超过产品利润一定比例范围，应考虑专利许可使用费在专利权人之间的合理分配。

在交易条件基本相同的情况下，应当收取基本相同的许可费或者采用基本相同的许可使用费率。在判断是否符合无歧视的条件时，往往需要通过比较的方法才能确定。在基本相同的交易条件下，如果标准必要专利权人给予某一被许可人比较低的许可费，而给予另一被许可人较高的许可费，后者有理由认为其受到了歧视待遇。标准必要专利权人就违反了无歧视许可的承诺。

参考IDC公司与苹果公司以及三星公司就通信领域标准必要专利的许可使用费，考虑到本案的实际情况，三星公司与IDC公司的专利许可费率的达成是在诉讼背景下达成的，苹果公司与IDC公司之间的专利许可费率完全系双方平等、自愿、协商达成的，因此，主要参考IDC公司与苹果公司之间的专利许可费率。IDC公司许可给苹果公司的专利许可费率仅为0.0187%左右，许可三星公司的专利许可费率也应当在0.19%左右。考虑到，在IDC公司与苹果公司和三星公司之间的专利许可中，许可使用的专利及其范围是全球范围内，而本案华为公司要求IDC公司许可的专利仅仅是指IDC公司在中国的标准必要专利，综合考虑他们之间专利许可实际情况的差别以及华为公司如果使用IDC公司在中国之外的标准必要专利还要另行支付使用费的情况，避免专利使用费的过高堆积，在IDC公司许可苹果公司的许可费率基础上，将专利许可使用费率确定为0.019%。

【案件信息】

华为技术有限公司诉交互数字通信有限公司、交互数字技术公司、交互数字专利控股公司、IPR许可公司标准必要专利使用费案，广东省高级人民法院(2013)粤高法民三终字第305号民事判决书(2013年10月16日，欧修平、岳利浩、欧丽华)，广东省深圳市中级人民法院(2011)深中法知民初字第857号民事判决书。

案件来源：2013年中国法院知识产权司法保护十大案件。

第八节　其　　他

212 《专利审查指南》列举的初步审查阶段的明显实质性缺陷也适用于实质审查和复审无效阶段

【裁判要旨】

虽然在初步审查、实质审查及复审无效这3个阶段对“明显实质性缺陷”的审查范围不完全一致,但“明显实质性缺陷”的性质应当相同。因此,初步审查阶段的“明显实质性缺陷”,当然也适用于实质审查和复审无效审查阶段。

专利复审委员会依职权审查专利申请的情形包括:足以用在驳回决定作出前已告知过申请人的其他理由及其证据予以驳回的缺陷;驳回决定未指出的明显实质性缺陷或者与驳回决定所指出的缺陷性质相同的缺陷,因此依职权审查的情形属于例外,应当严格依据法律、法规及规章的相关规定进行。

【关键词】

明显实质性缺陷 | 初步审查 | 实质审查 | 复审无效 | 依职权审查

【基本案情】

原告德固赛公司系申请日为2004年5月13日、公开日为2005年4月27日、名称为“表面改性的沉淀二氧化硅”的发明专利申请人。

2009年12月4日,国家知识产权局原审查部门发出驳回决定,驳回了本申请,其理由是:权利要求1~权利要求31不符合2000年《专利法》第33条的规定,超出了原始说明书和权利要求书所记载的范围。德固赛公司不服,申请复审,同时修改了权利要求书,删除了驳回决定所针对的权利要求1~权利要求13,适应性地修改了权利要求14~权利要求31的编号。

专利复审委员会向德固赛公司发出的复审通知书中指出:权利要求1相对于对比文件1不具备创造性,权利要求2~权利要求13亦不具备创造性。德固赛公司于2011年1月6日提交了意见陈述书,未修改申请文件。2011年3月15日,专利复审委员会决定认为:在对比文件1的基础上结合本领域公知常识得到权利要求1所要求保护的技术方案,对所属领域的技术人员来说是显而易见的,权利要求1所要求保护的技术方案不具备突出的实质性特点,不具备《专利法》第22条第3款规定的创造性。因此决定:维持国家知识产权局于2009年12月4日针对本申请作出的驳回决定。

德固赛公司不服,提起诉讼。北京市第一中级人民法院判决:撤销专利复审委员会决定,并判令其重新作出决定。专利复审委员会不服,提起上诉。北京市高级人民法院判决:驳回上诉,维持原判。专利复审委员会仍不服,申请再审。最高人民法院裁定:驳回其再审申请。

【裁判理由】

最高人民法院认为:

《专利审查指南》在“发明专利申请的初步审查”部分列举了属于“明显实质性缺陷”的各种情形,包括是否属于完整的技术方案、是否违反法律或社会公德等情形,都属于本领域技术人员无须深入调查证实或无须技术比对即可判定的情形,但是发明创造的创造性评价并不包括其中。《专利审查指南》在“实质审查”以及“复审与无效请求的审查”部分并未对“明显实质性缺陷”的情形作出具体规定。虽然初步审查与实质审查、复审无效审查阶段的“明显实质性缺陷”的审查范围不应当完全一致,但在上述三个阶段中的“明显实质性缺陷”情形的性质应当相同。因此,在“实质审查”以及“复审与无效请求的审查”阶段对“明显实质性缺陷”的审查,应当依照《专利审查指南》在初步审查部分列举情形的性质,根据个案的具体情形判断。《专利审查指南》所列举的初审阶段“明显实质性缺陷”在“实质审查”以及“复审与无效请求的审查”阶段当然也属于“明显实质性缺陷”。

对本技术领域的技术人员来说,发明创造的创造性是指其相对于现有技术是非显而易见的,是否具备创造性是授予发明创造专利权的必要条件。评价创造性时,不仅要考虑发明创造的技术方案本身,而且还要考虑发明创造所属的技术领域以及所解决的技术问题和所产生的技术效果,因此,不宜将《专利审查指南》列明的“明显实质性缺陷”扩大解释到创造性。

依据《专利审查指南》,专利复审委员会一般仅针对驳回决定所依据的理由和证据进行审查,也可以不受当事人请求的范围和提出的理由、证据的限制而依职权审查。《专利审查指南》同时明确规定了可以依职权审查的情形,即足以用在驳回决定作出前已告知过申请人的其他理由及其证据予以驳回的缺陷；驳回决定未指出的明显实质性缺陷或者与驳回决定所指出的缺陷性质相同的缺陷。可见，专利复审委员会依职权审查专利申请属于例外，应当严格依据法律、法规及规章的相关规定进行。本申请的创造性评价在此前的驳回决定中并未涉及，同时也不属于“明显实质性缺陷”，因此本案显然不属于专利复审委员会可以依职权审查的情形。

【案件信息】

嬴创德固赛有限责任公司诉专利复审委员会发明专利申请驳回复审案，最高人民法院(2014)知行字第2号行政裁定书(2014年9月17日，李剑、秦元明、吴蓉)，北京市高级人民法院(2012)高行终字第1486号行政判决书(2012年12月20日，刘辉、陶钧、石必胜)，北京市第一中级人民法院(2011)一中知行初字第2876号行政判决书(2011年12月19日，邢军、张晰昕)。

案件来源：最高人民法院知识产权案件年度报告(2014)，2012年中国法院知识产权司法保护50件典型案例，北京法院参阅案例第15号[2014年5月26日北京市高级人民法院审判委员会2014年第9次(总第354次)会议通过]。

213 专利权已被生效判决认定应当无效，侵权案件审理法院即可直接作出是否侵权认定

【裁判要旨】

涉案专利已被生效行政判决认定应当被宣告无效，人民法院可以据此在民事诉讼中对是否构成专利侵权作出认定，而无须等待专利复审委员会作出新的决定。

【关键词】

侵害实用新型专利权｜宣告无效｜生效行政判决｜侵权认定｜新的事实

【基本案情】

原告博众公司系专利号为201220064029.2号、名称为“一种火力发电厂凝汽器真空维持系统”的实用新型专利权人。其在本案中以涉案专利权利要求1-3作为其专利权保护范围主张被告莱电公司、被告众合公司存在侵害其专利权的行为。

山东省济南市中级人民法院判决：驳回博众公司的诉讼请求。博众公司不服，提起上诉。山东省高级人民法院判决：撤销一审判决，莱电公司、众合公司停止制造侵权产品，莱电公司赔偿损失及合理开支60万元，众合公司在30万元范围内承担连带责任。博众公司涉案专利权利要求1被北京知识产权法院判决认定不具有创造性，权利要求2～权利要求3是否具有创造性的问题，应由专利复审委员会在重新作出无效宣告请求审查决定时一并审理。北京市高级人民法院判决维持了北京知识产权法院的前述判决。莱电公司、众合公司不服二审民事侵权判决，申请再审。最高人民法院裁定：指令山东省高级人民法院对本案进行再审。

【裁判理由】

最高人民法院认为：

山东省济南市中级人民法院的一审判决认定，被诉侵权产品没有落入涉案专利权利要求1～权利要求3的保护范围。而山东省高级人民法院将被诉侵权产品与涉案专利的权利要求1进行对比后，认定构成等同侵权，并判决莱电公司、众合公司承担侵权责任。但是，在其判决之后，北京市高级人民法院做出生效行政判决，认定涉案专利权利要求1不具有创造性。虽然专利复审委员会尚未依据北京市高级人民法院的生效行政判决重新作出新的无效决定，且在重新作出无效审查决定过程中，博众公司还有可能对权利要求作出修改，但跟北京市高级人民法院生效行政判决中的有关认定，已经足以认定涉案专利权利要求1应当被宣告无效，并可以据此在本案民事诉讼中对是否构成侵权作出认定，而无须等待专利复审委员会作出新的决定。

由此，能够避免在专利复审委员会根据北京市高级人民法院生效行政判决重新作出无效决定前，专利权人即申请执行山东省高级人民法院的二审生效判决，出现《专利法》第47条第2款规定的“已经履行或者强制执行的专利侵权纠纷处理决定，以及已经履行的专利实施许可合同和专利权转让合同，不具有追溯力”的情形。因此，本案已有新的证据，足以证明山东省高级人民法院的二审判决认定侵权的基本事实发生了实质性变化。关于被诉侵权产品是否落入涉案专利授权公告的权利要求2、权利要求3的保护范围，请山东省高级人民法院再审时一并作出认定。

【案件信息】

深圳市博众节能工程技术有限公司诉华电莱州发电有限公司、山东众合成源电力设备有限公司侵害实用新型专利权案，最高人民法院(2018)最高法民申4543号民事裁定书

(2018 年 12 月 31 日,王艳芳、杜微科、毛立华),山东省高级人民法院(2017)鲁民终 1290 号民事判决书(2018 年 3 月 7 日,于军波、柳维敏、于志涛),山东省济南市中级人民法院(2017)鲁 01 民初 148 号民事判决书(2017 年 6 月 9 日,李宏军、庄辛晓、李光乾)。

案件来源:最高人民法院知识产权案件年度报告(2018)。

214 专利侵权行政处理决定作出时专利有效但诉讼后处于不稳定状态的,可撤销该决定

【裁判要旨】

行政机关作出专利侵权行政处理决定时主张保护的专利权处于有效状态,行政处理决定并无不当,但是相对人对行政处理决定提起诉讼后,专利权被宣告无效、处于不稳定的状态时,综合考虑专利权人及行政相对人的利益平衡,为避免行政诉讼的过分拖延,应参照民事诉讼中"先行裁驳、另行起诉"的精神,撤销被诉行政处理决定。如果经过司法审查程序专利权最终被确认有效,专利权人仍可以依法主张权利,寻求相应的救济包括行政救济、司法救济,或与被诉侵权人协商解决争议。

【关键词】

专利侵权行政处理决定|专利权处于不稳定状态|利益平衡|先行裁驳、另行起诉|诉讼拖延

【基本案情】

第三人红光公司系专利号为 201420510142.8、名称为"滚筒洗衣机平衡块模具"的实用新型专利权人,该专利于 2014 年 9 月 4 日,并于 2015 年 1 月 7 日获得授权。

2016 年 4 月,红光公司向被告无锡市知识产权局提交专利侵权纠纷处理请求,认为原告澄华公司未经同意,擅自制造侵犯涉案专利的模具用于制造产品,并进行规模生产,生产了大量平衡块产品,给其造成损失 500 万元,请求责令澄华公司即停止侵权行为。

无锡市知识产权局受理后,于 2016 年 6 月 16 日进行口头审查,红光公司主张以涉案专利权利要求 1 作为其保护范围,被诉侵权模具与权利要求 1 的全部技术

特征相同，澄华公司同意红光公司的比对意见，但认为其在涉案专利申请日前已经使用被诉侵权模具用于生产平衡块，据此提出先用权抗辩。2016 年 7 月 29 日，无锡市知识产权局作出锡知（2016）纠字 12 号专利侵权纠纷处理决定，责令澄华公司停止侵权行为，停止使用侵权产品。澄华公司不服，提起诉讼，认为其生产的被诉侵权模具技术属于现有技术，并不侵犯涉案专利权，请求撤销无锡市知识产权局锡知（2016）纠字 12 号专利侵权纠纷处理决定。

一审诉讼中，澄华公司针对涉案专利提出无效宣告请求。2016 年 12 月 27 日，专利复审委员会做出决定：宣告涉案专利全部无效。

江苏省无锡市中级人民法院判决：撤销无锡市知识产权局作出的锡知（2016）纠字 12 号专利侵权纠纷处理决定。无锡市知识产权局不服，提起上诉。江苏省高级人民法院判决：驳回上诉，维持原判。

【裁判理由】

法院认为：

本案中，无锡市知识产权局进行行政处理的过程中，涉案专利权处于有效状态。无锡市知识产权局基于当时合法有效的涉案专利权作出的涉案行政处理决定，事实清楚，适用法律正确，程序合法，并无不当。

但本案的特殊性在于，在一审诉讼过程中，专利复审委员会宣告涉案专利全部无效。虽然红光公司对于该无效宣告决定已经提起行政诉讼，行政诉讼的结果有可能维持该无效宣告决定，当然也可能撤销该无效宣告决定，责令专利复审委员会重新作出，但涉案专利目前处于不稳定状态是客观事实。因此，在涉案专利处于不稳定的状态下，如果维持涉案行政处理决定有效，即责令澄华公司停止侵权行为等，对行政相对人澄华公司的利益影响重大，一旦涉案专利最终被确认无效，可能造成难以弥补的损失。如果选择中止诉讼，鉴于专利确权程序行政诉讼周期漫长，随之带来较长的等待时间仍有可能不当加重涉案行政处理决定对澄华公司的影响。

本案中，涉案专利权已处于不稳定的状态，综合考虑专利权人及行政相对人的利益平衡，在此情形下为避免行政诉讼的过分拖延和平衡各方当事人的利益，应参照民事诉讼中“先行裁驳、另行起诉”的精神，撤销涉案行政处理决定。如果经过司法审查程序涉案专利权最终被确认有效，红光公司仍可以依法主张权利，寻求相应的救济包括行政救济、司法救济，或与澄华公司协商解决争议。

行政机关在进行行政处理或行政处罚的过程中，应当保持行政执法的谦抑与平衡，遵循过罚相当原则，避免不当损害行政相对人的合法权益。本案在涉案行政处理决定作出之后，涉案专利被专利复审委员会宣告无效，该无效宣告决定目前尚处于行政诉讼阶段，如何解决该无效宣告决定对涉案行政处理决定的影响，即本案究竟是选择维持还是撤销涉案行政处理决定，抑或中止诉讼，应当考虑行政执法和行政诉讼的基本原则和基本价值取向。同时需要指出的是，一审判决撤销涉案行政处理决定，体现了兼顾专利权人与行政相对人利益平衡的考量，但鉴于专利复审委员会的无效宣告决定正处于司法审查之中，尚未最终发生法律效力，而《专利法》第 47 条适用于已经生效的无效宣告决定，故一审判决适用该条文，属于适用法律错误，对此予以纠正。

【案件信息】

江阴澄华投资发展有限公司诉无锡市知识产权局、无锡市红光标牌有限公司专利侵权行政处理决定案，江苏省高级人民法院(2017)苏行终 610 号行政判决书(2017 年 6 月 27 日，魏明、史乃兴、鲍颖焱)，江苏省无锡市中级人民法院(2016)苏 02 行初 113 号行政判决书。

案件来源:2017 年中国法院 50 件典型知识产权案例。

215 地方性法规与部门规章就专利侵权行政处理期限规定不一致的，适用部门规章规定

【裁判要旨】

关于专利侵权行政处理期限的地方性法规与部门规章之间的规定不一致，由于关系到行政行为的快速、高效处理和对权利人的及时、有效救济的问题，应当适用行政处理时有效的部门规章的规定。

【关键词】

专利侵权行政处理 | 处理期限 | 地方性法规 | 部门规章 | 优先适用

【基本案情】

第三人林明海系专利号为 201130133096.6、名称为“台灯(819 手表夹子)”的外观设计专利权人，该专利于 2011 年 5 月 14 日，同年 9 月 7 日获得授权。

林明海发现汕头市德杰电子实业有限公司及网站的部分内容侵犯其权益，于 2011 年 11 月 30 日以申请人吕汉杰侵犯其专利权为由请求汕头市知识产权局处理。

2011 年 12 月 2 日，汕头市知识产权局向吕汉杰发出《专利执法勘验检查通知书》，称派出工作人员到吕汉杰处进行现场勘验、检查，发现有台灯图册，图册中标明企业名称为“汕头市德杰电子实业有限公司”及“科洋”商标。汕头市潮南区两英德杰高频工艺包装制品厂为个体经营，经营者为吕汉杰，吕汉杰自称其正在将“汕头市潮南区两英德杰高频工艺包装制品厂”变更为“汕头市德杰电子实业有限公司”。

2012 年 3 月 26 日，汕头市知识产权局以本案专利处于无效审查阶段为由中止案件审理，并于 2012 年 11 月 16 日恢复审理，又于 2012 年 12 月 27 日，吕汉杰针对无效决定提起诉讼为由再次中止审理，2015 年 3 月 31 日恢复审理，同时由于案情复杂，决定分别延长结案时间一个月及半个月，分别通知了吕汉杰和林明海。

2015 年 5 月 28 日，汕头市知识产权局作出汕知纠（2011）21 号《汕头市知识产权局专利纠纷案件处理决定书》认定，吕汉杰制造的产品侵害了林明海本案外观设计专利权，责令被请求人吕汉杰立即停止侵权行为。

吕汉杰以汕头市知识产权局程序违法为由提起诉讼，请求撤销前述处罚决定书。

广州知识产权法院判决：维持汕头市知识产权局的 21 号决定。吕汉杰不服，提起上诉。广东省高级人民法院判决：撤销一审判决，确认汕头市知识产权局作出的 21 号决定程序违法，驳回吕汉杰关于撤销汕头市知识产权局 21 号决定的诉讼请求。

【裁判理由】

法院认为：

《广东省专利条例》第 36 条与国家知识产权局公布的《专利行政执法办法》第 19 条对专利行政部门处理专利侵权纠纷案件的期限规定并不一致。

专利行政执法具有程序简单、处理快捷的特点。专利行政部门处理专利侵权纠纷案件的期限的规定，关系到行政行为的快速、高效处理和对权利人的及时、有效救济的问题，应当由国家知识产权主管部门作出全国性的统一规定较为适宜。《广东省专利条例》系 2010 年 12 月 1 日施行，当时，国家知识产权局并未对专利侵权纠纷的行政处理期限作出统一规定，《广东省专利条例》作为地方性法规作出规定并无不妥，应予适用。但是，《广东省专利条例》施行后，国家知识产权局修订的《专利行政执法办法》在 2011 年 2 月 1 日施行。在专利侵权纠纷的行政处理期限已经有了统一的明确规定之后，应当适用《专利行政执法办法》的规定。而且，2015 年 5 月 29 日再次修订的《专利行政执法办法》，为了加强专利权的保护，进一步缩短了处理专利侵权纠纷的办案期限，较之前的《专利行政执法办法》又作出了缩短一个月的规定，足可见国家知识产权局对于专利侵权纠纷的处理期限的要求是明确的、一贯的。基于上述理由，吕汉杰上诉提出一审未依据《专利行政执法办法》认定本案行政处理期限错误的理由成立，应予支持。由于本案汕头市知识产权局受理林明海与吕汉杰的专利侵权纠纷及作出处理决定的期间，是2011年《专利行政执法办法》施行期间，关于处理期限的规定，应当适用行政行为时的规定即适用该办法，而非2015年《专利行政执法办法》。

汕头市知识产权局处理涉案专利侵权纠纷应当适用2011年《专利行政执法办法》。根据该办法规定，汕头市知识产权局审理案件的期限最长为5个月。汕头市知识产权局在受理林明海提起的本案专利侵权查处的过程中，由于专利被提起无效而出现中止事由，需要中止审理和恢复审理，以及案件需要延长结案时间，汕头市知识产权局虽相应通知了林明海和吕汉杰，但汕头市知识产权局处理林明海与吕汉杰的专利侵权纠纷期间，扣除中止期间后，达到7个月零4天，超过了5个月的最长处理期限，应当认定为程序违法。

需要指出的是，本案汕头市知识产权局处理林明海与吕汉杰专利侵权纠纷程序完整，并无剥夺、限制吕汉杰权利的情形，虽然处理期限超出了2011年《专利行政执法办法》的规定，但该违法情节轻微，并未影响专利处理决定实体的公正性。因此，对吕汉杰提出撤销专利处理决定的诉讼请求，本院不予支持。

【案件信息】

吕汉杰诉汕头市知识产权局、林明海专利侵权行政处理决定案，广东省高级人民法院(2016)粤行终1134号行政判决书(2016年11月7日，王晓明、刘德敏、欧丽华)，广州知识产权法院(2015)粤知法专行初字第6号行政判决书。

案件来源:2016年中国法院50件知识产权典型案例。

216 实用新型专利权人提起侵权诉讼未提交专利权评价报告的，应不予受理或驳回起诉

【裁判要旨】

实用新型专利权人未能提交其主张保护的实用新型专利权的评价报告的，其依据该实用新型专利权提起的侵权诉讼不具备起诉的实质要件，应裁定不予受理，已经受理的应裁定驳回起诉。

【关键词】

实用新型专利权｜侵权诉讼｜专利权评价报告｜不予受理｜驳回起诉

【基本案情】

原告李占全系专利号为201220033499.2、名称为“拖拉机用油箱”的实用新型专利权人,该专利于2012年10月24日获得授权。

李占全提起本案诉讼,请求判令被告赵金山停止生产、销售侵犯李占全专利权的产品并赔偿损失20万元及合理开支1万元。

2015年7月,根据李占全的申请,山东省潍坊市中级人民法院查封扣押了在潍坊昊田农业装备有限公司的被诉侵权产品两个和在赵金山生产场所的被诉侵权产品1个。

山东省潍坊市中级人民法院认为,被诉侵权产品未落入李占全专利权的保护范围,故判决:驳回李占全的诉讼请求。李占全不服,提起上诉。

二审诉讼中,山东省高级人民法院电话告知李占全,为审查涉案专利权的效力稳定性,要求其提交其专利权的评价报告供法院参考。其后,多次询问李占全关于其专利权评价报告的相关情况,得到的答复是:李占全于2016年10月初委托专利代理机构向国家知识产权局提出申请;2016年11月底国家知识产权局将专利权评价报告寄出;2016年12月12日李占全称尚未收到国家知识产权局寄出的专利权评价报告,法院要求其到网站查询报告结果并及时告知法院;2016年12月13日,李占全称其提交申请时将专利号提报错误,导致专利权评价报告未能出具。

山东省高级人民法院裁定:撤销一审判决,驳回李占全的起诉。

【裁判理由】

法院认为:

在我国现行的专利审查制度中,实用新型专利在授权时并不经过实质审查,其效力的稳定性较弱。为此,《专利案件适用法律规定》第8条第1款规定,对申请日在2009年10月1日以后的实用新型专利提起侵害专利权诉讼,原告可以出具由国务院专利行政部门作出的专利权评价报告。根据案件审理需要,人民法院可以要求原告提交专利权评价报告。原告无正当理由不提交的,人民法院可以裁定中止诉讼或者判令原告承担可能的不利后果。

本案中,李占全主张保护的是“拖拉机用油箱”实用新型专利权,为确认该实用新型专利权的效力稳定性,在限制专利权滥诉的同时更加有效地保护专利权,依照上述规定要求李占全提交专利权评价报告。李占全自称其于 2016 年 10 月初即通过专利代理机构向国家知识产权局提出了申请,但至今未收到专利权评价报告。对此,即使李占全已确如其所述于 2016 年 10 月初即委托专利代理机构向国家知识产权局提出了申请,至本裁定作出时已近 3 个月的时间,李占全仍未能提交涉案专利评价报告,这既与《专利法实施细则》第 57 条规定的国务院专利行政部门应当自收到专利权评价报告请求书后 2 个月内作出专利权评价报告不符,李占全也未能对此说明正当理由,其前后矛盾的陈述难以令本院信服。故涉案专利权缺乏效力稳定性的证据,导致李占全提起本案诉讼所依据的事实具有不确定性,其起诉不符合《民事诉讼法》第 119 条规定的要件,依据《民事诉讼法解释》第 330 条规定,应当驳回李占全的起诉。待李占全取得能够证明其专利权具备较强稳定性的证据后,其可以重新向人民法院提起诉讼,本案的处理并不会对李占全的诉权及实体权利产生影响。

【案件信息】

李占全诉赵金山侵害实用新型专利权案,山东省高级人民法院(2016)鲁民终 1684 号民事裁定书(2016 年 12 月 23 日,张亮、柳维敏、赵有芹),山东省潍坊市中级人民法院(2015)潍知民初字第 129 号民事判决书。

案件来源:2016 年中国法院 50 件典型知识产权案例。

217 《专利法》第 47 条中宣告无效的专利权,是指效力最终确定的宣告无效的审查决定

218 《专利法》第 47 条规定的"宣告专利权无效前",指宣告专利权无效的审查决定的决定日前

219 已执行的专利侵权的判决、裁定,指裁判确定的法律责任均履行完毕、赔偿金实际收到

【裁判要旨】

2001 年《专利法》第 47 条第 1 款中的"宣告无效的专利权",是指专

利复审委员会作出的效力最终确定的无效宣告请求审查决定所宣告无效的专利权。其中,效力最终确定,是指未起诉在起诉期届满时最终确定,提起诉讼的在被生效裁判维持时确定。第2款中的"宣告专利权无效前"应指宣告专利权无效的无效宣告请求审查决定明确载明的决定日前,不包括该决定日;"已执行的专利侵权的判决、裁定",是指专利侵权判决、裁定确定的被诉侵权人应承担的全部给付法律责任均履行完毕,即全部的专利侵权赔偿金均已经由申请执行人实际收到。

【关键词】

侵害实用新型专利权 | 《专利法》第47条 | 追溯力 | 决定日 | 执行

【基本案情】

原告蔡少兴系专利号为200520110353.3、名称为"简易切丝器"的实用新型专利权人。

被告刘建金系中国小商品城国际商贸城C3-7527号商位的经营者。浙江省金华市中级人民法院依申请于2008年7月2日到刘建金所在商位,提取了被诉侵权产品1件。该被诉侵权产品与涉案专利的必要技术特征一致。

蔡少兴提起诉讼,请求判令刘建金停止制造、销售、许诺销售被诉侵权产品并销毁侵权产品、半成品及专用模具,赔偿损失15万元。

2008年10月14日,浙江省金华市中级人民法院判决:刘建金停止侵权并赔偿损失5万元。刘建金不服,提起上诉。2009年1月22日,浙江省高级人民法院判决:驳回上诉,维持原判。

此后,专利复审委员会作出第13436号无效宣告请求审查决定,宣告涉案专利权全部无效,该决定的决定日为2009年5月25日,发文日为2009年6月5日,蔡少兴未针对该决定提起诉讼。

在本案二审判决的执行中,浙江省金华市中级人民法院通知刘建金履行义务时,刘建金表示可以先将执行款交给法院,但请求在专利复审委员会作出无效宣告决定后再决定是否支付给蔡少兴。浙江省金华市中级人民法院从社会效果考虑,为防止执行回转不便,对蔡少兴作了说服工作。在此情况下,刘建金于2009年6月5日将本案二审判决执行款54283元(含执行费)汇至浙江省金华市中级人民法院指定账户;蔡少兴于2009年6月16日提交一份《执行案件情况说明》,表示愿意将上述款项存放在法院账户,待涉案专利权效力确认有效时再予以领取。本案二审判决认定的5万元赔偿金至今尚未交付给蔡少兴。

刘建金于2010年1月25日申请再审。最高人民法院裁定:本案指令浙江省高级人民法院再审,再审期间中止原判决的执行。

【裁判理由】

最高人民法院认为:

如果允许宣告专利权无效的决定对已执行的专利侵权判决、裁定、处理决定以及已经履行的专利实施许可合同、专利权转让合同都具有追溯力,不仅增加了双方当事人和执法机关的诉累,而且使已经形成很长时间的相对稳定的社会经济关系翻转过来,不利于交易关系和经济秩序的稳定。但如果原专利侵权纠纷的被告或者被请求人、原专利被许可人、受让人对并不存在的专利权承担了专利侵权赔偿责任或者给付了专利使用费、专利权转让费又实质上对其不公平。因此,应当将2001年《专利法》第47条限制在维护既定经济秩序稳定的必要范围内,同时兼顾被诉侵权人、被许可人、受让人的正当合法权益。

该条第1款中的"宣告无效的专利权",是指专利复审委员会作出的效力最终确定的无效宣告请求审查决定所宣告无效的专利权。其中,效力最终确定,是指如果当事人期满未向人民法院起诉的,该决定的效力即在起诉期届满时最终确定;如果当事人提起了行政诉讼,该决定只有被生效的行政裁判维持时其效力才最终确定。

从无效宣告请求审查决定的公开性考虑,加之决定日在发文日之前,为更公平地保护当事人的利益,该条第2款中的"宣告专利权无效前"应指宣告专利权无效的无效宣告请求审查决定明确载明的决定日前,不包括该决定日。在此之前,认定构成专利侵权的判决、裁定尚未开始执行或者尚未全部执行完毕的,此后效力最终确定的宣告专利权无效的决定就对该判决、裁定具有追溯力。

该条第2款中的"已执行的专利侵权的判决、裁定",是指专利侵权判决、裁定确定的被诉侵权人应承担的全部给付法律责任均履行完毕,即全部的专利侵权赔偿金均已经由申请执行人实际收到。

本案二审判决不属于在宣告涉案专利权无效前已执行的专利侵权判决,因此第13436号无效宣告请求审查决定对本案二审判决具有追溯力。

法院根据被执行人的请求,在征得申请执行人同意后,将执行款暂存在法院账户,以等待涉案专利权效力确定情况并据以决定是否将执行款交付给申请执行人的做法,充分考虑了侵害专利权纠纷案件的特点,兼顾了公平与效率,值得提倡。同时,本院也提倡侵害专利权纠纷案件当事人在专利侵权判决、裁定的执行程序中达成类似的附条件执行协议,以尽可能兼顾双方当事人的利益与平衡。

【案件信息】

蔡少兴诉刘建金侵害实用新型专利权案,最高人民法院(2010)民申字第184号民事裁定书(2010年11月11日,郃中林、郎贵梅、秦元明),浙江省高级人民法院(2009)浙知终字第4号民事判决书(2009年1月21日,周平、周卓华、王亦非),浙江省金华市中级人民法院(2008)金中民三初字第123号民事判决书。

案件来源:2010年中国法院50件典型知识产权案例。

220 《专利法》第47条第2款规定的"不具有追溯力的裁定"不包括裁判认定不构成侵权所涉裁定

【裁判要旨】

《专利法》第47条第2款所称的"裁定",是指涉及专利侵权的裁定,即人民法院经过审理作出认定专利侵权成立的生效裁判的,就该案作出并已执行的裁定,不包括裁判认定不构成专利侵权所涉及的有关裁定。

【关键词】

追溯力｜作出并已执行的判决、裁定｜宣告专利权无效｜认定侵权成立

【基本案情】

被告许赞有系名称为"地毯(竹)"外观设计专利权人。杭州海关、上海海关根据许赞有的申请,以涉嫌侵害其专利权为由扣留了原告雪强公司的出口产品集装箱。

许赞有随后在浙江省杭州市中级人民法院提起侵权诉讼,要求法院查封扣留上述货物,同时要求雪强公司在上海、广州等地商品交易会期间将有关涉嫌侵权产品撤柜。之后,雪强公司申请宣告本专利无效。专利复审委员会决定:宣告本专利权全部无效。于是,雪强公司提起本案诉讼,主张许赞有申请保全措施错误,造成其重大损失,请求判令许赞有赔偿损失、消除影响等。

浙江省杭州市中级人民法院判决:驳回雪强公司的诉讼请求。雪强公司不

服，提起上诉。浙江省高级人民法院认为：雪强公司不能证明许赞有申请海关扣留、法院查封会产品撤柜有恶意，且上述行为在本专利被宣告无效时已完成，依据《专利法》第47条第2款的规定，宣告专利权无效的决定对上述行为没有追溯力，故判决：驳回上诉，维持原判。雪强公司仍不服，申请再审。最高人民法院裁定：指令浙江省高级人民法院再审本案。

【裁判理由】

最高人民法院认为：

2000年《专利法》第47条第2款规定："宣告专利权无效的决定，对在宣告专利权无效前人民法院做出并已执行的专利侵权的判决、裁定……不具有追溯力。"显然，本款所说的"裁定"是指涉及专利侵权的裁定，即人民法院对于相关的专利侵权案件经过审理后作出认定侵权成立的生效裁判的，就该案作出并已执行的裁定，不包括裁判认定不构成专利侵权所涉及的有关裁定。

本案中，由于本专利已经被专利复审委员会宣告无效，一审法院据此作出雪强公司不构成侵害专利权的判决，因此，一审法院在此前专利侵权案件中所作出的有关财产保全的裁定，不属于《专利法》第47条第2款规定的"裁定"，根据《专利法》第47条第1款规定，专利复审委员会宣告有关专利权无效的决定对其具有溯及力。同理，不仅专利复审委员会宣告本专利权无效决定对于财产保全裁定具有溯及力，而且对于许赞有此前申请海关扣留措施以及要求撤展的行为均具有溯及力。

专利权人依据国家专利行政部门授予的专利权依法行使诉权以及申请采取相关措施，是法律赋予的权利，但是，专利权人在行使自己的权利时不得损害他人的合法权益。由于专利权的稳定性是相对的，任何人都可以通过宣告专利权无效程序对已授予的专利提出宣告无效的请求，专利权人应当知道自己的专利存在被宣告无效的可能性，因此，专利权人在行使有关权利时，特别是申请财产保全、停止有关行为等有可能给被申请人直接造成损害的措施时，要谨慎注意，充分估计其中的诉讼风险。

本案中，许赞有的本外观设计专利虽经两次宣告无效程序而被维持，并且在另一专利侵权案件中获得胜诉，但是这并不等于该外观设计专利就不存在被宣告无效的可能性。许赞有对此未尽注意义务，在没有最终确认雪强公司侵犯其外观设计专利权的情况下，即申请采取财产保全、停止有关行为等给雪强公司直接造成损害的措施，应当属于申请错误，构成侵权。

雪强公司依据《民事诉讼法》第96条、《知识产权海关保护条例》第29条以及

《民法通则》第106条的规定,请求判令许赞有赔偿因申请财产保全、停止有关行为等措施错误所造成的损失,应当依法予以支持。二审判决根据《专利法》第47条第2款规定以许赞有的行为系合法的维权行为为由,作出维持一审驳回雪强公司诉讼请求的判决,属于适用法律错误。

【案件信息】

安吉县雪强竹木制品有限公司诉许赞有其他侵权案,最高人民法院(2008)民申字第762号民事裁定书(2009年3月24日),浙江省高级人民法院(2007)浙民一终字第34号民事判决书。

案件来源:最高人民法院知识产权案件年度报告(2009)。

221 宣告专利权无效的决定对该决定日之前的生效侵权裁判、调解或处理决定有追溯力

【裁判要旨】

在《专利法》第47条第2款意义上,应以无效宣告请求审查决定的决定日为准确定宣告专利权无效的时间点。

【关键词】

宣告专利权无效的决定 | 追溯力 | 决定日

【基本案情】

原告秦丰公司受让取得专利号为200420041558.6、名称为"微型履带灵巧型农用机"实用新型专利权。秦丰公司以被告东明公司生产的1YG－7.5型遥控微耕机侵害其专利权为由提起诉讼。

东明公司在答辩期内针对本专利提起无效宣告请求,法院中止侵权案件的审理。专利复审委员会决定:宣告本专利权部分无效。该决定作出后,各方均未提起诉讼,决定已生效。陕西省西安市中级人民法院恢复审理后判决:东明公司停止侵权,赔偿损失15万元。东明公司不服,提起上诉。陕西省高级人民法院判决:驳回上诉,维持原判。2011年3月16日,陕西省西安市中级人民法院完成本案执行行为,裁定终结本案执行。

2010年9月8日,东明公司再次申请宣告本专利无效;专利复审委员会决定:

宣告本专利权全部无效，其决定日为2011年3月15日，发文日为2011年3月25日，邮寄送达给秦丰公司的时间是2011年4月3日。秦丰公司不服，提起诉讼。北京市第一中级人民法院判决：维持专利复审委员会的决定。判决后各方当事人未上诉，判决发生法律效力。东明公司不服陕西省高级人民法院的二审判决，申请再审。最高人民法院提审后判决：撤销一审、二审判决，驳回秦丰公司的诉讼请求。

【裁判理由】

最高人民法院认为：

2008年《专利法》第47条第2款的立法目的在于实现公平与秩序的协调和平衡。一方面，赋予专利无效宣告请求审查决定对专利权被宣告无效后尚未执行或者履行完毕的专利侵权判决、调解书、专利侵权纠纷处理决定、专利实施许可合同、专利权转让合同等以追溯力，保障被指控的专利侵权人、专利被许可人以及被转让人的正当利益，防止专利权人籍无效专利获得不当利益。另一方面，对于已经执行或者履行完毕的专利侵权判决、调解书、专利侵权纠纷处理决定、专利实施许可合同、专利权转让合同，专利无效宣告审查请求决定没有追溯力，维持已经形成并稳定化的社会秩序。由于宣告无效的专利权视为自始即不存在，以该专利权为基础的专利侵权判决、调解书、专利侵权纠纷处理决定、专利实施许可合同、专利权转让合同等所确定的利益本不应由专利权人获得。

因此，《专利法》第47条第2款的规定以专利无效宣告请求审查决定有追溯力为原则，以无追溯力为例外。基于上述原因，在确定宣告无效的时间点时，应该考虑如下因素：一是该时间点应有对世性，应是社会公众均可公开得知并明确知晓的；二是该时间点应有确定性，应是一个确定的时点，原则上不宜随当事人的具体情况或者其他人为因素发生变动；三是该时间点应是较早的具有法律意义的时间点，尽量增加无效宣告请求审查决定发挥追溯力的机会。

本案专利复审委员会宣告本专利全部无效的决定涉及三个具有法律意义的时间点：决定日（2011年3月15日）、发文日（3月25日）、送达日（2011年4月3日）。决定日（2011年3月15日）是无效宣告请求决定的作出时间。决定日在无效宣告请求审查决定书上有明确记载，社会公众可以方便地获知。无效宣告请求决定一经作出即对专利复审委员会产生拘束力，不得随意撤销或者变更。发文日（3月25日）是专利复审委员会向当事人发送无效宣告请求审查决定的时间，是送达过程的开始时间。该时间在无效宣告请求审查决定书上亦有明确记载。送达日(2011 年4 月3 日)是当事人收到无效宣告请求审查决定的时间,是可提起行政诉讼期间的起算点。送达日无法在无效宣告请求审查决定书上载明,只能根据送达当事人的具体情况予以查明。

无效宣告请求审查决定作出后,无论是发文日还是送达日均可能由于人为因素发生变动,有时大大迟于决定作出日。如果以发文日或者送达日作为专利权被宣告无效的时间点,则决定作出日至发文日或者送达日这一时间间隔可能被当事人利用,通过恶意加快或者拖延执行或履行来影响无效宣告请求审查决定的追溯力,从而获得有利于自己的追溯力结果。可见,无论以无效宣告请求审查决定的发文日还是送达日作为宣告专利权无效的时间点,均可能造成不合理的结果。相反,以无效宣告请求审查决定的决定日(作出日)作为确定专利权被宣告无效的时间点,不仅具有对世性和确定性,还可以在一定程度上增加无效宣告请求审查决定发挥追溯力的机会,实现结果公正。因此,宣告专利权无效的时间点应以无效宣告请求审查决定的决定日(作出日)为准。

本案宣告本案专利权无效的决定日是 2011 年 3 月 15 日,原判决执行完毕日是 2011 年3 月16 日,决定日早于执行完毕日,故本案不属于2008 年修正的《专利法》第 47 条第 2 款规定的不具有追溯力的情形。

【案件信息】

陕西秦丰农机(集团)有限公司诉陕西东明农业科技有限公司侵害实用新型专利权案,最高人民法院(2012)民提字第 110 号民事判决书(2012 年 11 月 20 日,金克胜、朱理、杜微科),陕西省高级人民法院(2009)陕民三终字第 52 号民事判决书(2010 年 11 月 3 日,张小燕、赵明华、宋小敏),陕西省西安市中级人民法院(2008)西民四初字第 18 号民事判决书。

案件来源:最高人民法院知识产权案件年度报告(2012)。

222 宣告专利权无效的决定对其作出之前已经执行完毕的侵害专利权判决不具有追溯力

【裁判要旨】

在专利权被宣告无效前,法院作出的认定侵权成立的生效判决已经执行完毕,宣告专利权无效的决定对前述判决内容不具有追溯力。但专利权被宣告无效后,有关技术方案即已进入公有领域,任何单位和个人均可自由实施，专利权人无权予以制止。

【关键词】

侵权判决｜执行完毕｜宣告无效｜追溯力

【基本案情】

原告精华隆公司系申请日为2009年5月25日、授权公告日为2010年2月3日、专利号为200920131979.0、名称为“红外线探测器支架”的实用新型专利权人。精华隆公司在本案中请求保护的技术方案是权利要求1+权利要求4。

广东省深圳市中级人民法院(2011)深中法知民初字第567号《民事调解书》记载：优周公司承诺立即停止生产、销售、许诺销售侵害精华隆公司专利权的行为，支付维权支出1500元，精华隆公司收到该款项后不再追究优周公司于本协议签订之前生产、销售、许诺销售侵权行为。

2013年，精华隆公司又经公证购买了被诉侵权产品，其外包装盒上记载有被告优周公司的信息。被诉侵权产品落入本案专利权的保护范围，优周公司对此不持异议。优周公司称该被诉侵权产品外包装盒上所记载的信息系他人仿冒；被诉侵权产品销售者称，该产品于2011年11月8日从优周公司处进货。

精华隆公司提起本案诉讼，请求判令：优周公司停止生产、销售侵害本案专利权的产品，销毁专用生产模具，赔偿精华隆公司的损失及合理开支50万元。

广东省深圳市中级人民法院判决：优周公司停止侵害本案专利权，赔偿精华隆公司的损失及合理开支5万元。优周公司不服，提起上诉。广东省高级人民法院判决：驳回上诉，维持原判。优周公司仍不服，申请再审称，本专利已经于2015年8月13日被宣告无效，请求撤销一审、二审判决。最高人民法院提审后判决：维持二审判决，驳回优周公司的再审申请。

【裁判理由】

最高人民法院认为：

本专利被宣告无效后，精华隆公司未提起诉讼，宣告无效决定已经发生法律效力，涉案专利权已经无效。二审法院于2015年4月10日作出判决，本专利被宣告无效决定日是2015年8月13日，而优周公司早在2015年6月10日就已经向精华隆公司支付了赔偿金以及合理开支5万元。因为二审判决本专利权被宣告无效之前已经执行，根据《专利法》第47条第2款之规定，无效决定对本案二审判决不具有追溯力，对优周公司的再审申请不应予以支持。但是，鉴于本专利权已经无效，该专利的技术方案已经进入社会公有领域，任何单位和个人实施该技术方案，即制造、使用、许诺销售、销售、进口涉案专利产品都不构成侵权，精华隆公司无权制止。

【案件信息】

深圳市精华隆安防设备有限公司诉上海优周电子科技有限公司侵害实用新型专利权案，最高人民法院（2016）最高法民再384号民事判决书（2016年12月13日，周翔、秦元明、佟姝），广东省高级人民法院（2015）粤高法民三终字第79号民事判决书（2015年4月10日，欧丽华、郑颖、朱文彬），广东省深圳市中级人民法院（2014）深中法知民初字第461号民事判决书。

案件来源：最高人民法院知识产权案件年度报告（2016）。

223 认定专利侵权成立的裁判文书未被撤销但专利权已被宣告无效的可以裁定终结执行[①]

【答复内容】

在认定专利侵权成立的裁判文书虽未被撤销，但该文书所认定的受侵害的专利权已被依法宣告无效的情况下，可以对民事诉讼法规定的终结执行作出适当解释，以便执行法院在当事人以专利权已经全部无效为由申请终结执行时，直接裁定终结执行，不需等待原执行依据的撤销；同时，终结执行不影响原侵权判决的被告另行通过审判监督程序申请撤销原侵权判决。

【关键词】

执行程序 | 侵权成立 | 专利权被宣告无效 | 裁判文书未被撤销 | 终结执行

【案件信息】

《尚在执行程序中的判决是否可以因专利权被宣告无效而裁定终结执行》，最高人民法院（2009）民三他字第13号答复案，2009年7月23日。

案件来源：最高人民法院知识产权案件年度报告（2009）。

① 本裁判规则是从最高人民法院的个案答复中总结而来，因此没有“基本案情”“裁判理由”等内容，“裁判要旨”也被“答复内容”所代替。

224 二审判令被告承担专利侵权责任之前，主张保护的专利权被认定无效但已进入行政诉讼，侵权案件的再审程序应中止并中止原判决的执行

【裁判要旨】

在二审判决被告承担侵害专利权责任，但专利权已经于二审判决之前被宣告无效且无效宣告请求审查决定被提起行政诉讼的情况下，因无效决定还处于行政诉讼程序，而本专利侵权再审案的审查以该行政诉讼的审理结果为依据，因此，在上述行政诉讼审结之前，应中止本案诉讼，并中止原审判决的执行。

【关键词】

侵害专利权｜中止诉讼｜中止执行｜宣告专利权无效的决定｜以另一案的审理结果为依据

【基本案情】

原告张保忠、林金栋系专利号为200420008263.9、名称为“远红外取暖多功能电灶”实用新型专利权人。张保忠、林金栋以被告黔江电器厂和红华超市侵害本专利权为由提起诉讼。

贵州省贵阳市中级人民法院判决：黔江电器厂和红华超市停止生产、销售被诉侵权产品，黔江电器厂赔偿张保忠、林金栋损失15万元。黔江电器厂不服，提起上诉。贵州省高级人民法院于2010年5月17日作出判决：驳回上诉，维持原判。黔江电器厂仍不服，申请再审。在二审判决作出前的2010年4月30日，专利复审委员会决定宣告本专利权无效，张保忠、林金栋据此提起诉讼。再审期间，本专利的无效行政诉讼案仍在审理中。最高人民法院裁定：本案中止诉讼，中止诉讼期间，中止原判决的执行。

【裁判理由】

最高人民法院认为：

专利复审委员会作出的无效决定还处于行政诉讼程序，而本案的审查以该行政诉讼的审理结果为依据，因此，在上述行政诉讼审结之前，应中止本案诉讼，并

中止原审判决的执行。

【案件信息】

张保忠、林金栋诉贵阳黔江航空电热电器厂、贵阳红华家电超市有限公司侵害实用新型专利权案，最高人民法院(2010)民申字第1038号民事裁定书(2010年11月5日，王永昌、李剑、罗霞)，贵州省高级人民法院(2010)黔高民三终字第7号民事判决书(2010年5月17日，崔凤芹、罗朝国、干秋晗)，贵州省贵阳市中级人民法院(2009)筑民三初字第101号民事判决书。

案件来源：最高人民法院知识产权案件年度报告(2010)。

第七章　不(视为)侵权抗辩

225 不能因为被诉侵权产品与专利权人的专利相同就排除公知技术抗辩原则的适用

【裁判要旨】

公知技术抗辩的适用仅以被诉侵权产品中被指控落入专利权保护范围的全部技术特征与已经公开的其他公知技术方案的相应技术特征是否相同或者等同为必要，不能因为被诉侵权产品与专利权人的专利相同而排除公知技术抗辩原则的适用。

【关键词】

公知技术抗辩｜全部技术特征｜技术特征相同或者等同｜落入保护范围

【基本案情】

原告施特里克斯公司系专利号为00103897.4、名称为“煮沸水器皿的热敏控制器”的发明专利权人。浙江苏泊尔炊具股份有限公司生产、被告华普超市销售的“苏泊尔牌”SWF18A5T－200快速电水壶使用了由被告圣利达公司生产的“SLT－102”热敏控制器，其包含了本专利权利要求1要求保护的全部必要技术特征。圣利达公司主张被诉侵权产品是按照89208920.2号实用新型专利(以下简称公知技术)实施。施特里克斯公司提起诉讼，请求判令圣利达公司停止制造、销售和许诺销售被诉侵权产品，赔偿损失20万元，华普超市停止销售被诉侵权产品。

北京市第二中级人民法院认为:被诉侵权产品与公知技术的1、2、3技术特征等同。被诉侵权产品设置的两个双金属制动器体现的创造性既表现在结构上同时又体现在功能上,与公知技术方案的特征4"双金属动作温度98℃加减3℃,回复后控制温度为95℃~100℃"在使用的技术手段和实现的技术功能上不等同,圣利达公司的公知技术抗辩不成立,故判决:圣利达公司停止制造、销售被诉侵权产品并赔偿损失2万元,华普超市停止销售被诉侵权产品。圣利达公司不服,提起上诉。北京市高级人民法院认为:公知技术在设定的具体致动温度这一点上确与被诉侵权产品不同,但是,在设定的致动温度相同这一点上是一样的,即两个制动器有着相同的致动温度中的控温器有着相同的结构,其技术方案也是相同的;保险功能及顺序上的限制仅是现有讲述中控温器的技术效果,被诉侵权产品同样具有上述技术效果,因此构成等同,公知技术抗辩成立,故判决:撤销一审判决,驳回施特里克斯公司的诉讼请求。施特里克斯公司不服,申请再审。最高人民法院驳回其再审申请。

【裁判理由】

最高人民法院认为:

公知技术抗辩的适用仅以被诉侵权产品中被指控落入专利权保护范围的全部技术特征与已经公开的其他公知技术方案的相应技术特征是否相同或者等同为必要,不能因为被诉侵权产品与专利权人的专利相同而排除公知技术抗辩原则的适用。

公知技术中的两个控温器是相互替代的关系,说明两控温器只有设置成基本相同的温度才能实现该目的,被诉侵权产品的两控温器也是设置成基本相同的温度,对此两者并无不同。

虽然被诉侵权产品的热敏控制器是为了防止水壶水煮干或无水过热时烧毁加热元件而设置了高于水沸点的温度,而公知技术设置的温度与水沸点相同,但本领域技术人员无须创造性劳动即可根据需要对温度加以选择,并达到防止发热元件烧毁的技术效果,二者属于等同特征。

被诉侵权产品两只双金属片制动器相互隔开是为了防止短路,两者处于基本相同的位置,感测的也是相同位置的温度;公知技术的两只控温器隔开也使其不会短路,所处位置也相同,感测的也是相同位置的温度,两者的技术特征是相同的。本专利的隔开则是为了感测不同位置的温度,以实现防侧倾的效果,与被诉侵权产品和公知技术既不相同也不等同。

【案件信息】

施特里克斯有限公司诉宁波圣利达电器制造有限公司、华普超市有限公司侵害发明专利权案,最高人民法院(2007)民三监字第51－1号驳回再审通知书(2008年4月9日),北京市高级人民法院(2006)高民终字第571号民事判决书(2006年7月20日,刘继祥、钟鸣、焦彦),北京市第二中级人民法院(2005)二中民初字第12号民事判决书(2005年12月19日,张晓津、何暄、潘伟)。

案件来源:最高人民法院知识产权案件年度报告(2008)。

226 被诉侵权人证明其实施的是一项现有技术方案或该技术方案与公知常识的简单组合的,其现有技术抗辩成立

【裁判要旨】

被诉侵权人有充分证据证明其实施的技术方案属于一项现有技术方案或者一项现有技术方案与所属领域技术人员广为熟知的常识的简单组合的,其现有技术抗辩成立。①

【关键词】

现有技术抗辩 | 一项现有技术方案 | 公知常识 | 简单组合

【基本案情】

原告新海宜公司系专利号为02219359.6、名称为“槽道顶出纤结构”的实用新型专利权人。该专利被提出无效宣告请求后,新海宜公司修改了权利要求书并被维持有效。被告普天公司生产、销售了用于光纤槽道扩容的活动出线口组件,新海宜公司与普天公司一致认可该光纤槽道活动出线口组件产品与本专利相比差异仅在于少了一个与下纤口卡接的出纤口接头。新海宜公司提起诉讼,请求判令:普天公司停止生产、销售侵权产品,销毁库存侵权产品和相关生产模具,赔偿损失20万元。

专利号为US6192181B1(申请日1999年7月16日)、名称为“光纤电缆出口

---

① 相同裁判观点的案例另见2009年中国法院知识产权司法保护十大案件之最高人民法院(2008)民三终字第8号武汉晶源环境工程有限公司诉日本富士化水株式会社、华阳电业有限公司侵害发明专利权案二审民事判决书。

槽”的美国专利公开了一种关于光纤电缆的管理和布设系统，该美国专利与本专利的技术特征区别在于前者没有公开在出纤口基体上设有活动式出纤口盖的结构特征。1997 年 1 月出版的通信行业标准——《长途通信传输机房铁架槽道安装设计标准》一书中揭示了“列、主槽道均由电缆支架、侧板、底板、终端板及盖板等组成”。

普天公司针对本专利提出无效宣告请求，专利复审委员会决定，维持本专利权有效。普天公司不服，提起诉讼。北京市第一中级人民法院认定，本专利相对于前述美国专利及通信行业标准不具有创造性。因此判决：撤销专利复审委员会决定。专利复审委员会、新海宜公司不服，提起上诉。北京市高级人民法院判决：驳回上诉，维持原判。

江苏省苏州市中级人民法院判决：普天公司停止生产、销售侵害新海宜公司本专利权产品的行为并赔偿新海宜公司损失 10 万元，华发公司停止使用普天公司的侵权产品。普天公司不服，提起上诉。江苏省高级人民法院判决：撤销一审判决，驳回新海宜公司的诉讼请求。

【裁判理由】

法院认为：

现有技术抗辩是指被诉侵权人以自己使用的技术是现有技术，或者更为接近现有技术为由，反驳专利侵权指控的一种抗辩事由。通常情况下，进行现有技术抗辩，被诉侵权人只能援引一份现有技术，而不能援引两份或者多份现有技术。因为将两份或者多份现有技术进行组合使用，对本领域技术人员而言，一般并非显而易见或无须经过创造性劳动就能够联想到的。因此原则上不允许被诉侵权人以两份或多份现有技术进行组合抗辩，但在被诉侵权人提供充分证据证明其使用的技术属于一份现有技术与所属领域公知常识简单组合的情形下，应当允许以该理由进行现有技术抗辩。

普天公司以本美国专利和相应通信行业标准进行现有技术抗辩。将被诉侵权产品与美国专利进行比对，被诉侵权产品只是增加了在开放式的出纤口基体上设有活动式出纤口盖这一技术特征。而在裸露的结构上加盖，本身就属于一种公知常识。况且，通信行业标准中明确规定：“列、主槽道均由电缆支架、侧板、底板、终端板及盖板等组成。”虽然该国家标准中并未明确槽道上的盖板是否属于活动式盖板，但本领域技术人员根据国家标准的要求，在开放式出纤口基体上或槽道上通过设置活动式盖板，实现既对其中的光纤加以保护，同时又便于多次出纤和维护的作用，是容易联想到的。因此，相对于本领域技术人员而言，根据通信行业标准的要求，在槽道或开放式出纤口基体上加盖或者加活动式的盖，属于本领域中的一种公知常识。据此，普天公司提供的证据，足以证明其主张的现有技术抗辩理由成立，被诉侵权产品不构成对本专利独立权利要求 1 的侵害。

【案件信息】

苏州工业园区新海宜电信发展股份有限公司诉南京普天通信股份有限公司、苏州工业园区华发科技有限公司侵害专利权案，江苏省高级人民法院(2007)苏民三终字第 139 号民事判决书(2009 年 9 月 14 日，宋健、吕娜、袁滔)，江苏省苏州市中级人民法院(2006)苏中民三初字第 77 号民事判决书。

案件来源：《最高人民法院公报》2010 年第 10 期。

227 现有技术抗辩原则上不考虑实用新型专利权利要求包含的非形状构造类的技术特征

【裁判要旨】

实用新型专利的保护对象是由形状、构造及其结合所构成的技术方案。其权利要求中的非形状构造类技术特征对于该实用新型专利权利要求的新颖性和创造性不能产生贡献。因此，审查针对该具有非形状构造类技术特征的实用新型专利权利要求所提出的现有技术抗辩时，原则上不考虑该现有技术是否公开了该非形状构造类技术特征。

【关键词】

实用新型专利权 | 非形状、构造类技术特征 | 现有技术抗辩 | 贡献

【基本案情】

原告谭熙宁系专利号为 201020117558.5、名称为“一种矩形密封圈”实用新型专利和专利号为 201330402267.X、名称为“橡胶密封圈(包覆聚四氟乙烯)”外观设计专利权人。2015 年 6 月 10 日，谭熙宁购买了被告恒达公司生产的被诉侵权产品，并据此提起诉讼，请求判令恒达公司停止侵权、赔偿损失 50 万元和合理开支 4 万元。

江苏省镇江市中级人民法院认为，被诉侵权产品落入本实用新型和外观设计

专利权的保护范围,构成侵权,因此判决:恒达公司停止侵权并赔偿谭熙宁损失和合理开支30万元。恒达公司不服,提起上诉,并提交了国家标准"管法兰用非金属聚四氟乙烯包覆垫片GB/T13404－2008"(以下简称管法兰国家标准)等证据。前述标准于2008年8月25日发布,早于本实用新型和外观设计专利的申请日,其公开了如下技术特征:一种矩形密封圈,包括矩形橡胶密封圈,矩形橡胶密封圈的外缘包裹有聚四氟乙烯包裹层。聚四氟乙烯包裹层的厚度为0.5mm,顾客另有要求时由供需双方协商确定。江苏省高级人民法院认为:被诉侵权产品落入本实用新型专利权利要求1的保护范围,同时本实用新型专利权利要求1已经被管法兰国家标准直接公开,故不构成侵权;另外,被诉侵权产品虽然与本外观设计基本相同,但也与早于本外观设计公开的本实用新型的外观无实质差异,故也不侵权。因此判决:撤销一审判决,驳回谭熙宁的诉讼请求。谭熙宁不服,申请再审。最高人民法院裁定:驳回其再审申请。

【裁判理由】

最高人民法院认为:

谭熙宁称本实用新型专利是将聚四氟乙烯与橡胶通过热压的方法有机地结合在一起,而管法兰国家标准采用冷加工方法,未公开"热压"这一技术特征,因而被诉侵权产品的现有技术抗辩不能成立。

《专利法》第2条第3款规定,实用新型是对产品的形状、构造或者其结合所提出的适于实用的新的技术方案。据此可知,实用新型专利的保护对象是由形状、构造及其结合所构成的技术方案。实用新型专利权利要求中非形状构造类技术特征对于该实用新型专利权利要求的新颖性和创造性不能产生贡献。因此,审查针对该具有非形状构造类技术特征的实用新型专利权利要求所提出的现有技术抗辩时,原则上不考虑该现有技术是否公开了该非形状构造类技术特征。相反,如果考虑该非形状构造类技术特征,则会将已经全部公开了有关形状构造类技术特征的现有技术囊括在该具有非形状构造类技术特征的实用新型专利权利要求的保护范围之内,导致该实用新型专利权利要求的保护范围与其技术贡献不相适应。本案中,尽管本实用新型专利在其权利要求1中用"热压"限制聚四氟乙烯包裹层,但"热压"既不属于形状范畴,也不属于构造范畴,故不属于本实用新型专利的保护范围,因而管法兰国家标准未公开"热压"这一非形状构造类技术特征,不影响恒达公司根据该标准主张现有技术抗辩。

【案件信息】

谭熙宁诉镇江新区恒达硅胶有限公司侵害实用新型专利权和外观设计专利权案，最高人民法院(2017)最高法民申3712号民事裁定书(2017年9月28日，朱理、毛立华、佟姝)，江苏省高级人民法院(2016)苏民终1079号民事判决书(2017年4月10日，施国伟、张晓阳、顾正义)，江苏省镇江市中级人民法院(2015)镇知民初字第71号民事判决书。

案件来源：最高人民法院知识产权案件年度报告(2017)。

228 现有技术抗辩是比较被诉侵权方案与现有技术看后者是否公开侵权特征或与之等同

【裁判要旨】

审查现有技术抗辩时，比对方法是将被诉侵权技术方案与现有技术进行对比，在两者并非相同的情况下，审查时可以专利权利要求为参照，确定被诉侵权技术方案中被指控落入专利权保护范围的技术特征，并判断现有技术是否公开了与之相同或者等同的技术特征。

【关键词】

现有技术抗辩｜被诉侵权技术方案｜侵权技术特征｜等同

【基本案情】

原告泽田公司系专利号为200420109343.3、名称为“液压摇臂裁断机直联式液压控制装置”实用新型专利权人。被告格瑞特公司生产并销售了与泽田公司相同的液压摇臂式裁断机，泽田公司提起诉讼，请求判令停止侵权，赔偿损失50万元。因案外人于2004年3月曾生产并销售过F45型液压摇臂式裁断机，格瑞特公司提出现有技术抗辩。

江苏省盐城市中级人民法院判决：格瑞特公司停止侵权，赔偿金泽田公司损失10万元。泽田公司和格瑞特公司均不服，分别提起上诉。江苏省高级人民法院认为：格瑞特公司的现有技术抗辩成立，故判决：撤销一审判决，驳回泽田公司诉讼请求。泽田公司不服，申请再审。最高人民法院裁定：驳回其再审申请。

【裁判理由】

最高人民法院认为：

在专利侵权诉讼中设立现有技术抗辩制度的根本原因,在于专利权的保护范围不应覆盖现有技术,以及相对于现有技术而言显而易见,构成等同的技术。除在无效程序中对专利权的法律效力进行审查外,通过在侵权诉讼中对被诉侵权人有关现有技术抗辩的主张进行审查,有利于及时化解纠纷,减少当事人诉累,实现公平与效率的统一。在审查现有技术抗辩时,比较方法应是将被诉侵权技术方案与现有技术进行对比,而不是将现有技术与专利技术方案进行对比。审查方式则是以专利权利要求为参照,确定被诉侵权技术方案中被指控落入专利权保护范围的技术特征,并判断现有技术中是否公开了相同或者等同的技术特征。现有技术抗辩的成立,并不要求被诉侵权技术方案与现有技术完全相同,毫无区别,对于被诉侵权产品中与专利权保护范围无关的技术特征,在判断现有技术抗辩能否成立时应不予考虑。被诉侵权技术方案与专利技术方案是否相同或者等同,与现有技术抗辩能否成立亦无必然关联。因此,即使在被诉侵权技术方案与专利技术方案完全相同,但与现有技术有所差异的情况下,亦有可能认定现有技术抗辩成立。

本案中,关于格瑞特公司的现有技术抗辩主张能否成立,双方当事人的争议主要在于:(1)被诉侵权产品中电磁阀与有杆活塞的连接方式是否被现有技术公开;(2)被诉侵权产品中电磁阀的具体结构是否被现有技术公开。根据本专利权利要求1,其中限定了电磁阀的连接方式,即"电磁阀的出口直接与有杆活塞的外端相联接",但并未限定电磁阀的具体结构。因此,电磁阀的具体结构与本专利权的保护范围无关,亦与现有技术抗辩能否成立无关。由于被诉侵权产品中的电磁阀与有杆活塞亦采取同样的连接方式,因此,认定现有技术抗辩是否成立的关键,在于确定现有技术中是否公开了与上述连接方式相同或者等同的技术特征,而无须考虑被诉侵权产品中电磁阀的具体结构是否被现有技术公开。从查明的事实来看,尽管现有技术中公开的电磁阀包括三个部分,其具体结构与被诉侵权产品的电磁阀有着明显差异,但是现有技术中确已公开将电磁阀的出口与有杆活塞的外端直接相联结。因此认定现有技术抗辩成立,并无不当。

无效程序与专利侵权诉讼中的现有技术抗辩制度各自独立,各自发挥其自身作用。二者相互协调、配合,有利于避免专利权的保护范围覆盖现有技术,侵入公共领域,从而更好地实现专利法保护和鼓励创新的立法目的。在无效程序中,系将专利技术方案与现有技术进行对比,审查现有技术是否公开了专利技术方案,即专利技术方案相对于现有技术是否具有新颖性、创造性。而在侵权诉讼中,现有技术抗辩的审查对象则在于被诉侵权技术方案与现有技术是否相同或等同,而不在于审查现有技术是否公开了专利技术方案。因此,二者的审查对象和法律适用均有差异。加之在本案中,格瑞特公司仅向专利复审委员会提交本案二审判决作为证据,并未将本案一审、二审中的相关证据均提交给专利复审委员会。因此,专利复审委员会维持本专利权有效,与二审法院认定现有技术抗辩成立并不存在明显矛盾。

【案件信息】

盐城泽田机械有限公司诉盐城市格瑞特机械有限公司侵害实用新型专利权案,最高人民法院(2012)民申字第18号民事裁定书(2012年7月11日,金克胜、郎贵梅、杜微科),江苏省高级人民法院(2009)苏民三终字第0260号民事判决书,江苏省盐城市中级人民法院(2009)盐民三初字第55号民事判决书(2009年10月21日,陈健、徐春霞、吴名)。

案件来源:最高人民法院知识产权案件年度报告(2012)。

229 产品说明书交付使用者未保密并能为不特定公众获取的,其交付日为其技术公开日

【裁判要旨】

产品操作和维护说明书随产品销售而交付使用者,使用者及接触者均没有保密义务,且能够为不特定公众所获取的,属于专利法意义上的公开出版物。其中记载的技术方案,以交付给使用者的时间为公开时间。

【关键词】

现有技术抗辩 | 出版物公开 | 产品说明书 | 保密 | 不特定公众

【基本案情】

原告中集公司和天达公司系专利号为200410004652.9、名称为“登机桥辅助支撑装置和带有该装置的登机桥及其控制方法”的发明专利权人。两原告在本案主张依据本专利权利要求1、5、6、8、9、10、13、14、16、17、20、23确定其专利权的保护范围。

被告蒂森公司制造并销售给被告白云机场使用被诉侵权的第117号登记桥(外桥),两原告认为落入其上述权利要求的保护范围,故提起诉讼,请求判令被告停止侵权,蒂森公司赔偿损失50万元。蒂森公司主张其使用的是现有技术,依据是蒂森公司提供给旧金山国际机场的“机坪驱动旅客登机桥操作和维护手册”的附录Y“液压稳定器”及相应的公开证明。

广东省广州市中级人民法院认为:附录Y由蒂森公司关联公司自行印制的非正规出版物,在该被告不能证明其关联公司曾使用"悬臂梁装置"技术的情况下,难以确认该附录Y内容的真实性及其印制及交付给旧金山国际机场的时间。公开时间的证据中虽称自2001年12月31日起公众就可以按照《公共记录法》获得附录Y,但由于电子邮件证据在产生及存储过程中的可靠性较低,在没有其他证据佐证的情况下难以认定其真实性,故蒂森公司不能证明"悬臂梁装置"技术于2000~2001年就已通过附录Y公开发表,其现有技术抗辩不能成立。因此判决:被告白云机场停止使用被诉侵权产品,被告蒂森公司停止制造、销售、使用被诉侵权产品,并停止使用侵害本案专利的方法,销毁侵权产品成品、半成品及专用生产模具和零配件,并赔偿损失50万元。蒂森公司不服,提起上诉。广东省高级人民法院认为,附录Y的液压稳定器的技术方案已经在国外通过使用公开,而非出版物公开,根据2000年专利法的规定不属于现有技术,因此判决:驳回上诉,维持原判。蒂森公司仍不服,申请再审。最高人民法院提审后判决:撤销一审、二审判决,驳回中集公司和天达公司的诉讼请求。

【裁判理由】

最高人民法院认为:

专利法意义上的出版物是指记载有技术或设计内容的独立存在的传播载体,并且应当表明或者有其他证据证明其公开发表或出版的时间。附录Y是符合上述含义的出版物:

第一,被诉侵权产品和控制方法落入本专利权保护范围,附录Y记载了被诉侵权产品的技术特征,各方当事人均无异议,因此附录Y记载了中集公司和天达公司主张的本专利权利要求的技术特征。

第二,在案证据能够证明附录Y随着蒂森电梯公司与旧金山国际机场签订合同的履行于2001年前后交付给旧金山国际机场,且没有就附录Y与旧金山国际机场签订保密协议,即附录Y不属于商业秘密,持有者不负有保密义务。

第三,派到旧金山国际机场的旧金山县和市地方检察官办公室的副地方检察官证明,包括附录Y在内的《手册》,如果在2001年至2004年被公众索取,根据当时的加州《公共记录法》,该手册属于可公开的公共记录,因此会向请求获取该手册的公众公开。美国加州公民也分别于2011年11月22日和2013年3月12日获得了附录Y的复印件。由此可见,附录Y可以通过公开渠道获得。

综上所述,附录Y虽是一份产品操作和维护说明书并随产品销售而交付使用者,但其使用者以及接触者均没有保密义务,也即附录Y是可公开的,且其能够为不特定公众通过复印的方式获取,由此可见,附录Y系独立存在的传播载体,鉴于其也记载了本专利技术的技术特征,其交付给旧金山国际机场的时间,即公开时间亦能确定,故其属于专利法意义上的出版物公开,蒂森公司据此主张现有技术抗辩,应予支持。

【案件信息】

中国国际海运集装箱(集团)股份有限公司、深圳中集天达空港设备有限公司诉蒂森克虏伯机场系统(中山)有限公司、广州市白云国际机场股份有限公司侵害发明专利权案,最高人民法院(2016)最高法民再179号民事判决书(2016年10月10日,李剑、宋淑华、吴蓉),广东省高级人民法院(2013)粤高法民三终字第38号民事判决书(2014年7月16日,岳利浩、喻洁、石静涵),广东省广州市中级人民法院(2011)穗中法民三初字第107号民事判决书(2012年9月24日,龚麒天、丁丽)。

案件来源:最高人民法院知识产权案件年度报告(2016)。

230 专利侵权案件申请再审程序中对以新的证据为由提出新的现有技术抗辩的,不予支持

【裁判要旨】

专利侵权案件中,被诉侵权人在申请再审程序中以新的证据主张现有技术抗辩的,表面上系以新证据为由申请再审,但实质上相当于另行提出新的现有技术抗辩。如允许被诉侵权人在申请再审程序中无限制地提出新的现有技术抗辩,与专利权人应当在一审法庭庭审辩论终结前固定其主张的权利要求相比,对专利权人显失公平,且构成对专利权人的诉讼突袭,亦将架空一审、二审诉讼程序。

【关键词】

现有技术抗辩 | 新的证据 | 申请再审 | 诉讼突袭 | 架空程序

【基本案情】

原告长荣公司系专利号为200410093700.6、名称为“一种一次走纸供多次压印工位的模压工艺及自动模切烫印机”的发明专利权人。本专利共有11项权利

要求,长荣公司在本案选择权利要求 4 确定本专利的保护范围。

长荣公司保全了被告恒鑫公司处的一台由先锋公司生产的型号为 CLASSIC106 - EⅡ全自动模切压痕机。据此提起诉讼,请求恒鑫公司停止使用侵权产品,先锋公司停止制造、销售侵权产品,先锋公司赔偿损失 150 万元及相应合理开支,并刊登声明消除影响。

先锋公司主张,其实施的是现有技术——专利号为 00226345.9、名称为"烫金模切机"的专利,而非长荣公司的本案专利。

江苏省常州市中级人民法院认定:先锋公司的被诉侵权产品落入长荣公司本案专利权利要求 4 的保护范围,且与专利号为 00226345.9、名称为"烫金模切机"的现有技术并不相同,先锋公司的现有技术抗辩不成立,因此判决:先锋公司停止制造、销售侵犯长荣公司专利权产品的行为,恒鑫公司停止使用侵权产品的行为,先锋公司赔偿损失 30 万元和合理开支 5 万元。长荣公司和先锋公司均不服,分别提起上诉。江苏省高级人民法院判决:驳回上诉,维持原判。先锋公司仍不服,申请再审。再审期间提交新证据——公开号为 CN1302730A、名称为"一种烫印模切联动机及其联动方法"的专利公开说明书,主张被诉侵权产品使用的是该技术方案,而非长荣公司的本案专利。最高人民法院裁定:驳回其再审申请。

【裁判理由】

最高人民法院认为:

先锋公司在一审、二审阶段均主张其实施的技术为现有技术。在一审、二审诉讼中提交授权公告号为 CN2416050Y,专利号为 00226345.9,名称为"烫金模切机",授权公告日为 2001 年 1 月 24 日的专利文件,主张被诉侵权产品实施的技术属于现有技术。先锋公司现申请再审称其实施的技术属于现有技术,并提交了公开号为 CN1302730A,申请号为 00134692.X,名称为"一种烫印模切联动机及其联动方法",公开日为 2001 年 7 月 11 日的专利文件。该新提交的证据是先锋公司在一审、二审阶段可以取得的,其在不同诉讼程序中以不同的证据主张现有技术抗辩,表面上系以新证据为由申请再审,但实质上相当于另行提出新的现有技术抗辩。根据《侵犯专利权案件解释》第 1 条关于"人民法院应当根据权利人主张的权利要求,依据《专利法》第 59 条第 1 款的规定确定保护范围。权利人在一审法庭辩论终结前变更其主张的权利要求的,人民法院应当准许"之规定,专利权人应当在一审法庭庭审辩论终结前固定其权利要求。如允许先锋公司无限制地提出新的现有技术抗辩,与专利权人应当在一审法庭庭审辩论终结前固定其主张的权利要求相比，对专利权人显失公平，且构成对专利权人长荣公司的诉讼突击，亦将架空一审、二审的诉讼程序，不利于引导当事人在法定的一审、二审程序中解决纠纷，故对其相关主张不予支持。

【案件信息】

天津长荣印刷设备股份有限公司诉唐山先锋印刷机械有限公司侵害发明专利权案，最高人民法院（2017）最高法民申768号民事裁定书（2017年3月29日，王艳芳、董晓敏、杜微科），江苏省高级人民法院（2016）苏民终字第682号民事判决书（2016年12月6日，施国伟、张晓阳、顾正义），江苏省常州市中级人民法院（2015）常知民初字第129号民事判决。

案件来源：最高人民法院知识产权案件年度报告（2017）。

231 抵触申请破坏主张保护专利新颖性的应允许提出抗辩并参照现有技术抗辩标准审查①

232 被诉侵权技术被抵触申请单独完整公开相对于抵触申请不具有新颖性的不构成侵权

233 说明书引用的反映背景技术的文件内容视为已公开，可作为判断抵触申请抗辩的依据

【裁判要旨】

被诉侵权人以其实施的技术方案属于抵触申请为由主张不侵害专利权的，应当审查被诉侵权技术方案是否已被抵触申请完整公开。在该技术方案相对于抵触申请不具有新颖性时，抵触申请抗辩成立。

作为抵触申请的专利说明书，在其背景技术部分引用了在先专利的并说明其采用该在先专利的相应技术方案的，该在先专利的相应技术方案构成该抵触申请技术方案的组成部分，视为被该抵触申请公开，可以

① 相同裁判观点的案件另见本书前引最高人民法院（2013）民提字第225号陈顺弟诉浙江乐雪儿家居用品有限公司、何建华、温士丹侵害发明专利权案再审民事判决书。

作为认定抵触申请抗辩的依据。

【关键词】

抵触申请抗辩｜新颖性｜单独对比｜本国优先权｜背景技术

【基本案情】

原告陈剑系申请日为2011年6月24日、专利号为201120233442.2、名称为“清洁工具”实用新型专利权人。本专利记载的本国优先权日分别为2011年3月1日、2011年5月9日,涉及的两项在先申请分别为201120058332.7专利(以下简称332专利)、201120149125.2专利(以下简称125专利)。但332专利、206专利中没有记载本案专利权利要求1的技术方案。

陈剑起诉被告博生公司制造、销售、许诺销售的被诉侵权产品侵害其本案专利权。浙江省杭州市中级人民法院判决:驳回陈剑的诉讼请求。陈剑不服,提起上诉。二审庭审中,博生公司提出被诉侵权产品使用的是申请日为2011年5月11日、申请号为201120157568.6、名称为“用于手压式旋转拖的拖把底盘和脱水桶”实用新型专利(以下简称568专利)。该专利说明书背景技术中引用了CN201755206U专利(以下简称206专利),并记载“拖把杆13具有206专利公开的结构。”浙江省高级人民法院认为:被诉侵权产品落入本案专利保护范围,博生公司的抵触申请抗辩不能成立,因此判决:撤销一审判决,博生公司停止侵权行为,赔偿陈剑损失10万元。博生公司不服,申请再审。最高人民法院裁定:驳回其再审申请。

【裁判理由】

最高人民法院认为:

被诉侵权产品落入本专利权的保护范围。568专利的申请日在本案专利申请日之前,授权公告日在本案专利申请日之后,依法可以构成本案专利的抵触申请。虽然陈剑未在诉讼中主张本国优先权,但能否享有本国优先权对于568专利能否构成其抵触申请具有实质性影响,因此经向当事人释明后对优先权问题进行审查。

对于本案实用新型专利能否享有优先权,国务院专利行政部门在授权前并未做实质审查,而是仅仅在初步审查中审查本案专利是否与在先申请的主题“明显不相关”。因此,本案应当由陈剑就本案专利享有本国优先权承担举证责任和说明义务。陈剑提交的在先申请332专利、125专利中没有记载与本案专利属于相同主题的技术方案,因此本案专利不能享有本国优先权,568 专利可以构成本案专利的抵触申请。

专利法规定现有技术抗辩的主要理由在于,专利权的保护范围不应覆盖现有技术,既包括被诉侵权技术方案与现有技术相同的情形,也包括被诉侵权技术方案相对于现有技术无实质性差异的情形。在这两种情形下,被诉侵权技术方案相对于现有技术不具有新颖性或者创造性,不应被授予专利权,自然也不应被纳入专利权的保护范围。抵触申请与现有技术均可以用于评价本专利的新颖性,因此如果被诉侵权技术方案已被抵触申请公开,则相较于抵触申请亦不应被授予专利权,也不应被纳入专利权的保护范围。因此,被诉侵权人以其实施的技术属于抵触申请为由主张未侵害专利权的,可以参照适用有关现有技术抗辩的规定对抵触申请抗辩进行认定。抵触申请抗辩的审查判断标准应与其性质相适应,与现有技术抗辩的审查判断标准存在一定差异。抵触申请不构成现有技术,仅可以与专利单独对比,评价其新颖性;而现有技术既可以评价专利权的新颖性,也可以与其他现有技术或者公知常识结合,评价专利权的创造性。因此,只有在被诉侵权技术方案的各项技术特征均已被抵触申请单独、完整地公开,相对于抵触申请不具有新颖性时,才可以认定抵触申请抗辩成立。

568 专利实质上采取的就是 206 专利中公开的拖把杆结构,206 专利中的拖把杆结构属于 568 专利技术方案的组成部分,应视为已被 568 专利公开,可以作为认定抵触申请抗辩的依据。将被诉侵权产品中的各项技术特征与 568 专利以及视为在 568 专利中公开的 206 专利中的拖把杆结构进行对比,发现被诉侵权产品的技术方案并未被抵触申请单独、完整地公开,相对于抵触申请具有新颖性,故抵触申请抗辩不成立。

【案件信息】

陈剑诉慈溪市博生塑料制品有限公司侵害实用新型专利权案,最高人民法院(2015)民申字第 188 号民事裁定书(2015 年 12 月 2 日,王艳芳、杜微科、佟姝);浙江省高级人民法院(2014)浙知终字第 26 号民事判决书。

案件来源:最高人民法院知识产权案件年度报告(2015)。

234 被诉侵权产品销售商能证明其产品合法来源且制造商有先用权的可提出先用权抗辩

【裁判要旨】

现有证据能够证明,制造商在申请日前已经实施或已经为实施本案专利做好了技术或物质上的必要准备,且仅在原有范围内继续制造的,先用权抗辩成立。在制造商并非本案被告,但销售商能够证明被诉侵权产品的合法来源以及制造商享有先用权的情况下,销售商可以提出先用权抗辩。

【关键词】

先用权抗辩｜销售商｜制造商

【基本案情】

原告英特莱公司为专利号为 00107201.3、名称为"防火隔热卷帘用耐火纤维复合卷帘及其应用"的发明专利权人。英特莱公司主张以权利要求 1 作为本专利权的保护范围。其权利要求 1 记载的内容为,"一种防火隔热卷帘耐火纤维复合帘面,其中所说的帘面由多层耐火纤维制品复合缝制而成,其特征在于所说的帘面包括中间植有增强用耐高温的不锈钢丝或不锈钢丝绳的耐火纤维毯夹芯,由耐火纤维纱线织成的用于两面固定该夹芯的耐火纤维布以及位于其中的金属铝箔层。"

蓝盾北京分公司、蓝盾创展公司安装了被诉侵权的在北京西客站内的防火卷帘。英特莱公司提起诉讼,请求判令:蓝盾北京分公司、蓝盾创展公司停止侵权行为,赔偿损失 56 万元及合理开支 4 万元。

被诉侵权产品系由多层耐火纤维制品复合缝制而成,其中包括耐火纤维毯、耐火纤维布、金属铝箔层等技术特征。蓝盾北京分公司认可被诉侵权产品中有不锈钢钢丝绳,但是称其位于纤维毯夹心一侧,该特征与本专利对应的技术特征不构成等同。英特莱公司认为,虽然被诉侵权产品中的不锈钢钢丝绳位于耐火纤维毯的一侧,但是与权利要求 1 中记载的"钢丝绳放在纤维毯的中间"属于等同技术特征。

北京市第二中级人民法院判决:驳回英特莱公司的诉讼请求。英特莱公司不服,提起上诉。北京市高级人民法院判决:驳回上诉,维持原判。英特莱公司仍不服,申请再审。最高人民法院裁定:驳回其再审申请。

【裁判理由】

最高人民法院认为:

根据《专利法》第69条、《侵犯专利权案件解释》第15条规定,判断先用权抗辩是否成立应当考察以下4个条件:(1)先用权人是否在专利申请日前已经制造出相关产品,(2)相关产品是否属于相同产品,(3)先用技术是否系先用权人自行研发或以其他合法手段获得,(4)先用权人是否在原有范围内继续制造。

蓝盾北京分公司和蓝盾创展公司提供了深圳蓝盾公司研发与本专利相同的防火卷帘产品的设计可行性报告、计划书、任务书、研制报告书、设计总结、相关研发会议纪要和技术人员的证人证言以及案外人提供研发产品原材料的证明,可以证明被诉侵权产品系深圳蓝盾公司自行研发。在已确认国家建设部门相关规范的修订导致全行业开展新产品原发性和深圳蓝盾公司于本专利申请日前已生产出相关产品这两项事实的前提下,本案相关证据已经形成较为完整的证据链,可以认定深圳蓝盾公司在申请日前为实施本专利做好了制造的必要准备。

此外,虽然享有先用权的主体应为制造商,但制造商并非本案被告,提出抗辩的是制造商的交易对象、被诉侵权产品的销售商,在销售商提出合法来源,并就其提交的证据审查后能够认定制造商先用权成立的情况下,如果简单地要求追加制造商为当事人或者驳回销售商的抗辩,一方面会增加当事人诉累,另一方面也与享有先用权的制造商生产的产品可以合法流通相违背。因此在本案中被诉侵权产品的销售商可以主张制造商享有先用权。

【案件信息】

北京英特莱技术公司诉深圳蓝盾公司北京分公司、北京蓝盾创展门业有限公司侵害发明专利权案,最高人民法院(2015)民申字第1255号民事裁定书(2015年10月9日,周翔、钱小红、罗霞);北京市高级人民法院(2014)高民(知)终字3487号民事判决书(2014年10月21日,刘晓军、李燕蓉、唐明);北京市第二中级人民法院(2013)二中民初字第14638号民事判决书(2014年6月19日,何暄、李丹)。

案件来源:最高人民法院知识产权案件年度报告(2015)。

235 成立先用权抗辩要求在专利申请日前已经实施或做好准备，药品行政审批与之无关

【裁判要旨】

先用权抗辩是否成立的关键在于被诉侵权人在专利申请日前是否已经实施专利或者为实施专利做好了技术或者物质上的必要准备；药品生产批件是药品监管的行政审批事项，是否取得药品生产批件对先用权抗辩是否成立不产生影响。

【关键词】

先用权抗辩｜专利申请日前｜技术或者物质上的必要准备｜行政审批

【基本案情】

原告汉王公司系名称为“一种具有降压、降脂、定眩、定风作用的中药组合物及其制备方法和其用途”的发明专利权人。

被告银涛公司生产销售、被告保赛公司销售了“强力定眩胶囊”药品，汉王公司认为被诉侵权产品在处方、工艺、剂型以及主治功能等与本专利相同，于是提起诉讼，请求判令：保赛公司停止销售，银涛公司生产制造和销售并停止使用汉王公司的专利方法及依该方法获得的产品，赔偿损失 635.2 万元及相应合理开支。

经技术特征比对，被诉侵权的“强力定眩胶囊”药品处方、制备方法和用途均落入本专利权保护范围。银涛公司对此提出先用权抗辩，并提交了证据：一是江西省食品药品监督管理局于本专利申请日前向其出具的“强力定眩胶囊”药品注册申请受理通知书以及银涛公司申请药品注册时所报送的《“强力定眩胶囊”申报资料项目》资料，该资料的药学研究资料部分记载了“强力定眩胶囊”的处方、制备方法、用途；二是江西省药检所《药品注册检验报告表》及附件，该报告表及附件显示银涛公司于本专利申请日前生产了三批“强力定眩胶囊”样品供申请注册检验使用；三是《药品生产许可证》和《药品 GMP 证书》，表明其在申请注册“强力定眩胶囊”时即已具有“胶囊剂”生产线。

陕西省西安市中级人民法院认为，银涛公司先用权抗辩不成立，故判决：保赛公司停止销售被诉侵权产品并赔偿损失 1 万元，银涛公司生产和销售被诉侵权产

品,停止使用汉王公司的专利方法及依该方法获得的产品并赔偿损失78402元。银涛公司不服,提起上诉。陕西省高级人民法院判决:驳回上诉,维持原判。银涛公司仍不服,申请再审。最高人民法院裁定:指令陕西省高级人民法院再审本案。

【裁判理由】

最高人民法院认为:

根据《侵犯专利权案件解释》第15条第2款的规定,先用权是否成立,关键在于被诉侵权人在专利申请日前是否已经实施专利或者为实施专利作好了技术或者物质上的必要准备。从银涛公司提交的主张先用权抗辩的证据来看,在本专利的申请日前,银涛公司已经完成了生产被诉侵权产品的工艺文件,具备了相应的生产设备,应当认定银涛公司在本专利申请日前为实施本专利做好了制造、使用的必要准备。至于银涛公司何时取得"强力定眩胶囊"药品生产批件,是药品监管的行政审批事项,不能以是否取得药品生产批件来判断其是否做好了制造、使用的必要准备。

【案件信息】

陕西汉王药业有限公司诉江西银涛药业有限公司、西安保赛医药有限公司侵害发明专利权案,最高人民法院(2011)民申字第1490号民事裁定书(2011年12月13日),陕西省高级人民法院(2011)陕民三终字第00021号民事判决书(2011年9月15日,赵须、同惠会、冯炬),陕西省西安市中级人民法院(2010)西民四初字第043号民事判决书(2010年12月15日,高伟、文艳、史琦)。

案件来源:最高人民法院知识产权案件年度报告(2011)。

236 一方当事人单方声明被诉侵权产品系其生产并提供给其他当事人,但专利权人不认可也无其他客观证据证明的非有效合法来源抗辩

【裁判要旨】

一方当事人出具的有关其生产并提供被诉侵权产品给其他当事人的"声明"属于当事人陈述,在专利权人对该声明不予认可且缺乏其他客观证据证明的情况下,应认定据此提出的合法来源抗辩不能成立。

【关键词】

合法来源抗辩｜交易习惯｜客观证据｜当事人陈述｜提供产品的声明

【基本案情】

原告搏盛公司系专利号为200930140537.8、名称为"开关(圆形双头-1)"的外观设计专利权人,被告欧琳实业公司制造、销售和许诺销售与该专利产品相同的产品水槽台控,被告欧琳厨具公司和欧琳网络公司分别在"欧琳官网"和"天猫欧琳官方旗舰店"上展示并销售安装有被诉侵权产品的水槽。搏盛公司据此提起诉讼请求判令:欧琳实业公司停止制造、销售、许诺销售侵权产品,欧琳厨具公司、欧琳网络公司停止在相关网络上销售、许诺销售侵权的产品并删除相关侵权产品的图片及网络链接,销毁全部侵权成品、半成品及模具等侵权工具,共同赔偿损失及其他合理开支15万元。经欧琳实业公司申请追加时蓉公司为被告,时蓉公司称被诉侵权产品由其生产并提供给欧琳实业公司。搏盛公司反对追加时蓉公司为本案被告。

浙江省宁波市中级人民法院认定:被诉侵权产品未落入原告搏盛公司本案专利权的保护范围,因此判决:驳回搏盛公司的诉讼请求。搏盛公司不服,提起上诉。浙江省高级人民法院认为,被诉侵权产品与本案专利外观设计构成相近似的设计,落入本案专利权的保护范围,且被告的现有设计抗辩均不能成立。欧琳实业公司依据其与被告时蓉公司签订的买卖合同及采购订单主张合法来源抗辩,但该证据无法确定所涉产品即为本案被诉侵权产品,不能真实有效地证明侵权产品的合法来源,因此判决:撤销一审判决,欧琳实业公司停止制造、销售、许诺销售侵权产品赔偿损失8万元,欧琳厨具公司和欧琳网络公司停止许诺销售侵权的产品分别赔偿损失1万元,欧琳实业公司、欧琳厨具公司和欧琳网络公司销毁侵权产品。欧琳实业公司不服,申请再审。最高人民法院裁定:驳回其再审申请。

【裁判理由】

最高人民法院认为:

被诉侵权产品落入本案专利权的保护范围,且欧琳实业公司现有技术抗辩的主张不能成立。

欧琳实业公司在一审中提交的"买卖总合同"中并无任何具体条款涉及本案被诉侵权产品;"采购订单"中虽有"水槽方形拉丝弹跳台控(B)"及其数量、单价的记载,但没有具体的日期,也不能举证证明该"采购订单"与"买卖总合同"有关,不足以证明被诉侵权产品源于时蓉公司。

二审庭审中,时蓉公司的委托诉讼代理人虽主张被诉侵权产品由时蓉公司生产,并提供给欧琳实业公司,但不能提供合同、发票、付款凭证等符合交易习惯的证据;欧琳实业公司的委托诉讼代理人二审当庭陈述“时蓉公司的老板和我们老板关系很好,我回去核实”,但在此后,亦未能向二审法院举证证明相关情况。欧琳实业公司虽向本院提交了时蓉公司出具的“产品清单”,但该证据系由时蓉公司单方出具,缺乏相关证据佐证,其真实性难以确认,并不足以据此推翻二审判决有关“欧琳实业公司提供的证据并不能真实有效地证明侵权产品的合法来源”的认定。

本案中时蓉公司系案件当事人,是一审法院根据欧琳实业公司申请,将其追加为本案被告,而博盛公司在一审、二审中均对此明确提出异议。时蓉公司作为被告之一,其出具的“声明”1 以及被诉侵权产品由其生产的主张均属于《民事诉讼法》第 63 条规定的“当事人陈述”。时蓉公司的陈述能否被采信,对于欧琳实业公司在本案中承担何种侵权责任,以及博盛公司能否获得充分的赔偿,均具有潜在的重大影响。然而经本院以及二审法院反复释明,时蓉公司以及欧琳实业公司始终未能提供充分的证据,证明被诉侵权产品系由时蓉公司生产并提供给欧琳实业公司。《民事诉讼证据规定》第 76 条规定:“当事人对自己的主张,只有本人陈述而不能提出其他相关证据的,其主张不予支持。但对方当事人认可的除外。”由于博盛公司对欧琳实业公司有关合法来源抗辩的主张不予认可,对时蓉公司有关其生产被诉侵权产品的主张亦不予认可,故本院对时蓉公司的陈述不予支持。综上,欧琳实业公司有关被诉侵权产品具有合法来源,其未制造、销售、许诺销售被诉侵权产品的申请再审理由不能成立。

【案件信息】

宁波搏盛阀门管件有限公司诉宁波欧琳实业有限公司、宁波欧琳厨具有限公司、宁波欧琳网络科技有限公司、宁波市鄞州时蓉塑胶有限公司侵害外观设计专利权案,最高人民法院(2017)最高法民申 1671 号民事裁定书(2017 年 9 月 28 日,王艳芳、杜微科、何鹏),浙江省高级人民法院(2016)浙民终 696 号民事判决书(2017 年 3 月 27 日,周平、侯洁、李臻),浙江省宁波市中级人民法院(2016)浙 02 民初 14 号民事判决书(2016 年 7 月 29 日,毛明强、马宁)。

案件来源:最高人民法院知识产权案件年度报告(2017)。

237 权利人发出包含侵权相关详细信息的警告函,销售商收到后即推定其知晓侵权事实①

【裁判要旨】

权利人向销售商发出的警告函中记载了被诉侵权产品信息、专利权信息、侵权比对基本信息及联系人信息等的,销售商收到警告函后推定其知道其销售的是专利侵权产品,因此其之后仍销售的,合法来源抗辩不成立。

【关键词】

合法来源抗辩|销售商|侵权警告函|推定

【基本案情】

原告孙俊义系名称为“防粘连自动排气阀”的实用新型专利权人。

2013 年 6 月 28 日,长春市宽城锅炉排气阀厂向被告个体工商户业主郑宁发出通知函,称郑宁销售的“胜益”牌全自动排气阀侵犯了其“中权”牌排气阀的专利权(专利号为 200320112523.2,专利权人为孙俊义),落款处有“长春市宽城锅炉排气阀厂打假办”印章和专利权人孙俊义的印章,并附有通讯地址、邮政编码、联系人及联系电话。

2013 年 7 月,孙俊义从郑宁处购买到了被诉侵权的“胜益”牌排气阀,并以郑宁侵害其实用新型专利权为由提起诉讼。

辽宁省沈阳市中级人民法院判决:驳回孙俊义的诉讼请求。孙俊义不服,提出上诉。辽宁省高级人民法院判决:驳回上诉、维持原判。孙俊义不服,申请再审。最高人民法院裁定:指令辽宁省高级人民法院再审本案。辽宁省高级人民法院再审认定:孙俊义向郑宁邮寄通知函中没有明确说明案涉侵权产品侵犯孙俊义专利权的具体情况。是否侵害专利权需要由法律授权的专门机构予以确定。作为个体经营业主,郑宁不具备确定专利是否侵权的资质和条件,现有证据不能证

---

① 相同裁判观点的案例另见 2012 年中国法院知识产权司法保护 50 件典型案例之北京市高级人民法院(2012)高民终字第 3974 号鲜乐仕厨房用品株式会社诉上海美之扣实业有限公司、北京惠买时空商贸有限公司侵害发明专利权案二审民事判决书。

明郑宁具备判断专利侵权的技术能力，亦不能证明郑宁明知销售的是侵权产品，而且郑宁销售的产品具有合法来源，故判决：维持其二审判决。

【裁判理由】

最高人民法院认为：

专利权是国家授予的一定期限内的独占性权利，其特点之一是以公开换保护，发明创造一旦被授予专利权，其技术方案就会向社会公开，据此可以推定公众对专利技术方案处于明知的主观状态。所以，专利侵权行为的构成不以过错为要件，只要行为人实施了《专利法》第 11 条规定的行为，无论其对专利技术方案实际是否知晓，均认为其构成专利侵权。同时，考虑到侵权产品销售者进行侵权判断的实际困难，为维护正常的市场经营秩序和鼓励打击侵权源头，《专利法》第 70 条对侵权产品销售者的赔偿责任作出了免责规定："为生产经营目的使用、许诺销售或者销售不知道是未经专利权人许可而制造并售出的专利侵权产品，能证明该产品合法来源的，不承担赔偿责任。"

本案中，被诉侵权产品的销售者郑宁能够提供证据证明其所销售的"胜益"牌排气阀是从案外人苑克卿处购买，双方的争议集中在郑宁是否不知道其所销售的"胜益"牌排气阀是未经专利权人孙俊义许可而制造并售出的专利侵权产品。

判断销售者对其销售的是未经专利权人许可而制造并售出的专利侵权产品是否知道，应当结合有关情况综合判断。比如销售者销售被诉侵权产品前销售过专利产品，或者销售者购进被诉侵权产品的价格不合理地低于专利产品市场价格等，均可以认定销售者知道其销售的是专利侵权产品。如果上述情况均不存在，仅仅是权利人向销售者发出了侵权警告函，则要对该警告函所记载的信息内容进行考察。如果该警告函记载或者附加了被诉侵权产品信息、专利权信息（专利号、专利名称、专利权证书复印件等）、侵权比对基本信息及联系人信息等，销售者收到该警告函，原则上应该推定其知道其销售的是专利侵权产品。

2013 年 6 月 28 日，长春市宽城锅炉排气阀厂向郑宁发出《通知函》称郑宁销售的"胜益"牌全自动排气阀已经侵犯了其"中权"牌排气阀的专利权（专利权号为 ZL200320112523.2，专利权人为孙俊义），同时附有通讯地址、邮政编码、联系人及联系电话。对于该《通知函》能否使郑宁在主观状态上知道其销售的是侵权产品，需要对《通知函》所记载的信息内容是否充分进行考察。

【案件信息】

孙俊义诉郑宁侵害实用新型专利权案,辽宁省高级人民法院(2015)辽民三终再字第1号民事判决书(2015年6月19日,常中彦、郭丽、樊春宇),最高人民法院(2014)民申字第1036号民事裁定书(2014年12月13日,周翔、吴蓉、秦元明),辽宁省高级人民法院(2014)辽民三终字第79号民事判决书(2014年5月5日,屈昕、陈洪军、金莹),沈阳市中级人民法院(2013)沈中民四初字第802号民事判决书。

案件来源:最高人民法院知识产权案件年度报告(2014),2014年中国法院十大创新性知识产权案件。

238 向他人提供专利图纸等进行推广的行为不当然等同于许可该他人实施其专利的意思表示

【裁判要旨】

专利权人向他人提供专利图纸进行推广的行为,不当然地等同于许可他人实施其专利的意思表示。

【关键词】

提供专利图纸 | 推广 | 默示许可 | 过错

【基本案情】

原告范俊杰系专利号为200520068682.6、名称为"棘齿防盗螺栓及紧固工具"的实用新型专利权人。范俊杰自述,2006年左右其曾将本专利的图纸及其电子文件提供给吉林省公路勘测设计院(现更名为吉林省交通规划设计院,简称设计院),希望设计院在做相关设计时能采用其技术,但没有与设计院签订许可合同,也没有收取费用。此外,其曾就本专利向很多公路设计院进行过推广,这种推广行为是行业惯例。

宏运公司营梅高速公路交通工程01标段项目部作为需方与亿辰公司签订《营梅高速公路护栏螺栓供货合同书》(以下简称《供货合同》),约定由亿辰公司承担营梅高速公路交通工程01合同路护栏螺栓供货任务,包括三种螺栓(被诉侵权产品)。《供货合同》约定亿辰公司按照宏运公司提供的设计图纸进行加工制作,要求供货产品符合设计标准。《供货合同》所附图纸是设计院于2009年3月在范俊杰提供的图纸电子文件的基础上针对营梅高速公路护栏螺栓而设计的。设计院陈述:范俊杰在推广时并未告知其图纸涉及专利技术,也未要求支付费用,双方没有签订合同,设计院认为范俊杰此举的目的是推销产品。这种推广方式是行业惯例,也有其他类似技术人员向设计院推广过。设计院不知道涉及专利技术,否则不会在设计方案中采用。

《供货合同》签订后,亿辰公司按照合同约定的标准、规格、数量向他方采购诉侵权产品后提供给宏运公司,宏运公司在营梅高速公路交通工程 01 标段工程中使用了该被诉侵权产品。将亿辰公司按照《供货合同》销售给宏运公司的被诉侵权产品图纸与本专利权利要求相比对,确认被诉侵权产品与权利要求 1 和权利要求 3 记载的技术特征相同。

范俊杰据此提起诉讼,请求判令亿辰公司停止侵权赔偿损失 547360 元及相应合理开支。吉林省长春市中级人民法院判决:亿辰公司停止侵权,赔偿损失及合理开支 30 万元。亿辰公司不服,提起上诉。吉林省高级人民法院认为:范俊杰虽享有专利权,但并未依照法律规定对其专利技术加以保护,而是无偿地将其专利技术提供给公路设计部门,公路设计部门也未将其权利归属披露给第三方,因而亿辰公司并无过错,范俊杰的行为属于许可使用行为,亿辰公司并不构成侵权,故判决:撤销一审判决,驳回范俊杰的诉讼请求。范俊杰不服,申请再审。最高人民法院提审后判决:撤销二审判决,维持一审关于停止侵权的判项,变更赔偿损失及合理开支为 20 万元。

【裁判理由】

最高人民法院认为:

范俊杰确实曾向设计院提供本专利图纸进行推广,设计院也是在范俊杰所提供图纸的基础上作了《供货合同》所附图纸的设计,但由于设计院本身并不涉及专利产品的制造、销售和使用,范俊杰也未与设计院签订实施许可合同,未要求或者主张支付使用费,设计院甚至主张范俊杰从未告知涉及专利技术,因此从范俊杰的上述推广行为中并不能得出范俊杰许可设计院实施其专利的意思表示,更无法得出范俊杰许可设计方案的具体实施者宏运公司、亿辰公司实施本专利的意思表示。范俊杰和设计院均认为范俊杰的本意是希望设计院将其专利技术纳入设计方案中,然后通过设计方案具体实施者购买其专利产品或者依法获得其实施许可而获利。设计方案的实施者宏运公司、亿辰公司等仍需从专利权人或者经其许可的主体处购买专利产品,或者依法获得专利权人的实施许可。

亿辰公司按照《供货合同》所附图纸的技术方案采购并向宏运公司提供了被诉侵权产品,由于所附图纸并未提示涉及专利技术,故亿辰公司可能并不知晓其购买、销售的产品落入本专利的保护范围。但是,除了法律另有规定的以外,其他任何未经许可的制造、销售专利产品的行为均构成对专利权的侵害。亿辰公司未经范俊杰的许可,销售了落入本专利权保护范围的被诉侵权产品,侵害了范俊杰的专利权,依法应当承担相应的民事责任。

综合考虑亿辰公司销售被诉侵权产品的数量、购买和销售的合同价款差,范俊杰提供的审计报告确定的产品利润,范俊杰支出的合理费用和律师费,同时考虑范俊杰曾向设计院推广其专利技术的事实和亿辰公司按图采购等因素,确定亿辰公司的赔偿数额为 20 万元(含合理开支)。

【案件信息】

范俊杰诉吉林市亿辰工贸有限公司侵害实用新型专利权案,最高人民法院(2013)民提字第 223 号民事判决书(2014 年 6 月 30 日,周翔、周云川、郎贵梅),吉林省高级人民法院(2013)吉民三知终字第 15 号民事判决书(2013 年 4 月 10 日,王丹秋、郜会实、薛淼),吉林省长春市中级人民法院(2012)长民三重字第 6 号民事判决书(2012 年 12 月 3 日)。

案件来源:最高人民法院知识产权案件年度报告(2014)。

第八章　外观设计专利

第一节　外观设计专利授权确权诉讼

239 以权利冲突为由申请无效宣告的在先权利人或利害关系人，无效程序遵循当事人恒定

【裁判要旨】

《专利法》第45条关于请求人主体范围的规定适用于权利冲突这一相对无效理由时，原则上只有在先合法权利的权利人及其利害关系人才能主张。

行政诉讼中，当事人的主体资格不因有关诉讼标的的法律关系随后发生变化而丧失。专利无效宣告行政程序属于准司法程序，当事人恒定原则对于该程序亦有参照借鉴意义。对于无效宣告行政程序启动时符合资格条件的请求人，即便随后有关诉讼标的的法律关系发生变化，其亦不因此当然丧失主体资格。

【关键词】

外观设计专利权｜权利冲突｜相对无效理由｜主体资格｜当事人恒定原则

【基本案情】

原告罗世凯系专利号为200830102005.0、名称为"碎纸机(HC0802)"的外观设计专利权人。第三人斯特普尔斯公司以本专利与其在先著作权冲突为由提起无效宣告请求。专利复审委员会决定:宣告本专利权无效。罗世凯不服,提起诉讼。

北京市第一中级人民法院判决:撤销专利复审委员会的决定,并判令其重新作出决定。斯特普尔斯公司不服,提起上诉。北京市高级人民法院查明:斯特普尔斯公司主张在先著作权的作品已于2012年11月20日转让给案外人,并非所主张在先著作权的权利人或者利害关系人,故判决:驳回上诉,维持原判。斯特普尔斯公司不服,申请再审。最高人民法院裁定:指令北京市高级人民法院再审本案。

【裁判理由】

最高人民法院认为:

根据专利法关于专利权授予条件的相关规定,无效宣告请求人据以主张的无效理由可以分为两类:一是有关可专利性、新颖性、创造性、实用性、充分公开、权利要求得到说明书支持等专利授权实质条件的无效理由;二是有关外观设计专利权与他人在先合法权利冲突的无效理由。请求人主体资格问题与无效理由本质属性密切相关。有关专利授权实质条件的前述第1类无效理由属于无效的绝对理由,任何人均可主张。有关外观设计专利权与他人在先合法权利冲突的第2类无效理由,直接影响的仅仅是在先合法权益,与公共利益无涉,证明权利相冲突的证据通常只有在先权利的权利人或者利害关系人才能掌握,因此属于相对无效理由,通常只能由在先权利的权利人或者利害关系人主张。

专利有关权利冲突规定的立法目的在于解决实践中出现的外观设计专利申请人未经许可将他人享有权利的客体结合自己的产品申请外观设计专利的问题,即为维护在先权利。基于该法目的,自应由权利人或者利害关系人提出无效主张。《专利法实施细则》从证据条件的角度规定了以权利冲突为由提出的无效宣告请求的受理条件,从操作层面实质上限制了以权利冲突为由提出的无效宣告的请求人资格。而且,在先权利人及其利害关系人之外的社会公众发动无效宣告程序后,行政程序和诉讼程序均可能因权利冲突状态的消除而随时归于无效,造成行政和司法资源的浪费。

因此,权利冲突无效理由的请求人主体资格因被规范的客体本质、立法目的以及法律秩序效果等决定,原则上只有在先合法权利的权利人及其利害关系人才能主张。

《民事诉讼法解释》第249条第1款规定了民事诉讼中的当事人恒定原则，该原则和精神对于行政诉讼亦有参照作用。对于专利无效宣告行政程序而言，其具有双方当事人参与和专利复审委员会原则上居中裁决的特点，属于准司法程序。当事人恒定原则对于该程序亦有参照借鉴意义。因此，对于无效宣告行政程序启动时符合资格条件的请求人，即便随后有关诉讼标的的法律关系发生变化，其亦不因此当然丧失主体资格。假定斯特普尔斯公司在提出无效宣告请求时确实是涉案作品的著作权人或者利害关系人，即便其随后将该作品著作权转让给案外人，亦不会因此而丧失以权利冲突为由提出无效宣告请求的请求人主体资格。

【案件信息】

罗世凯诉专利复审委员会、斯特普尔斯公司外观设计专利权无效宣告案，最高人民法院(2017)最高法行申8622号行政裁定书(2017年12月25日，朱理、毛立华、佟姝)，北京市高级人民法院(2016)京行终2901号行政判决书(2017年5月15日，谢甄珂、陶钧、王晓颖)，北京市第一中级人民法院(2013)一中知行初字第3306号行政判决书(2015年12月23日，王晫、李轶萌)。

案件来源：最高人民法院知识产权案件年度报告(2018)，《最高人民法院公报》2018年第5期。

240 商标申请权虽非在先权利，但在先申请商标注册成功后可对抗在后申请外观设计专利权

【裁判要旨】

商标申请权不能作为《专利法》第23条所称的在先取得的合法权利，但对于判断外观设计专利权和注册商标专用权是否构成权利冲突具有重要意义。只要商标申请日在外观设计专利申请日之前，且提起无效宣告请求时商标已被核准注册并仍然有效，该在先申请的注册商标专用权就可以对抗申请日在后的外观设计专利权。

【关键词】

商标申请权 | 在先权利 | 申请日在先 | 注册商标专用权 | 外观设计专利权

【基本案情】

第三人陈朝晖系申请日为2000年10月16日、授权公告日为2001年5月2日、名称为“食品包装袋”的外观设计专利权人。

原告白象公司系申请日为1997年12月12日、核准注册日为2001年1月14日的第1506193号“白象”商标权人。

2009年8月4日,白象公司针对涉案专利,以其与在先的白象商标权冲突为由,提出无效宣告请求。专利复审委员会以白象商标的核准注册日在涉案专利申请日之后,不属于合法的在先权利为由,决定维持涉案专利权有效。白象公司不服,提起诉讼。

北京市第一中级人民法院以白象商标的核准注册日早于涉案专利的授权公告日,白象商标构成在先权利为由,判决:撤销的决定。专利复审委员会不服,提起上诉。北京市高级人民法院以白象商标的申请日早于涉案专利的申请日,白象商标的商标申请权构成在先权利为由,判决:驳回上诉、维持原判。专利复审委员会不服,申请再审。最高人民法院裁定:驳回其再审申请。

【裁判理由】

最高人民法院认为:

外观设计经形式审查并被授权后,其实施可能会与在申请日之前他人已经合法取得的权利相冲突,损害在先权利人的合法权利。处理权利冲突,首先要明确在先取得的合法权利的具体内容。注册商标专用权是《专利法》第23条所称的在先取得的合法权利之一。本案第1506193号商标核准注册日在本专利申请日之后,注册商标专用权不是在先取得,仅是商标申请日早于本专利申请日,故需要判断商标申请权是否属于合法的在先权利,以及其对在后申请的外观设计专利权有何种影响。

商标申请人从申请日起就享有排斥其他人在同一种商品或者类似商品上以相同或者近似的商标申请注册的权利。商标申请人可以根据自己的意志对商标申请权作为一种民事权益进行处分。商标申请最终的目标即商标申请权的实现是商标获得注册,从这个角度讲商标申请权是一种期待权,是对未来取得注册商标专用权的一种期待。综上所述,商标申请权本身是现实存在的合法权益,其在性质上是对注册商标专用权的一种期待权,应当受到法律的保护。

在商标申请日早于外观设计专利申请日的情况下,外观设计专利权的实施不会影响到商标最终是否被核准注册,不会存在外观设计专利权与商标申请权的冲突问题,因此商标申请权并不能作为《专利法》第23条所称的在先取得的合法权利。但商标申请权对于判断外观设计专利权和注册商标专用权的权利冲突具有重要意义：商标申请权作为一种期待权，最终期待的完整权利是注册商标专用权，只有商标获得注册，商标申请的最终权益才得以实现，此时，应当溯及既往地对商标申请权进行保护，确认商标申请日对于注册商标专用权的法律意义。只要商标申请日在外观设计专利申请日之前，在先申请的注册商标专用权就可以对抗在后申请的外观设计专利权。

本案第1506193号商标获得注册后，本专利的实施客观上可能会与该商标构成权利冲突，而该商标是在先申请的，本专利相对于该商标而言并非在先权利，这种冲突的解决只能按照保护在先权利的原则，认定白象公司在先申请的注册商标专用权可以用于对抗陈朝晖的外观设计专利权。况且，第1506193号商标初步审定公告日也在本专利申请日之前，商标经过公告，目的是征求相关经营者和社会公众的意见，在公告期内相关人员可以向商标局提出异议。本专利申请日在第1506193号商标初步审定公告日之后，客观上存在外观设计专利申请人模仿、复制在先申请的商标的可能，这种情况也是《专利法》第23条立法予以防范的主要对象。

【案件信息】

白象食品股份有限公司与专利复审委员会、陈朝晖外观设计专利权无效宣告案，最高人民法院(2014)知行字第4号行政裁定书(2014年10月11日，周翔、罗霞、周云川)，北京市高级人民法院(2011)高行终字第1733号行政判决书(2012年5月16日，莎日娜、周波、万迪)，北京市第一中级人民法院(2010)一中知行初字第1242号行政判决书(2011年9月20日，芮松艳、殷悦)。

案件来源：最高人民法院知识产权案件年度报告(2014)，2014年中国法院十大创新性知识产权案件。

241 仅仅具有功能性而不具有美感的产品设计不应当通过申请外观设计专利权予以保护

242 整体观察综合判断是从整体对相同点和区别点综合考察判断对整体视觉效果的影响

【裁判要旨】

仅仅具有功能性而不具有美感的产品设计，不应当通过外观设计专利权予以保护。一般消费者进行外观设计相近似判断时，主要关注外观设计的整体视觉效果的变化，不会基于设计要素变化所伴随的技术效果的改变而对该设计要素变化施以额外的视觉关注。所谓整体观察、综合判断，是指一般消费者从整体上而不是仅依据局部的设计变化，来判断外观设计专利与对比设计的视觉效果是否具有明显区别；在判断时，一般消费者对于外观设计专利与对比设计可视部分的相同点和区别点均会予以关注，并综合考虑各相同点、区别点对整体视觉效果的影响大小和程度。

【关键词】

功能性｜整体观察综合判断｜整体视觉效果｜可视部分｜技术效果的改变

【基本案情】

美的公司系专利号为200630067850.X、名称为“风轮(455－180)”的外观设计专利权人。格力公司针对本专利提出无效宣告请求，并提交了公告号为CN3265720、名称为“风扇扇叶”外观设计专利(即在先设计)作为对比文件。专利复审委员会决定：宣告本案专利权无效。美的公司不服，提起诉讼。

北京市第一中级人民法院认为：本专利与在先设计关于扇叶部分的区别因扇叶部分的旋转方向系由功能决定，故对整体视觉效果不具有显著影响，其他区别分布于本专利的中部等主要视觉部分，其区别足以在整体视觉效果上产生不同。据此判决：撤销专利复审委员会的决定，并判令其重新作出决定。格力公司、专利复审委员会均不服，分别提起上诉。北京市高级人民法院判决：驳回上诉，维持原判。格力公司不服，申请再审。最高人民法院提审后判决：撤销一审、二审判决，维持专利复审委员会的决定。

【裁判理由】

最高人民法院认为：

对外观设计进行相近似判断时，应当基于外观设计专利产品的一般消费者的知识水平和认知能力，对外观设计专利与在先设计的整体视觉效果进行整体观察、综合判断。一般消费者是为了使判断结论更为客观、准确而确立的抽象判断主体，其具有特定的知识水平和认知能力。从知识水平的角度而言，一般消费者对于与外观设计专利产品相同或者相近类别的产品具有常识性的了解，其通晓申请日之前相关产品的外观设计状况，熟悉相关产品上的惯常设计。从认知能力的角度而言,一般消费者对于形状、色彩、图案等设计要素的变化仅具有一般的注意力和分辨力,其关注外观设计的整体视觉效果,不会关注外观设计专利与对比设计之间的局部细微差别。所谓整体观察、综合判断,是指一般消费者从整体上而不是仅依据局部的设计变化,来判断外观设计专利与对比设计的视觉效果是否具有明显区别;在判断时,一般消费者对于外观设计专利与对比设计可视部分的相同点和区别点均会予以关注,并综合考虑各相同点、区别点对整体视觉效果的影响大小和程度。在进行相近似判断时,如果外观设计专利的改进仅仅体现为在现有设计的基础上省略局部的设计要素,这种改进通常不能体现出外观设计专利所应当具有的创新性,亦不应对整体视觉效果带来显著影响。将本专利与在先设计相比较,综合考虑二者的相同点、不同点以及对整体视觉效果的影响,应认定二者的整体视觉效果不具有明显区别,属于相近似的外观设计。

一项产品的外观设计要获得外观设计专利权的保护,其必须具备专利法意义上的美感,即在实现产品的特定功能的基础上,对产品的视觉效果作出创新性的改进,使得产品能够体现出功能性和美感的有机结合。仅仅具有功能性而不具有美感的产品设计,可以通过申请发明或者实用新型专利权予以保护,而不应当通过外观设计专利权予以保护。与本领域技术人员总是从技术角度考虑问题有所不同,一般消费者在进行相近似判断时,其主要关注于外观设计的视觉效果的变化,而不是功能或者技术效果的变化。一般消费者也不会基于设计要素变化所伴随的技术效果的改变,而对该设计要素变化施以额外的视觉关注。因此,对于美的公司关于单纯地讨论美感没有实际意义,相关区别能够显著提高风轮的工作效率,一般消费者对于该区别更加敏感,该区别对整体视觉效果具有显著影响的主张,不予支持。

【案件信息】

广东美的电器股份有限公司诉专利复审委员会、珠海格力电器股份有限公司外观设计专利权无效宣告案,最高人民法院(2011)行提字第1号行政判决书(2011年11月11日,金克胜、杜微科、罗霞),北京市高级人民法院(2010)高行终字第124号行政判决书(2010年6月17日,张雪松、李燕蓉、张冬梅),北京市第一中级人民法院(2009)一中行初字第1797号行政判决书(2009年10月28日,彭文毅、苏杭、蒋利玮)。

案件来源:最高人民法院知识产权案件年度报告(2011),2011年中国法院知识产权司法保护50件典型案例。

243 无效程序中外观设计相同相近似的判断应以专利申请日时的状态为准并考虑设计空间

【裁判要旨】

设计空间对于确定相关设计产品的一般消费者的知识水平和认知能力具有重要意义；在外观设计相同或者相近似的判断中，应该考虑设计空间或者说设计者的创作自由度，以便准确确定该一般消费者的知识水平和认知能力；设计空间的大小是一个相对的概念，是可以变化的，在专利无效宣告程序中考量外观设计产品的设计空间，需要以专利申请日时的状态为准。

【关键词】

外观设计相同相近似｜设计空间｜创作自由度｜专利申请日｜一般消费者

【基本案情】

原告万丰公司系专利号为200630110998.7、名称为“摩托车车轮（82451）”的外观设计专利权人。今飞公司提出无效宣告申请，并提交了附件13 *Bike* 杂志2005年9月封面和封底作为主张与本专利相似的外观设计在国内出版物上已经公开发表过的证据。

专利复审委员会决定：宣告本专利全部无效。万丰公司不服，提起诉讼。北京市第一中级人民法院认为：摩托车车轮受其所设定功能的限制，外观变化的空间均为有限。本专利和在先设计的区别，在设计空间有限的车轮产品上，已经对整体视觉效果产生了显著的影响，在该产品消费者所具有的较高分辨能力下，足以排除混淆。故判决：撤销专利复审委员会的决定并判令其重新作出决定。专利复审委员会和今飞公司均不服，分别提起上诉。北京市高级人民法院判决：驳回上诉，维持原判。专利复审委员会和今飞公司仍不服，申请再审。最高人民法院提审后判决：撤销一审、二审判决，维持专利复审委员会的决定。

【裁判理由】

最高人民法院认为：

设计空间，是指设计者在创作特定产品外观设计时的自由度。设计者在特定产品领域中的设计自由度通常要受到现有设计、技术、法律以及观念等多种因素的制约和影响。特定产品的设计空间的大小与认定该外观设计产品的一般消费者对同类或者相近类产品外观设计的知识水平和认知能力具有密切关联。对于设计空间极大的产品领域而言,由于设计者的创作自由度较高,该产品领域内的外观设计必然形式多样、风格迥异、异彩纷呈,该外观设计产品的一般消费者就更不容易注意到比较细小的设计差别。相反,在设计空间受到很大限制的领域,由于创作自由度较小,该产品领域内的外观设计必然存在较多的相同或者相似之处,该外观设计产品的一般消费者通常会注意到不同设计之间的较小区别。可见,设计空间对于确定相关设计产品的一般消费者的知识水平和认知能力具有重要意义。在外观设计专利与在先设计相同或相近似的判断中,可以考虑设计空间或者说设计者的创作自由度,以便准确确定该一般消费者的知识水平和认知能力。

在考虑设计空间这一因素时,应该认识到,设计空间的大小是一个相对的概念。在设计空间极大的产品领域和设计空间受到极大限制的产品领域这两个极端之间,存在设计空间由大到小的过渡状态。同时,对于同一产品的设计空间而言,设计空间的大小也是可以变化的。随着现有设计增多、技术进步、法律变迁以及观念变化等,设计空间既可能由大变小,也可能由小变大。因此,在专利无效宣告程序中考量外观设计产品的设计空间,需要以专利申请日时的状态为准。从证据来看,即使摩托车车轮均由轮辋、辐条和轮毂组成,且受到设定功能限制的情况下,其辐条的设计只要符合受力平衡的要求,仍可以有各种各样的形状,存在较大的设计空间。一审、二审判决认定摩托车车轮的设计空间较小,缺乏证据支持。一审、二审判决以摩托车车轮的设计空间有限为前提得出本专利相对于在先设计的区别致使两者不相同也不相近的结论,缺乏事实依据,应予纠正。

圆形的轮毂属于车轮的惯常设计,因此摩托车车轮辐条的形状设计通常对车轮的整体视觉效果具有更为显著的影响。本专利与在先设计区别主要在于在先设计比本专利多一根辐条,从车轮被辐条区隔所形成的空间形状看,本专利的五根辐条所区隔形成的形状与在先设计的六根辐条所区隔形成的形状没有显著区别。一般消费者通常不会注意到由此产生的微小差异。对于车轮辐条上面的凹槽而言,无论是一面带有凹槽,还是平面与凹槽交替,其相对于辐条整体形状而言均属于局部的细微设计,其对整体视觉效果不具有显著的影响。就本专利摩托车车轮的轮毂而言,由于摩托车车轮的轮毂在使用状态下通常会被摩托车支架遮挡一部分，因此轮毂表面加强筋图案的差别对整体视觉效果不具有显著影响。综上，两摩托车车轮的整体形状特别是辐条的造型已给一般消费者留下了相近似的整体视觉印象，两者的差别均属于局部细微变化，对整体视觉效果不具有显著的影响。因此，本专利与在先设计属于相近似的外观设计。

【案件信息】

浙江万丰摩轮有限公司诉专利复审委员会、浙江今飞机械集团有限公司外观设计专利权无效宣告案，最高人民法院(2010)行提字第5号行政判决书(2010年10月23日，郃中林、朱理、郎贵梅)，北京市高级人民法院(2010)高行终字第467号行政判决书(2010年5月26日，李燕蓉、潘伟、戴怡婷)，北京市第一中级人民法院(2009)一中知行初字第2719号行政判决书(2009年12月25日，佟姝、毛天鹏)。

案件来源：最高人民法院知识产权案件年度报告(2010)。

244 外观设计专利主视图中没有体现且在立体图无清晰显示的特征不构成区别设计特征

【裁判要旨】

在外观设计专利主视图中没有任何体现且在立体图无清晰显示的特征，不构成外观设计专利相对于对比设计的区别设计特征。

【关键词】

外观设计专利权｜主视图｜立体图｜区别设计特征

【基本案情】

YKK株式会社系申请日为2009年6月19日、优先权日为2009年3月25日、授权公告日为2010年5月19日、专利号为200930191288.5、名称为“拉链用牙链”的外观设计专利权人。本专利由主视图、后视图、右视图、俯视图、仰视图和立体图表示，包括链牙和布带，其中链牙部分由上下两层结构组成；从主视图看，上层结构整体呈瓶形，包括整体较宽且中间略微收细的牙身、大致呈“凸”状的牙端以及位于牙身和牙端之间的牙颈；从后视图看，下层结构牙身整体呈梯台状，牙端为类似椭圆形的啮合头部，中间通过一向内收缩的颈部连接在一起；从侧视图和立体图看，链牙的上层结构的牙端部明显呈斜面，即越靠近啮合部则越薄；上下结构通过中间的芯部连接在一起。

开易公司和理想公司提出无效宣告请求，使用的对比设计均包含专利号为200530086728.2的中国外观设计专利授权公告文本。专利复委员会决定：宣告本专利无效。

YKK株式会社不服，提起诉讼。北京知识产权法院判决：驳回YKK株式会社的诉讼请求。YKK株式会社不服，提起上诉。北京市高级人民法院判决：驳回上诉，维持原判。YKK株式会社仍不服，申请再审。最高人民法院裁定：驳回其再审申请。

【裁判理由】

最高人民法院认为：

首先，关于本专利与对比设计的不同。无效决定认为，本专利与对比设计的主要不同点在于：(1)本专利牙链的上层结构整体呈瓶形，而对比设计呈子弹形；(2)本专利的牙链端部较后部薄，而对比设计厚度无明显变化。YKK株式会社主张与对比设计相比，本专利还具有如下创新设计特征：(1)上层链牙长宽高的尺寸比例关系，特别是牙身部的长宽高的尺寸比例关系不同；(2)上层链牙的上表面形状不同，上层链牙的上表面具有明显的下倾斜面、上表面整体上呈前低后高的曲面设计；(3)上层链牙的牙头部和牙颈部的形状不同，牙头部呈海豚嘴状，牙颈部左右侧面分别为向外鼓而后向内收的平滑曲面形状；(4)上层链牙的牙身部的形状不同，上层链牙的牙身部呈上宽下窄的梯台形。

对于YKK株式会社主张的区别(3)即有关牙颈部设计的不同，在专利文件即外观设计图片中并不明显。对于YKK株式会社主张的区别(4)，亦存在与(3)同样的问题，即YKK株式会社在再审审查中提交的三维模型证据中比较明显，但专利文件图片显示不明显。而外观设计的特征应以专利文件附图为准，在专利文件附图中无法看出或者不明显的特征，不能作为本专利的技术特征。而且，尽管在立体图中对(3)和(4)似有指示，但主视图没有任何体现，按照YKK株式会社的主张，即上述特征明显的情况下，不仅右视图、立体图中应有展现，主视图亦应有所呈显示。鉴于本专利的图片未能清晰展现YKK株式会社主张的区别(3)和(4)，对YKK株式会社关于本专利与对比设计存在第3项和第4项区别的主张，不予采信。

其次，关于本专利设计与对比设计区别是否对本专利的整体效果产生影响。无效决定认为，对比设计的子弹形与本专利的瓶形上层结构均为前窄后宽，整体形状非常接近。本院认为，拉链基本存在牙头与牙身等宽和牙头窄于牙身的设计，因此笼统的瓶形与子弹形上窄下宽的设计属于惯常设计，本院对此不持异议。对于YKK株式会社主张的本专利与对比设计的区别（1），通过对比本专利设计与对比设计，确实存在链牙长宽高比例关系及修长与否的区别，但修长设计亦应属于本领域的惯常设计。至于YKK株式会社主张的区别（2），无效决定已经认定本专利的牙链端部较后部薄，只是YKK株式会社主张牙链端部较后部"明显"薄，牙头与牙身间具有明显的倾斜。查本专利设计的右视图和立体图，存在牙头与牙身的倾斜设计。对比设计的仰视图与俯视图亦显示，牙头与牙身间是弧线设计，也具有一定角度的倾斜。鉴于本专利设计的倾斜角度未达到超过45°的程度，而对比设计也存在一定的弧度，二者在倾斜度上的区别应当属于细微差别，尚不足以对专利整体外观产生实质性的影响。

另外，无效决定以链牙本身体积较小，区别仅属于局部细微变化，并不会被一般消费者所关注为由，认定不会对整体视觉效果产生影响，存在不当之处：首先，链牙本身是否小，没有足够的依据。拉链存在不同的规格，链牙有大有小。其次，即使链牙体积较小，其在拉链中依然是主要部分，判断是否构成主要部分，应当按照比例考察，而不应按照绝对大小判断。最后，关于牙链的一般消费者，应当是具备一般拉链常识的公众，其应当具备观察到本专利整体设计特征的能力。

【案件信息】

YKK株式会社诉专利复审委员会、理想（广东）拉链实业有限公司、开易（广东）服装配件有限公司外观设计专利权无效宣告案，最高人民法院（2016）最高法行申3687号行政裁定书（2017年12月29日，骆电、马秀荣、李嵘）；北京市高级人民法院（2016）京行终507号行政判决书；北京知识产权法院（2015）京知行初字第745号行政判决书（2015年10月13日，彭文毅）。

案件来源：最高人民法院知识产权案件年度报告（2017）。

245　每个单元的外观设计均相同，区别仅为单元数量简单增加或减少的为相近似外观设计

【裁判要旨】

《专利法实施细则》第13条第1款系关于禁止重复授权的规定，就

外观设计而言，为防止外观设计专利权之间的相互冲突，无论是相同的外观设计，还是相近似的外观设计，也无论是否为同一申请人，均应按照上述行政法规的规定授予1项专利权；被宣告无效的专利自始即不存在，不应当再将其作为判断是否重复授权的对比文件；每个单元的外观设计均相同，所不同的只是单元数量的简单增加或者减少，属于相近似的外观设计。

【关键词】

重复授权｜外观设计专利权｜相同相近似｜单元数量｜同一申请人

【基本案情】

原告科万公司系名称为“染色机（A）”“染色机（J）”“染色机（K）”“染色机（L）”“染色机（M）”“染色机（N）”的外观设计专利权人，上述专利整体区别仅在于染色机前表面由方窗和圆窗组成的单元数量不同，其余外观基本相同。

第三人信达公司针对上述六项专利提出无效宣告请求。专利复审委员会维持了“染色机（A）”外观设计专利有效，其余均以重复授权为由宣告无效。

科万公司对其余5项外观设计被宣告无效的决定提起诉讼。北京市第一中级人民法院判决：维持专利复审委员会的五件决定。科万公司不服，提起上诉。北京市高级人民法院判决：撤销一审判决和专利复审委员会的决定，维持五项专利权有效。专利复审委员会不服，申请再审。最高人民法院提审后判决：撤销二审判决，维持一审判决。

【裁判理由】

最高人民法院认为：

《专利法实施细则》第13条第1款系关于禁止重复授权的规定，即同样的发明创造只能被授予一项专利。就外观设计而言，为防止外观设计专利权之间的相互冲突，无论是相同的外观设计，还是相近似的外观设计，也不论是否为同一申请人，均应按照上述行政法规的规定授予一项专利权。在本案中，二审判决关于同一主体同日就相同产品申请两项以上近似的外观设计不适用《专利法实施细则》第13条的认定，没有现行法律的依据。专利复审委员会决定依据《专利法实施细则》及《专利审查指南》的相关规定，将同样的外观设计解释为两项外观设计相同或者相近似，并无不当。

根据《专利审查指南》的相关规定，任何人认为属于同一专利权人的具有相同申请日的两项专利权不符合《专利法实施细则》第 13 条第 1 款规定的，可以请求专利复审委员会宣告其中一项专利权无效。专利权人可以通过选择放弃另一项专利权来维持被请求宣告无效的专利权有效。因此，若本案外观设计专利与科万公司拥有的其他四项外观设计专利均为相近似的外观设计，则应当至少维持一项外观设计专利有效，而非将该五项外观设计专利全部宣告无效。而且，被宣告无效的专利自始即不存在，不应当再将其作为判断是否重复授权的对比文件。专利复审委员会将已经因重复授权被宣告无效的外观设计专利又作为宣告另一项外观设计专利无效的对比文件，于法不合。因此，专利复审委员会宣告本案专利以及其他四项外观设计专利无效的决定均违反了《专利法》第 47 条第 1 款以及《专利法实施细则》第 13 条第 1 款的规定。

但是，被专利复审委员会维持有效的“染色机（A）”外观设计专利与本案专利以及其他四项外观设计专利相比较，每个单元的外观设计均相同，所不同的只是单元数量的简单增加或者减少，并且为惯常的排列顺序，故上述外观设计应属于相近似的外观设计。亦即，就染色机（A）外观设计专利而言，本案专利以及其他四项外观设计专利均构成重复授权，故专利复审委员会决定宣告本案专利以及其他四项外观设计专利无效，在实体处理上并无不当。鉴于此，本院不再撤销专利复审委员会的决定，亦不再判令专利复审委重新作出决定。

根据行政诉讼法的有关规定，人民法院审理专利无效行政纠纷案件，应当对被诉行政决定的合法性进行审查，虽然在审查中可以对所争议专利权是否符合专利法规定的专利授权实质条件等问题作出判断，但不宜在判决主文中直接表述专利权的效力，原二审判决直接维持本案专利有效不当。

【案件信息】

科万商标投资有限公司诉专利复审委员会、佛山市顺德区信达染整机械有限公司外观设计专利权无效宣告系列案，最高人民法院（2008）行提字第 4、5、6、7、8 号行政判决书（2008 年 12 月 25 日，王永昌、王艳芳、李剑），北京市高级人民法院（2006）高行终字第 469、464、470、465、467 号行政判决书（2007 年 4 月 25 日，刘继祥、刘晓军、焦彦），北京市第一中级人民法院（2006）一中行初字第 540、509、539、525、524 号行政判决书（2006 年 6 月 20 日，仪军、侯占恒、赵明、江建中、芮松艳）。

案件来源：最高人民法院知识产权案件年度报告（2008）。

246 一般消费者不会基于设计要素变化伴随的技术效果而对该设计要素变化额外关注

247 功能性设计特征是在一般消费者看来仅由特定功能所决定无须考虑有无美感的特征

【裁判要旨】

功能性设计特征是指那些在该外观设计产品的一般消费者看来，由所要实现的特定功能唯一决定而并不考虑美学因素的设计特征。

功能性设计特征的判断标准并不在于该设计特征是否因功能或技术条件的限制而不具有可选择性，而在于一般消费者看来该设计特征是否仅仅由特定功能所决定，从而不需要考虑该设计特征是否具有美感；功能性设计特征对于外观设计的整体视觉效果通常不具有显著影响。

【关键词】

功能性｜美学因素｜整体视觉效果｜显著影响｜装饰性

【基本案情】

原告张迪军系专利号为200630128900.0、名称为“逻辑编程开关（SR14）”的外观设计专利权人。

第三人鑫隆公司以本专利不符合《专利法》第23条的规定为由提出无效宣告请求。其中证据7系授权公告日为2000年10月25日的第00302321.4号中国外观设计专利。附件7公开了一款旋转式开关的外观设计，其上部基本形状为上细下粗的近似阶梯状圆柱体，细柱上部一侧剖切，粗柱一侧有矩形凹槽；下部为近似扁方柱体，两对侧各有两只卡脚，另两对侧分别有三只引脚和两只引脚。

专利复审委员会认为：本专利与附件7主要形状构成的具体设计及其结合方式均是相同或者相近似的，属于相近似的外观设，本专利不符合《专利法》第23条的规定。决定：宣告本专利全部无效。

张迪军不服，提起诉讼。北京市第一中级人民法院判决：撤销专利复审委员会的决定，并重新作出审查决定。专利复审委员会与鑫隆公司均不服，提起上诉。

北京市高级人民法院判决：驳回上诉，维持原判。专利复审委员会仍不服，申请再审。最高人民法院提审后改判：撤销一审、二审判决，维持专利复审委员会决定。

【裁判理由】

最高人民法院认为：

产品的设计特征的功能性或者装饰性通常是相对而言的，绝对地区分功能性设计特征和装饰性设计特征在大多数情况下是不现实的。只有在特殊的情形下，某种产品的某项设计特征才可能完全由装饰性或者功能性所决定。因此，至少存在三种不同类型的设计特征：功能性设计特征、装饰性设计特征以及功能性与装饰性兼具的设计特征。

功能性设计特征是指那些在该外观设计产品的一般消费者看来，由所要实现的特定功能所唯一决定而并不考虑美学因素的设计特征。功能性设计特征与该设计特征的可选择性存在一定的关联性。如果某种设计特征是由某种特定功能所决定的唯一设计，则该种设计特征不存在考虑美学因素的空间，显然属于功能性设计特征。即使某种设计特征仅仅是实现某种特定功能的多种设计方式之一，只要该设计特征仅仅由所要实现的特定功能所决定而与美学因素的考虑无关，仍可认定其属于功能性设计特征。功能性设计特征的判断标准并不在于该设计特征是否因功能或技术条件的限制而不具有可选择性，而在于在一般消费者看来，该设计特征是否仅仅由特定功能所决定，从而不需要考虑该设计特征是否具有美感。

功能性设计特征对于外观设计的整体视觉效果通常不具有显著影响；装饰性特征对于外观设计的整体视觉效果一般具有影响；功能性与装饰性兼具的设计特征对整体视觉效果的影响则需要考虑其装饰性的强弱，其装饰性越强，对于对整体视觉效果的影响可能相对较大一些，反之则相对较小。

本专利与在先设计相比，存在两点区别：(1)在先设计的上部粗柱有矩形凹槽，本专利没有；(2)两者下部的引脚位置不同，本专利五只引脚均在底座的一个侧面上，在先设计只有三只引脚设置在底座的一个侧面上，另外两只引脚设置在底座的另一个相对的侧面上。

基于本案现有证据，无法确定在先设计产品是双轴可旋转的编程开关，亦无法确定其矩形凹槽用于与旋钮配合实现调节信号输出，因此区别特征一是功能性设计特征的依据不足。但是编码开关上部粗柱无矩形凹槽是一种普通的、常见的设计，对整体视觉效果不具有显著影响，不足以导致本专利与在先设计在整体视觉效果上出现明确差异。本专利与在先设计的相同之处对于整体视觉效果的影响更大,二者构成相近似的外观设计。

本专利和在先设计两者下部的引脚位置不同,引脚的数量与位置分布是由与之相配合的电路板所决定的,以便实现与不同电路板上节点相适配。引脚的位置分布是基于与之相配合的电路板布局的需要,以便实现两者的适配与连接,其中并不涉及对美学因素的考虑。因此,区别特征二是功能性设计特征,其对本专利产品的整体视觉效果并不产生显著影响。

【案件信息】

张迪军诉专利复审委员会、慈溪市鑫隆电子有限公司外观设计专利权无效宣告案,最高人民法院(2012)行提字第14号行政判决书(2012年6月29日,金克胜、朱理、杜微科),北京市高级人民法院(2010)高行终字第1459号行政判决书(2011年3月17日,张冰、刘晓军、谢甄珂),北京市第一中级人民法院(2010)一中知行初字第533号行政判决书(2010年10月24日,彭文毅、苏杭、李轶萌)。

案件来源:最高人民法院知识产权案件年度报告(2013),《最高人民法院公报》2013年第10期。

248 包含图形用户界面的外观设计专利应当指明通电后显示的部分,否则其内容不清楚[①]

【裁判要旨】

图形用户界面能否作为外观设计专利的保护客体,仍应当以《专利法》第2条第4款的规定为法律依据。以图形用户界面提出外观设计专利申请时,为便于准确确定外观设计的内容,申请人应当在图片、照片或者简要说明中,通过恰当的方式指明哪些部分属于通电后才能显示的图案。

① 2019年9月23日国家知识产权局以局公告第328号发布了专利《专利审查指南》的修改,其中第一部分第三章第4.4节"涉及图形用户界面的产品外观设计"对带图形用户界面的产品外观设计专利审查标准进行了全面、大幅的修改,相应的也会影响此类外观设计专利权的保护范围,因此在《专利审查指南》上述修改生效后的侵权案件中未必能参照本案及本书关于图形用户界面产品外观设计专利侵权裁判规则,对此敬请注意。

就包括图形用户界面的产品外观设计而言，应当提交整体产品外观设计视图。图形用户界面为动态图案的，申请人应当至少提交1个状态的上述整体产品外观设计视图，对其余状态可仅提交关键帧的视图，所提交的视图应当能唯一确定动态图案中动画的变化趋势。——2014年3月12日《国家知识产权局关于修改〈专利审查指南〉的决定》（局令第68号）

【关键词】

图形用户界面｜通电状态｜使用状态｜保护范围不清楚

【基本案情】

2010年7月26日，苹果公司提出名称为“便携式显示设备（带图形用户界面）”的外观设计专利申请。国家知识产权局原审查部门以涉案申请系《专利审查指南》所规定的“产品通电后显示的图案”不属于授予外观设计专利权的客体为由，对涉案申请予以驳回。苹果公司不服，向专利复审委员会提出复审请求。专利复审委员会对驳回决定予以维持。

苹果公司不服，提起诉讼。北京市第一中级人民法院认为：虽然涉案申请还包括了在产品通电状态下才能显示的图形用户界面，但其仍是对便携式显示设备在产品整体外观方面所进行的设计，亦能满足外观设计专利在工业应用和美感方面的要求，可以成为我国外观设计专利权的保护客体。据此判决：撤销专利复审委员会的决定并判令其重做。专利复审委员会不服，提起上诉。北京市高级人民法院判决：驳回上诉、维持原判。

【裁判理由】

法院认为：

《专利审查指南》在第1部分第3章第7.4节“外观设计专利申请的初步审查”部分中规定：产品通电后显示的图案，例如电子表表盘显示的图案、手机显示屏上显示的图案、软件界面等属于不授予外观设计专利权的情形。但是，《专利审查指南》仅是部门行政规章而法律或行政法规，人民法院在判断本申请中的外观设计是否属于我国外观设计专利权的客体时，仍应以《专利法》第2条第4款的规定为基础予以考虑。尽管《专利审查指南》规定“产品通电后显示的图案”属于不授予外观设计专利权的情形，但结合《专利法》第2条第4款及上述分析可知，该规定不应被扩大解释为只要是包含了产品通电后所显示图案的外观设计申请，均应被排除在授予外观设计专利权的范围之外。换言之，产品通电后显示的图案并非全部不能享有外观设计专利权保护，如本案之情形，若产品通电后显示的图形用户界面属于产品整体外观设计的一部分，或产品整体外观设计包括了图形用户界面，则由于此种外观设计专利申请实质上仍属于对产品整体外观所进行的设计，并不应以不符合《专利法》第 2 条第 4 款规定为由而被驳回。

本申请为便携式显示设备（带图形用户界面），是对便携式显示设备产品在整体形状和图案上所作出的外观设计。虽然本申请还包括了在产品通电状态下才能显示的图形用户界面，但并不能以此否定本申请在实质上仍是对便携式显示设备在产品整体外观方面所进行的设计。同时，本申请亦能满足外观设计专利在工业应用和美感方面的要求，故可以成为我国外观设计专利权的保护客体。

虽然产品整体外观设计包括了通电后才能显示的图形用户界面可以成为外观设计专利权的客体，但是，为了便于准确确定外观设计的内容，专利申请人应当在图片或照片中，或者在简要说明中，通过恰当的方式指明图片或照片中的哪些部分属于通电后才能显示的图案。

对于变化状态产品，应当以其使用状态所示的外观设计作为与对比设计进行比较的对象，其判断结论取决于对产品各种使用状态的外观设计的综合考虑。对于与本申请情况相似的包含了图形用户界面的产品外观设计申请而言，不仅应当考虑非通电状态下的产品整体外观设计，产品通电后所显示的富有设计美感的图形用户界面或因此而呈现出的使用状态同样也是设计者智力创造成果的直接体现，而且往往在同类产品非通电状态下整体外观相同或相近的情况下，成为吸引消费者并影响其购买决策的重要因素，相关产品亦可因不同的图形用户界面设计而形成区分。如果只保护电子产品在非通电状态下的整体外观设计，而不保护其中所包含的在通电状态下才显示的图形用户界面，则并不足以对设计者在此过程中所付出的创造性劳动给予充分保护，没有充分考虑到此类电子产品相较于其他产品的特殊性，也无法对相关设计产业形成有效的激励和促进，故应当对产品通电后才能显示的图形用户界面予以考虑。

【案件信息】

苹果公司诉专利复审委员会外观设计专利申请驳回复审案，北京市高级人民法院（2014）高行（知）终字第 2815 号判决书（2014 年 12 月 16 日，潘伟、吴斌、石必胜），北京市第一中级人民法院（2013）一中知行初字第 3760 号行政判决书（2014 年 4 月 18 日，邢军、许波）。

案件来源：2014 年中国法院十大创新性知识产权案件。

249 具体设计特征对整体视觉效果的影响权重不能仅根据直观视觉感知或所占比例确定

【裁判要旨】

判断具体设计特征对整体视觉效果的影响权重，应当基于一般消费者的知识水平和认知能力，从外观设计的整体出发，对其全部设计特征进行整体观察，在考察各设计特征对外观设计整体视觉效果影响程度的基础上，对能够影响整体视觉效果的所有因素进行综合考量。在判断具体特征对整体视觉效果的影响权重时，不能仅根据直观的视觉感知或者根据该特征在外观设计整体中所占比例的大小即贸然得出结论，而应当以一般消费者对设计空间的认知为基础，结合相应设计特征在外观设计整体中所处的位置、是否容易为一般消费者观察到，并结合该设计特征在现有设计中出现的频率以及该设计特征是否受到功能、美感或技术方面的限制等因素，确定各个设计特征在整体视觉效果中的权重。

【关键词】

外观设计专利权｜具体设计特征｜整体视觉效果｜权重｜直观视觉感知

【基本案情】

原告江铃公司系专利号为201330528226.5、名称为"越野车(陆风E32车型)"的外观设计专利权人。第三人路虎公司、麦戈文以本专利不符合2008年《专利法》第23条第1款、第2款为由分别提出无效宣告请求。

专利复审委员会认为，本专利与对比设计在整体视觉效果上没有明显区别，不符合2008年《专利法》第23条第2款的规定，遂决定：宣告本专利权全部无效。

江铃公司不服，提起诉讼。北京知识产权法院认为，本专利与对比设计在前车灯、进气格栅、细长进气口、雾灯、贯通槽、辅助进气口、倒U形护板、后车灯、装饰板、车牌区域及棱边等部位存在不同的设计特征，其组合后形成的视觉差异对SUV类型汽车的整体外观产生了显著的影响，足以使一般消费者将本专利与对比设计的整体视觉效果相区分。相比于相同点，上述不同点对于本专利与对比设计的整体视觉效果更具有显著影响，故本专利与对比设计具有明显区别。据此，判决:撤销被诉决定,并判令专利复审委员会重新作出无效宣告请求审查决定。专利复审委员会、路虎公司和麦戈文均不服,提起上诉。北京市高级人民法院判决:撤销一审判决,维持专利复审委员会的决定。

【裁判理由】

法院认为:

一般消费者是一个具有特定知识水平和认知能力的抽象的人,但在具体案件中,判断本专利与对比设计是否具有明显区别,必须结合本专利产品所属的种类,将一般消费者这一抽象概念具体化为与该产品相关的消费者群体。就本案而言,本专利与对比设计的产品均是SUV,即运动型多用途汽车,作为SUV外观设计判断主体的一般消费者,基于其对申请日前申请的专利、市场上销售的汽车、汽车广告中披露的信息以及汽车类书籍中公开的在先设计等现有设计状况和对该类汽车常用设计手法的了解,一般消费者应当知晓该类汽车的产品结构组成、主要部件的功能和设计特点,以及车身三维立体形状、各组成部分的比例和位置关系以及车身表面装饰件的形状、布局等均对整体视觉效果产生不同程度的影响。

判断具体设计特征对整体视觉效果的影响权重,应当基于一般消费者的知识水平和认知能力,从外观设计的整体出发,对其全部设计特征进行整体观察,在考察各设计特征对外观设计整体视觉效果影响程度的基础上,对能够影响整体视觉效果的所有因素进行综合考量。在判断具体特征对整体视觉效果的影响权重时,不能仅根据直观的视觉感知或者根据该特征在外观设计整体中所占比例的大小即贸然得出结论,而应当以一般消费者对设计空间的认知为基础,结合相应设计特征在外观设计整体中所处的位置、是否容易为一般消费者观察到,并结合该设计特征在现有设计中出现的频率以及该设计特征是否受到功能、美感或技术方面的限制等因素,确定各个设计特征在整体视觉效果中的权重。

就汽车外观设计而言,汽车的整体造型以及前、侧、后等各个面的设计特征均对整体视觉效果产生影响,至于不同面对整体视觉效果的影响权重,应当根据本专利产品所属汽车类型的特点,在划分设计特征以及将本专利与对比设计的相应特征进行对比的基础上,结合设计空间和现有设计状况,权衡车身各个面对整体视觉效果的影响权重,而不能仅依据设计顺序、难易程度即当然地断定汽车各个面对整体视觉效果的影响权重顺序。

从整体上观察,本专利与对比设计在车身前面和后面形成的视觉效果差异在整体视觉效果中所占的权重要明显低于两者之间相同点所产生的趋同性视觉效果的权重。本专利与对比设计相比，二者之间的差异未达到“具有明显区别”的程度，本专利不符合2008年《专利法》第23条第2款规定的授权条件，应宣告无效。

【案件信息】

江铃控股有限公司诉专利复审委员会、捷豹路虎有限公司、杰拉德·加布里埃尔·麦戈文外观设计专利权无效案，北京市高级人民法院（2018）京行终4169号行政判决书（2018年11月28日，周波、苏志甫、俞惠斌），北京知识产权法院（2016）京73行初4497号行政判决书（2018年3月26日，张晓霞、王东勇、章瑾）。

案件来源：2018年中国法院十大知识产权案件。

250 汽车外观中有共性的外形轮廓对视觉效果影响有限，设计特征的变化更能引起注意

【裁判要旨】

2000年《专利法》第23条规定的“外观设计相同或者相近似”的判断方法：基于被比设计产品的一般消费者的知识水平和认知能力，对被比设计与在先设计进行整体观察，综合判断两者的差别对于产品外观设计的视觉效果是否具有显著影响。

外观设计相同或者相近似的判断，应当基于被比设计产品的一般消费者的知识水平和认知能力，根据外观设计的全部设计特征，以整体视觉效果进行综合判断。整体，包括产品可视部分的全部设计特征，而非其中某特定部分；综合，是指对能够影响产品外观设计整体视觉效果的所有因素的综合。

汽车产品外观中具有共性的外形轮廓特征对一般消费者的视觉效果影响比较有限，而设计特征的变化会更多地引起一般消费者的注意。此类产品中具有共性的外形轮廓特征对一般消费者的视觉效果影响比较有限，而设计特征的变化会更多地引起一般消费者的注意。

【关键词】

外观设计相同相近似｜一般消费者｜整体视觉效果｜共性特征｜设计特征

【基本案情】

原告本田株式会社系专利号为01319523.9、名称为“汽车”的外观设计专利权人。

第三人双环公司、新凯公司分别申请宣告本专利无效。专利复审委员会认为,本专利与证据1属于相近似的外观设计,决定宣告本专利权无效。

本田株式会社不服,提起诉讼。北京市第一中级人民法院认为判决:维持专利复审委员会的决定。本田株式会社不服,提起上诉。北京市高级人民法院判决:驳回上诉,维持原判。本田株式会社仍不服,申请再审。最高人民法院提审后判决:撤销一审、二审判决及专利复审委员会决定。

【裁判理由】

最高人民法院认为:

外观设计相同或者相近似的判断,应当基于被比设计产品的一般消费者的知识水平和认知能力,根据外观设计的全部设计特征,以整体视觉效果进行综合判断。一般消费者的特点是,对被比设计产品的同类或者相近类产品的外观设计状况具有常识性的了解,对外观设计产品之间在形状、图案以及色彩上的差别具有一定的分辨力,但不会注意到产品的形状、图案以及色彩的微小变化。所谓常识性的了解,是指通晓相关产品的外观设计状况而不具备设计的能力,但并非局限于基础性、简单性的了解;所谓整体,包括产品可视部分的全部设计特征,而非其中某特定部分;所谓综合,是指对能够影响产品外观设计整体视觉效果的所有因素的综合。

诉争类型汽车外观设计的“整体”,不仅包括汽车的基本外形轮廓以及各部分的相互比例关系,还包括汽车的前面、侧面、后面等,应当予以全面观察。在综合判断时,应当根据诉争类型汽车的特点,权衡诸部分对汽车外观设计整体视觉效果的影响。就本案诉争的汽车类型而言,因该类汽车的外形轮廓都比较接近,故该共性设计特征对于此类汽车一般消费者视觉效果的影响比较有限。相反,汽车的前面、侧面、后面等部位的设计特征的变化,则会更多地引起此类汽车一般消费者的注意。本专利所示汽车的外观设计与证据1所示汽车的外观设计相比,在前大灯、雾灯、前护板、格栅、侧面车窗、后组合灯、后保险杠、车顶轮廓等装饰性较强部位均存在差别。特别是,本专利的汽车前大灯采用近似三角形的不规则四边形设计,配合带有小护牙的倒U形的前护板和中间带有横条的格栅;汽车侧面后车窗采用不规则四边形设计,且后窗玻璃与后组合灯之间由窗框所分离,配合车身上部与下部的平滑过渡;汽车后面采用后组合灯从车顶附近开始一直延伸至后保险杠翘起部的“上窄下宽”的柱形灯设计,配合带有护牙的U形后保险杠,都比较突出、醒目,具有较强的视觉冲击力。显然,这些差别对于本案诉争类型汽车的一般消费者而言是显而易见的,足以使其将本专利图片所示汽车外观设计与证据1所示汽车外观设计的整体视觉效果区别开来。因此,上述差别对于本专利与证据1汽车外观设计的整体视觉效果具有显著的影响,二者不属于相近似的外观设计。

【案件信息】

本田技研工业株式会社诉专利复审委员会、石家庄双环汽车股份有限公司、河北新凯汽车制造有限公司破产清算组外观设计专利权无效宣告案,最高人民法院(2010)行提字第3号行政判决书(2010年11月26日,王永昌、李剑、罗霞),北京市高级人民法院(2007)高行终字274号行政判决书(2007年9月28日,刘辉、岑宏宇、张冬梅),北京市第一中级人民法院(2006)一中行初字第779号行政判决书(2006年12月25日,仪军、赵明、侯占恒)。

案件来源:最高人民法院知识产权案件年度报告(2010),2010年中国法院知识产权司法保护十大案件。

第二节　侵害外观设计专利权诉讼

251　包括图形用户界面的产品外观设计专利中的产品要素对该专利保护范围有限定作用

【裁判要旨】

在针对“包括图形用户界面的产品外观设计”并无专门侵权认定规则的情况下,应适用现有的外观设计侵权规则。外观设计专利权保护范围的确定需要同时考虑产品及设计两要素。主张保护的专利视图中所显示的产品为电脑,其名称亦为“带图形用户界面的电脑”,因此,“电脑”这一产品对于该专利的权利保护范围具有限定作用。

被诉侵权行为是被告向用户提供被诉侵权软件的行为,因被诉侵权软件并不属于外观设计产品的范畴,被诉侵权软件亦未落入涉案专利的保护范围。即便确被诉侵权软件属于侵权产品的“零部件”或“中间物”,也不能证明用户存在销售或许诺销售预装有被诉侵权软件的电脑的行为,而被告存在对用户的教唆等帮助行为,故也不构成帮助侵权。

【关键词】

外观设计|图形用户界面|保护范围|产品要素|设计要素

【基本案情】

原告奇智公司和奇虎公司(合称360公司)系专利号为201430329167.3,名称为“带图形用户界面的电脑”的外观设计专利人。被告江民公司开发并发布了被诉侵权软件“江民优化专家”。360公司认为,被诉侵权软件的界面图像与其外观设计相同,两者构成相似的外观设计,江民公司的行为构成对其专利权的直接侵犯。故提起诉讼,请求判令江民公司停止侵权行为,刊登声明,消除影响,赔偿损失及合理开支500万元。

北京知识产权法院判决:驳回360公司的诉讼请求。

【裁判理由】

法院认为:

360公司专利为“带图形用户界面的电脑”,属于国家知识产权局2014年3月12日颁布的第68号令中所规定的“包括图形用户界面的产品外观设计”。在针对该新类型外观设计并无专门侵权认定规则的情况下,本案的审理仍适用现有的外观设计侵权规则。

外观设计专利权保护范围的确定需要同时考虑产品及设计两要素,无论是其中的产品要素还是设计要素均以图片或照片中所显示内容为依据。本案专利视图中所显示的产品为电脑,其名称亦为“带图形用户界面的电脑”,可见其为用于电脑产品上的外观设计,“电脑”这一产品对于该专利的权利保护范围具有限定作用。

在对“包含图形用户界面的产品”尚不存在独立于现有外观设计法律规则之外的特殊规则时,适用于该类产品的规则与适用于其他产品的规则不应有所不同。因此,如果对于“包含图形用户界面的产品”而言,产品仅是设计的附着物,不会对外观设计的保护范围产生影响,则依据同样的规则,对于任何外观设计而言,产品均应被视为设计的附着物,对于外观设计的保护范围不具有限定作用。这一情形意味着在外观设计保护范围的确定上仅需要考虑设计要素,而无须考虑产品要素,这显然是与述法律规定相悖的。

本案被诉侵权行为是江民公司向用户提供被诉侵权软件的行为，因被诉侵权软件并不属于外观设计产品的范畴，相应地，其与涉案专利的电脑产品不可能构成相同或相近种类的产品，据此，即便被诉侵权软件的用户界面与涉案专利的用户界面相同或相近似，被诉侵权软件亦未落入涉案专利的保护范围。

被诉侵权行为构成帮助侵权行为的前提之一是用户具有直接实施涉案专利的行为。本案中，用户实施的行为仅为下载被诉侵权软件至其电脑的行为，并不存在制造、许诺销售、销售电脑等行为。360 公司虽主张用户存在销售或许诺销售预装有被诉侵权软件的电脑的可能性，但原告并未提交证据证明存在这一事实。基于此，在本案中并不存在直接实施涉案专利行为的情况下，即便确如 360 公司所述被诉侵权软件属于侵权产品的中间物，江民公司提供被诉侵权软件的行为亦不可能构成帮助侵权行为。

【案件信息】

北京奇虎科技有限公司、奇智软件（北京）有限公司诉北京江民新技术有限公司侵害外观设计专利权案，北京知识产权法院（2017 年 12 月 25 日，姜颖、芮松艳、周丽婷）。

案件来源：中国裁判文书网。

252 图形用户界面的差异应当作为外观设计近似性判断中影响整体视觉效果的考量因素

【裁判要旨】

在进行近似性对比时，授权外观设计区别于现有设计的设计特征相对于授权外观设计的其他设计特征，通常对整体视觉效果更具有影响。

被诉侵权产品与涉案专利外观设计进行比对过程中图形用户界面差异应当作为近似性比对的考量因素之一。

【关键词】

近似外观设计｜现有设计｜设计特征｜图形用户界面｜整体视觉效果

【基本案情】

原告必达公司系专利号为 201130143391. X、名称为“门锁（V1）”的外观设计专利权人。被告力维公司销售了型号为 LIS2018 – TDT – 1330 的智能锁，该产品由前、后面板、锁体及门把手等部分组成。被诉侵权产品是电子产品，通电后轻触前面板上部，会出现 1～9 和＊、#号的发亮键盘，随后会剩余随机两个数字，然后按该两个数字就会解锁成功，随后会出现“welcome”字样及全部数字，而涉案专利无此设计。

必达公司认为被诉侵权产品的外观与其专利构成相近似外观设计，因此提起诉讼，请求判令力维公司停止制造、销售、许诺销售被诉侵权产品并销毁库存侵权产品，赔偿济损失 15 万元及相应合理开支。

广州知识产权法院判决：力维公司停止制造、销售、许诺销售被诉侵权产品，并销毁库存侵权产品，赔偿必达公司损失 8 万元及合理开支 1 万元。力维公司不服，提起上诉。广东省高级人民法院判决：撤销一审判决，驳回必达公司的诉讼请求。必达公司不服，申请再审。最高人民法院裁定：驳回其再审申请。

【裁判理由】

法院认为：

在进行近似性对比时，授权外观设计区别于现有设计的设计特征相对于授权外观设计的其他设计特征，通常对整体视觉效果更具有影响。被诉侵权设计与涉案专利外观设计因存在诸多差别，对整体视觉效果足以产生显著的影响，应当认定两者不近似，被诉侵权设计未落入涉案专利的保护范围。

在对被诉侵权产品与涉案专利外观设计进行比对过程中，把图形用户界面差异作为近似性比对的考量因素之一，主要是基于以下理由：

第一，随着科学技术的迅猛发展，具有图形用户界面的电子产品日益普遍。锁类产品逐渐发展为智能化电子锁，可以借助图形用户界面完成锁具的开关功能，进入社会公众的日常生活。人民法院在审理外观设计侵权案件时，应当正视科技发展的实际状况，不应当完全排除图形用户界面对整体视觉效果产生的影响。

第二，我国专利法实施以来，对于图形用户界面长期以来未给予保护，强调给予保护的产品图案应当是固定的、可见的，而不应是时有时无的或者需要在特定的条件下才能看见的。但是 2014 年 3 月 12 日，国家知识产权局修改了《专利审查指南》，第 1 部分第 3 章第 7.4 节第 1 段第（11）项被修改，不纳入保护范围的客体限定为游戏界面以及与人机交互无关或者与实现产品功能无关的产品显示装置所显示的图案。从而把图形用户界面纳入外观设计专利的保护客体之中。因此，人民法院在审理外观设计侵权案件时，应当顺应专利保护政策变化对侵权判定方式的影响。

第三,《侵犯专利权案件解释》第11条第2款规定,产品正常使用时容易被直接观察到的部位相对于其他部位,通常对外观设计的整体视觉效果更具有影响。该规定表明,产品使用时所具有的状态,包括通电状态下的图形用户界面作为电子产品的使用状态之一,对于确定被诉侵权产品是否落入外观设计专利权保护范围同样具有重要影响,可以纳入近似性判断考量因素之中。

第四,作为智能化电子锁具的一般消费者而言,无论是智能化电子锁具的终端用户,还是安装智能化电子锁具的工程技术人员,在选择智能化电子锁时,都不可能对使用状态下的图形用户界面视而不见。相反,使用状态下的图形用户界面的差异很可能增强或减弱一般消费者的购买欲望,影响一般消费者的购买决策。最后,在对被诉侵权设计与涉案专利外观设计进行是否构成近似的判断时,要坚持整体观察、综合判断的方法,智能化电子锁的图形用户界面仅是近似性判断的考量因素之一。如果经过比对,被诉侵权设计的智能化电子锁的图形用户界面在整体设计中所占比重较小,对整体视觉效果影响不大,并不能仅因被诉侵权的智能化电子锁存在图形用户界面而推翻被诉侵权产品设计与涉案专利外观设计构成近似的结论。而当被诉侵权设计与涉案专利外观设计比对后,包括智能化电子锁的图形用户界面在内的被诉侵权产品设计与涉案专利外观设计在整体视觉效果上具有实质性差异时,则可以得出两者不相近似的结论。

【案件信息】

广东必达保安系统有限公司诉广东力维智能锁业有限公司侵害外观设计专利权案,最高人民法院(2017)最高法民申3201号民事裁定书(2017年10月30日,李剑、朱理、李丽),广东省高级人民法院(2016)粤民终1104号民事判决书(2017年6月12日,王晓明、岳利浩、欧丽华),广州知识产权法院(2015)粤知法专民初字第1235号民事判决书。

案件来源:2017年中国法院50件典型知识产权案例(二审判决),2017年广东法院知识产权审判十大案件(二审判决)。

253 确定外观设计专利产品类别应以具有独立存在形态可以单独销售的产品用途为依据

【裁判要旨】

确定外观设计专利产品类别,应以具有独立存在形态、可以单独销售的产品的用途为依据;外观设计专利的保护范围限于相同或者相近种类产品的外观设计。

【关键词】

外观设计|产品类别|独立存在|可以单独销售|产品用途

【基本案情】

原告弓箭国际分别拥有名称分别为:"餐具用贴纸(柠檬)"(专利1)、"餐具用贴纸(苹果)"(专利2)的外观设计专利权。2009年3月18日,鑫辉达公司申报出口的一批厨房用玻璃水杯因涉嫌侵权被海关扣留,其中19箱798个玻璃杯上贴有柠檬图案,与本专利1的图案形状近似;17箱630个玻璃杯上贴有青苹果图案,与本专利2相同,区别在于其中的苹果颜色为绿色。该批玻璃杯系被告兰之韵厂生产并销售给鑫辉达公司的,其上图案系用油墨印刷而成。

弓箭国际据此提起诉讼,请求判令鑫辉达公司停止销售被诉侵权产品,兰之韵厂停止生产和销售被诉侵权产品,共同赔偿损失及合理开支10万元并登报消除影响。

浙江省宁波市中级人民法院判决:鑫辉达公司停止销售被诉侵权产品并赔偿损失及合理开支1.5万元,兰之韵厂停止生产和销售被诉侵权产品并赔偿损失及合理开支5万元。兰之韵厂不服,提起上诉。浙江省高级人民法院判决:撤销一审判决,驳回弓箭国际的诉讼请求。弓箭国际不服,申请再审。最高人民法院裁定:驳回其再审申请。

【裁判理由】

最高人民法院认为:

外观设计应当以产品为依托,不能脱离产品独立存在。因为外观设计专利必须附着在产品载体上,所以外观设计专利需要和产品一并保护。《侵犯专利权案件解释》第8条规定:"在与外观设计专利产品相同或者相近种类产品上,采用与授权外观设计相同或者近似外观设计的,人民法院应当认定被诉侵权设计落入专利法第五十九条第二款规定的外观设计专利权的保护范围。"可见,确定被诉侵权产品与本外观设计专利产品是否属于相同或者相近的种类是判断被诉侵权设计是否落入外观设计专利权保护范围的前提。《侵犯专利权案件解释》第9条规定:"人民法院应当根据外观设计产品的用途,认定产品种类是否相同或者相近。确定产品的用途,可以参考外观设计的简要说明、国际外观设计分类表、产品的功能以及产品销售、实际使用的情况等因素。”本专利产品是“餐具用贴纸(柠檬)/(苹果)”,其用途是美化和装饰餐具,具有独立存在的产品形态,可以作为产品单独销售。被诉侵权产品是玻璃杯,其用途是存放饮料或食物等。虽然被诉侵权产品上印刷有与本外观设计相近的图案,但该图案为油墨印刷而成,不能脱离玻璃杯单独存在,不具有独立的产品形态,也不能作为产品单独销售。被诉侵权产品和本专利产品用途不同,不属于相同种类产品,也不属于相近种类产品。因此,被诉侵权产品的外观设计未落入本外观设计专利权的保护范围,弓箭国际的申请再审理由不成立。

【案件信息】

弓箭国际诉义乌市兰之韵玻璃工艺品厂、深圳市鑫辉达贸易有限公司侵害外观设计专利权案,最高人民法院(2012)民申字第 41 号、第 54 号民事裁定书(2012 年 5 月 3 日,金克胜、罗霞、杜微科,王永昌、秦元明、李剑),浙江省高级人民法院(2010)浙知终字第 153 号、第 152 号民事判决书(2011 年 2 月 10 日,王亦非、周卓华、伍华红),浙江省宁波市中级人民法院(2009)浙甬知初字第 78 号、第 77 号民事判决书。

案件来源:最高人民法院知识产权案件年度报告(2012)。

254 外观设计产品种类判断中可参考产品销售实际使用情况认定其用途是否相同相近似

【裁判要旨】

在外观设计专利侵权判定中,确定产品种类是否相同或相近的依据是产品是否具有相同或相近似的用途,产品销售、实际使用的情况可以作为认定用途的参考因素。

【关键词】

外观设计专利 | 产品种类 | 用途 | 实际使用 | 国际外观设计分类表

【基本案情】

原告越远公司系专利号为 200630000974.6、名称为“工艺品(凤梨拼盘)”的外观设计专利权的独占被许可人。

被告李欣彩销售了由被告维多利公司生产、销售的名称为“旺来拼盘吸冻”,

该产品外形整体为承载在托盘上凤梨，自上而下由3部分构成，顶层是叶子，叶子朝上伸展；中间层是由若干颗粒捆扎而成的圆柱形果实，圆柱形果实的内部填充了具有可食用性的果冻，每一粒果实大小一致，紧密排列；底层是带底座的托盘。销售时，顶层的装饰物、底层的托盘与中间层的圆柱形果实一同销售。根据产品实际使用情况，被诉侵权产品除供食用外，消费者购买后也可以将其作为贡品和摆设，达到装饰的效果。

越远公司提起诉讼，请求判令维多利公司和李欣彩停止侵权，赔偿损失8万元。

福建省厦门市中级人民法院认为：被诉侵权产品与本专利用途不同，功能不同，分属国际外观设计分类表中的不同类别，故未落入本专利保护范围。因此判决：驳回越远公司的诉讼请求。越远公司不服，提起上诉。福建省高级人民法院认为这，被诉侵权产品也同时具有装饰的功能会用途，与本专利属于相近似外观设计，维多利公司使用与本专利近似的外观设计构成侵权。因此判决：维多利公司和李欣彩停止侵权，维多利公司赔偿损失2万元。维多利公司不服，申请再审。最高人民法院裁定：驳回其再审申请。

【裁判理由】

最高人民法院认为：

外观设计不能脱离其产品而单独存在，但外观设计专利的保护客体并非产品本身，也并非脱离外观设计专利限定的产品类别抽象出来的设计方案。在确定外观设计专利权的保护范围时，产品的种类以及外观设计均是需要考虑的因素，只有在相同或相近种类的产品外观设计之间才能进行相同或相似的比较判断。如果在与外观设计专利产品相同或者相近种类产品上，被诉侵权产品采用了与授权外观设计相同或者近似的外观设计的，则应当认定为落入了该外观设计专利权的保护范围。确定是否属于相同或相近种类产品的依据是产品是否具有相同或相近的用途，尽管本外观设计专利产品的类别是《国际外观设计分类表》第11类装饰类中的“11－02”，但《国际外观设计分类表》是专利管理部门对外观设计专利申请文件和文献资料进行管理的工具，仅是判断产品种类的参考因素之一，并不是作为确定产品种类的唯一依据。确定产品种类相同或相近的依据是产品是否具有相同或相近似的用途，而产品销售、实际使用的情况是认定用途的参考因素。根据产品实际使用情况，被诉侵权产品除供食用外，消费者购买后也可以将其作为贡品和摆设，达到装饰的效果。尽管被诉侵权产品的果实中盛装了果冻，具有食用的功能，但由于其与本专利产品具有相同的装饰用途，根据《侵犯专利权案件解释》第 9 条规定，被诉侵权产品与本外观设计专利产品种类相近。

被诉侵权产品由于构成圆柱形果实的每一粒的造型为不规整的椭圆状，当若干颗粒通过拼插形成圆柱形果实的中间层时，其所呈现的外观，与本专利的外观设计相比，一般消费者通过整体观察，上述的区别点仅属于局部细微差别，对整体视觉效果没有实质性影响。因此，被诉侵权产品与本专利为相近似外观设计。

【案件信息】

漳州市越远食品有限公司诉福建省晋江市青阳维多利食品有限公司、李欣彩侵害外观设计专利权案，最高人民法院(2013)民申字第 1658 号民事裁定书(2013 年 9 月 26 日，周翔、罗霞、周云川)，福建省高级人民法院(2013)闽民终字第 65 号民事判决书。

案件来源：最高人民法院知识产权案件年度报告(2013)。

255 专利保护产品整体外观设计的，不应将整体拆分改变原使用状态后再进行近似比对

【裁判要旨】

外观设计近似性的判断，应当基于一般消费者的知识水平和认知能力，根据外观设计的全部设计特征，以整体视觉效果进行综合判断。

当专利保护的是产品整体外观设计时，不应当将产品整体予以拆分、改变原使用状态后进行比对。如果实物照片真实反映了被诉侵权产品的客观情况，可以使用照片中的被诉侵权产品与本案专利进行比对。

【关键词】

外观设计近似性 | 整体外观设计 | 拆分、改变原使用状态 | 实物照片 | 一般消费者

【基本案情】

原告本田株式会社系专利号为 01319523.9、名称为“汽车”外观设计专利权人。被告双环股份公司、双环有限公司共同制造、销售了被诉侵权产品“双环来宝 S－RV”汽车。

2003 年 11 月 24 日，本田株式会社向北京市高级人民法院起诉双环股份公司等，请求判令赔偿损失 10000 万元。同期，河北省石家庄市中级人民法院受理了双环股份公司诉本田株式会社确认不侵害专利权案。2004 年 6 月 24 日，最高人民法院指定由石家庄市中级人民法院将北京市高级人民法院受理的 ZL01319523.9 号专利侵权案与该院审理的确认不侵害专利权案合并审理；石家庄市中级人民法院将其受理的本田株式会社 ZL01302609.7 号、ZL01302610.0 号外观设计专利（汽车保险杠部分）侵权案移送至北京市高级人民法院审理。

双环股份公司、双环有限公司于 2007 年 2 月底停止了被诉侵权产品的生产、销售。

本田株式会社于 2011 年 6 月 22 日提出撤回侵权诉讼申请并获得准许。嗣后，本田株式会社将请求赔偿的数额增加到 34857.04 万元向河北省高级人民法院提起本案侵权诉讼。2012 年 5 月 22 日，最高人民法院裁定由河北省高级人民法院将本案及石家庄市中级人民法院受理的双环股份公司诉本田株式会社确认不侵害专利权纠纷案合并审理。

河北省高级人民法院判决：驳回本田株式会社侵害外观设计专利权的诉讼请求。本田株式会社不服，提起上诉。最高人民法院判决：驳回上诉，维持原判。

【裁判理由】

最高人民法院认为：

外观设计专利侵权的比对时，当实物的照片真实反映了物体的客观情况，将照片中反映的外观设计与授权专利的图片或者照片中的外观设计进行比对，是授权确权或者侵权纠纷中认定在先设计或者被诉侵权产品外观设计常用的操作方法。本田株式会社提交并经双环股份公司认可的被诉侵权产品的照片，经勘查与实物并不存在明显的视觉差异，因此可以用来进行对比。

所谓整体观察，是指在产品正常使用状态下的可视整体外观，不应当将产品整体予以拆分、改变原使用状态后，对产品的部分外观设计进行对比。被诉侵权产品的外观设计是销售商销售其产品时所呈现给消费者的整体可视、产品正常使用状态下的外观设计。本田株式会社虽主张被诉侵权产品安装的前、后保险杠护板、行李架横杆、导流板等涉案专利图片中不涉及的部件均为选装件，应当拆除后进行比对，但其并没有证据证明销售的被诉侵权产品中不包括上述选装件，而且对上述所谓选装件的拆除会影响产品性能、改变产品销售时的外观形态，呈现的不是消费者在购买后正常使用下所观察到的外观状态。

汽车保险杠作为整车的部件，在被诉侵害保险杠外观设计专利权时，可以以零部件单独销售时的状态进行侵权比对，但本案本田株式会社是以整车的外观设计专利提起诉讼，应以被诉侵权产品销售、使用时的整体外观设计为观察比对对象。

一般消费者是法律虚拟的一个概念，其所具有的"常识性了解"与一般的汽车发烧友并不一致；本田株式会社所述媒体报道均是以本田汽车产品，而非涉案专利作为评判参照物，因此不能将其提交的各类媒体刊登的文章、评论、汽车发烧友的评论以及专家论证意见作为一般消费者的认知。

在比较判断确定的区别设计特征是否对整体视觉效果具有显著的影响时，产品使用时容易看到的部位的设计变化相对于不容易看到或者看不到的部位的设计变化，通常对整体视觉效果更具有显著影响。(2010)行提字第3号判决所认定的授权外观设计区别于现有设计的设计特征——前大灯、雾灯、前护板、格栅、侧面车窗、后组合灯、后保险杠、车顶轮廓——通常对外观设计的整体视觉效果更具有影响，在本案侵权纠纷中亦应重点考虑。

被诉侵权产品与涉案专利作为运动型休闲类汽车，被诉侵权产品的设计特征与涉案专利的设计特征在汽车三仓的比例分配及前大灯、雾灯、前护板、格栅、车顶轮廓等部位存在的不同设计特征及其组合后形成的视觉差异，对两者的整体外观产生了显著影响，足以使一般消费者将两者区别开来，因此被诉侵权产品未落入涉案专利权保护范围。

【案件信息】

本田技研工业株式会社诉石家庄双环汽车股份有限公司、石家庄双环汽车有限公司、石家庄双环新能源汽车有限公司侵害外观设计专利权案，最高人民法院(2014)民三终字第8号民事判决书(2015年7月23日，周翔、罗霞、周云川)；河北省高级人民法院(2012)冀民三初字第2号民事判决书(2014年2月19日)。

案件来源：最高人民法院知识产权案件年度报告(2015)。

256 外观设计近似判断应根据相同设计特征与区别设计特征对整体视觉效果的影响确定

257 适用法定赔偿应当考虑专利类型、剩余保护期、产品通常利润率、专利贡献率等因素加以确定

【裁判要旨】

外观设计近似性判断时，既要考虑被诉侵权产品与授权专利的相似性，也考虑两者的差异性，就两者的相同设计特征与区别设计特征对整体视觉效果的影响分别进行分析，得出认定结论。

适用法定赔偿时，应当考虑专利类型、侵权发生时专利剩余期限、被诉侵权产品的通常利润率、专利在产品利润中所占比例大小等综合确定。

【关键词】

侵害外观设计专利权｜近似性｜相同设计特征｜区别设计特征｜整体视觉效果

【基本案情】

原告晨光公司系专利号为200930231150.3、名称为“笔（AGP67101）”的外观设计专利权人，申请日为2009年11月26日，授权公告日为2010年7月21日，目前处于有效状态。

被告坤森公司在“天猫”网上经营“得力坤森专卖店”，销售被告得力公司生产的得力A32160中性笔。晨光公司认为该产品侵犯其涉案专利权，提起诉讼，请求判令坤森公司和得力公司停止侵权，销毁库存侵权产品以及制造侵权产品的专用设备、模具，得力公司赔偿损失180万元及合理开支20万元。

上海知识产权法院判决：得力公司停止制造、销售侵犯晨光公司涉案外观设计专利权产品的行为，坤森公司停止许诺销售、销售侵犯晨光公司涉案外观设计专利权产品的行为，得力公司赔偿原晨光公司损失5万元及合理开支5万元。

【裁判理由】

法院认为：

被诉侵权产品与原告专利产品均为笔，系相同种类产品。两者在整体视觉效果上存在一定差异，外观设计并不相同。因此，案件主要争议在于，被诉侵权设计与授权外观设计是否构成近似，即两者在整体视觉效果上是否存在实质性差异。

在判断被诉侵权设计与授权外观设计在整体视觉效果上是否存在实质性差异时，既应考虑被诉侵权设计与授权外观设计的相似性，也应考虑其差异性。应分别考察被诉侵权设计与授权外观设计的相同设计特征与区别设计特征对整体视觉效果的影响，根据整体观察，综合判断的原则进行判定。

就相同设计特征来说，授权外观设计的笔杆主体形状、笔杆顶端形状、笔帽主体形状、笔帽顶端形状、笔帽相对于笔杆的长度、笔夹与笔帽的连接方式、笔夹长出笔帽的长度等方面的设计特征，在整体上确定了授权外观设计的设计风格，而这些设计特征在被诉侵权设计中均具备，可以认定两者在整体设计风格及主要设计特征上构成近似。

对于两者所存在的区别点对整体视觉效果的影响：(1)笔夹内侧的平滑设计系惯常设计，且处于一般消费者不易观察到的部位，对整体视觉效果的影响极其有限；(2)笔夹下端的弧形区别，仅是整支笔乃至笔夹的细微局部差别，不足以影响整体视觉效果；(3)笔夹外侧的长方形锥台突起虽然在笔夹上占据了较大面积，但笔夹对于笔的整体视觉效果的影响首先在于它的整体形状、大小、与笔帽的连接方式及长出笔帽的长度比例等，在这些因素均相同的情况下，笔夹外侧的锥台突起对于整支笔的整体视觉效果影响有限，不足以构成实质性差异；(4)笔杆上的凹线设计位于笔杆靠近笔尖约三分之一处，只是横向环绕在笔杆上，面积很小，属于局部设计特征，对整体视觉效果的影响亦有限。综上，被诉侵权设计与授权外观设计所存在的上述四点区别设计特征，不足以构成对整体视觉效果的实质性差异。

本案授权外观设计的简要说明中并未明确要求保护色彩，在确定其保护范围及侵权判定时，不应将色彩考虑在内。此外，从图片或照片中显示的授权外观设计来看，其并不存在因形状产生的明暗、深浅变化等所形成的图案，故在侵权判定时，图案要素亦不应考虑在内。被诉侵权设计在采用与授权外观设计近似的形状之余所附加的色彩、图案等要素，属于额外增加的设计要素，对侵权判断不具有实质性影响。

根据整体观察、综合判断的原则，被诉侵权设计采用了与授权外观设计近似的设计风格，使用了影响授权外观设计整体视觉效果的设计特征，其与授权外观设计的区别点不足以对整体视觉效果产生实质性影响，即不构成实质性差异，构成近似落入原告外观设计专利权的保护范围。得力公司未经许可制造、销售被诉侵权产品的行为，以及坤森公司未经许可销售、许诺销售被诉侵权产品的行为，构成对外观设计专利权的侵犯。

适用法定赔偿时，主要考虑以下因素：(1)涉案专利为外观设计专利；(2)专利有效期自2009年11月26日开始，侵权行为发生时保护期已近半；(3)笔类产品的利润有限；(4)消费者在选购笔类产品时，除形状外，笔的品牌、笔芯质量、外观图案、色彩等，都是其主要的考虑因素，即得力公司使用授权外观设计形状所获侵权利润只是被诉侵权产品获利的一部分，不能将被诉侵权产品的全部利润作为本案侵权获利。根据以上因素，结合本案其他情节，确定得力公司赔偿损失5万元。

【案件信息】

上海晨光文具股份有限公司诉得力集团有限公司、济南坤森商贸有限公司侵害外观设计专利权案，上海知识产权法院(2016)沪73民初113号民事判决书(2016年12月20日，王秋良、刘军华、徐飞)。

案件来源：2016年中国法院十大知识产权案件。

258 被诉侵权产品在与专利相同相近似之外还额外增加设计要素的，不影响侵权认定

【裁判要旨】

在确定外观设计专利权的保护范围以及侵权判断时，应当以图片或者照片中的形状、图案、色彩设计要素为基本依据。

在与外观设计专利产品相同或者相近种类产品上，采用与外观设计专利相同或者近似的外观设计的，人民法院应当认定被诉侵权产品落入外观设计专利权的保护范围。被诉侵权产品在采用与外观设计专利相同或者近似的外观设计之余，还附加有其他图案、色彩设计要素的，如果这些附加的设计要素属于额外增加的设计要素，则对侵权判断一般不具有实质性影响。

【关键词】

侵害外观设计专利权｜保护范围｜设计要素｜额外增加的设计要素

【基本案情】

原告马培德公司系专利号为200430002915.3、名称为“剪刀”的外观设计专利权人。其以被告邦立公司、伊利达公司共同生产、销售被诉侵权产品为由提起诉讼,请求判令邦立公司、伊利达公司立即停止侵权行为,销毁侵权产品及其生产模具,共同赔偿马培德公司损失及合理开支10万元。

广东省广州市中级人民法院判决:驳回马培德公司的全部诉讼请求。马培德公司不服,提起上诉。广东省高级人民法院判决:驳回上诉,维持原判。马培德公司仍不服,申请再审。最高人民法院裁定:驳回其再审申请。

【裁判理由】

最高人民法院认为:

在确定外观设计专利权的保护范围以及侵权判断时,应当以图片或者照片中的形状、图案、色彩设计要素为基本依据。另外,色彩要素不能脱离形状、图案单独存在,必须依附于产品形状、图案存在,色彩变化本身也可形成图案。简要说明中未明确请求保护色彩的,不应以图片、照片中的色彩限定外观设计专利权的保护范围,在侵权对比时应当不予考虑。但产品上明暗、深浅变化形成图案的,应当视为图案设计要素,不应将其归入色彩设计要素。在与外观设计专利产品相同或者相近种类产品上,采用与外观设计专利相同或者近似的外观设计的,应当认定被诉侵权产品落入外观设计专利权的保护范围。

被诉侵权产品在采用与外观设计专利相同或者相近似的外观设计之余,还附加有其他图案、色彩设计要素的,如果这些附加的设计要素属于额外增加的设计要素,则对侵权判断一般不具有实质性影响。否则,他人即可通过在外观设计专利上简单增加图案、色彩等方式,轻易规避专利侵权。这无疑有悖于专利法鼓励发明创造,促进科技进步和创新的立法本意。

被诉侵权产品与涉案专利相比较,二者均包括手柄、刀片以及设置于剪刀中部的铆钉3个主要部分。二者的共同点为:手柄、刀片的形状基本相同,手柄包括内、外两个明暗不同的同心圆环,并且在手柄中部均设置水滴状通孔。两者的主要区别在于:(1)被诉侵权产品的铆钉为分别设置于剪刀两侧的两个圆台状凸起,体积明显较大,其中心线上还设置有波浪状条纹;涉案专利的铆钉为金属铆钉,体积明显较小,且仅在一侧中部设置有直线槽;(2)被诉侵权产品的剪刀片上还设置有彩色图案。

关于区别特征1:对于涉案外观设计专利而言,刀片、铆钉的设计均为剪刀类产品中的常规设计,其设计特点主要体现于手柄之上,创新高度相对有限。虽然被诉侵权产品采用了与其基本相同的手柄设计,但由于二者铆钉的形状、大小差异明显,并且铆钉设置于产品中部,区别特征1容易被一般消费者观察到,足以导致二者的整体视觉效果产生明显差异。关于区别特征2:涉案专利手柄上明暗不同的同心圆环属于图案设计要素,涉案专利并未要求保护色彩,刀片上亦无图案设计,区别特征2属于被诉侵权产品上额外增加的设计要素,不应对侵权判断产生实质性影响。综上,区别特征1对整体视觉效果具有显著影响,被诉侵权产品与涉案外观设计专利既不相同也不近似。

【案件信息】

马培德公司诉阳江市邦立贸易有限公司、阳江市伊利达刀剪有限公司侵害外观设计专利权案,最高人民法院(2013)民申字第29号民事裁定书(2013年9月22日,周翔、杜微科、罗霞),广东省高级人民法院(2011)粤高法民三终字第164号民事判决书(2011年6月17日,岳利浩、郑颖、张泽吾),广东省广州市中级人民法院(2010)穗中法民三初字第165号民事判决书。

案件来源:《最高人民法院公报》2014年第12期,2013年中国法院50件典型知识产权案例。

259 外观设计专利保护范围为产品设计形状的,含图案的被诉侵权产品形状与之近似便构成侵权

【裁判要旨】

本案外观设计专利虽然仅仅保护形状设计而不包括图案,但形状和图案在外观设计上属于相互独立的设计要素,在形状之上增加图案并不必然对形状设计本身产生视觉影响。在二者的形状设计构成近似的情况下,包含图案的被诉侵权产品仍然落入本案专利的保护范围。

【关键词】

侵害外观设计专利权 | 形状设计 | 图案 | 近似 | 保护范围

【基本案情】

原告陈纯彬系专利号为200530114119.3、名称为“食品包装罐(1)”的外观设计专利权人。本专利系无图案的形状设计，罐体截面近似椭圆形，有四个对称内凹；罐顶有一个椭圆形的罐盖和两个条状提手。

陈纯彬以被告长城公司、民生公司销售的被诉侵权产品侵害其本专利权为由，提起诉讼，请求判令停止侵权，销毁侵权产品和制造侵权产品的模具，消除影响，并赔偿损失及合理开支30万元。

被诉侵权产品与本外观设计专利产品均为食品包装罐，属于同类产品。二者均由罐体、罐盖、提手三部分组成，其中罐盖均为椭圆形，提手均为条状。经过比对，二者的主要区别在于：(1)被诉侵权产品的罐体截面系具有八个对称内凹的近似椭圆形，本专利的罐体截面系具有四个对称内凹的近似椭圆形；(2)被诉侵权产品的罐体有图案，本专利的罐体没有图案。

浙江省金华市中级人民法院判决：长城公司停止制造、销售被诉侵权产品并赔偿损失及合理开支5万元，民生公司停止销售被诉侵权产品。长城公司不服，提起上诉。浙江省高级人民法院判决：驳回上诉，维持原判。长城公司仍不服，申请再审。最高人民法院裁定：驳回其再审申请。

【裁判理由】

最高人民法院认为：

被诉侵权产品与本外观设计专利的横截面形状均为近似椭圆形，且相应的对称内凹均使二者的罐体轮廓呈现一定的波浪状。与本外观设计相比对，虽然被诉侵权产品增加的四个内凹使其罐体轮廓在整体视觉上产生一定的变化，但是根据一般消费者的知识水平和认知能力，上述局部变化尚不构成实质性差异，亦不足以使被诉侵权产品的形状与本专利区分开来。由于被诉侵权产品和本专利的整体形状均是由横截面形状决定的，同时被诉侵权产品的罐盖和提手部分设计与本专利亦基本相同，故被诉侵权产品的形状与本外观设计专利构成近似。

本专利图片表示的该产品的外观设计只有形状，没有图案。可见，本专利权的保护范围为产品形状设计，不包括图案设计。虽然被诉侵权产品的罐体有图案，本专利的罐体没有图案，但鉴于本专利权的保护范围为形状设计，且被诉侵权产品的罐体形状设计与本专利形状设计相近似，因此二审法院认定被诉侵权设计落入了本专利权的保护范围，并无不当。

此外，因长城公司在一审、二审期间并未主张现有设计抗辩，故对其在再审申请阶段提出的现有设计抗辩，本院不予评判。

【案件信息】

陈纯彬诉兰溪市长城食品有限公司、北京民生家乐商业管理有限公司侵害外观设计专利权案，最高人民法院(2014)民申字第438号民事裁定书(2014年7月15日，李剑、秦元明、吴蓉)，浙江省高级人民法院(2013)浙知终字第321号民事判决书(2013年12月4日，应向健、滕灵勇、王磊)，浙江省金华市中级人民法院(2013)浙金知民初字第68号民事判决书(2013年4月28日，杨建进、陶仙琴、李良勇)。

案件来源：最高人民法院知识产权案件年度报告(2014)。

260 采用外观设计专利区别于现有设计的设计特征后简单替换装饰图案仍构成近似设计

【裁判要旨】

外观设计专利区别于现有设计的设计特征对于外观设计的整体视觉效果更具有显著影响；在被诉侵权设计采用了外观设计专利的设计特征的前提下，装饰图案的简单替换不会影响两者整体视觉效果的近似。

【关键词】

侵害外观设计专利权｜现有设计｜设计特征｜整体视觉效果｜装饰图案的简单替换

【基本案情】

原告佳艺家具厂是专利号为200630173653.6、名称为“三抽柜(蛋形)”的外观设计专利的独占许可使用人，专利权人为刘汝佳。本专利产品是一款三抽屉柜子，由柜顶、柜体和柜脚三个部分组成。从主视图看，柜体有三个抽屉上下依次排列，抽屉均呈长方形，中间有一个圆形拉手，每两个抽屉之间有一条状间隔，正面有一只类似百合花状图案贯通三个抽屉。从俯视图看，柜顶呈椭圆状，边缘有围栏式的突起，使柜顶呈一个盆状，盆中央是一支与主视图类似的百合花状图案。从左视图看，柜体上设置有一个长条形八角装饰块，其内有一支类似百合花形状图案。右视图与左视图对称。从后视图看，柜体左右两侧各有一条饰条，中间位置为空白。从仰视图看，柜脚外形也呈椭圆形，在椭圆形中对称分布四只T形脚座。君豪公司生产、销售了具有三个抽屉的椭圆形柜子。

被告君豪公司生产销售了型号为“JH－6165－7”的三斗半圆柜子，原告佳艺家具厂提起诉讼，请求判令君豪公司停止生产、销售、许诺销售被诉侵权产品并销毁库存侵权产品，赔偿损失15万元。

广东省中山市中级人民法院认为：被诉侵权产品与本专利不相似，君豪公司生产、销售被诉侵权产品的行为不构成侵权。故判决：驳回佳艺家具厂的诉讼请求。佳艺家具厂不服，提起上诉。广东省高级人民法院认为：四方形三抽柜和八边形装饰框与“蛋形”圆柱体柜体按照特定方式结合、布局，是本专利最显著的设计特征，在君豪公司未举证证明本专利产品的形状为该类产品惯常设计的情况下，该特征对于整体视觉效果的影响更大，被诉侵权产品具备该特征。被诉侵权产品与本案专利在装饰图案的方面的差异仅为局部的、细微的差异。因此，应当认定被诉侵权设计与本案专利设计构成近似。遂判决：撤销一审判决，君豪公司停止生产、销售、许诺销售被诉侵权产品并销毁库存侵权产品，赔偿损失6万元。君豪公司不服，申请再审。最高人民法院裁定：驳回其再审申请。

【裁判理由】

最高人民法院认为：

被诉侵权产品与本外观设计专利产品均为蛋形三抽柜，二者在柜顶、柜体和柜脚部分的外观形状基本相同。其主要的区别点是装饰图案不同：一是前者柜顶无装饰，后者柜顶有百合花装饰；二是后者以一支飘逸、匀称遍布状百合花装饰的部分，前者均以一团簇状牡丹花装饰。结合本案的现有证据来看，四方形三抽柜和八边形装饰框与“蛋形”柜体的组合和布局是本案专利设计区别于现有设计的设计特征。因此，被诉侵权产品和本专利产品的外观设计在柜体的整体形状、柜体各组成部分的形状以及布局方式上的基本相同相比其他设计特征对于外观设计的整体视觉效果更具有影响。被诉侵权设计与本专利设计虽然在装饰图案上存在差异，但二者均为花卉图案，图案的题材相同，在柜体的装饰布局上也基本相同，被诉侵权设计实质采用了本专利设计的设计方案。以牡丹花图案替换本专利设计的百合花图案，这种简单替换所导致的差异对于整体视觉效果的影响是局部的、细微的，以一般消费者的知识水平和认知能力来判断，该差异不足以将被诉侵权设计和本专利设计区分开来，对于判断被诉侵权设计和本专利设计在整体视觉效果上构成近似无实质性影响。被诉侵权设计与本专利设计相近似，落入了本专利权的保护范围。君豪公司制造、销售被诉侵权产品的行为侵犯了本专利权，应承担停止侵权、赔偿损失等法律责任。

【案件信息】

中山市南区佳艺工艺家具厂诉中山市君豪家具有限公司侵害外观设计专利权案，最高人民法院(2011)民申字第1406号民事裁定书(2011年11月22日，王永昌、宋淑华、秦元明)，广东省高级人民法院(2011)粤高法民三终字第229号民事判决书(2011年6月10日，孙明飞、高静、李艳)，广东省中山市中级人民法院(2010)中中法民三初字第83号民事判决书。

案件来源：最高人民法院知识产权案件年度报告(2011)。

261 设计空间较大时，有新颖性的专利设计特征在被诉侵权产品中均存在的，构成近似设计

【裁判要旨】

判断被诉侵权设计与涉案专利外观设计是否相同或者近似时，应当考虑该类产品的设计空间。当产品设计空间较大，涉案专利新颖性的设计特征较多，被诉侵权产品和涉案专利的相同设计特征均体现在上述具有新颖性的设计特征时，这些特征对一般消费者的整体视觉效果影响较大，应当据此认定构成相近似外观设计。

【关键词】

侵害外观设计专利权 | 相似外观设计 | 设计空间 | 改装

【基本案情】

原告上海星客特公司系一家从事房车设计改装的生产企业，其系专利号为L200730158973.9、名称为“汽车(2008款客户之星)”的外观设计专利权人，该专利以美国“福特E350型”汽车作为原型车进行设计改装后取得。

被告天津世之源公司在其经营场所展销了被诉侵权房车，该房车系案外人上海申昱公司以美国“福特E350型”汽车作为原型车的改装车。上海星客特公司提起诉讼，请求判令天津世之源公司停止许诺销售及销售侵害其外观设计专利权的汽车，并赔偿损失80万元及相应合理开支。

天津市第二中级人民法院判决：驳回上海星客特公司的诉讼请求。上海星客

特公司不服，提起上诉。天津市高级人民法院判决：撤销一审判决，天津世之源公司停止许诺销售侵权产品，赔偿损失及合理开支40万元。

【裁判理由】

法院认为：

外观设计专利是体现在产品外观上的智力劳动成果，可视性的产品整体造型样式和创新点带来的显著视觉效果应当是外观设计专利要保护的内容，因此在确定涉案外观设计专利的保护范围时，主要考虑整体性、可视性以及创新性这三个因素。

涉案专利的一般消费者应当对市场上销售的房车以及媒体中常见的房车广告中宣传的信息有所了解，虽不具有这方面的设计能力，但在购买时亦会对房车设计改装前后的情况具有一定的常识性了解，通晓相关房车的外观设计状况的相关公众。

判断被诉侵权设计与涉案专利外观设计是否相同或者近似时，应当考虑涉案专利产品的设计空间。涉案专利产品是一款根据原型车设计改装的房车，其经过设计改装的部位在于车辆的顶部、前部、中部以及后部，同时这些部位中又包含了体现了设计人员新颖的设计构思和创造性智力劳动的创新性设计特征，因此可以看出这些部位为涉案专利产品的设计改装提供了较大的设计自由度，故可以认定涉案专利产品是一款设计空间较大的产品，一般消费者通常不容易注意到不同设计之间的较小区别。

涉案专利创新部分体现的设计特征有散热器格栅、两个支臂的后视镜、车辆前大灯形状、两侧车窗形状、后门脚踏平台，而被诉侵权设计与涉案专利外观设计相同点在于上述创新部分中的散热器格栅、两个支臂的后视镜、车辆前大灯形状、后门脚踏平台。除此之外两者的相同之处还在于车身的整体轮廓、前风挡玻璃、前保险杠、两侧前门以及车窗形状、呈“庞克头”造型的加高车顶及其中间的玻璃装饰、车轮拱板靠近车轮处的裙边、两侧前车门下沿裙边以及脚踏板、车辆中部下沿裙边以及车辆侧门下沿脚踏板、后翼子板靠近车轮处裙边、车辆尾部后车门以及车窗形状、车辆扶梯以及高位刹车灯和矩形车尾组合灯，这些设计特征均体现在涉案专利的主视部分和产品正常使用时容易观察的部位。

通常情况下，产品外观设计的主视部分、创新部分以及容易被观察的部位在整体视觉效果上更具有显著影响。涉案专利外观设计与被诉侵权设计相同设计特征均体现在这些部分和部位上，因此在两者的区别设计特征对整体视觉效果并无显著影响的情况下，两者相同设计特征在整体视觉效果中的影响更大。一般消费者以“整体观察、综合判断”的方法在比较被诉侵权设计与涉案专利外观设计时，创新部分、主视部分以及容易观察的部位所体现的相同设计特征，会给一般消费者带来突出的视觉冲击力，在整体视觉效果上造成的显著影响更大，故被诉侵权设计与涉案专利外观设计整体视觉效果无实质性差异，属于相近似的外观设计，被诉侵权产品落入涉案外观设计专利权的保护范围。

【案件信息】

上海星客特汽车销售有限公司诉天津世之源汽车销售有限公司侵害外观设计专利权案，天津市高级人民法院(2014)津高民三终字第19号民事判决书(2015年3月6日，王屹松、刘震岩、裴然)，天津市第二中级人民法院(2014)二中民三知初字第23号民事判决书(2014年9月17日，李静、刘爱民)。

案件来源：2015年中国法院50件典型知识产权案例。

262 其他种类产品现有设计的形状转用于外观设计专利的，其对整体视觉效果影响较弱

【裁判要旨】

外观设计专利的形状系由日常生活中司空见惯的其他种类产品的现有设计简单转用而来，则其中的图案较之形状对产品的整体视觉效果产生更为显著的影响，此时即使被诉侵权产品的形状与之完全相同，也不应片面强调形状因素，而应根据图案的差异及其所占比例判断两者整体视觉效果是否存在实质性差异。

【关键词】

侵害外观设计专利权｜现有设计的转用｜整体视觉效果｜形状｜图案

【基本案情】

原告温瀚泉系专利号为200830349168.9、名称为“加湿器”的外观设计专利权人。

温瀚泉认为被告蔡绍基销售的三个被诉侵权加湿器外观与其专利外观近似，构成侵权，据此提起诉讼，请求判令蔡绍基停止侵权行为，赔偿损失3.5万元。

广东省广州市中级人民法院判决：蔡绍基停止销售侵权产品，并销毁所有库存侵权产品，赔偿温瀚泉损失包括合理开支1.5万元。蔡绍基不服，提起上诉。广东省高级人民法院判决：撤销一审判决，驳回温瀚泉的诉讼请求。

【裁判理由】

法院认为：

温瀚泉涉案专利的保护范围系以主视图、俯视图等各面视图所限定的产品形状和图案的外观设计。

判断被诉侵权设计是否落入专利保护范围，应将被诉侵权设计与本案专利表示在图片或者照片中的产品外观设计相比较，判断两者是否相同或近似。在比较时，应以一般消费者的知识水平和认知能力，从外观设计的整体视觉效果进行综合判断。

将本案三款被诉侵权设计与本案专利的外观设计相比较，情况如下：两者均为类似于易拉罐的圆柱体，罐体的上端和下端均向里凹陷，上端均有两孔形成的拉环状，下端均有3个小凹孔，两者的形状基本相同；该三款被诉侵权产品罐身分别为卡通猫图案、由宽窄不同的多个弧形色块与圆形水滴组合成的图案、以冰块以及水珠和圆球组合成的类似于冰川造型的图案，而本案专利产品的罐身为小树、沙滩和海水构成的风景图案，故三款被诉侵权产品均与本案专利产品的罐身图案不相同。

虽然被诉侵权产品与专利产品形状基本相同，但考虑到本案罐身图案在该款加湿器产品表面占据的面积最大，且三款被诉侵权产品的罐身图案与涉案专利的罐身图案在内容、风格及表达的意境各方面均存在显著差异的特殊案情，故不可片面强调形状因素。经比较，以一般消费者的知识水平和认知能力综合判断，足以认定两者的整体视觉效果存在实质性差异。因此，蔡绍基销售的被诉侵权产品外观未落入涉案专利的保护范围。

【案件信息】

温瀚泉诉蔡绍基侵害外观设计专利权案，广东省高级人民法院(2014)粤高法民三终字第37号民事判决书(2014年6月5日，肖海棠、石静涵、李艳)，广东省广州市中级人民法院(2012)穗中法民三初字第36号民事判决书(2013年，郭小玲、丁丽)。

案件来源：2014年中国法院50件典型知识产权案例。

263 外观设计侵权近似性对比时授权外观设计的设计特征对整体视觉效果更具有影响力

264 如不考虑使用状态参考图将与简要说明明显抵触应在确定外观设计保护范围时考虑

265 仅提供被诉侵权产品部分视图如无相反证据可基于产品特点合理推定其他设计特征

【裁判要旨】

外观设计的简要说明对于外观设计专利权的保护范围具有解释作用。在不考虑使用状态参考图对外观设计专利权保护范围的影响,会与外观设计的简要说明发生明显抵触的情况下,人民法院在确定外观设计专利权的保护范围时应当考虑使用状态参考图。

专利权人未能提供被诉侵权产品实物,但权利人提供的证据能够证明被诉侵权产品的部分视图的,在无相反证据的情况下,人民法院可以基于该类产品的特点,合理推定被诉侵权产品其他视图中的设计特征。

【关键词】

侵害外观设计专利权 | 简要说明 | 使用状态参考图 | 设计特征 | 推定

【基本案情】

原告华捷盛公司系专利号为200930005896.2,名称为“电动伸缩门(欧雷克斯豪华型 I)”的外观设计专利权的独占实施被许可人。

被告鼎盛公司网站和宣传图册上展示了被诉侵权的“领航4号LH-004”“领航1号(LH001)”两款电动伸缩门。华捷盛公司提起诉讼,请求判令鼎盛公司停止制造、销售、许诺销售被诉侵权产品,销毁侵权的宣传册,删除侵权的宣传网页,赔偿损失10万元及合理开支2万元。

广州知识产权法院认为,华捷盛公司未能提供被诉侵权产品的实物进行比对，其提供的被诉侵权产品的图片亦仅能反映出从侧面观察的被诉侵权产品使用状态，未能全面、清晰地反映出被诉侵权产品的外观，且该使用状态参考图与涉案专利既不相同也不近似，故判决：驳回华捷盛公司的诉讼请求。华捷盛公司不服，提起上诉。广东省高级人民法院判决：驳回上诉，维持原判。华捷盛公司仍不服，申请再审。最高人民法院提审后判决：撤销一审、二审判决，鼎盛公司停止许诺销售行为并合理开支1万元。

【裁判理由】

最高人民法院认为：

参照《专利审查指南》的规定，虽然一般应使用参考图“表明使用外观设计的产品的用途、使用方法或者使用场所等”，使用“变化状态图”表示外观设计专利产品的变化状态。但是，在侵权诉讼中也不宜仅以外观设计产品的图片、照片的名称为“参考图”为由，一概不考虑“参考图”对外观设计专利权的保护范围的影响。

简要说明是申请外观设计专利时必须提交的文件，简要说明对于外观设计专利权的保护范围具有解释作用。涉案专利产品具有“正常状态”和“使用状态”两种不同的形态。而在涉案专利的全部7张图片中，主视图、后视图、左视图、右视图、立体图显示的是电动伸缩门在收缩状态下的外观设计，仅有状态参考图1、图2显示电动伸缩门在展开状态下的外观设计。一般消费者结合简要说明，使用状态参考图1、图2和其他图片，以及涉案专利名称中的“电动伸缩门”，可以清楚地理解涉案专利产品为状态可以变化的产品，使用状态参考图1、图2表示的即为展开状态下的产品外观设计。因此，如果不考虑使用状态参考图1、图2对涉案专利权保护范围的影响，会与涉案专利简要说明发生明显抵触。综上，在使用简要说明解释图片所表示的产品外观设计的基础上，在确定涉案专利权的保护范围时应当考虑使用状态参考图1、图2中的内容。

根据《民事诉讼法解释》第108条的规定，即使专利权人未能提供被诉侵权产品实物，但在其已经举证证明被诉侵权产品构成侵权具有“高度可能性”，而被诉侵权人没有提供反驳证据的情况下，亦可对是否构成许诺销售侵权作出认定。

涉案外观设计产品以及被诉侵权产品均为电动伸缩门，沿水平方向展开和收缩，正面视图与背面视图通常一致。一般消费者基于此类产品的特点，以及被诉侵权产品展开状态下的正面、侧面设计，能够合理推定被诉侵权产品的收缩状态和背面设计，且此种事实推定已经达到“具有高度可能性”的程度。在被诉侵权产品的完整设计方案或实物由被诉侵权人实际控制，专利权人难以获得的情况下，亦应当由被诉侵权人承担反驳专利权人主张的举证责任。在被诉侵权人没有提交相反证据的情况下,可以根据被诉侵权产品展开状态下的正面、侧面设计进行侵权比对。

涉案专利与“领航 4 号 LH－004”展开状态下的外观设计高度近似,在没有相反证据的情况下,足以认定被诉侵权产品与涉案外观设计相近似,落入涉案专利权保护范围。“领航 1 号(LH001)”电动伸缩门的设计与涉案外观设计专利既不相同也不相近似,并未落入涉案外观设计的保护范围内。

鼎盛公司实施许诺销售行为,华捷盛公司并未举证证明该行为给其造成的实际损失,也未举证证明鼎盛公司通过侵权行为获得的利益。综合考虑被诉侵权行为的性质、特点,对于华捷盛公司要求鼎盛公司赔偿损失的诉讼请求不予支持。关于合理支出,华捷盛公司并未就其主张的 2 万元提供足够的证据予以支持,但考虑到华捷盛公司委托律师参与本案诉讼,故对其主张的合理支出,酌情予以支持。

【案件信息】

北京华捷盛机电设备有限公司诉鼎盛门控科技有限公司侵害外观设计专利权案,最高人民法院(2018)最高法民再 8 号民事判决书(2018 年 12 月 31 日,王艳芳、毛立华、杜微科),广东省高级人民法院(2015)粤高法民三终字第 662 号民事判决书,广州知识产权法院(2015)粤知法专民初字第 589 号民事判决书。

案件来源:最高人民法院知识产权案件年度报告(2018)。

266 被诉侵权外观设计未包含授权外观设计专利的全部设计特征,可以推定两者不近似

267 功能性设计特征对外观设计整体视觉效果无显著影响但其装饰性越强影响也越大

【裁判要旨】

授权外观设计的设计特征体现了其不同于现有设计的创新内容,也体现了设计人对现有设计的创造性贡献。如果被诉侵权设计未包含授

权外观设计区别于现有设计的全部设计特征，一般可以推定被诉侵权设计与授权外观设计不近似。

对设计特征的认定，应当由专利权人对其所主张的设计特征进行举证。人民法院在听取各方当事人质证意见基础上，对证据进行充分审查，依法确定授权外观设计的设计特征。

对功能性设计特征的认定，取决于外观设计产品的一般消费者看来该设计是否仅仅由特定功能所决定，而不需要考虑该设计是否具有美感。功能性设计特征对于外观设计的整体视觉效果不具有显著影响。功能性与装饰性兼具的设计特征对整体视觉效果的影响需要考虑其装饰性的强弱，装饰性越强，对整体视觉效果的影响越大，反之则越小。

【关键词】

侵害外观设计专利权｜设计特征｜功能性特征｜整体视觉效果

【基本案情】

原告高仪公司为“手持淋浴喷头（No. A4284410X2）”外观设计专利权人。

2012年11月，高仪公司起诉被告健龙公司生产、销售和许诺销售的丽雅系列等卫浴产品侵害其涉案外观设计专利权，请求判令：健龙公司停止侵权，销毁侵权产品及专用于生产侵权产品的模具，并赔偿损失20万元。

浙江省台州市中级人民法院判决：驳回高仪公司诉讼请求。高仪公司不服，提起上诉。浙江省高级人民法院判决：撤销一审判决，健龙公司立即停止制造、许诺销售、销售侵害高仪公司“手持淋浴喷头”外观设计专利权的产品的行为，销毁库存的侵权产品，并赔偿及合理开支10万元。健龙公司不服，申请再审。最高人民法院判决：撤销二审判决，维持一审判决。

【裁判理由】

最高人民法院认为：

一项外观设计应当具有区别于现有设计的可识别性创新设计才能获得专利授权，该创新设计即授权外观设计的设计特征。已有产品的外观设计专利与现有设计不相同也不近似的设计内容使该授权外观设计具有创新性，从而满足实质性授权条件，对该部分设计内容的描述即为设计特征。如果被诉侵权设计未包含授权外观设计区别于现有设计的全部设计特征，一般可以推定两者不近似。

设计特征可能记载在简要说明中，也可能会在专利授权确权或者侵权程序中予以确定，如有反证，法院当在听取各方当事人意见的基础上，对证据进行充分审查依法确定设计特征。

涉案授权外观设计没有记载其设计特征，高仪公司提交的多份淋浴喷头产品的外观设计专利文件所附图片表示的外观均未采用跑道状的出水面。涉案授权外观设计的无效宣告请求审查程序中，专利复审委员会认定涉案授权外观设计的喷头及其各面过渡的形状、喷头正面出水区域的设计以及喷头宽度与手柄直径的比例均为其设计特征。

涉案授权外观设计在正常使用状态下，对于一般消费者而言，不仅限于其喷头头部出水面，喷头、手柄及其连接处均是容易被直接观察到的部位。虽然被诉侵权产品外观设计采用了与涉案授权外观设计高度近似的跑道状出水面，但是在各面过渡的形状这一设计特征上，二者在整体设计风格上呈现明显差异。另外，对于非设计特征之外的区别设计特征，只要其足以使两者在整体视觉效果上产生明显差异，也应予以考虑。被诉侵权产品外观设计与涉案授权外观设计在整体视觉效果上呈现明显差异，两者既不相同也不近似，被诉侵权产品外观设计未落入涉案外观设计专利权的保护范围。

外观设计的功能性设计特征，是指在一般消费者看来，由产品所要实现的特定功能唯一决定而不考虑美学因素的特征。功能性设计特征包括两种：一是实现特定功能的唯一设计；二是实现特定功能的多种设计之一，但是该设计仅由所要实现的特定功能决定而与美学因素的考虑无关。功能性设计特征对于外观设计的整体视觉效果不具有显著影响，而功能性与装饰性兼具的设计特征对整体视觉效果的影响需要考虑其装饰性的强弱，装饰性越强，对整体视觉效果的影响相对较大，反之则相对较小。涉案授权外观设计与被诉侵权产品外观设计的区别之一在于后者缺乏前者在手柄位置上具有的一类跑道状推钮设计。是否设置推钮是由是否需要在淋浴喷头产品上实现控制水流开关的功能所决定的，但是，推钮的形状就可以有多种设计。涉案授权外观设计将手柄位置的推钮设计为类跑道状，其目的在于与其跑道状的出水面相协调，增加产品整体上的美感，并非功能性设计特征。

【案件信息】

高仪股份公司诉浙江健龙卫浴有限公司侵害外观设计专利权案，最高人民法院(2015)民提字第23号民事判决书(2016年8月11日，周翔、吴蓉、宋淑华)，浙江省高级人民法院(2013)浙知终字第255号民事判决书(2013年9月27日，王亦非、陈宇、李臻)，浙江省台州市中级人民法院(2012)浙台知民初字第573号民事判决书(2013年3月5日)。

案件来源:指导案例85号(最高人民法院审判委员会讨论通过,2017年3月6日发布),最高人民法院知识产权案件年度报告(2015),《最高人民法院公报》2016年第10期,2015年中国法院十大知识产权案件。

268 非由产品功能唯一决定的设计特征应当在判断外观设计是否相同相近似时予以考虑

【裁判要旨】

不是由产品功能唯一决定的设计特征,应当在判断外观设计是否相同或相近似时予以考虑。

【关键词】

外观设计专利权|相同或者相近似|由产品功能唯一决定的设计特征

【基本案情】

原告张春江系专利号为200930121299.6、名称为"真空接触器(极柱式)"的外观设计专利权人,其将本专利的生产权转让给原告威科公司。

被告智合公司从被告晨诺公司处购买了由其生产的型号为zn3a-400/12-ns的投切电容器专用高压真空接触器一台(被诉侵权产品),价款为3200元。张春江、威科公司以智合公司、晨诺公司生产、销售被诉侵权产品侵害其专利权为由,提起诉讼。

天津市第一中级人民法院认为:被诉侵权产品所实施的设计应属现有设计,故判决:驳回张春江、威科公司的诉讼请求。威科公司不服,提起上诉。天津市高级人民法院认为:极柱式接触器、断路器这类产品,通常均由三根表面具有凸起波纹的极柱与底部为立方体的箱体组成,对于该产品的一般消费者的整体视觉效果更具影响的应当是极柱区和箱体的具体设计变化。被诉侵权设计在极柱的形状、接线结构、箱体的孔洞、锁孔以及极柱与箱体的连接方式几个方面与本专利设计无实质性差异。尽管被诉侵权设计的极柱在波纹的形状和数量方面与本专利设计不尽相同,但此区别属于细微差异,不足以对整体视觉效果产生显著影响。故判决:撤销一审判决,晨诺公审停止制造、销售、许诺销售侵权产品并赔偿损失及合理开支20万元。晨诺公司不服,申请再审。最高人民法院提审后判决:撤销二审判决,维持一审判决。

【裁判理由】

最高人民法院认为:

在判断被诉侵权产品是否落入本专利权的保护范围时,应将被诉侵权设计与表示在照片中的本专利设计进行比对,而不是与本专利产品实物进行比对。据此,无论晨诺公司购买的产品实物是否系威科公司生产,也无论其是否与本专利设计外观一致,均不能作为认定本案事实的证据使用。因此,对晨诺公司将实物产品作为证据提交,不予采纳。

判断被诉侵权设计是否与本专利设计相同或者相近似,须遵循整体观察、综合判断的原则。对于极柱式接触器、断路器这类产品而言,产品整体由等大极柱和类似立方体的箱体组成是惯常设计,且受其功能影响,极柱表面均有凸起的波纹。因此,被诉侵权设计与本专利设计在上述方面的相同点不会对产品的整体视觉效果产生显著影响。对该类产品的整体视觉效果具有显著影响的应是极柱区和箱体的具体设计,这也是该类产品通常可以进行设计变化的部位。从查明的事实来看,被诉侵权设计与本专利设计虽然在导电端子的形状、位置、极柱与箱体通过连接板连接上相同,但在极柱与箱体的比例、极柱的形状、波纹的分布、疏密和形状、臂状结构的具体形状、箱体上部连接板的具体形状及与箱体的具体连接方式、箱体上孔洞的具体形状和位置以及箱体底部是否有底盘等方面均存在不同,这些具体设计上的差别,足以对两者的整体视觉效果产生显著影响,使该类外观设计产品的一般消费者将两者区别开来,因而被诉侵权设计与本专利设计既不相同也不相近似。

作为外观设计侵权判断主体的一般消费者,应对该类产品的外观设计及其常用设计手法具有常识性的了解,对于外观设计产品之间在形状、图案以及色彩上除微小变化之外的区别具有一定的分辨力,因而作为本案所涉外观设计产品的一般消费者,不仅能够注意到该类产品接线端子的具体形状、极柱与箱体的连接方式、箱体表面具体设计上的变化,也能够注意到极柱与箱体的比例、极柱的具体形状、波纹的分布、具体形状、疏密、有无底盘等方面的变化,并在整体观察的基础上,对两者是否相同或者近似作出综合判断。威科公司、张春江仅从该类产品的专业技术人员进行操作使用的角度对两者是否相同或者近似作出判断,在判断主体上没有从一般消费者的角度出发,在判断方式上没有遵循整体观察、综合判断的原则，故该判断结论不能成立。

对于极柱式接触器、断路器这类产品而言，受其功能影响，极柱表面均会有凸起的波纹，但是波纹的具体形状、疏密以及波纹在极柱表面的分布并不是由该类产品的功能所唯一决定的，故在判断该类产品是否相同或者相近似时，对于波纹的具体设计变化也应予以考虑。

由于被诉侵权设计与本专利设计既不相同也不近似，没有落入本专利权的保护范围，因此对于晨诺公司有关现有设计抗辩的主张不再予以评述。

【案件信息】

天津威科真空开关有限公司、张春江诉洛阳晨诺电气有限公司、天津市智合电器有限公司侵害外观设计专利权案，(2014 年 12 月 20 日，金克胜、宋淑华、吴蓉)，天津市高级人民法院(2013)津高民三终字第 17 号民事判决书(2013 年 9 月 30 日，黄耀建、张胜、裴然)，天津市第一中级人民法院(2012)一中民五初字第 60 号民事判决书(2013 年 1 月 31 日)。

案件来源：最高人民法院知识产权案件年度报告(2014)。

269 侵害外观设计专利权的产品仅作为具有技术功能的零部件制造另一产品并销售的，不构成侵权

【裁判要旨】

“将侵害外观设计专利权的产品作为零部件，制造另一产品并销售的，人民法院应当认定属于专利法第 11 条规定的销售行为，但侵害外观设计专利权的产品在该另一产品中仅具有技术功能的除外。”——《侵犯专利权案件解释》第 12 条第 2 款

【关键词】

侵害外观设计专利权｜零部件｜技术功能｜制造另一产品并销售

【基本案情】

原告欧介仁系专利号为 201230022952.1、名称为“铝型材(8)”的外观设计专利权人。其公告图片由主视图、左视图、右视图、俯视图组成，其中主视图显示该铝型材的端面呈两个相对的“个”字通过一个反“C”字(开口朝左)相连的造型。被诉侵权的玻璃移门中型镶嵌有铝型条，该铝型条与本案专利相同。欧介仁以被

告金申公司制造、销售了被诉侵权产品为由提起诉讼，请求判令申公司立即停止生产、销售、许诺销售侵权产品，赔偿损失 20 万元。江苏省南京市中级人民法院判决：驳回欧介仁的诉讼请求。欧介仁不服，提起上诉。江苏省高级人民法院判决：驳回上诉，维持原判。欧介仁仍不服，申请再审。最高人民法院裁定：驳回其再审申请。

【裁判理由】

最高人民法院认为：

本专利授权公告图片由主视图、左视图、右视图、俯视图组成，其简要说明中记载，最能表明设计要点的图片为主视图。主视图显示的是铝型材的端面造型，呈两个相对的“个”字并通过一个反“C”字（开口朝左）相连。被诉侵权产品中作为该玻璃移门的部件，铝型材与移门上的玻璃镶嵌为一体，无法观察到铝型材的端面，在该产品中仅具有技术功能。根据《侵犯专利权案件解释》第 12 条第 2 款的规定，金申公司将铝型材作为零部件制造玻璃移门并进行销售的行为，不构成侵权，欧介仁的申请再审理由不能成立。

【案件信息】

欧介仁诉泰州市金申家居用品有限公司侵害外观设计专利权案，最高人民法院（2017）最高法民申 2649 号民事裁定书（2017 年 9 月 27 日，王艳芳、杜微科、何鹏），江苏省高级人民法院（2016）苏民终 171 号民事判决书（2016 年 12 月 21 日，施国伟、张长琦、张晓阳），江苏省南京市中级人民法院（2015）宁知民初字第 150 号民事判决书。

案件来源：最高人民法院知识产权案件年度报告（2017）。

270 赔偿请求虽高于法定最高限额但只要能够证明侵权获利高于赔偿请求即可获得支持

【裁判要旨】

对于有充分的证据证明侵权人的获利已经明显高于法定赔偿限额，尽管不能精确计算出具体的金额，但如果权利人能够说明其请求的赔偿金额的计算、得出过程，并有相应的证据佐证其合理性的，人民法院可以在法定最高限额以上支持权利人的赔偿请求。

【关键词】

侵害外观设计专利权｜损害赔偿｜侵权获利｜裁量性赔偿｜高于赔偿请求

【基本案情】

原告松下株式会社系名称为“美容器”、授权公告号为CN302065954S的外观设计专利权人。

松下株式会社认为，金稻公司生产、销售、许诺销售及丽康公司销售的“金稻离子蒸汽美容器KD－2331”侵犯其外观设计专利权，请求判令：金稻公司和丽康公司停止侵权并销毁有关被诉侵权产品的全部宣传资料以及删除被诉侵权产品的宣传内容，金稻公司销毁涉案模具和专用的生产设备及被诉侵权产品全部库存、从销售店回收未销售被诉侵权产品进行销毁并赔偿损失300万元，金稻公司和丽康公司共同赔偿合理支出20万元。

淘宝网、京东等网店上关于被诉侵权产品的销售量分别是140918件、18256535件和13897件。京东网店上显示“金稻KD2331T”共有四种商品，价格分别为289元、299元、299元及285元。

金稻公司表示其仅认可京东商城和天猫商城上“金稻旗舰店”销售的产品系该公司生产，其他网站上销售的被诉侵权产品80%以上是假货，并非该公司生产，且网络上显示的销售数量存在刷单情况，多数为虚假的。

北京知识产权法院判决：金稻公司和丽康公司停止侵权，金稻公司赔偿损失300万元；金稻公司和丽康公司连带赔偿合理开支20万元。金稻公司、丽康公司不服，提起上诉。北京市高级人民法院判决：驳回上诉，维持原判。

【裁判理由】

法院认为：

被诉侵权产品包括有提手、不带提手两种类型。将涉案专利设计图片分别与两款被诉侵权产品实物或照片相对比，综合考虑涉案专利与被诉侵权产品的全部设计特征及其对整体视觉效果的影响，可以认定二者的整体视觉效果相近似。因此，被诉侵权产品落入涉案专利权的保护范围。

考虑到专利权损害举证难，与专利侵权行为相关的账簿、资料主要由侵权人掌握，如果权利人在其举证能力范围内就侵权人的获利情况进行了充分举证，且对其所请求损失数额的合理性进行了充分说明的情况下，侵权人不能提供相反证据推翻权利人赔偿主张的，人民法院可以根据权利人的主张和提供的证据认定侵权人因侵权所获得的利益。对于有充分的证据证明权利人的损失或者侵权人的获利已经明显高于法定赔偿限额,尽管不能以一对一的证据精确计算出具体的金额,但如果权利人能够说明其请求的赔偿金额的计算、得出过程,并有相应的证据佐证其合理性的,人民法院可以在法定最高限额以上支持权利人的赔偿请求。

松下株式会社通过公证固定的在部分电商平台上检索得到的侵权产品同型号产品销售数量之和 18411347 台以及该产品的平均价格 260 元作为 300 万元赔偿请求的依据。按照松下株式会社主张的被诉侵权产品销售数量总数与产品平均售价的乘积,即便从低考虑每件侵权产品的合理利润,得出的计算结果仍远远高于 300 万元。因此,在上述证据的支持下,松下株式会社主张 300 万元的赔偿数额具有较高的合理性。一审法院全额支持松下株式会社关于损失的赔偿请求,具有事实和法律依据,二审法院予以确认。

虽然金稻公司在二审中主张一审法院确定的赔偿数额不合理,主张除其仅开办的"金稻旗舰店"外,其他网站上销售的被诉侵权产品绝大多数为假货,以及网络上显示的销售数量不真实,但其就此未能提供相应证据予以证明,故本院不予采信。

松下株式会社为证明其维权开支提供了多种类型的票据,但仍不足以涵盖其全部请求,在松下株式会社未能就其票据无法涵盖的部分合理说明理由的情况下,一审法院仅以现实中的花费并非均有票据出具为由给予全额支持,依据不足,但是考虑到被诉侵权行为在诉讼期间仍在持续,松下株式会社在二审诉讼期间补充提交了为调查取证增加的相关费用票据,增加的费用开支高于其一审证据未涵盖的部分,为实现争议的实质性解决,在考虑该证据的基础上,对一审判决的处理结果仍予以维持,但松下株式会社无权就上述费用开支另行主张权利。

【案件信息】

松下电器产业株式会社诉珠海金稻电器有限公司、北京丽康富雅商贸有限公司侵害外观设计专利权案,北京市高级人民法院(2016)京民终 245 号民事判决书(2016 年 12 月 29 日,刘辉、苏志甫、刘庆辉),北京知识产权法院(2015)京知民初字第 266 号民事判决书(2015 年 11 月 20 日,张晓霞、侯占恒)。

案件来源:2016 年中国法院十大知识产权案件。

271 在承担侵权责任的生效裁判作出后再次从事同一侵权行为的，应负惩罚性赔偿责任

【裁判要旨】

本案被侵害的权利与前诉为同一权利，被诉侵权行为人为同一主体，本案被诉侵权产品与前诉为侵权构成上的相同产品，本案被诉侵权行为发生在前诉判决生效之后且有合理的时间间隔的，本案被诉侵权行为属于前诉判决生效之后再次发生的重复侵权行为，权利人对此提起诉讼的，不属于重复诉讼，重复侵权人应承担惩罚性赔偿责任。

【关键词】

重复侵权｜重复起诉｜合理时间间隔｜惩罚性赔偿

【基本案情】

原告基本生活公司系专利号为 201030547929.9、名称为“名片盒(S3308)”、专利权为陈实的外观设计专利的独占实施被许可人，许可期限为专利授权公告日起至专利权有效期届满，该专利实施许可未进行备案。思派公司生产、销售、许诺销售的名片夹卡片盒等侵犯其外观设计专利权。

将被诉侵权产品与涉案专利进行比对，两者均为长方体，长方体厚度较小，都由盒身、盒盖、锯齿状链接部分组成，盒身中部均有一类似长方形的镂空，靠近盒身开口即镂空顶部的部位、盒盖内侧靠近顶端的部分均有一圆形突出物，内置磁铁，为盒盖开合固定之物。两者不同之处在于，(1)左、右视图不同：专利图片左、右视图均无装饰图案，被诉侵权产品左、右视图均有明显凸起条纹。(2)俯视图不同：专利图片俯视图底部有细小开口，被诉侵权产品俯视图底部开有长条形窗口。但整体来看，两者的区别点识别性不够显著。

思派公司主张被诉侵权产品采用现有设计，并提供了一项日本外观设计专利作为比对文件，经审查对比，上述在先设计与本案专利具有实质性差异。

“(2012)粤高法民三终字第 406 号判决”曾认定：“维汶旎公司、思派公司未经基本生活公司许可，擅自生产、销售与涉案专利外观设计相近似的同类产品，构成共同侵权。维汶旎公司、思派公司应立即停止侵权，并共同赔偿基本生活公司

的损失……判决:一、维汶旎公司、思派公司立即停止侵害基本生活公司名片盒(S3308)外观设计专利权,并销毁库存侵权产品及专用生产模具;二、维汶旎公司、思派公司连带赔偿基本生活公司损失3万元……”将本案被诉侵权产品与(2012)粤高法民三终字第406号案中的被诉侵权产品图片进行比对,两者外观相同。

基本生活公司提起本案诉讼,请求判令:思派公司立即停止生产、销售、许诺销售侵权产品,立即销毁库存侵权产品及专用生产模具,并赔偿基本生活公司损失及合理开支100万元。

广东省深圳市中级人民法院判决:思派公司立即停止许诺销售侵权产品并赔偿合理开支5587.86元。基本生活公司不服,提起上诉。广东省高级人民法院判决:思派公司立即停止许诺销售、销售侵权产品并赔偿损失及合理开支10万元。

【裁判理由】

法院认为:

思派公司在本案实施了销售、许诺销售被诉侵权产品的行为。

基本生活公司在“(2012)粤高法民三终字第406号判决”生效之后,再次将思派公司诉至法院,前后诉的当事人基本相同,诉讼标的所指向的侵权行为时段不相同,诉讼请求不相同,后诉的诉讼请求也不会从实质上否定前诉裁判结果,不属于重复起诉。

前诉制造、销售被诉侵权产品行为的时间是2012年2月,终审判决生效时间为2012年11月5日,后诉在网站上的许诺销售以及销售的时间是2014年五六月,前诉判决生效之日距后诉再次发现侵权行为之日长达一年半,可以排除思派公司在前诉判决生效后,短时间内客观上难以回收并销毁被诉侵权产品的情形。

后诉针对的是思派公司在本公司网站上许诺销售,并由公司直接销售被诉侵权产品的行为,可以排除被诉侵权产品是前诉的侵权产品遗漏在市场上被偶然发现,也可以排除是人为栽赃思派公司的行为。后诉被诉侵权产品与前诉被诉侵权产品外观设计相同,在前诉生效判决已经确认构成侵权的情况下,被诉侵权产品落入涉案专利保护范围的事实清楚,不存在对是否构成侵权难以判断的问题。思派公司的行为构成重复侵权行为。考虑到本专利依然维持有效具有一定的市场价值,侵权行为性质较重对专利权人的市场负面影响较大,侵权人属于重复侵权主观过错明显,侵权情节严重,前诉判决的赔偿数额为3万元对于重复侵权行为应当在前诉确定的赔偿数额以上酌情确定赔偿数额,以示惩戒,据此在法定赔偿额范围内酌定赔偿数额为10万元。

【案件信息】

深圳市基本生活用品有限公司诉深圳市思派硅胶电子有限公司侵害外观设计专利权案，广东省高级人民法院(2016)粤民终字第1036号民事判决书(2016年11月8日，岳利浩、肖海棠、肖少杨)，广东省深圳市中级人民法院(2014)深中法知民初字第552号民事判决书。

案件来源：《最高人民法院公报》2018年第5期。

272 向销售商发出的侵权警告未尽合理的注意义务破坏竞争秩序造成损失的，应予赔偿

【裁判要旨】

权利人发送侵权警告维护自身合法权益时应当在合理的范围内。权利人维权的方式是否适当并非以被警告行为是否侵权的最终结论为判断依据，而是以权利人维权的方式是否正当，是否有违公平的竞争秩序，是否存在打击竞争对手作为衡量的标准。侵权警告的发送对象不同，权利人所负注意义务也不同，相当于制造商，对产品销售商、进口商乃至产品使用者的侵权警告应负更高的注意义务。

【关键词】

侵权警告｜合理审慎注意义务｜信息披露｜破坏竞争秩序

【基本案情】

被告本田株式会社以原告双环股份公司涉嫌侵害其汽车外观设计专利权为由向其发送警告函，双环股份公司于2003年10月16日提起不侵害涉案专利权诉讼；嗣后，提出宣告涉案专利权无效的请求。

双环股份公司在宣告涉案专利权无效的行政决定经一审、二审法院被维持后，以本田株式会社连续发送侵权警告信，造成其损失为由，于2008年4月26日在其提起的确认不侵权之诉中，增加赔偿损失的诉讼请求。

本田株式会社对宣告涉案专利无效的判决不服申请再审，最高人民法院决撤销专利复审委员会的决定。在涉案专利权恢复有效后，本田株式会社针对双环股份公司等向河北省高级人民法院提起侵害涉案专利权诉讼。

双环股份公司于2013年4月1日以本田株式会社发送警告信散布不良舆论，

导致其经营权、名誉权受损为由，增加索赔数额，请求赔偿 36574 万元。

河北省高级人民法院判决：确认双环股份公司生产、销售的涉案汽车不侵害本田株式会社涉案专利权；本田株式会社赔偿双环股份公司损失及合理开支 5000 万元。双环股份公司和本田株式会社均不服，提起上诉。最高人民法院判决：确认双环股份公司不侵权，改判本田株式会社赔偿损失 1600 万元。

【裁判理由】

最高人民法院认为：

权利人维权的方式是否适当并非以被警告行为是否侵权的结论为判断依据，而是以权利人维权的方式是否正当，是否有违公平的竞争秩序，是否存在打击竞争对手作为衡量的标准。由于侵权认定的专业性和复杂性，不能过高要求权利人对其警告行为构成侵权的确定性程度，在权利人发送侵权警告行为得当，不存在过错时，即使最终被警告的行为不构成侵权，也可能不属于滥用权利，无须对竞争者的损失进行赔偿。权利人为谋求市场竞争优势或者破坏竞争对手的竞争优势，以不正当方式滥用侵权警告，损害竞争对手合法权益的，应当承担相应的责任。

判断侵权警告是正当的维权行为，还是打压竞争对手的不正当竞争行为，应当根据发送侵权警告的具体情况来认定，以警告内容的充分性、确定侵权的明确性为重点。权利人发送侵权警告告时应当对所警告的行为构成侵权善尽审慎注意义务，对于权利人的身份、所主张的权利的有效性、权利的保护范围以及其他据以判断被警告行为涉嫌构成侵权的必要信息应当予以披露，让被警告者知悉存在可能侵害他人权利的事实，自行停止侵权或与权利人积极沟通、协商解决纠纷。制造者作为侵权的源头，通常是权利人进行侵权警告的主要对象，权利人希望被警告的制造者停止侵权行为或与其进行协商以获得授权。权利人发送侵权警告的对象还可能包括产品的销售商、进口商，或者产品的使用者等，这些人作为制造者的交易相对方，往往也是权利人争夺的目标客户群；他们通常对是否侵权的判断认知能力相对较弱，对所涉侵权的具体情况知之较少，当他们的避险意识较强，更易受到侵权警告的影响，可能会选择将所涉产品下架、退货等停止被警告行为，拒绝对制造者的商品进行交易。因此，向这些主体进行警告的行为容易直接导致制造商无法销售，影响所涉产品的竞争交易秩序。因此，向这些主体发送警告而产生的注意义务要高于向制造者发送侵权警告的情形，其警告所涉信息应当详细、充分，如披露请求保护的权利的范围、涉嫌侵权的具体信息以及其他与认定侵权和停止侵权相关的必要信息。否则将影响公平竞争的交易秩序。

本田株式会社发送警告信可分为两个阶段。第一阶段是2003年9月18日至10月8日。第二阶段是本田株式会社于2003年10月15日传真函告双环股份公司的定型设计方案仍侵害涉案专利权,双环股份公司遂于同年10月16日提起了本案之诉。本田株式会社于2003年11月24日向北京市高级人民法院提起侵害涉案专利权诉讼后,于2004年1月9日向双环股份公司在全国的十余家经销商发送警告信。

本田株式会社第一阶段的侵权警告属于专利权人正当行使专利权的维权行为。

本田株式会社在第二阶段扩大警告信的发送对象和范围,疏于履行权利人行使权利的合理审慎注意义务,对是否应当停止所警告行为的重大事宜在警告信中不进行披露,致使双环股份公司利益遭受损失,存在过错,属于不正当竞争行为,应承担责任。

【案件信息】

石家庄双环汽车股份有限公司诉本田技研工业株式会社确认不侵害专利权及损害赔偿案,最高人民法院(2014)民三终字第7号民事判决书(2015年12月8日,周翔、罗霞、周云川);河北省高级人民法院(2013)冀民三初字第1号民事判决书。

案件来源:最高人民法院知识产权案件年度报告(2015),2015年中国法院十大知识产权案件。

273 被诉侵权产品设计与现有设计不相同时应将其与现有设计和外观设计专利分别对比以保证侵权判断结论的准确性

【裁判要旨】

在被诉侵权产品设计与现有设计并非相同的情况下,为了保证对外观设计专利侵权判定作出准确的结论,应以现有设计为坐标,将被诉侵权产品设计、现有设计和外观设计专利三者分别进行对比,既要注意被诉侵权产品设计与现有设计的异同以及对整体视觉效果的影响,又要注意外观设计专利与现有设计的区别及其对整体视觉效果的影响力,考虑被诉侵权产品的设计是否利用了外观设计专利与现有设计的区别点,在此基础上对被诉侵权产品设计与现有设计是否无实质性差异作出判断。

【关键词】

侵害外观设计专利权｜现有设计抗辩｜对比方法｜区别点｜实质性差异

【基本案情】

原告普利司通系专利号为00348649.4、名称为“机动车轮胎”的外观设计专利权人。被告杭廷顿公司制造并销售给被告邦立信公司被诉侵权的BT98型轮胎。

普利司通提起诉讼,请求判令杭廷顿公司停止制造、销售被诉侵权产品,销毁侵权模具和现存侵权产品,从销售商处收回未售出的侵权产品予以销毁,因普利司通监督上述过程,杭廷顿公司赔偿损失及合理开支30万元,邦立信公司停止销售被诉侵权产品。

杭廷顿公司主张被诉侵权产品使用的是现有设计,因此不构成侵权。

北京市第二中级人民法院将被诉侵权产品与现有设计进行对比后认定两者构成近似,现有设计抗辩成立,因此判决:驳回普利司通的诉讼请求。普利司通不服,提起上诉。北京市高级人民法院判决:驳回上诉,维持原判。普利司通仍不服,申请再审。最高人民法院提审后判决:撤销一审、二审判决,支持普利司通一审诉讼请求。

【裁判理由】

最高人民法院认为:

本案适用2001年《专利法》。专利权人只能就其相对于现有设计的创新性贡献申请专利并获得保护,不能把已经进入公有领域或者属于他人的创新性贡献的部分纳入其保护范围。如果被诉侵权人能够证明其实施的设计属于涉案专利申请日前的现有设计,就意味着其实施行为未落入涉案外观设计专利权的保护范围。在我国现行法律实行专利有效性判定程序和专利侵权判定程序分别独立进行的模式下,如果不允许被诉侵权人在专利侵权民事诉讼中主张现有设计抗辩,则会导致外观设计专利权的保护范围与专利权人的创新性贡献不相适应。因此,允许被诉侵权人在外观设计专利侵权民事诉讼中提出现有设计抗辩,是我国专利法所规定的外观设计专利权授权条件及保护范围确定的应有之义。2008年《专利法》第62条明确规定了现有设计抗辩事由,《侵犯专利权案件解释》第14条对现有设计抗辩的审查判断方法作出了相应规定,该规定的有关规则也可适用于本案。

判断被诉侵权人的现有设计抗辩是否成立,当然首先应将被诉侵权产品的设计与一项现有设计相对比,确定两者是否相同或者无实质性差异。如果被诉侵权产品的设计与一个现有设计相同,则可以直接确定被诉侵权人所实施的设计属于现有设计,不落入涉案外观设计专利保护范围。如果被诉侵权产品的设计与现有设计并非相同,则应进一步判断两者是否无实质性差异,或者说两者是否相近似,但如果仅仅简单地进行被诉侵权产品设计与现有设计的两者对比,可能会忽视二者之间的差异以及这些差异对二者整体视觉效果的影响,从而导致错误判断,出现被诉侵权产品设计与现有设计和外观设计专利三者都相近似的情况。因此,在被诉侵权产品设计与现有设计并非相同的情况下,为了保证对外观设计专利侵权判定作出准确的结论,应以现有设计为坐标,将被诉侵权产品设计、现有设计和外观设计专利三者分别进行对比,既要注意被诉侵权产品设计与现有设计的异同以及对整体视觉效果的影响,又要注意外观设计专利与现有设计的区别及其对整体视觉效果的影响力,考虑被诉侵权产品的设计是否利用了外观设计专利与现有设计的区别点,在此基础上对被诉侵权产品设计与现有设计是否无实质性差异作出判断。

本案被诉侵权产品设计显然与现有设计并不构成相同。本专利与现有设计相比有显著区别,并产生不同的整体视觉效果。被诉侵权产品与本专利相比的区别则属于细微差异,一般消费者难以注意到,不足以使二者产生不同的整体视觉效果。因此,杭廷顿公司的现有设计抗辩不能成立,被诉侵权产品落入本专利的保护范围。

普利司通监督杭廷顿公司销毁模具和现存侵权产品的诉讼请求,属于执行程序的问题,并非民事责任承担的具体方式,对此不予支持。普利司通虽未提供其支付本案律师代理费的证据,但因其实际上委托代理律师参加本案诉讼,客观上需要支付代理费用,在确定损害赔偿额时对此一并予以考虑。

【案件信息】

株式会社普利司通诉浙江杭廷顿公牛橡胶有限公司、北京邦立信轮胎有限公司侵害外观设计专利权案,最高人民法院(2010)民提字第189号民事判决书(2011年3月1日,郃中林、朱理、郎贵梅),北京市高级人民法院(2007)高民终字第1552号民事判决书(2007年12月18日,张冰、钟鸣、程霞),北京市第二中级人民法院(2007)二中民初字第391号民事判决书(2007年6月20日,张晓津、何暄、冯刚)。

案件来源:2011年中国法院50件典型知识产权案例。

274 专利申请日前相当时间相同图片已上传至产品推广性质的网络空间的构成现有设计

【裁判要旨】

外观设计图片在专利申请日前的相当时间已上传至申请人所经营公司的具有推广产品等对外宣传交流平台性质的 QQ 空间上，且在诉讼期间处于公开状态的，可推定该设计图片在专利申请前已处于专利法意义上的公开状态，构成现有设计。

【关键词】

侵害外观设计专利权｜现有设计抗辩｜公开｜QQ 空间

【基本案情】

原告胡崇亮系专利号为 201230483646.1、名称为“天花边角（L5）”的外观设计专利权人，该专利申请日为申请日为 2012 年 10 月 11 日，并于 2013 年 3 月 13 日获得授权。2014 年 6 月 30 日，国家知识产权局出具涉案专利权的外观设计专利权评价报告，初步认为全部外观设计未发现存在不符合授予专利权条件的缺陷。胡崇亮在本案要求保护设计 1 的外观设计。

胡崇亮公证购买了名称为“加厚 B02”的天花边角产品并取得宣传画册一本，据此主张被告迪利装饰厂（个人独资企业）及其投资人被告董峰构成侵权，请求判令迪利装饰厂、董峰停止制造、许诺销售、销售侵权，销毁库存侵权产品，连带赔偿损失及合理开支 15 万元。

广东省佛山市中级人民法院认为，被诉侵权设计与涉案外观设计专利构成近似，但在本专利申请日前的 2012 年 3 月 18 日，与其相同的设计图片已经被原告胡崇亮的公司佛山市锦绣明天建材有限公司上传至其 QQ 空间，故迪利装饰厂的现有设计抗辩成立，因此判决：驳回胡崇亮的诉讼请求。胡崇亮不服，提起上诉。广东省高级人民法院判决：驳回上诉，维持原判。

【裁判理由】

法院认为：

对于“在本案专利申请日之前，被诉侵权产品图片是否处于对所有 QQ 用户公开”这一争议事实，双方当事人提供的证据，均未能做到确实充分地证明。因此，本案应当审查全案证据，结合相关事实认定当事人待证事实是否存在。

首先，根据QQ空间的使用规则，图片上传至QQ空间后，要使该图片向所有QQ用户公开，必须满足两个条件，即QQ空间权限设置为对“所有人可见”和该图片权限设置为对“所有人可见”。在公证取证时，被诉侵权产品图片能够满足前述两个条件，处于向所有QQ用户公开的状态，不特定QQ用户通过常规方式能够获知被诉侵权产品图片。

其次，该QQ空间公布有该公司经营信息，在相册栏目中有名为“客户见证”“公司辉煌历程”“锦绣明天企业文化”的图片集，并展示有该公司经营的多种产品。结合胡崇亮关于“利用该QQ空间为被诉侵权产品推广做准备”的陈述，可以认定该QQ空间的用途是宣传推广该公司产品。在未有直接证据的情况下，认定QQ空间图片处于何种状态，可以根据QQ空间所有者的身份、QQ空间所承载的功能、QQ空间展示的状态等已知事实，结合日常生活经验法则作出推定。如果QQ空间系个人空间，由于个人隐私性，在未有证据足以反驳的情况下，一般可以推定该QQ空间上的图片为非公开状态；如果QQ空间系企业推广产品等对外宣传交流平台的，由于“公开”是实现该功能的惯常手段，在未有证据足以反驳的情况下，一般可以推定该QQ空间上的图片为公开状态。根据日常生活经验，经营者在宣传推广产品时，往往希望更大范围的公众获知宣传信息。本案被诉侵权产品图片上传至QQ空间的时间为2012年3月18日，本案专利申请日为2012年10月11日，两个时间相隔超过半年。基于该QQ空间宣传产品的意图，被诉侵权产品图片上传后半年期间，被公开的可能性大于不公开的可能性。

最后，如若被诉侵权产品图片上传至QQ空间之后不久，胡崇亮即申请本案专利，则推定被诉侵权产品图片上传当时，胡崇亮已经想到要将产品设计申请专利保护并将该产品图片设置为非公开状态，符合常理。但是，本案被诉侵权产品图片上传至QQ空间的时间与本案专利申请日相隔较长。一个自称具有知识产权保护意识的企业，对于一项将来要申请专利保护的设计，在常理下自会施以谨慎、妥善的管理。而本案被诉侵权产品图片被置于QQ空间且半年后才申请专利保护，这与胡崇亮声称的自始就拟申请本案设计专利保护所应有的审慎不相符。在胡崇亮未提供证据证明在产品图片上传日之前或之后不久有为申请专利做准备的前提下，不能排除胡崇亮在公开了产品图片之后，才意识到要对产品外观实施专利保护的可能性。

综上所述,对于"在本案专利申请日之前被诉侵权产品图片是否已经在QQ空间向所有用户公开"这一待证事实,结合本案该QQ空间用于企业宣传目的、本案专利申请时间等事实,迪利装饰厂、董峰举出公证时图片处于公开状态的证明能够满足证明已公开的事实存在的最低要求,达到法定的证明标准,胡崇亮未能提供足够证据予以反驳。因此,"本案专利申请日之前,被诉侵权产品图片已经QQ空间向所有用户公开"。

【案件信息】

胡崇亮诉董峰、佛山市南海迪利装饰材料厂侵害外观设计专利权案,广东省高级人民法院(2015)粤高法民三终字第517号民事判决书(2015年12月22日,肖少杨、岳利浩、肖海棠),广东省佛山市中级人民法院(2014)佛中法知民初字第554号民事判决书(2015年7月4日,陈笑尘、邱程辉、安静)。

案件来源:2016年中国法院50件典型知识产权案例。

275 被诉侵权产品与专利近似且采用专利区别于现有设计的特征,现有设计抗辩不成立

276 一般消费者应对该外观设计及常用设计手法有常识性了解并能辨别产品之间的区别

【裁判要旨】

在被诉侵权产品与本案专利相近似的情况下,如果被诉侵权产品采用了本案专利与现有设计相区别的设计特征,现有设计抗辩不能成立。

作为外观设计侵权判断主体的一般消费者,应当对该类产品的外观设计及其常用设计手法具有常识性的了解,对于外观设计产品之间在形状、图案以及色彩上除微小变化之外的区别具有一定的分辨力。

【关键词】

现有设计抗辩｜区别设计特征｜外观设计相近似｜整体视觉效果

【基本案情】

原告童先平系专利号为2012302237009、名称为"LED路灯(JD-2006B)"的

外观设计专利权人。被告盛美公司制造、销售了“盛美一体化790”的LED路灯，其与本专利外观造型基本一致，整体视觉效果无实质性差异，属于相近似的外观设计。童先平为此提起诉讼，请求判令盛美公司停止侵权，销毁被诉侵权产品和生产模具，赔偿损失及合理开支213950元。

盛美公司称：被诉侵权产品以证据1[200930205635.5号“LED路灯(2)”外观设计专利，简称现有设计]为基础，实现散热片与灯罩一体化设计，与现有设计实质相同，因此并不侵犯童先平的外观设计专利权。

江苏省镇江市中级人民法院判决：盛美公司停止制造、销售和许诺销售侵权产品的行为，赔偿童先平损失及合理开支58950元。童先平和盛美公司均不服，分别提起上诉。江苏省高级人民法院判决：驳回上诉，维持原判。盛美公司仍不服，申请再审。最高人民法院裁定：驳回其再审申请。

【裁判理由】

最高人民法院认为：

本专利设计与现有设计相比较，除路灯产品尾部设计是否有螺钉固定外，两者在正面整体轮廓、下灯盖侧面形状、灯槽、灯罩、内部反光板形状、上灯盖背部以及产品尾部接口处截面设计方面的区别设计特征，均体现在被诉侵权设计与现有设计的区别中，而正是这些区别设计特征，使本专利设计在整体视觉效果上明显区别于现有设计，也即这些区别设计特征是本专利的创新之处，其相较于本专利设计的其他设计特征在外观设计相同或近似的整体视觉效果判断上更具有影响。因此，在被诉侵权设计采用了本专利设计与现有设计的主要区别设计特征情况下，被诉侵权设计在整体视觉效果上与本专利设计构成近似，与现有设计则存在实质性差异，二者既不相同也不近似，盛美公司关于被诉侵权设计属于现有设计的主张不能成立。

整体观察、综合判断的进行，离不开对本专利设计和被诉侵权设计以及现有设计特征的考虑，在这一考量过程中，本专利设计区别于现有设计的设计特征相对于本专利设计的其他设计特征在外观设计的整体视觉效果判断上更具有影响。二审判决在盛美公司对被诉侵权设计与本专利设计构成近似没有异议的基础上，认定被诉侵权设计与现有设计存在三方面的不同，并据此认定被诉侵权设计不属于现有设计，并未违反整体观察、综合判断的原则。

盛美公司认为格栅设计属于功能性设计和惯常设计，在外观设计相同或近似判断中不应予以考虑。在LED路灯产品上设计的格栅无疑具有散热功能，但在

LED 路灯上是否设计格栅以及如何设计格栅均是该类路灯产品设计可以选择和考量的设计特征，也即格栅的设计特征并不是由产品的功能所唯一决定的，因此在判断外观设计是否相同或近似时对该设计特征仍应予以考虑。此外，即使不将格栅设计作为被诉侵权设计与现有设计的区别设计特征予以考虑，被诉侵权设计与现有设计所存在的其他差别，仍使二者在整体视觉效果上具有实质性差异。同理，即使如盛美公司所述在 LED 路灯上设置格栅属于惯常设计，但将该惯常设计与现有设计相结合，仍不能与被诉侵权设计构成相同或近似，且在 LED 路灯上设置格栅并不是所有该类产品的必然选择，特别是在 LED 路灯上如何设计格栅（包括格栅的形状、疏密、位置等）均有一定的设计空间，因此盛美公司主张本专利的格栅设计属于 LED 路灯的惯常设计的主张没有事实和法律依据。

盛美公司主张 LED 路灯的一般消费者是行人，在产品正常使用时，行人不会注意到其内部的细微设计以及上灯壳上的散热隔栅等设计。《侵犯专利权案件解释》第 10 条规定："人民法院应当以外观设计专利产品的一般消费者的知识水平和认知能力，判断外观设计是否相同或近似。"作为外观设计侵权判断主体的一般消费者，应当对该类产品的外观设计及其常用设计手法具有常识性的了解，对于外观设计产品之间在形状、图案以及色彩上除微小变化之外的区别具有一定的分辨力。据此，作为 LED 路灯产品的一般消费者，不仅能够注意到该类产品的整体造型和轮廓、下灯盖上的透明灯罩，也能够注意到产品背部的格栅、灯槽以及内部反光板的形状等，并在整体观察的基础上，对两者是否相同或者近似作出综合判断。盛美公司关于 LED 路灯的一般消费者是行人，行人施以"一般注意力"，不会注意到 LED 路灯内部设计以及散热格栅等设计的申请再审理由不能成立。

【案件信息】

童先平诉丹阳市盛美照明器材有限公司侵害外观设计专利权案，最高人民法院（2015）民申字第 633 号民事裁定书（2015 年 10 月 23 日，周翔、朱理、宋淑华），江苏省高级人民法院（2014）苏知民终字第 0184 号民事判决书（2014 年 10 月 17 日，王成龙、宋峰、曹美娟），江苏省镇江市中级人民法院（2014）镇知民初字第 3 号民事判决书（2014 年 6 月 26 日，朱宝华、李洁、杨毅）。

案件来源：最高人民法院知识产权案件年度报告（2015）。

图书在版编目(CIP)数据

专利裁判规则 / 钟鸣编著. -- 北京 : 法律出版社, 2020

ISBN 978 - 7 - 5197 - 4668 - 1

Ⅰ. ①专… Ⅱ. ①钟… Ⅲ. ①专利权法－审判－案例－中国 Ⅳ. ①D923.425

中国版本图书馆 CIP 数据核字(2020)第 105989 号

专利裁判规则
ZHUANLI CAIPAN GUIZE

钟　鸣 编著

策划编辑 冯雨春　李沂蔚
责任编辑 李沂蔚　谢瑞忠
装帧设计 汪奇峰

出版 法律出版社
总发行 中国法律图书有限公司
经销 新华书店
印刷 三河市兴达印务有限公司
责任校对 李景美
责任印制 吕亚莉

编辑统筹 法律应用出版分社
开本 710 毫米 × 1000 毫米　1/16
印张 32
字数 555 千
版本 2020 年 9 月第 1 版
印次 2020 年 9 月第 1 次印刷

法律出版社/北京市丰台区莲花池西里 7 号(100073)
网址/www. lawpress. com. cn
投稿邮箱/info@ lawpress. com. cn
举报维权邮箱/jbwq@ lawpress. com. cn
销售热线/400 - 660 - 8393
咨询电话/010 - 63939796

中国法律图书有限公司/北京市丰台区莲花池西里 7 号(100073)
全国各地中法图分、子公司销售电话:
统一销售客服/400 - 660 - 8393/6393
第一法律书店/010 - 83938432/8433　西安分公司/029 - 85330678　重庆分公司/023 - 67453036
上海分公司/021 - 62071010/1636　深圳分公司/0755 - 83072995

书号:ISBN 978 - 7 - 5197 - 4668 - 1　**定价**:128.00 元